中国法学会研究会支持计划
最高人民法院审判理论研究会主持

中国法院类案检索与
裁判规则专项研究

工商登记案件裁判规则（一）

韩德强　主编

法律出版社
LAW PRESS·CHINA

最高人民法院审判理论研究会
类案同判专项研究首席专家组组长
曹士兵

首席专家组成员（以姓氏笔画为序）：

丁文严　王　锐　王保森　牛　凯　代秋影　包献荣
李玉萍　李　明　杨　奕　吴光荣　沈红雨　宋建宝
张勇健　陈　敏　范明志　胡田野　钟　莉　曹守晔
韩德强

工商登记案件裁判规则（一）

主　编：韩德强
副主编：俞秋玮　侯丹华
专家组（以姓氏笔画为序）：

卜　素　马慧芳　王　灿　王剑晖　叶　一
田洋洋　朱弘煜　孙焕焕　苏琬越　李胜卡
李　晓　吴金怡　吴泽均　邱　莉　何宇欢
沈　丹　张文忠　张　羽　张淼堂　陈　颖
金黄海　周　琪　侯丹华　俞秋玮　袁蕾蕾
倪　蕾　唐杰英　崔胜东　符德强　韩德强
童娅琼

中国法院类案检索与裁判规则专项研究说明

最高人民法院《五五改革纲要》提出“完善类案和新类型案件强制检索报告工作机制”,周强首席大法官提出法官办案应当进行案件检索。为配合司法体制综合配套改革,落实周强首席大法官的指示要求,循序推进人民法院类案同判工作,中国应用法学研究所组织了最高人民法院审判理论研究会及其下设16个专业委员会的力量,开展中国法院类案检索与裁判规则专项研究,并循序推出类案检索和裁判规则研究成果。

最高人民法院审判理论研究会及其分会的研究力量主要有最高人民法院法官和地方各级人民法院法官、国家法官学院和大专院校专家教授、国家部委与相关行业的专业人士,这些研究力量具有广泛的代表性,构成了专项研究力量的主体。与此同时,为体现法为公器,应当为全社会所认识,并利用优秀的社会专业人士贡献智力力量,专项研究中也有律师、企业法务参加,为专项研究提供经验与智慧,并参与和见证法律适用的过程。以上研究力量按照专业特长组成若干研究团队开展专项研究,坚持同行同专业同平台研究的基本原则。

专项研究团队借助大数据检索平台,形成同类案件大数据报告,为使用者提供同类案件裁判全景;从检索到的海量类案中,挑选可索引的、优秀的例案,为使用者提供法律适用参考,增加裁判信心,提高裁判公信;从例案中提炼出同类案件的裁判规则,分析裁判规则提要,提供给使用者参考。从司法改革追求的目标看,此项工作能够帮助法官从浩如烟海的同类案件中便捷找到裁判思路清晰、裁判法理透彻的好判决(即例案),帮助法官直接参考从这些好判决中提炼、固化的裁判规则。如此,方能帮助法官在繁忙工作中实现类案同判。法院类案检索与裁判规则专项研究,致力于统一法律适用,实现法院依法独立行使审判权与法官依法独立行使裁判权的统一。这也正是应用法学研究的应有之义。

专项研究的成果体现为电子数据和出版物(每年视法律适用的发展增减),内容庞大,需要大量优秀专业人力长期投入。有关法院裁判案件与裁判内容检索的人工智能并不复杂,算法也比较简单,关键在于"人工",在于要组织投入大量优秀的"人工"建设优质的检索内容。专项研究团队中的专家学者将自己宝贵的时间、智力投入到"人工"建设优质内容的工作中,不仅仅需要为统一我国法律适用、提升裁判公信力作出贡献的情怀,还需要强烈的历史感、责任感,具备科学的体系思维和强大的理性能力。此次专项研究持续得越久,越能向社会传达更加成熟的司法理性,社会也越能感受到蕴含在优质司法中的理性力量。

愿我们砥砺前行。

曹士兵

二〇一九年五月十六日

前　言

随着社会发展及司法公开力度加大，案件裁判信息的交流、比较日益频繁，人民群众对法律适用及裁判尺度不统一问题的关注度日益提升，并成为强烈的社会司法需求。最高人民法院也在持续关注并出台措施加以应对，如 2018 年印发的《关于进一步全面落实司法责任制的实施意见》提出，健全完善法律统一适用机制，各级法院应当在完善类案参考、裁判指引等工作机制基础上，建立类案及关联案件强制检索机制，确保类案裁判标准统一、法律适用统一；存在法律适用争议或者“类案不同判”可能的案件，承办法官应当制作关联案件和类案检索报告。2019 年发布的《五五改革纲要》再次重申完善统一法律适用机制，完善类案和新类型案件强制检索报告工作机制。推动类案同判已经成为提升司法公信、实现法律适用统一的重要工作内容和手段。而实现类案同判，首先要发现类案并确立类案裁判规则，进而通过规则约束个案裁判。相较于民事和刑事案件，行政案件体量较小，但各地、各部门执法尺度又多有不一致，类案同判的压力更大，也更有需求。在行政案件中，工商登记类行政案件是行政诉讼中较为常见、多发的案件类型，但又具有变动频繁、审查标准不统一的特点，无论是登记实务，还是司法实践中，都存在法律理解及审查标准不一致的问题，因此在持续推进“放管服”改革、商事制度改革，改善营商环境的背景下，研究工商登记领域的类案规则更具法律价值和现实意义。

为确保工商登记类案裁判规则研究公信度和权威性，最高人民法院审判理论研究会、中国应用法学研究所牵头，确定由承担行政案件集中管辖任务的上海铁路运输法院负责具体的编著事务。该院专门从具有博士、硕士学历，长期从事行政审判实践、调研的一线审判法官中，遴选优秀人员组成专业化编写团队，在主编、副主编的统筹指导下，认真论证、反复打磨，终成本书。针对工商登记行政案件审理中遇到的争议问题、新类型或疑难复杂问题，编写团队充分发挥主观能动性，依托大数据检索平台，辅之各类经典案例，从检索收集到的海量类案中，研究、分析、提炼类案裁判规则 37 条，并最终形成 22 条成熟的裁判规则。为全面展示类案裁判情况,本书附有工商登记类案检索大数据报告,全面展示该类案件的年度、地域分布及相关司法裁判结果。同时,每条规则下,也附有该规则的类案检索报告,且其是基于 Alpha 案例库、上海 C2J 系统、法信、中国裁判文书网等案例平台检索以及编写人通过权威、典型案例书籍摘取后统计而成,通过数据库自动检索与人工复检、补充,确保项下案例与该规则具有相当高的契合度,确保统计数据的准确度。此外,每条规则下还提供了可供参考例案、裁判规则提要及辅助信息。保证了裁判规则的权威性、准确性和可适用性。可供参考例案均系编写团队精心挑选,通过个案向读者展示裁判思路;裁判规则提要是类案裁判规则的核心,是对规则法理依据、审理要点、适用情形的具体阐释;辅助信息则附注了与裁判规则相关的法律条文,方便读者查阅。

本书 22 个裁判规则基本涵盖了当今工商登记领域重点、热点问题,全面展示了该领域内的权威司法裁判观点,是市场监督管理行政执法人员、行政审判法官、律师及其他从事工商登记实务、研究人员工作的有益参考。当然,受制于编者水平、商事制度和政策调整等原因,本书难免存在疏漏,希望广大读者不吝赐教,帮助笔者进一步总结提高,共同凝聚工商登记法律适用共识,推进类案同判,促进适法统一。

韩德强

凡　　例

一、法律法规

1.《中华人民共和国商标法》（1982 年 8 月 23 日发布，1983 年 3 月 1 日起施行，1993 年 2 月 22 日第一次修正，2001 年 10 月 27 日第二次修正，2013 年 8 月 30 日第三次修正，2019 年 4 月 23 日第四次修正），以下简称《商标法》

2.《中华人民共和国反不正当竞争法》（1993 年 9 月 2 日发布，1993 年 12 月 1 日起施行，2017 年 11 月 4 日修订，2019 年 4 月 23 日修正），以下简称《反不正当竞争法》

3.《中华人民共和国行政诉讼法》（1989 年 4 月 4 日发布，1990 年 10 月 1 日起施行，2014 年 11 月 1 日第一次修正，2017 年 6 月 27 日第二次修正），以下简称《行政诉讼法》

4.《中华人民共和国行政许可法》（2003 年 8 月 27 日发布，2004 年 7 月 1 日起施行，2019 年 4 月 23 日修正），以下简称《行政许可法》

5.《中华人民共和国民事诉讼法》（1991 年 4 月 9 日发布，1991 年 4 月 9 日起施行，2007 年 10 月 28 日第一次修正，2012 年 8 月 31 日第二次修正，2017 年 6 月 27 日第三次修正），以下简称《民事诉讼法》

6.《中华人民共和国中外合作经营企业法》（1988 年 4 月 13 日发布，1988 年 4 月 13 日起施行，2000 年 10 月 31 日第一次修正，2016 年 9 月 3 日第二次修正，2016 年 11 月 7 日第三次修正，2017 年 11 月 4 日第四次修正），以下简称《中外合作经营企业法》

7.《中华人民共和国国家赔偿法》（1994 年 5 月 12 日发布，1995 年 1 月 1 日起施行，2010 年 4 月 29 日第一次修正，2012 年 10 月 26 日第二次修正），以下简称《国家赔偿法》

8.《中华人民共和国中外合作经营企业法实施细则》（1995 年 8 月 7 日发布，

1995年9月4日起施行,2014年2月19日第一次修订,2017年3月1日第二次修订,2017年11月17日第三次修订),以下简称《中外合作经营企业法实施细则》

9.《中华人民共和国行政复议法》(1999年4月29日发布,1999年10月1日起施行,2009年8月27日第一次修正,2017年9月1日第二次修正),以下简称《行政复议法》

10.《中华人民共和国行政复议法实施条例》(2007年5月29日发布,2007年8月1日起施行),以下简称《行政复议法实施条例》

11.《中华人民共和国外商投资法》(2019年3月15日发布,2020年1月1日起施行),以下简称《外商投资法》

12.《中华人民共和国公司法》(1993年12月29日发布,1994年7月1日起施行,1999年12月25日第一次修正,2004年8月28日第二次修正,2005年10月27日修订,2013年12月28日第三次修正,2018年10月26日第四次修正),以下简称《公司法》

13.《中华人民共和国行政处罚法》(1996年3月17日发布,1996年10月1日起施行,2009年8月27日第一次修正,2017年9月1日第二次修正),以下简称《行政处罚法》

14.《中华人民共和国刑法》(1979年7月1日发布,1980年1月1日起施行,1997年3月14日修订,1999年12月25日第一次修正,2001年8月31日第二次修正,2001年12月29日第三次修正,2002年12月28日第四次修正,2005年2月28日第五次修正,2006年6月29日第六次修正,2009年2月28日第七次修正,2011年2月25日第八次修正,2015年8月29日第九次修正,2017年11月4日第十次修正),以下简称《刑法》

15.《中华人民共和国个人独资企业法》(1999年8月30日发布,2000年1月1日起施行),以下简称《个人独资企业法》

16.《中华人民共和国刑事诉讼法》(1979年7月1日发布,1980年1月1日起施行,1996年3月17日第一次修正,2012年3月14日第二次修正,2018年10月26日第三次修正),以下简称《刑事诉讼法》

17.《中华人民共和国民法通则》(1986年4月12日发布,1987年1月1日起施行,2009年8月27日修正),以下简称《民法通则》

18.《中华人民共和国婚姻法》(1980年9月10日发布,1981年1月1日起施行,2001年4月28日修正),以下简称《婚姻法》

19.《中华人民共和国立法法》(2000 年 3 月 15 日发布,2000 年 7 月 1 日起施行,2015 年 3 月 15 日修正),以下简称《立法法》

20.《中华人民共和国食品安全法》(2009 年 2 月 28 日发布,2009 年 6 月 1 日起施行, 2015 年 4 月 24 日修订,2018 年 12 月 29 日修正),以下简称《食品安全法》

21.《中华人民共和国居民身份证法》(2003 年 6 月 28 日发布,2004 年 1 月 1 日起施行,2011 年 10 月 29 日修正),以下简称《居民身份证法》

22.《中华人民共和国公司登记管理条例》(1994 年 6 月 24 日发布,1994 年 7 月 1 日起施行,2005 年 12 月 18 日第一次修订,2014 年 2 月 19 日第二次修订,2016 年 2 月 6 日第三次修订),以下简称《公司登记管理条例》

23.《中华人民共和国企业法人登记管理条例》(1988 年 6 月 3 日发布,1988 年 7 月 1 日起施行,2011 年 1 月 8 日第一次修订,2014 年 2 月 19 日第二次修订,据 2016 年 2 月 6 日第三次修订,2019 年 3 月 2 日修正),以下简称《企业法人登记管理条例》

24.《中华人民共和国企业法人登记管理条例施行细则》(1988 年 11 月 3 日发布,1988 年 12 月 1 日起施行,1996 年 12 月 25 日第一次修订,2000 年 12 月 1 日第二次修订,2011 年 12 月 12 日第三次修订,2014 年 2 月 20 日第四次修订,2016 年 4 月 29 日第五次修订,2017 年 10 月 27 日第六次修订,2019 年 8 月 8 日第七次修订),以下简称《企业法人登记管理条例起施行细则》

25. 对外贸易经济合作部、国家工商行政管理局(已变更)《关于外商投资企业投资者股权变更的若干规定》(1997 年 5 月 28 日发布,1997 年 5 月 28 日起施行),以下简称《外企股权变更若干规定》

26. 最高人民检察院、公安部《关于经济犯罪案件追诉标准的规定》(2001 年 4 月 18 日发布,2001 年 4 月 18 日起施行,已失效),以下简称《经济犯罪案件追诉标准》

二、司法解释及司法文件

1. 国务院法制办公室《对〈关于提请解释《中华人民共和国行政许可法》有关适用问题的函〉的复函》(国法函〔2004〕293 号,2004 年 8 月 2 日起施行),以下简称《许可法适用问题复函》

2. 国家工商行政管理局(已变更)《对企业在住所外设点从事经营活动有关问

题的答复》(工商企字〔2000〕第203号,2000年9月14日起施行,已失效),以下简称《企业在住所外设点经营问题的答复》

3. 国家工商行政管理局(已变更)《关于企业法人持原登记机关营业执照在异地从事经营活动有关问题的答复》(工商企字〔1996〕第233号,1996年6月27日起施行,已失效),以下简称《企业法人持原营业执照异地经营的答复》

4. 国家工商行政管理局(已变更)《关于企业内部机构从事经营活动有关问题的答复》(工商企字〔2001〕第368号,2000年12月19日起施行,已失效),以下简称《企业内部机构从事经营活动问题答复》

5. 国家工商行政管理总局(已变更)《关于工商行政管理机关正确行使行政处罚自由裁量权的指导意见》(工商法字〔2008〕31号,2008年2月22日起施行),以下简称《工商行政管理机关正确行使行政处罚自由裁量权意见》

6. 最高人民法院《关于执行〈中华人民共和国行政诉讼法〉若干问题的解释》(法释〔2000〕8号,2000年3月10日起施行,已失效),以下简称《行政诉讼法执行解释》

7. 国家工商行政管理局(已变更)《关于企业增设经营场所是否要登记管理有关问题的答复》(工商企字〔2000〕第103号,2000年5月25日起施行,已失效),以下简称《企业增设经营场所登记管理问题的答复》

8. 国家工商行政管理局《关于登记主管机关对申请人提交的材料的真实性是否承担相应责任问题的答复》(工商企字〔2001〕第67号,2001年3月15日起施行,已失效),以下简称《登记主管机关对申请人材料真实性承担责任问题答复》

9. 国务院法制办公室《对国家工商行政管理总局关于公司登记管理条例适用有关问题的复函》(国法函〔2006〕273号,2006年6月20日起施行),以下简称《公司登记管理条例适用问题复函》

10. 国家经济体制改革委员会(已变更)《关于发展城市股份合作制企业的指导意见》(体改生〔1997〕96号,1997年6月16日起施行,已失效),以下简称《发展城市股份合作制企业指导意见》

11. 最高人民法院《关于为改善营商环境提供司法保障的若干意见》(法发〔2017〕23号,2017年8月7日起施行),以下简称《为改善营商环境提供司法保障意见》

12. 最高人民法院《关于适用〈中华人民共和国民事诉讼法〉的解释》(法释〔2015〕5号,2015年2月4日起施行),以下简称《民事诉讼法解释》

13. 最高人民法院《关于适用〈中华人民共和国公司法〉若干问题的规定(三)》(法释〔2011〕3 号,2011 年 2 月 16 日施行,2014 年 2 月 20 日修正),以下简称《公司法司法解释(三)》

14. 最高人民法院《关于审理公司登记行政案件若干问题的座谈会纪要》(法办〔2012〕62 号,2012 年 3 月 7 日起施行),以下简称《公司登记座谈会纪要》

15. 最高人民法院《关于审理行政案件适用法律规范问题的座谈会纪要》(法〔2004〕96 号,2004 年 5 月 18 日起施行),以下简称《行政案件适用法律座谈会纪要》

16. 商务部、发展改革委、财政部、国土资源部(已撤销)、住房城乡建设部、交通运输部、农业部(已撤销)、人民银行、国资委、税务总局、银监会(已撤销)、保监会(已撤销)、国家标准委《关于进一步加强农产品市场体系建设的指导意见》(商建发〔2014〕60 号,2014 年 2 月 27 日起施行),以下简称 13 部委《关于进一步加强农产品市场体系建设的指导意见》

目　录

工商登记案件裁判规则第 1 条：
将可能对公众造成欺骗或者误解的文字或内容作为企业名称注册登记的，工商登记机关不予核准，已核准登记的应予纠正

〔**规则描述**〕：企业名称是企业参与市场经营与竞争的独特标志，若其中含有可能对公众造成欺骗或者误解的内容、文字，使公众对该企业相关情况产生与客观实际不符的认知，并基于该认知进行交易或作出决策，这将对正常的市场秩序造成冲击，损害市场参与者的合法权益。现行有效的《企业名称登记管理规定》第 9 条第 2 项、《企业名称登记管理实施办法》第 41 条以及《企业名称禁限用规则》第 6 条等规定对此均予以规制，工商登记机关据此认定申请登记注册的企业名称含有可能对公众造成欺骗或者误解的内容、文字，不予核准的，于法有据；已经核准登记的，应予纠正。

一、类案检索大数据报告

截至 2018 年 12 月 18 日，以“企业名称”“欺骗”“误解”为关键词，通过 Alpha 案例库、上海 C2J 系统、法信平台、元典智库、北大法宝、中国裁判文书网共检索到类案 60 件，经逐案阅看、分析，与本规则关联度较高的案件有 33 件。因其中存在同一案件的一审裁判及其二审予以维持的裁判，严格意义上应将之认定为一个案件，故剔除前述情形后，实际共有 26 件案件，也即有 26 篇裁判文书。整体情况如下：

从类案地域分布看，涉案数最多的地域为江苏省，共 6 件，其次为广东省，共 5 件（如图 1 – 1 所示）。

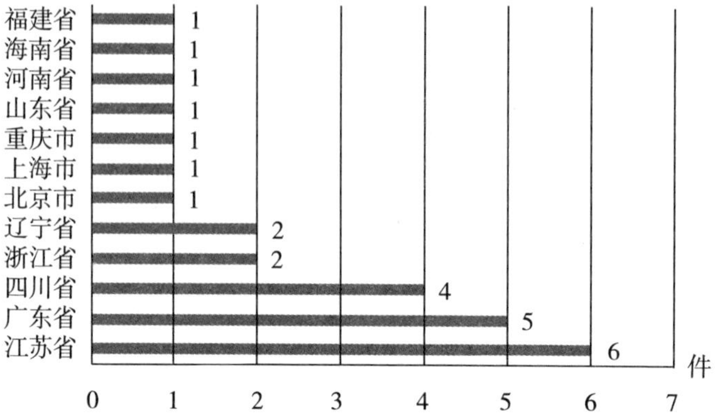

图1-1　类案地域分布

从类案结案时间看,最多的年份为2016年,共有8件;其次为2017年,共有7件(如图1-2所示)。

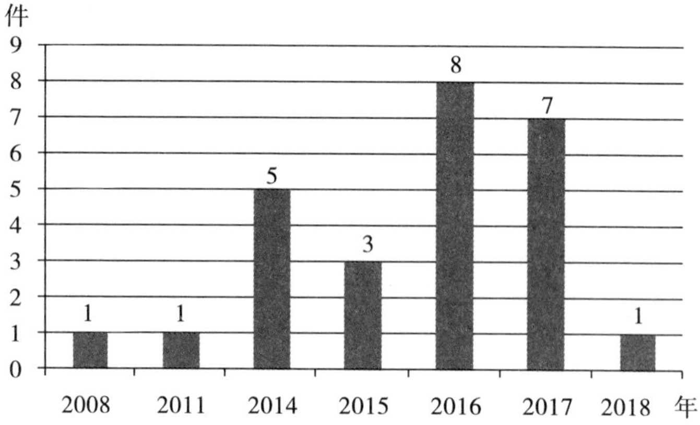

图1-2　类案结案年度分布

从类案结案方式看,1件案例一审法院认定被告核准的企业名称与他人企业名称相同或者近似,判决撤销批准行为,二审法院认为两企业名称行政区划不同不宜简单认定相同或者相似且无证据证明争议企业名称在使用中存在引起公众误认损害他人合法权益的情形,撤销原判并驳回原告诉讼请求。3件案例法院以被告关于争议企业名称未侵害他人企业名称、商标等在先权利,未对公众造成欺骗或者误解的认定错误为由,判决撤销并责令重作。其他22件案例法院均认定被诉行政行为合法,判决驳回原告诉讼请求或维持被诉行政行为(如图1-3所示)。

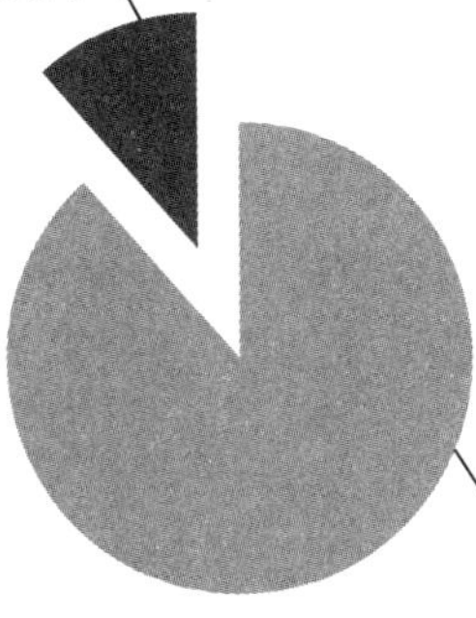

图1-3 类案裁判结果分布

上述案例均支持了本裁判规则,其中也充分反映出因企业名称的文字和内容是否可能对公众造成欺骗或者误解的认定较为复杂,需在考量文字、内容意涵基础上结合其他相关因素予以综合判定。

二、可供参考例案

例案一 樱花卫厨(中国)股份有限公司诉苏州市工商行政管理局处理决定、江苏省工商行政管理局行政复议决定案①

【法院】

江苏省苏州市中级人民法院

【案号】

(2015)苏中知行初字第00002号

【当事人】

原告:樱花卫厨(中国)股份有限公司

法定代表人:张某某,该公司董事长

被告:苏州市工商行政管理局

法定代表人:刘某某,该局局长

被告:江苏省工商行政管理局

法定代表人:王某某,该局局长

① 通过中国裁判文书网等查询系统检索,本案仅有二审判决书,下文所述一审裁判情况系根据二审判决书中所载内容提取、整理。

第三人:苏州樱花山水净化厨电有限公司

法定代表人:屠某甲,该公司执行董事

【基本案情】

原告樱花卫厨(中国)股份有限公司(以下简称樱花公司)诉称,(1)被告苏州市工商行政管理局(以下简称苏州市工商局)在其作出的企业名称争议处理决定中认定"樱花公司企业字号'樱花'不具有独创性、两企业名称中的字号不相同也不近似、行业特征不尽相同、两企业名称存在明显区别"属于事实认定错误。(2)被告苏州市工商局核准苏州樱花山水净化厨电有限公司(以下简称樱花山公司)使用"樱花"企业名称,属于具体行政行为错误。(3)樱花山公司登记并使用樱花字号,直接导致相关消费者对市场主体和产品来源发生混淆。故请求法院撤销系争处理决定和行政复议决定。

被告苏州市工商局辩称,涉案被诉具体行政行为程序合法,认定事实清楚,适用依据正确,请求驳回樱花公司诉讼请求。

被告江苏省工商行政管理局(以下简称江苏省工商局)辩称,同被告苏州市工商局。另外,该局非本案适格的被告。

第三人樱花山公司述称,系争处理决定和行政复议决定合法。

法院经审理查明:原告成立于1994年4月12日,2008年5月经国家工商总局核准,变更为现名称。经营范围为"生产热水器、燃气灶、吸油烟机和其他厨房器具、卫浴设备、卫厨电器及其零配件,以及厨房家具、厨房设备、卫浴家具等家庭用家具设备;销售自产产品并对公司产品进行维修、安装等售后服务。从事与本企业生产同类产品的商品批发及进出口业务"。樱花公司第1209675号注册商标于1998年核准注册,2003年被认定为苏州市知名商标、江苏省著名商标,2012年1月被国家工商行政管理总局商标评审委员会个案认定为第11类排油烟机、电热水器、厨房炉灶商品上的驰名商标。

第三人成立于2009年8月28日,经营范围为"销售、生产加工(限分支机构)水净化设备、家用电器、厨房电器、燃气热水器等"。法定代表人屠某甲,公司股东为屠某甲等两位自然人。

韩洋公司是注册在浙江省奉化市的一家有限公司,公司经营范围:一般经营项目:燃气灶、集成灶、油烟机、橱柜、热水器、浴霸等。法定代表人屠某乙,公司股东为屠某乙等四位自然人。

2014年8月25日,原告向被告苏州市工商局提起企业名称争议申请,请求撤销樱花山公司的企业名称。被告受理后，于2014年8月29日作出受理通知书、告知通知书并送达当事人。

www.yinghuajhcd.com网站系韩洋公司委托他人制作，并非第三人的网站。商标所有人是中山市风田集成厨卫电器有限公司，经该公司许可，第三人将该商标授权给韩洋公司使用。网站置顶显示“苏州樱花山水净化厨电有限公司”企业名称，未发现将樱花文字或樱花图形突出使用的情形。

“苏州樱花山水净化厨电”的淘宝店铺，经营者为自然人邓某，店铺网页左上方标有花朵图形商标，网页上使用“苏州樱花”“苏州樱花旗舰店”等字样，销售产品赠送的小礼品上标注“苏州樱花净化厨电有限公司”字样。在涉案争议决定作出时，网店已经没有“苏州樱花旗舰店”字样。

被告苏州市工商局2015年2月28日作出涉案争议决定驳回原告的申请后送达原告。原告不服该决定，于2015年4月1日向被告江苏省工商局提起复议，2015年4月28日被告江苏省工商局作出涉案复议决定予以维持涉案争议决定并送达原告。原告于2015年5月14日向一审法院提起诉讼。

另查明：

1. 第三人名称预先登记核准情况

2009年8月12日，被告苏州市工商局对第三人名称预先核准登记申请进行企业名称检索，按“中文字号：樱花山，拼音yinghuashan”“中文全称：苏州樱花山水净化厨电有限公司”进行查询，获得结果中出现原告企业名称及其樱花商标为“著名商标”的信息，同日被告苏州市工商局核准该名称预先登记。

2. 韩洋公司生产、销售涉案产品及第三人与韩洋公司相关授权、许可事实

第三人与韩洋公司属委托与被委托关系，2014年4月22日樱花山公司授权韩洋公司生产、销售其公司的油烟机、燃气灶、热水器、消毒柜、浴霸等家用厨房电器产品。2014年12月17日韩洋公司仍在销售标注有花朵图形商标以及樱花山公司企业名称的燃气灶、热水器、油烟机、消毒柜以及苏州樱花电子照明有限公司的浴霸等五种产品。

3. 公证购买涉案产品相关情况

2014年8月8日，原告在“苏州樱花山水净化厨电”的店铺购买了一台燃气灶。该燃气灶产品外包装上载明“苏州樱花山水净化厨电有限公司”名称，并使用了花朵图形商标，其中图形为一朵类似樱花的形状，为红色，YNHADQ部分背景为绿色，整个商标外框也为绿色。在产品包装内的附随赠品有一围兜，其上标注“苏

州樱花净化厨电有限公司”字样。经查,该产品外包装与奉化市市场监督管理局执法人员在韩洋公司现场检查发现的燃气灶产品外包装一致。

江苏省苏州市中级人民法院作出一审判决:(1)撤销被告苏州市工商局苏工商名争处字(2015)第01号企业名称争议处理决定;(2)撤销被告江苏省工商局(2015)苏工商复字第15号行政复议决定;(3)被告苏州市工商局于判决生效之日起6个月内重新作出企业名称争议处理决定。苏州工商局、江苏工商局、樱花山公司不服,提起上诉。江苏省高级人民法院于2018年2月9日作出(2016)苏行终1623号二审判决:驳回上诉,维持原判。

【案件争点】

1. 涉案处理决定认定原告与第三人名称存在明显区别,认定事实是否清楚。

2. 涉案处理决定认定第三人与韩洋公司不存在委托加工关系,认定事实是否清楚。

【裁判要旨】

(一)涉案争议决定认定樱花公司与樱花山公司名称存在明显区别系事实认定错误

根据《企业名称登记管理规定》第6条、第9条第2项及《企业名称登记管理实施办法》第31条之规定,对两名称是否系同行业相同或近似名称作出判断,还应当依据在先权利人提交的证据,考量在先企业字号或商标的显著性、知名度及在后企业名称的实际使用情况、使用人攀附恶意等事实,判断被争议名称是否含有误导公众的内容。

本案中,原告享有企业名称权和樱花商标专用权,其商标及企业名称经过长期使用,在卫厨商品上具有较高知名度。第三人尽管将“樱花山”作为字号进行登记,但因该字号与行业特征词汇可以联用,一般消费者有可能与原告的商品产生混淆。第三人经营范围中同时包含了厨房电器、燃气热水器、灶具等产品,可以认定第三人名称存在误导公众的内容,应当予以纠正。涉案处理决定认定两企业名称不会发生混淆错误。

(二)涉案争议决定认定樱花山公司与韩洋公司不存在委托加工关系存在事实认定错误

1. 认定樱花山公司与韩洋公司不存在委托加工关系依据不足

根据《企业名称登记管理实施办法》第44条及《江苏省工商行政管理机关企业名称争议处理程序规定》第10条的规定,本案中,被告苏州市工商局认定第三人与韩洋公司之间没有委托加工关系，但该事实与《奉化市市场监督管理局关于苏州市昆山工商行政管理局协助调查有关问题的复函》确认的事实矛盾，且无法得到在案证据的支持。

2. 前述关系认定对涉案实体争议处理结果具有直接影响

根据《企业名称登记管理实施办法》第41条、《商标法》（2013年）[①]第58条以及《反不正当竞争法》（1993年）第2条、第5条等相关规定，认定是否存在利用企业名称实施不正当竞争行为的情形。

本案中，被争议的企业名称在实际使用方式上，不仅没有有意避让樱花公司的字号，反而强调了其与该企业名称的关系。故涉案争议决定在未充分调查核实情况下直接认定樱花山公司与韩洋公司不存在委托加工关系、进而驳回樱花公司的申请属主要事实认定不清。

对江苏省工商局针对涉案争议决定作出的行政复议予以维持，根据《行政诉讼法》（2014年）第26条第2款规定，江苏省工商局应当作为本案共同被告，被告江苏省工商局关于其非本案适格被告的答辩理由不成立。

综上所述，涉案争议决定认定事实主要证据不足，应予撤销，涉案复议决定维持涉案争议决定，应予一并撤销。

例案二　中粮集团有限公司诉峨眉山市市场和质量监督管理局履行工商行政职责案

【法院】

四川省乐山市市中区人民法院

【案号】

（2016）川1102行初129号

【当事人】

原告：中粮集团有限公司

法定代表人：赵某某，该公司董事长

被告：峨眉山市市场和质量监督管理局

---

① 说明：本书提及具体法律法规时，若案例当时适用的版本非现行版本，将当时适用版本年份括注于该法律法规名称之后；若无括注，则表示适用的是截至本书出版时的现行版本，下同。

法定代表人:张某某,该局局长

第三人:峨眉山中粮物流有限公司

法定代表人:张某,该公司总经理

【基本案情】

原告中粮集团有限公司(以下简称中粮集团公司)诉称,原告对“中粮”文字使用在先且“中粮”字号在全国范围内具有极高的知名度,第三人将“中粮”文字作为字号登记为企业名称的行为具有攀附原告良好信誉和注册商标商誉、试图“搭便车”“傍名牌”以及误导相关公众的主观故意且第三人登记的企业名称极易造成相关公众的混淆或误认,损害原告的利益。原告认为,根据法律、法规的规定,第三人的行为已经构成不正当竞争,被告应当予以处理。故请求法院判决:(1)撤销被告作出的峨市监复〔2015〕1号《关于中粮集团有限公司申请的回复》(以下简称《回复》);(2)责令被告重新作出纠正第三人企业名称中使用不适宜企业名称的行政行为。

被告峨眉山市市场和质量监督管理局(以下简称峨眉市监局)辩称,2015年12月10日被告作出的《回复》不是行政行为,是不具有强制力的行政指导行为,不具有可诉性,即使可诉,也不应当撤销。《驰名商标认定和保护规定》没有规定被告享有撤销企业名称登记的职权。原告没有充足证据和事实认定第三人构成不正当竞争。故被告作出的《回复》合法、合规且合理,请求法院判决驳回原告诉讼请求。

第三人峨眉山中粮物流有限公司(以下简称中粮物流公司)述称,第三人系依法成立的公司,成立时登记程序合法,成立后,没有不正当竞争行为,也没有损害原告的行为和后果,第三人和原告的经营范围、注册商标有本质区别,不存在原告诉称的事实。故请求法院判决驳回原告的诉讼请求。

法院经审理查明,原告前身成立于1983年7月6日,经营范围包括粮食收购、批发预包装食品等。2015年7月13日,颁发《粮食收购许可证》,授予其向粮食生产者收购粮食资格。

原国家对外经济贸易部《关于中国粮油食品进出口总公司所属子公司更名问题的批复》中,同意中国粮油食品进出口总公司使用“中粮”作为该公司的简称及所属子公司的字号。

1998年,中国粮油食品进出口总公司在国家工商局注册“中粮”商标,商标注册号分别为:(1)第1185805号,核定服务项目第39类:商品贮藏;运输信息;商品包装。(2)第1191997号,核定服务项目第35类:广告;广告代理等;商业咨询;商业组织咨询等。第1185805号、第1191997号商标注册人中国粮油食品进出口总公司先后变更为中国粮油食品进出口(集团)有限公司、中国粮油食品(集团)有限公司后，于2008年4月29日变更为中粮集团有限公司，即本案原告。2008年7月31日，第1185805号商标续展注册有效期自2008年6月21日至2018年6月20日。

1999年，中国粮油食品进出口(集团)有限公司制作的《中粮职工手册》中，多处使用"中粮人""中粮公司"作为简称。

2005年12月30日，国家工商行政管理总局商标局作出的商标驰字〔2005〕第60号《关于认定"中粮"商标为驰名商标的批复》，认定中国粮油食品(集团)有限公司使用在商标注册用商品和服务国际分类第35类进出口代理服务上的"中粮"注册商标为驰名商标。

2007年4月21日，中国粮油食品(集团)有限公司在国家工商总局注册"中粮"商标，商标注册号为第4027947号，核定服务项目第39类：船只出租；海上运输；汽车运输；空中运输；停车场租赁；客车出租等。2008年4月29日，第4027947号注册商标注册人变更为中粮集团有限公司，即本案原告。

2012年5月28日，中粮集团正式成为中国奥委会、中国体育代表团2012～2019年合作伙伴。

2009年7月31日，中粮集团正式成为上海世博会高级赞助商。

2014年10月20日，国家图书馆科技查新中心以"中粮"为检索词，在中国期刊全文数据库篇名字段检索，检出文献19篇；在慧科中文报纸数据库标题字段检索，检出文献10篇。

2009年9月9日，第三人经被告登记核准成立，经营范围为粮油收购仓储。

2015年11月27日，被告收到原告提交的《撤销企业名称登记申请书》，原告以第三人将"中粮"文字作为字号登记为企业名称的行为损害原告的合法权益，破坏公平竞争的社会经济秩序，构成不正当竞争为由，申请被告依法撤销第三人的企业名称，并提供了相应证据佐证。

2015年12月10日，被告作出《回复》并邮寄原告，但没提交原告收到该《回复》具体时间的证据。

乐山市市中区人民法院于2017年1月9日作出(2016)川1102行初129号行政判决：(1)撤销被告峨眉山市市场和质量监督管理局作出的峨市监复〔2015〕1号《关于中粮集团有限公司申请的回复》；(2)责令被告于本判决生效后两个月内就

原告举报申请处理事项重新作出行政行为,并将处理结果书面告知原告。中粮物流公司不服,提起上诉,后申请撤回上诉,四川省乐山市中级人民法院作出(2017)川11行终49号行政裁定,准许中粮物流公司撤回上诉。

【案件争点】

1. 被告作出的《回复》是否是可诉行政行为。

2. 第三人企业名称中使用"中粮"文字是否构成不正当竞争。

3. 被告是否具有对企业名称予以撤销的职权。

【裁判要旨】

(一)关于被告作出的《回复》是否是可诉行政行为问题

法院认为,原告以其企业名称和注册商标受到第三人的不正当竞争为由,向被告提出举报,被告作出《回复》,认为第三人对原告没有不正当竞争行为,且没有撤销企业登记名称的职权依据,从而没有对原告举报申请事项予以撤销。属于被告对原告的权利义务产生实质影响,与其有利害关系履行职责的行为。故属于可诉行政行为。

(二)关于第三人企业名称中使用"中粮"文字是否构成不正当竞争问题

法院认为,根据《商标法》(2013年)第58条和《反不正当竞争法》(1993年)第2条及第5条等规定中所确定的诚实信用、维护公平竞争和保护在先权利等认定不正当竞争的原则,可以认定第三人在企业名称中使用"中粮"文字构成不正当竞争。被告作出的《回复》认定第三人不构成不正当竞争的主要证据不足。

首先,原告对"中粮"文字使用在先。根据查明的事实,从1983年起"中粮"两字已作为原企业名称中国粮油食品进出口总公司的简称及所属子公司的字号。2005年12月30日,"中粮"注册商标被认定为驰名商标。期间,"中粮"系列商标和"中粮"字号具有很高的知名度,为相关公众所知悉,应当给予范围更宽和强度更大的法律保护。第三人于2009年9月9日登记设立,迟于上述"中粮"系列商标的注册时间和企业名称的登记注册时间,相比第三人,原告对于"中粮"文字使用在先,其享有在先注册商标专用权和企业名称权。

其次,第三人注册企业名称时不具有正当性。原告的企业名称历经数次变更为现在的中粮集团公司。第三人在注册企业名称时使用"中粮"文字没有任何正当、合理的理由,系不正当地将他人具有较高知名度的在先注册商标和字号注册登记为自己的企业名称。

第三,"中粮"文字系第三人企业名称中的字号。如前所述,"中粮"系列注册商标和“中粮”字号具有较高知名度和显著性。第三人企业名称中的“中粮”属于字号，“物流”系行业名称，从而导致中粮物流公司企业名称中“中粮”二字成为最具识别力的文字，构成其企业名称中最具有标识作用的部分，最具有显著性，最易使相关公众将其与产品来源联系起来，认为第三人与原告的产品在来源、运输等上具有特定的联系，从而产生市场混淆。

（三）关于被告是否具有对企业名称予以撤销的职权问题

法院认为，根据《企业法人登记管理条例》（2014年）第5条第3款和《企业名称登记管理规定》第5条第2款以及《企业名称登记管理实施办法》第41条的规定，原告在其企业名称、商标受到第三人不正当竞争情况下，可以要求登记核准第三人的被告予以纠正。故，被告具有对不适宜的企业名称予以纠正的职权。

综上事实和理由，被告作出《回复》的主要证据不足，适用法律、法规错误，违反法定程序，应当予以撤销，并责令其重新作出行政行为，履行法定职责。

例案三 | 唐某诉四川省工商行政管理局工商登记案

【法院】

四川省成都市中级人民法院

【案号】

（2017）川01行初633号

【当事人】

原告：唐某

被告：四川省工商行政管理局

法定代表人：万某某，该局局长

第三人：成都华股电子商务有限公司

法定代表人：唐某，该公司经理

【基本案情】

原告唐某诉称，原告向被告提交企业名称预先核准申请，申请注册四川省一带一路贸易发展有限公司。2017年6月19日被告作出（川工商）登记内名驳字〔2017〕52号企业名称驳回通知书，原告认为采用“一带一路”作为企业名称体现了开拓和发展“一带一路”沿线经济贸易，没有给公众造成欺骗或者误解且通过国家企业信用信息公示系统检索，全国已有百余家使用“一带一路”作为企业名称的公司。故请求法院撤销被告作出的系争通知书。

被告四川省工商行政管理局(以下简称四川省工商局)辩称,“一带一路”具有特定含义,为国家级顶层策略,易对公众造成欺骗或者误解,不宜作为企业名称。被告作出52号通知书,适用法律正确。另外,部分省市关于“一带一路”的登记情况对本案不具有当然约束力,“一带一路”不宜作为企业名称核准登记。故请求法院驳回原告的诉讼请求。

第三人成都华股电子商务有限公司(以下简称华股公司)述称,同原告意见。

法院经审理查明,2017年6月15日,华股公司委托其法定代表人唐某,即本案原告,向天府新区成都片区工商行政管理局提交“企业名称预先核准申请书”等申请材料,申请注册四川省一带一路贸易发展有限公司。天府新区成都片区工商行政管理局初审合格后将申请材料通过内网报送被告。被告于2017年6月19日向原告作出52号通知书,决定不予核准企业名称。

法院另查明,(1)原告申请预先核准的四川省一带一路贸易发展有限公司注册资金为1200万元,经营范围为:国内外贸易、进出口业、会展会议服务、工艺品、办公用品、日用百货、五金交电金属材料销售、企业管理、信息咨询。投资人华股公司,注册资本为200万元。(2)经天府新区成都工作委员会批准,天府新区成都片区工商行政管理局于2017年8月17日予以撤销,其相应职能分别划入四川天府新区成都管理委员会政务服务中心和四川天府新区成都管理委员会城市管理和市场监管局。

四川省成都市中级人民法院于2017年12月12日作出(2017)川01行初633号行政判决:驳回原告唐某的诉讼请求。该判决已生效。

【案件争点】

被告作出不予核准原告使用“一带一路”作为企业名称的申请是否合法适当。

【裁判要旨】

(一)关于被告以“可能对公众造成欺骗或者误解的”为由作出系争通知书的理由是否充分、适用法律是否正确的问题

法院认为,需结合“一带一路”这一特定用语进行综合分析。“一带一路”于2013年9月至2013年10月由国家领导人在出访中亚和东南亚国家期间提出,是“丝绸之路经济带”和“21世纪海上丝绸之路”的简称。“一带一路”倡议强调恪守联合国宪章的宗旨和原则,坚持开放合作,坚持和谐包容,坚持市场运作,坚持互利共赢的合作原则,以实现政策沟通、设施联通、贸易畅通、资金融通、民心相通为主

要内容。“一带一路”倡议提出后，受到沿线各国的积极响应和参与，国内外相关新闻媒体进行了广泛、深入、全面的宣传报道。各类市场参与者以及普通群众对“一带一路”倡议已经达成普遍共识。在此背景下，企业申请以“一带一路”作为企业名称注册，可能使社会公众对该企业行为与党和国家倡导的“一带一路”倡议产生联系，使公众对该企业相关情况产生误解，并基于该误解而进行交易或者作出决策，可能损害其他市场参与者的合法权益，对正常的市场秩序造成冲击。本案中，原告申请预先核准的四川省一带一路贸易发展有限公司注册资金为1200 万元，经营范围为国内外贸易、会展会议服务、工艺品、办公用品等，唯一的投资人华股公司注册资本为200 万元。由此可见，原告申请预先核准的四川省一带一路贸易发展有限公司的企业名称与其实际经营范围、经营规模、经营实力并不完全匹配，其名称中的“一带一路”字样可能使公众对其经营范围、资金来源及产业结构等造成欺骗或者产生误解。

同时，按照相关法律的规定，民事主体从事民事活动，不得违反法律和公序良俗。企业作为民事主体，从事民事活动应当遵守法律规定和公序良俗原则，尊重社会公德，不得扰乱社会经济秩序，损害社会公共利益。企业名称是企业从事民事活动的前提和基础，是企业区别于其他企业的重要标志，对其日后的市场活动必然产生重大影响。企业名称的选择和登记应当符合社会公共利益和社会经济秩序的要求。本案中，原告申请以四川省一带一路贸易发展有限公司作为企业名称登记注册，不符合社会公共利益和社会经济秩序的要求，有悖于法律规定和公序良俗原则。

综上所述，被告驳回原告申请并作出 52 号通知书的理由充分、适用法律正确。原告申请以四川省一带一路贸易发展有限公司作为企业名称登记注册，可能对公众造成欺骗或者误解，不符合法律规定和公序良俗原则，法院依法不予支持。

（二）关于部分省市已将“一带一路”作为企业名称登记注册能否作为撤销 52 号通知书的理由和依据的问题

法院认为，应当结合“一带一路”是否可以作为企业名称登记注册以及“一带一路”的提出背景和发展历程进行综合分析。换言之，部分省市将“一带一路”作为企业名称登记注册的行为并不当然具有合法性。从前述分析可知，采用“一带一路”作为企业名称登记注册，可能对公众造成欺骗或者误解，不符合法律规定和公序良俗原则的要求。同时，从“一带一路”的提出背景和发展历程看，自 2013 年 9 月至 10 月提出以来，经过四年时间不断发展完善，其国内外影响力和公众的认知范围不断扩大和加深。对于“一带一路”重大倡议作为企业名称登记注册是否属于“可能对公众造成欺骗或者误解的”情形,各级工商行政管理部门对此的认识也有一个逐渐发展和深化的过程。在此过程中,存在部分省市工商行政管理部门对含有“一带一路”字样的企业名称予以核准登记的情况。

对于已经登记注册的含有“一带一路”字样的企业名称,其在使用中对公众造成欺骗或者误解的,任何单位和个人可以要求登记主管机关予以纠正,登记主管机关有权自行纠正,或者由上级登记主管机关依法纠正。

综上所述,被告答辩理由成立,部分省市已将“一带一路”作为企业名称登记注册不能作为撤销52号通知书的理由和依据。原告的起诉理由不能成立,法院不予支持。

法院注意到,原告唐某系受第三人华股公司委托向被告省工商局提出企业名称核准申请,被告本应以华股公司作为行政相对人却以唐某作为行政相对人作出52号通知书,存在一定瑕疵。本案的特殊之处在于,唐某系华股公司法定代表人,依照法律或者公司章程的规定,公司法定代表人代表法人从事民事活动。法定代表人以法人名义从事的民事活动,其法律后果由法人承受。因此,企业法人的法定代表人在以企业名义对外从事的经营活动中,当然代表该企业法人,且其权限大于一般的委托代理人。被告将行政相对人的法定代表人及委托代理人作为行政相对人作出行政行为,对华股公司实体权利义务不产生实际影响,也不改变本案的审理对象,华股公司经法院通知作为第三人参加诉讼并行使了相关权利。鉴于本次诉讼目的和被诉行政行为指向恒定,不会对诉讼主体的程序和实体权利义务造成实质性影响,且各方当事人均未对此提出异议,因此,被告将唐某作为行政相对人作出52号通知书的行为并无不当。

综上所述,被告省工商局作出的52号通知书认定事实清楚、证据充分,适用法律正确,程序合法。原告的起诉主张不能成立。

三、裁判规则提要

名称是企业登记首要事项,企业只能使用一个名称,经核准登记的企业名称受法律保护。实践中,企业名称五花八门,部分名称对公众造成欺骗或者误导,甚至严重违反公序良俗、损害民族感情,已然对社会经营秩序和良好社会风尚产生危害。因此,将可能对公众造成欺骗或者误解的文字或内容作为企业名称注册登记的,工商登记机关不应予以核准,已核准登记的应予纠正。

(一)企业名称对公众造成欺骗或者误解形式多样

日常交往中，企业名称对公众造成欺骗或者误解形式多种多样，主要包括以下几类情形：(1)企业名称侵害他人的合法权益。公民、法人或者其他组织合法的人身、财产权益受法律的保护，任何个人或者组织不得侵害。实践中，企业名称侵害他人合法权益主要表现为申请人采取攀附知名企业良好的声誉和知名的注册商标等手段以达到混淆公众视听牟取不正当利益的目的，侵害他人企业名称专用权、注册商标专用权等合法权益。(2)企业名称与实际经营不相匹配。申请人申请注册的企业名称中字号或行业特点与其经营范围严重不匹配，容易对群众造成欺骗或者误解。例如，申请人将与党和国家的倡议等有关的文字和内容作为企业字号，但企业经营范围、经营规模、经营实力等与顶层战略并不匹配，公众可能因不适宜的企业名称对该企业的相关情况产生误解，并基于误解进行交易或作出经营决策，损害其他市场参与主体的合法权益，对正常的市场秩序造成冲击，例案三中反映的以"一带一路"作为字号申请企业名称即属此例。(3)企业名称中有违反公序良俗的文字或者内容。在司法实践中，人民法院曾在多个案例中以当事人企业名称含有"丐帮"等内容违反公序良俗原则为由认定工商行政管理部门不予核准所申请企业名称的行为合法。《企业名称禁限用规则》第 6 条"企业名称不得含有可能对公众造成欺骗或者误解的内容和文字"的规定适用于以下几类情形：一是含有党和国家领导人、老一辈革命家、知名烈士和知名模范的姓名的，如"董存瑞""雷锋"等。二是含有非法组织名称或者反动政治人物、公众熟知的反面人物的姓名的，如"法轮功""汪精卫""秦桧"等。三是含有宗教组织名称或带有显著宗教色彩的，如"基督教""佛教""伊斯兰教"等。该条规定将特定种类的违反公序良俗原则文字和内容的企业名称认定为可能对公众造成欺骗或者误解的情形，细化了《企业名称登记管理规定》第 9 条第 2 项的规定，有助于正确认定不适宜核准登记的企业名称，工商行政执法和人民法院司法裁判中可予参照适用。

(二)判断企业名称是否会对公众造成欺骗或者误解应考量的因素

《企业名称登记管理规定》第 9 条第 2 项等规定相对原则，未有详细解释，且含有"可能"二字，人民法院或者工商登记机关应当在个案办理中结合具体情形予以判断。一般而言，判断企业名称是否会对公众造成欺骗或者误解应考量因素有以下几项：(1)企业名称本身是否具有欺骗性或者误导性。企业名称由行政区划、字号、行业特点、组织形式四个部分组成。企业名称记载的前述文字或者内容与其他企业名称或者注册商标相同或者近似,如企业名称与其他企业全称或者简称相同或者近似,足以对公众造成混淆的,行政和司法机关可综合其他相关因素对企业名称的适法性进一步作出判断。(2)在先权益是否足以对他人注册企业名称产生"合理避让"义务。这里主要是考虑在先的商标或者企业名称是否具有足够的社会知名度和影响力。特别是著名、驰名商标以及知名企业等,其往往商品和服务质量较高,宣传力度较大,经过多年的经营形成了较好的商誉及较高的公众认可度,较于一般商标、企业,法律对其保护力度相应更大,以避免他人申请登记的企业名称与之相同或者近似。(3)公众对企业名称的识别能力。对于公众是否会对企业名称产生误解或受欺骗,应坚持一般人的识别标准。应考虑一般情况下普通公众对企业名称的辨识能力,考虑一般公众是否能够通过比对特定企业与其他企业登记的经营范围和实际经营范围重合程度、相关商品的商标、性质、种类、价格以及宣传方式等,是否可将特定企业与其他法律主体进行有效区分。前述例案一中,原告享有企业名称权和樱花商标专用权,其商标及企业名称经过长期使用,在卫厨商品上具有较高知名度,因此,第三人将"樱花山"作为字号进行登记,易使一般消费者将其误认为是原告的商品,法院遂认定该名称存在误导公众的内容。例案二中亦是如此,原告"中粮"系列商标和"中粮"字号具有很高的知名度,为相关公众所知悉,应给予范围更宽和强度更大的法律保护,法院最终认定第三人在企业名称中使用"中粮"文字构成不正当竞争。

至于对可能对公众造成欺骗或者误解企业名称的处理,根据《企业名称登记管理实施办法》第 24 条、第 27 条的规定,工商登记机关对申请预先核准或者变更的企业名称不予核准的,应发给《企业名称驳回通知书》。另外,根据该办法第 41 条、第 42 条和第 43 条的规定,已经注册的企业名称在使用中对公众造成欺骗或者误解的,或者损害他人合法权益的,工商登记机关应主动或者依申请纠正不适宜的企业名称。一般而言,工商登记机关应撤销该已注册登记的企业名称,并责令相关企业限期变更企业名称。

四、辅助信息

高频词条:

1.《企业名称登记管理规定》

第 6 条　企业只准使用一个名称,在登记主管机关辖区内不得与已登记注册的同行业企业名称相同或者近似。

确有特殊需要的，经省级以上登记主管机关核准，企业可以在规定的范围内使用一个从属名称。

第9条 企业名称不得含有下列内容和文字：

（一）有损于国家、社会公共利益的；

（二）可能对公众造成欺骗或者误解的；

（三）外国国家（地区）名称、国际组织名称；

（四）政党名称、党政军机关名称、群众组织名称、社会团体名称及部队番号；

（五）汉语拼音字母（外文名称中使用的除外）、数字；

（六）其他法律、行政法规规定禁止的。

2.《企业名称登记管理实施办法》

第41条 已经登记注册的企业名称，在使用中对公众造成欺骗或者误解的，或者损害他人合法权益的，应当认定为不适宜的企业名称予以纠正。

3.《企业名称禁限用规则》

第6条 企业名称不得含有可能对公众造成欺骗或者误解的内容和文字。

以下情形适用于本条款规定：

（一）含有党和国家领导人、老一辈革命家、知名烈士和知名模范的姓名的。如“董存瑞”“雷锋”等。

（二）含有非法组织名称或者反动政治人物、公众熟知的反面人物的姓名的。如“法轮功”“汪精卫”“秦桧”等。

（三）含有宗教组织名称或带有显著宗教色彩的。如“基督教”“佛教”“伊斯兰教”等。

工商登记案件裁判规则第 2 条：

中外合作经营企业的合作者在合作期限内对合作企业合同作重大变更的，须经其他合作方同意，并报审查批准机关批准，否则不具有法律效力

〔**规则描述**〕：合同是中外合作经营企业经营的基础，有关该类合同的重大事项变更，须完成以下两个步骤：一是与其他合作方协商一致，二是报经审查批准机关批准。如未经其他合作方同意就得到审查机关批准，其他合作方同意后审查批准机关未履行批准职责，审查批准机关批准错误等，均不具有法律效力。

一、类案检索大数据报告

截至 2018 年 12 月 24 日，以“中外合作经营企业”“行政”为并列关键词，通过 Alpha 案例库、上海 C2J 系统、法信平台、元典智库、北大法宝检索数据库检索到 602 起行政案件，剔除无关联案件和同一案件不同审级形成的多个文书，实际共查找到高度关联的 10 起案例裁判文书。整体情况如下：

从地域分布看，主要分布在北京市、上海市、广东省等沿海地区。其中，广东省 5 件，北京市 2 件，上海市、四川省、吉林省各 1 件（见图 2－1）。

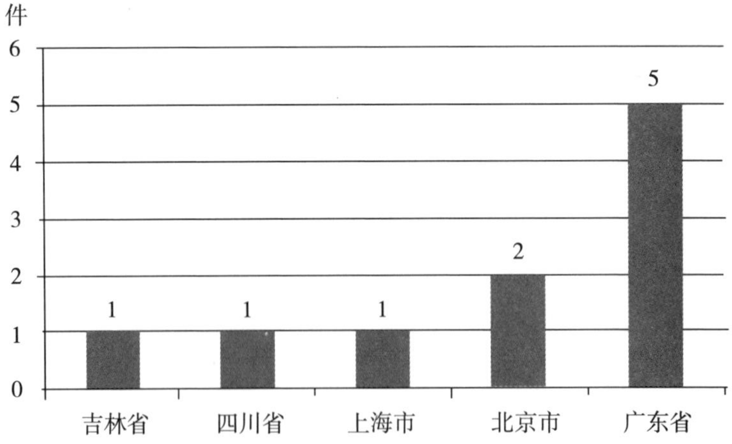

图 2－1　类案地域分布

从结案年度分布看，案件发生时间较为分散，从 2002 年至2018 年均有发生，该

案件类型发生率较低(见图 2 -2)。

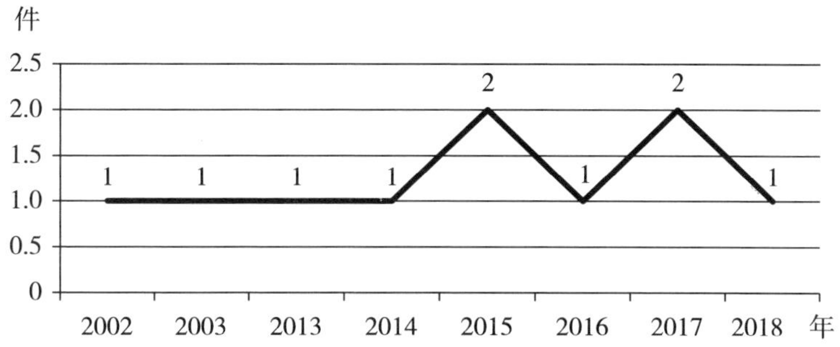

图 2 -2　类案结案年度分布

从涉案案由来看,涉及不服股权批复的有 5 件,不服行政复议决定的 1 件,要求履行法定职责的 2 件,涉及侵犯企业经营自主权的有 1 件,不服合同批复的 1 件(见图 2 -3)。

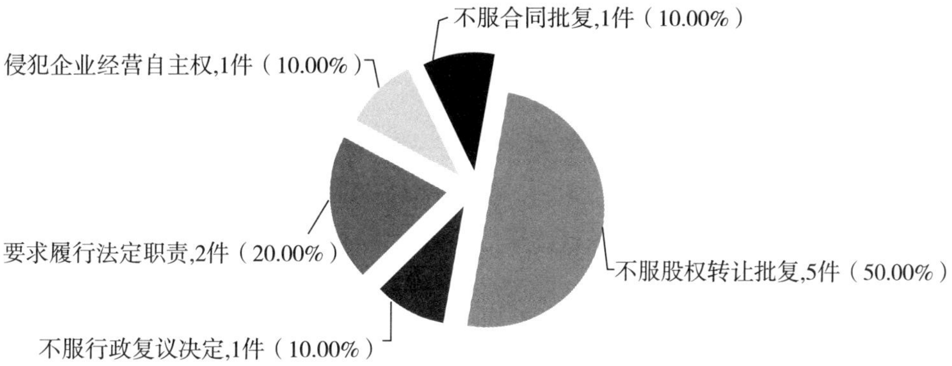

图 2 -3　类案案由分布

从裁判结果看,1 件判决撤销补充合同及章程批复,原因是案件各方当事人认可中外合作经营协议、合同、章程上的并非原告真实公章和签名,不能代表原告真实意思表示,故判决撤销补充合同及章程修改批复。1 件判决确认违法,原因是诉讼期间第三人公司承认提交的审批材料中原告公司的公章、签名系伪造,被告审批机关根据《行政许可法》的相关规定,诉讼期间已作出决定撤销了各公司转内资的批复,再判决撤销无意义。1 件判决责令履行法定职责,原因是被告在受理了原告申请延长经营期限的申请后,未在法定期限对其受理的申请作出批准或不予批准的答复。除以上之外,均裁判支持了行政机关的行政行为(见图 2 -4)。

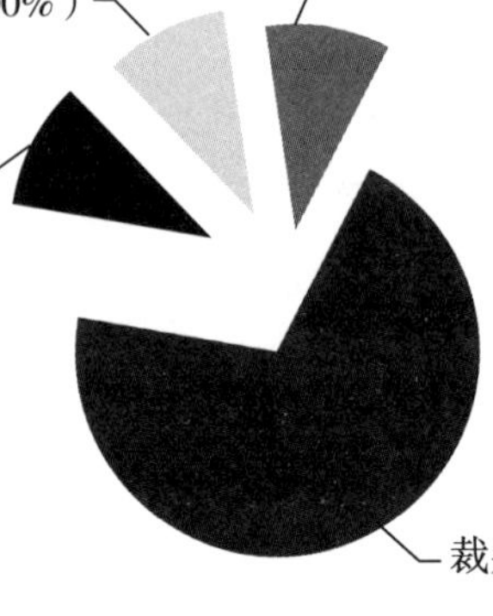

图 2-4　类案裁判结果分布

二、可供参考例案

例案一 | 上海复兴广场文娱有限公司诉上海市人民政府行政复议决定案

【法院】

上海市第三中级人民法院

【案号】

(2016)沪03行初92号

【当事人】

原告:上海复兴广场文娱有限公司

法定代表人:章某某,该公司董事长

被告:上海市人民政府

法定代表人:应某,该市市长

第三人:上海市商务委员会

法定代表人:尚某某,该委主任

第三人:上海金锐建设发展有限公司

法定代表人:张某某,该公司总经理

【基本案情】

原告上海复兴广场文娱有限公司(以下简称复兴公司)诉称,复兴公司董事会于1996年作出合作期限由22年延长为30年的决议,并修改了合作合同及章程的相关内容,上述决议、合同及章程等均合法有效。根据原上海市外国投资工作委员会（以下简称原外资委）——其对外资企业的审查批准职责已由上海市商务委员会（以下简称上海市商务委）承继——于1996年11月14日作出的沪外资委批字（96）第1440号《关于复兴公司扩大经营范围的批复》（以下简称1440号批复），除了原则同意经营范围增设“办公室出租”一项外，还原则同意合同、章程部分条款修改协议，其中应当包括了同意合作期限延长为30年的内容，但之后复兴公司领取的1996年台港澳侨投资企业批准证书的经营年限仍为22年。因经营年限即将到期，复兴公司于2015年3月9日向市商务委提出变更经营年限为30年的更正申请，上海市商务委也于同月11日核发了30年经营年限的批准证书，对之前错误进行的更正合法有效。此后，上海市商务委作出系争批复，又撤销了30年经营年限的批准证书，认定事实错误、适用法律错误，且未组织听证、未送达文书，程序严重违法，应当予以撤销。被诉复议决定仅确认系争批复程序违法，但未撤销系争批复效力，被诉复议决定实体违法，且复议程序的中止及恢复审理缺乏法律依据，被诉复议决定程序违法。请求撤销被诉复议决定，并依法责令被告上海市人民政府（以下简称上海市政府）重新作出行政复议决定。

被告上海市政府辩称，经审查，相关证据相互印证，均无法表明原告复兴公司于1996年获得原市外资委批准将其经营年限延长为30年。因2015年3月11日核发30年经营年限的批准证书行为缺乏事实和法律根据，上海市商务委作出系争批复予以纠正，实体并无不当。但上海市商务委作出系争批复程序明显不当，上海市政府据此作出被诉复议决定，认定事实清楚、证据确凿、适用法律正确。因本案案情复杂，上海市政府在行政复议中依法中止及恢复审理，于法有据，且在上述期间向复议当事人及其上级公司进行了调查询问，复议程序合法。原告的诉讼请求缺乏依据，请求依法判决驳回。

第三人上海市商务委述称，1440号批复内容中未就延长合作经营年限明确批准同意，且该批复的发文稿纸中明确划去了“原则同意复兴公司的合作期限由原来的22年延长至30年”的内容，说明原市外资委不同意延长合作期限的意见明确。复兴公司22年经营年限与中方合作者作为合作条件提供的经营场地的房地产权期限状况一致，应予确认。企业的经营年限应当以批准证书的记载为准，复兴公司在长达20年内未对原批准证书提出过异议，亦未在法定期限内提出过司法救济，并多次向现中方合作者金锐公司提出要求延长合作期限，故复兴公司之前对合作经营年限为22年是确认的。复兴公司中外合作者未就延长经营年限达成新的一致意见，上海市商务委于2015年3月11日应复兴公司单方申请，核发30年经营年限的批准证书,既不存在更正的基础,亦不符合协商一致申请延长经营年限的法定审批条件,该行政行为程序违法,应予撤销。鉴于金锐公司提出异议后,上海市商务委作出的系争批复系对核发30年经营年限批准证书行为的纠错,合法有效。对内部纠错程序虽然无明确法律规定,但上海市商务委对被诉复议决定确认系争批复程序明显不当部分予以尊重。请求判决驳回原告的诉讼请求。

第三人上海金锐建设发展有限公司(以下简称金锐公司)述称:同意上海市政府及市商务委的诉讼意见。复兴公司的合作经营年限根据先前的批准证书及营业执照自设立至2015年3月11日之前一直是22年,金锐公司作为复兴公司的现中方合作者从未就延长经营年限与外方达成一致。请求判决驳回原告的诉讼请求。

法院经审理查明,2015年8月28日,复兴公司向上海市政府提出行政复议申请,要求撤销上海市商务委对金锐公司所作的系争批复。上海市政府于同年9月1日受理后,向上海市商务委发送行政复议答复通知书,并书面通知金锐公司作为复议第三人参加行政复议。同月14日,上海市商务委提交行政复议答复意见书及相关证据材料。2015年10月16日,金锐公司提交参加行政复议申请书及相关证据材料。2015年10月29日,上海市政府作出延长审理期限通知书并送达复兴公司、金锐公司及上海市商务委,告知:根据《行政复议法》(2009年)第31条第1款的规定,决定延长审理期限不超过30日。2015年11月19日,上海市政府召集复兴公司及上海市商务委核实有关情况,并制作了调查笔录。同月27日,上海市政府作出行政复议中止通知书并送达复兴公司、金锐公司及上海市商务委,内容为:因案情较为复杂,需要继续调查,根据《行政复议法实施条例》第41条第1款第8项之规定,决定中止行政复议。2016年2月29日,上海市政府作出行政复议恢复审理通知书并送达复兴公司、金锐公司及上海市商务委,内容为:现行政复议中止的原因已消除,根据《行政复议法实施条例》第41条第2款的规定,从即日起恢复该行政复议案件的审理。同日,上海市政府作出被诉复议决定,并于2016年3月2日寄送复兴公司、金锐公司及上海市商务委。复兴公司于2016年3月4日收悉后不服,诉讼来院。

复兴公司系上海市复兴公园和香港太平洋复兴控股有限公司于1993年设立的中外合作经营企业。根据双方于1993年7月31日签订的《沪港合作上海复兴广场文娱有限公司合同》(以下简称《合作协议》)约定:中方以提供4100平方米经营场地的使用权等作为合作条件,外方以50万美元现汇和450万美元的实物作为合作条件;合作经营年限为22年,从合作公司营业执照颁发之日起算。1993年10

月21日，复兴公司取得外经贸沪合作字〔1993〕774号外商投资企业批准证书，经营年限为22年。同年12月，复兴公司取得企业法人营业执照，经营年限自1993年12月1日至2015年11月30日。

1996年4月，复兴公司董事会通过决议“合作双方一致决定同意将原合作期22年申请延长至30年，在原经营范围基础上增加‘办公房出租’的经营内容”，合作双方为此签署了合同部分条款修改协议、章程部分条款修改协议。1996年10月18日，原上海市卢湾区人民政府（以下简称原卢湾区政府）向原市外资委报送卢府外经（1996）96号《关于报请审批沪港合作复兴公司延长合作期限和增加经营范围的函》。1996年11月14日，原市外资委对原卢湾区政府作出1440号批复，主要内容为：“一、原则同意复兴公司在原经批准的经营范围中增设：办公室出租一项。二、原则同意复兴公司合同、章程部分条款修改协议。”1996年11月25日，复兴公司取得经营年限仍为22年的台港澳侨投资企业批准证书。2008年12月，金锐公司接替上海市复兴公园成为复兴公司的中方合作者。2010年2月至8月，复兴公司曾三次向金锐公司提出延长合作期限的书面申请，均未得到金锐公司同意。直至2015年3月之前，复兴公司所持批准证书上的合作经营年限均为22年。

2015年3月9日，复兴公司向上海市商务委提交《关于复兴公司变更台港澳侨投资企业批准证书经营年限为30年的更正申请》及复兴公司1996年度董事会决议，合同、章程部分条款修改协议，1440号批复等材料。复兴公司称，公司经营年限将于2015年11月30日届满，根据上述业经批准的合同、章程部分条款修改协议，申请将批准证书的原经营年限22年更正为30年。2015年3月11日，复兴公司取得了发证序号为3100178542的台港澳侨投资企业批准证书（以下简称30年经营年限批准证书），经营年限为30年。

2015年6月16日，金锐公司向上海市商务委提交《关于撤销复兴公司经营年限延长为30年行政决定的申请》，称复兴公司的经营年限应以原核准颁发的批准证书和原企业法人营业执照所明确的22年年限为准；作为中方合作者，近期其与复兴公司的外方合作者香港太平洋复兴控股有限公司未就延长合作期限达成任何协议，更未向有关部门提出延期申请，故申请撤销复兴公司经营年限延长为30年的行政决定，恢复其原来的22年经营年限。上海市商务委于2015年6月18日收到后，于同月23日受理，并于同月29日向金锐公司作出系争批复，主要内容为：同意撤销我委于2015年3月11日发给复兴公司的30年经营年限批准证书，复兴公司经营期限恢复为22年。接到批文后，请通知复兴公司到我委换领台港澳侨投资企业批准证书,并到工商行政管理部门办理相关手续。系争批复向金锐公司送达。2015年6月30日,市商务委发出发证序号为3100182223的台港澳侨投资企业批准证书(以下简称2015年22年经营期限批准证书),复兴公司经营年限为22年。直至起诉前,复兴公司未领取该批准证书。

1440号批复的发文稿纸中,有关"二、原则同意复兴公司的合作期限由原来的22年延长至30年"的内容被划去,及主题词中的"延期"二字亦被相应划去;其余内容与正式发文稿一致。

上海市第三中级人民法院于2017年4月17日判决驳回复兴公司的诉讼请求。一审原告不服,提起上诉。上海市高级人民法院于2017年8月24日作出(2017)沪行终316号二审判决:驳回上诉,维持原判。

【案件争点】

1440号批复内容是否包含同意复兴公司合作经营年限延长至30年的审批内容。

【裁判要旨】

上海市第三中级人民法院认为:根据《中外合作经营企业法》以及《上海市外商投资企业审批条例》等相关规定,第三人上海市商务委(原市外资委)具有对本市外商投资企业的审批职责。根据《中外合作经营企业法》(2000年)第7条、第24条的规定,中外合作企业的合作期限依法属于审批事项。

原告复兴公司认为,合作双方签署的合作合同、公司章程部分条款修改协议中均包含了合作经营年限延长至30年的内容,1440号批复既然原则同意了上述合作合同、章程部分条款修改协议,应视为对延长经营年限的审批同意,否则应当在批复中明示不同意并说明理由。被告上海市政府及第三人市商务委、第三人金锐公司则认为,原市外资委对延长合作经营年限有权批准或不批准,1440号批复虽原则同意合作合同、章程部分条款修改协议,但并未对延长经营年限作出明确的同意意见,且结合发文稿纸的内容,原先同意延长合作期限的内容是被划去的,故1440号批复未审批同意复兴公司经营年限延长至30年。

首先,1440号批复系原市外资委对原卢湾区政府就延长合作期限和扩大经营范围的报请函所作的批复,该批复的名称为《关于复兴公司扩大经营范围的批复》。从批复文件名称和内容来看,明确只对原两项请示中的一项即"扩大经营范围"予以"原则同意"。其次,1996年4月,复兴公司董事会通过决议的内容为两项,即"合作双方一致决定同意将原合作期22年申请延长至30年,在原经营范围基础上增加‘办公房出租’的经营内容”。合作双方为此签署的合同部分条款修改协议、章程部分条款修改协议亦对上述两项进行了修改。但1440号批复对于延长合作期限并没有明确批准同意，这与该批复发文稿纸的内容是吻合的。最后，1996年11月25日，复兴公司取得经营年限仍为22年的台港澳侨投资企业批准证书，这一批准证书在1996年11月14日作出1440号批复后的同月内核发，进一步证明了最终批准的复兴公司经营年限仍为22年，该批准证书与1440号批复具有一致性。最后，如果1440号批复中“二、原则同意复兴公司合同、章程部分条款修改协议”的内容包括了原则同意经营年限延长至30年的内容，那么单列原则同意扩大经营范围亦不符合上下行文的逻辑。根据《中外合作经营企业法》等相关规定，中外合作经营企业的经营范围和合作经营年限均为审批事项，审查批准机关有权批准或不批准。1440号批复对关于复兴公司延长经营年限的请示，未明示予以同意，应当视为不批准。自1993年起至2015年3月11日之前，复兴公司领取的批准证书上载明的经营年限均为22年。因此，原告复兴公司认为1440号批复审批同意经营年限延长至30年的诉讼意见，依法不能成立。

本案中，上海市商务委认定，复兴公司于2015年3月11日以1440号批复等为依据，以更正申请为由取得的30年经营年限批准证书，缺乏更正的基础；且复兴公司未提交现中方合作者金锐公司与外方合作者就同意延长合作期限协商一致并在合作企业合同中订明的材料，故其亦不符合变更经营年限的法定审批条件。据此，上海市商务委作出系争批复，撤销复兴公司30年经营年限，将经营年限恢复为22年，合法有效。上海市政府在复议过程中认定市商务委作出系争批复属于自我纠错，实体上并无不当，故上海市政府所作的被诉复议决定对系争批复的实体认定正确，于法有据。至于作出系争批复的程序方面，上海市商务委作出系争批复虽属于纠错程序，并无相关法律进行明确规定，但因其撤销的30年经营年限批准证书系复兴公司持有，作出系争批复时理应将撤销的理由及结果告知复兴公司，而不是仅仅通过金锐公司通知复兴公司。上海市政府据此认定上海市商务委作出系争批复的程序不当，并依据《行政复议法》(2009年)第28条第1款第3项第3目的规定，决定确认系争批复程序违法，认定事实清楚，适用法律正确。

纵观本案所涉纠纷全程，复兴公司的中外合作者虽然早在1996年已就经营年限延长至30年协商一致并修改了合作合同、公司章程的相应条款，并报原市外资委审批，但复兴公司自1996年起取得的一系列批准证书始终明确载明其合作经营年限为22年。复兴公司如对相关批复及批准证书所涉经营年限的内容有异议，理应在法定期限内寻求救济。然而,复兴公司在此后长达近20年时间内均未就经营年限问题通过法定途径救济,直至22年经营年限即将届满前,在新的中方合作者金锐公司拒绝延长经营期限的情况下,才以1996年核发的批准证书存在"记载错误"为由,以1996年的1440号批复及相关合同、章程部分条款修改协议等为依据,向上海市商务委提出要求更正经营期限,其要求更正的理由明显有悖常理,其要求更正的申请有违已生效行政行为的确定力和公定力。

综上所述,原告复兴公司要求撤销被诉复议决定,并依法责令被告上海市政府重新作出行政复议决定的诉讼请求,缺乏事实根据和法律依据,遂判决驳回原告上海复兴广场文娱有限公司的诉讼请求。

例案二 | 广州市万兴经济发展公司不服北京市商务委员会股权变更批复案

【法院】

北京市高级人民法院

【案号】

(2015)高行终字第2324号

【当事人】

上诉人(一审原告):广州市万兴经济发展公司

法定代表人:黄某某,该公司总经理

上诉人(一审第三人):隆格兰(澳洲)有限公司

法定代表人:韩某某,该公司董事

被上诉人(一审被告):北京市商务委员会

法定代表人:闫某某,该委主任

被上诉人(一审第三人):北京海天房地产开发有限公司

法定代表人:李某某,该公司董事长

被上诉人(一审第三人):北京光耀东方商业管理有限公司

法定代表人:李某某,该公司董事长

【基本案情】

广州市万兴经济发展公司(以下简称广州万兴公司)上诉称:(1)北京市商务委员会(以下简称北京市商委)在审批过程中明知申报行为违法,为恶意成就股权转让行为而滥用职权,一审对事实的认定存在严重瑕疵,歪曲事实。申报材料中,授权委托书不是黄某某的真实意思表示；股权转让协议不合法；北京海天房地产开发有限公司（以下简称北京海天公司）董事会决议不合法；隆格兰（澳洲）有限公司（以下简称隆格兰公司）的签字及盖章不合法等，北京市商委未尽到实质审查义务。（2）一审法院程序违法。一审判决对于谈话和庭审过程没有提及，对上诉人提出的违法事实未予评述，有意回避焦点问题。（3）一审判决错误认定黄某某为隆格兰公司实际控制人，错误地对隆格兰公司提供的印章签字属于伪造的证据不予认定。综上，请求二审法院撤销一审判决，撤销被诉批复。

隆格兰公司上诉称：（1）一审法院认定事实错误，北京市商委提交的北京市京银律师事务所出具的证明与法律意见书不能替代行政机关的审查义务，不能以此作为变通执行法律规定的理由。（2）隆格兰公司没有授权任何人在市商委提交的文件中签字盖章，北京市商委负有证明其作出行政行为所依据的文件属实的义务。一审法院已经调取到了印章不一致的证据，对于非隆格兰公司签字盖章的文件，非隆格兰公司的真实意思表示，无须向法庭举证，一审法院举证责任分配错误。（3）一审法院认定事实错误，认定黄某某是隆格兰公司的实际控制人，属于偏听偏信、主观臆断。北京市商委作出的京商务资字（2010）844号《北京市商务委员会关于北京海天房地产开发有限公司股权变更的批复》（以下简称被诉批复）时没有任何依据认定黄某某是隆格兰公司的实际控制人。（4）北京市商委未严格执法，存在若干应审查而未审查到的重要事项。综上，请求二审法院撤销一审判决，撤销被诉批复。

北京市商委未在法定期限内向法院提交书面答辩状，在二审庭审中表示其坚持一审答辩意见。

北京海天公司、北京光耀东方商业管理有限公司（以下简称北京光耀公司）答辩称：（1）一审判决认定事实清楚，适用法律、法规正确，裁判得当；（2）广州万兴公司和隆格兰公司的上诉主张缺乏事实和法律依据。综上，请求二审法院驳回上诉，维持一审判决。

法院经审理查明，北京海天公司在被诉批复作出之前系由广州万兴公司、隆格兰公司投资设立的具有法人资格的中外合作经营企业。2010年7月30日，北京海天公司、广州万兴公司、隆格兰公司、北京光耀公司共同向市商委提出股权转让行政许可事项申请，并提交了申请材料。提交的《股权转让协议》记载：广州万兴公司、隆格兰公司、北京光耀公司、北京海天公司于2010年8月25日签订《股权转让协议》，协议约定广州万兴公司将其持有的北京海天公司91.67%股权零对价转让给北京光耀公司,隆格兰公司将其持有的北京海天公司8.33%股权零对价转让给北京光耀公司,北京光耀公司同意受让上述股权。转让完成后,北京光耀公司拥有北京海天公司100%股权,广州万兴公司、隆格兰公司退出北京海天公司。该《股权转让协议》加盖有广州万兴公司、隆格兰公司、北京海天公司的印章,在广州万兴公司、隆格兰公司和北京海天公司"法定代表人或其委托代理人"处有"黄某"的签字,在北京光耀公司"法定代表人或其委托代理人"处有"李某某"的签字。提交的《董事会决议》记载:2010年7月30日,北京海天公司召开董事会议,会议决议同意广州万兴公司将其持有的北京海天公司91.67%股权转让给北京光耀公司;同意隆格兰公司将其持有的北京海天公司8.33%股权转让给北京光耀公司。同意将北京海天公司由中外合作企业转为内资企业。落款日期为2009年10月28日的《授权委托书》记载:黄某某(曾用名黄某甲)作为广州万兴公司法定代表人、隆格兰公司的实际控制人、北京海天公司法定代表人,委托黄某作为其代理人,在委托权限范围内,代其办理与上述公司相关的一切事务。委托内容与委托权限:"1.授权受托人在万兴公司、隆格兰公司与北京光耀东方商业管理有限公司于2009年9月26日签订的关于海天公司的《股权转让协议》中,行使包括但不限于股东及实际控制人权利和法定代表人权利,在相关法律文件上签字我本人予以追认,并由我承担一切法律责任。……3.授权受托人在上述委托内容与委托权限范围内全权办理相关事宜,包括但不限于谈判、签署文件、办理行政机关审批、工商变更登记等事项,在相关法律文件上签字,我本人予以追认,并由我承担一切法律责任。委托期限:自本委托书签订之日起至上述事宜办完止。"《授权委托书》上有"黄某甲"的签字并加盖广州万兴公司、隆格兰公司、北京海天公司等公司的印章。北京市商委接到审批申请后,经审查于2010年10月1日作出被诉批复,主要内容为:其一,同意广州市万兴经济发展公司(以下简称广州万兴公司)将其持有北京海天公司91.67%的股权转让给北京光耀东方商业管理有限公司(以下简称北京光耀公司);同意隆格兰(澳洲)有限公司(以下简称隆格兰公司)将其持有北京海天公司8.33%的股权转让给北京光耀公司。其二,转让完成后,北京海天公司变更为内资企业,北京市商委收回北京海天公司的外商投资企业批准证书[批准号:商外资京作字(1993)0843号]。广州万兴公司不服被诉批复,认为隆格兰公司在股权转让相关文件中签字和盖章均为虚假,对股权转让事宜不知情,并非其真实意思表示,向北京市东城区人民法院提起行政诉讼。

广州万兴公司法定代表人黄某某曾用名黄某甲。经公安机关证明,黄某某与黄某甲二者为同一人。2009年9月26日，广州万兴公司、隆格兰公司、北京光耀公司及北京海天公司签订《关于北京海天房地产开发有限公司股权转让协议》。2010年8月25日广州万兴公司、隆格兰公司、北京光耀公司及北京海天公司签订《股权转让协议》，对2009年9月26日签订的协议的相关内容进行了修订。

北京市第二中级人民法院作出（2011）二中行初字第259号判决：驳回广州万兴公司的诉讼请求。一审原告广州万兴公司和一审第三人隆格兰公司不服，提起上诉。北京市高级人民法院于2015年12月29日判决驳回上诉，维持一审判决。

【案件争点】

股权转让是否为其真实意思表示，相关文件、签字及盖章是否虚假。

【裁判要旨】

北京市高级人民法院认为，根据《中外合作经营企业法》（2000年）第10条、《外企股权变更若干规定》第9条的规定，本案中，北京海天公司、广州万兴公司、隆格兰公司、北京光耀公司共同向市商委提交申请，申请批准广州万兴公司将其持有的北京海天公司91.67%股权转让给北京光耀公司；隆格兰公司将其持有的北京海天公司8.33%股权转让给北京光耀公司，并提交了申请书、办理行政许可事项授权委托书、法律文件送达授权委托书、股权转让董事会决议、股权转让协议、北京光耀公司营业执照复印件、外商投资企业批准证书、北京海天公司营业执照复印件等相关材料。北京市商委收到上述申请后，结合法律、法规和规范性文件的相关规定，对申请材料是否符合审批要件进行了审查。北京海天公司此前系中外合作经营企业，其企业原合同、章程等相关文件属于报北京市商委备案材料，故北京市商委以报备存档的材料作为审查文件，不再要求申请人提交上述材料的做法并不违法。且经过本次股权变更批复后，北京海天公司从中外合作经营企业转为内资企业，股权变更后的董事会成员名单不再是必须报北京市商委备案的材料。一审判决认定申请人未提交上述材料不足以导致被诉批复被确认违法或撤销，并无不当。关于广州万兴公司和隆格兰公司主张股权转让非其真实意思表示，相关文件、签字及盖章为虚假的问题，法院认为，现有证据尚不足以证明相应的申请材料为虚假。申请材料中《授权委托书》明确记载黄某某系以隆格兰公司实际控制人的身份对黄某办理相关事宜进行授权，因此，广州万兴公司和隆格兰关于一审法院错误认定黄某某为隆格兰公司实际控制人的诉讼主张不能成立。

例案三 北京龙头房地产开发有限公司诉北京市商务委员会要求履行法定职责案

【法院】

北京市第二中级人民法院

【案号】

(2014)二中行终字第1368号

【当事人】

上诉人(一审被告):北京市商务委员会

法定代表人:卢某,主任

被上诉人(一审原告):北京龙头房地产开发有限公司

法定代表人:石田某某,董事长

【基本案情】

北京龙头房地产开发有限公司(以下简称龙头公司)诉称:龙头公司系1994年1月19日设立于北京市的中外合作经营企业,经营期限为20年,于2014年1月18日经营期限到期。2013年12月初,龙头公司多次向北京市商务委员会(以下简称北京市商委)递交延长企业经营期限的申请,北京市商委未予受理,且未作出任何合理解释。2013年12月13日,龙头公司以特快专递的方式向北京市商委寄送了龙头公司申请延长企业经营期限的行政许可申请文件。至起诉之日,北京市商委对龙头公司提出的行政许可申请未作出审查答复。龙头公司认为,因北京市商委一直未对龙头公司的申请作出答复,依据《行政许可法》(2003年)第32条第4项、第5项的规定,可认定北京市商委已经受理了龙头公司提出的延长企业经营期限的申请,北京市商委至今未批准龙头公司行政许可申请的不作为行为违法,损害了龙头公司的合法权益。故请求人民法院判决北京市商委对龙头公司提出的延长企业经营期限的行政许可申请作出具体行政行为。

北京市商委辩称:北京市商委作为行政机关必须依法履行行政审批职权,只有对符合法定条件的申请,才能依法作出准予行政许可的决定。本案中,根据商务部《关于外商投资企业申请延期有关问题的意见》第3条第1项、第2项的规定,龙头公司不具备申请延长企业经营期限的法定条件,且龙头公司提交的行政许可申请文件不符合法定条件,故龙头公司要求市商委对其延长企业经营期限的行政许可申请作出具体行政行为的诉讼请求没有法律依据。另外,龙头公司以2013年12

月13日申请延长企业经营期限未被北京市商委受理为由，曾于2014年1月9日向人民法院提起过行政诉讼，人民法院受理后，龙头公司申请撤诉并获人民法院准许。2014年4月28日，龙头公司基于2014年1月18日申请延长企业经营期限的申请又向人民法院起诉，后龙头公司申请撤诉，人民法院裁定准予龙头公司撤诉。故应认定龙头公司基于同一事实和理由向人民法院重复起诉。综上，龙头公司关于许可其延长经营期限的诉讼请求不仅不符合许可的法定条件，且龙头公司以同一行政许可事项多次重复诉讼，其诉讼请求不应得到支持，故请求人民法院依法驳回龙头公司的起诉。

法院经审理查明，龙头公司系中外合作经营企业。2013年12月13日，龙头公司因企业经营期限将于2014年1月18日到期，遂向北京市商委以邮寄的方式提交“北京市商务委员会行政许可事项申请书”等相关申请材料，申请延长企业经营期限。北京市商委于2013年12月14日和2013年12月16日分别收到龙头公司邮寄的申请材料。北京市商委收到申请材料后，一直未就龙头公司提出的延长企业经营期限的申请作出答复。2014年1月9日，龙头公司以2013年12月13日申请延长经营期限的申请未被北京市商委受理为由向北京市丰台区人民法院提起诉讼，后又自愿撤回起诉。2014年4月28日，龙头公司又以北京市商委对其2014年1月18日提交的企业权益转让和延长经营期限的申请不履行审查批准职责为由再次向北京市丰台区人民法院起诉。北京市丰台区人民法院受理后，龙头公司又自愿申请撤回起诉。因北京市商委一直未就龙头公司于2013年12月13日提出的延长企业经营期限的申请作出答复，龙头公司不服，向北京市丰台区人民法院提起诉讼。

北京市丰台区人民法院于2014年10月9日责令北京市商委于判决生效后30日内针对龙头公司延长企业经营期限的申请作出行政处理决定。北京市商委不服，提起上诉。北京市第二中级人民法院于2014年11月20日判决驳回上诉，维持一审判决。

【案件争点】

龙头公司的起诉是否构成重复起诉，北京市商委是否依法履行法定职责。

【裁判要旨】

北京市第二中级人民法院认为，依照《中外合作经营企业法》(2000年)第5条、第24条的规定，北京市商委作为审查批准机关，具有对中外合作经营企业所提延长合作经营期限的申请作出批准或不批准决定的法定职责。

根据《行政许可法》(2003年)第32条、《中外合作经营企业法》(2000年)第24条规定,在本案中,龙头公司提交相关特快专递邮寄凭证等证据,能够证明龙头公司于2013年12月13日以邮寄方式向北京市商委提交了延长企业经营期限的申请。北京市商委认可收到龙头公司的以上申请,但现提交的证据均不能证明已按上述法律规定依法履行了法定职责。一审法院认为北京市商委有义务对龙头公司的申请作出批准或不予批准的答复正确,据此判决北京市商委于本案判决生效后30日内对龙头公司延长企业经营期限的申请作出行政处理决定,并无不当。对龙头公司要求维持一审法院判决的诉讼请求,法院予以支持。

龙头公司于2014年1月9日向一审法院提起行政诉讼,要求北京市商委受理其2013年12月13日所提申请。龙头公司于2014年4月21日向一审法院提起行政诉讼,要求北京市商委对其2014年1月18日所提申请履行相应法定职责。龙头公司提起本案诉讼是要求北京市商委对其2013年12月13日所提申请作出具体行政行为。虽然龙头公司于2014年1月9日所提诉讼与本案诉讼均基于2013年12月13日所提申请,但两次诉讼请求针对行政行为程序的步骤不同,该情形不属于撤诉后以同一事实和理由重新起诉。龙头公司于2014年4月21日所提诉讼与本案诉讼,两次诉讼的请求系分别针对龙头公司于2014年1月18日和2013年12月13日所提申请,并非针对同一行政行为程序。该情形亦不属于撤诉后以同一事实和理由重新起诉。据此,北京市商委上诉认为龙头公司所提本案诉讼属于重复诉讼的主张,没有事实根据,法院对北京市商委的上诉请求不予支持。综上,一审法院判决认定事实清楚,适用法律正确,审判程序合法,应予维持。

三、裁判规则提要

中外合作经营企业是指外国企业和其他经济组织或者个人同中国境内的企业或其他经济组织,按照平等互利的原则;根据中国的法律在中国境内共同举办的由中外合作者提供投资或者合作条件进行合作经营的企业。中外合作经营企业以其较之于其他外商投资经营形式更加灵活的优势,在我国已获得广泛的发展。合作企业在性质上更接近于契约式经营企业,这种契约式合同关系的双方应是两个相互独立的经济实体之间的契约关系,但是《中外合作经营企业法》规定,中外合作者举办合作企业,应当依照本法的规定,在合作企业合同中约定投资或者合作条件、收益或者产品的分配、风险和亏损的分担、经营管理的方式和合作企业终止时财产的归属等事项。合作企业符合中国法律关于法人条件的规定的,依法取得中国法人资格。根据这一规定，合作企业既可以组成法人，也可以不组成法人。事实上，合作企业是在中外合资经营企业发展实践的基础上，根据我国的实际情况发展而来的，是我国利用外资实践中带有创造性的新形式。中外合作经营企业，既是合作者设立企业的民事行为，也是行政审批的结果。鉴于中外合作经营企业的特殊性以及进一步扩大改革开放的时代背景下，故梳理上述案例、讨论分析中外合作经营企业的经营方式较具有现实意义。

从以上案例看出，司法实践中遇到问题是多方面的，比如例案一是关于中外合作方是否协商一致，行政审批的内容是否包含申请人申请变更事项的问题；例案二是关于股权变更协议是否为申请人意思表示，行政审批审查的范围问题；例案三是关于行政审批机关是否依法履行审批职责的问题。综合以上例案裁判，人民法院在审理此类案件时应注意以下几个方面。

（一）中外合作经营企业合作者权利义务发生变更需经其他合作方同意

如前所述，中外合作经营企业性质上属于契约式经营企业，合同是中外合作经营企业合作的基础，对于合同履行方式、股权变更、合作期限等的约定，均视为合同基本内容，通常情况下对于这些基本内容的变更往往被视为合同内容的重大变更。中外合作方须协商一致，达成合意，这里需强调中外合作方的意思表示真实，方才形成企业的意思表示，在法律规定的范围内从事经营活动。

（二）中外合作经营企业在办理工商登记前需要履行行政审批程序

目前，世界上大多数国家实行内外有别、内松外紧的投资政策，即对国内投资兴办企业实行较为宽松的登记制度，而对外国投资则普遍采用审批制度，[①]我国也不例外。对外商投资企业实行审批制度的原因，主要是考虑到外资管理、产业政策和经济安全的需要，即通过审批，一方面，保证外商投资企业的设立符合我国法律、法规的要求，适合我国国民经济的需要；另一方面，避免外国投资过分集中于少数经济部门，造成我国经济畸形发展。另外，还可以禁止或限制外资进入有关国家安全、国计民生以及重大利益的国民经济关键行业和部门，防止外国资本对我国政治与经济命脉的控制和渗透等。[②] 另外，审批制度还可以优化技术引进，提升外资使

① 参见肖冰：《外资审批制度的法律问题研究》，载《现代法学》1997年第5期。

② 参见李梅：《当前中国外资审批机构中存在的问题及立法思考》，载《广州市经济管理干部学院学报》2005年第3期。

用效益,提升国家科技、经济水平。

从《中外合作经营企业法》第5条、第7条,《中外合作经营企业法实施细则》第11条,《外企股权变更若干规定》第3条等规定的内容可以看出,与内资公司合同变更一经成立立即生效不同,中外合作经营企业重大合同变更必须经过审批机关的批准才能生效。由于中外合作经营企业的特殊性,如果中方或外方的投资、合作方式等发生结构上的变化,可能导致企业性质的变化,因此,无论是企业的设立还是成立后的变更,都应当经过行政部门的审批,并办理相关的变更登记手续。未经行政审批或待于履行审批职责,均产生违法后果。关于审批的范围,应当以中外合作经营事项为基础,以最终审批结果为准,批准事项未包含的内容不应视为批准通过。审批时针对变更的内容,如外资变更转为内资,那么转为内资后的相关环节或材料不属于《中外合作经营企业法》规定的需要审批的内容。

2019年3月15日,第十三届全国人民代表大会第二次会议通过《外商投资法》,自2020年1月1日起施行,《中外合作经营企业法》同时废止。国家对外商投资实行准入前国民待遇加负面清单管理制度,外商投资企业的组织形式、组织机构及其活动准则,适用《公司法》《合伙企业法》等法律规定,预示着对外商投资企业更高程度、更高标准的开放,涉及外商投资企业的相关行政审批制度面临着新一轮的调整。

四、辅助信息

高频词条:

1.《行政许可法》

第32条 行政机关对申请人提出的行政许可申请,应当根据下列情况分别作出处理:

(一)申请事项依法不需要取得行政许可的,应当即时告知申请人不受理;

(二)申请事项依法不属于本行政机关职权范围的,应当即时作出不予受理的决定,并告知申请人向有关行政机关申请;

(三)申请材料存在可以当场更正的错误的,应当允许申请人当场更正;

(四)申请材料不齐全或者不符合法定形式的,应当当场或者在五日内一次告知申请人需要补正的全部内容,逾期不告知的,自收到申请材料之日起即为受理;

(五)申请事项属于本行政机关职权范围,申请材料齐全、符合法定形式,或者申请人按照本行政机关的要求提交全部补正申请材料的,应当受理行政许可申请。

行政机关受理或者不予受理行政许可申请，应当出具加盖本行政机关专用印章和注明日期的书面凭证。

2.《中外合作经营企业法》

第 5 条 申请设立合作企业，应当将中外合作者签订的协议、合同、章程等文件报国务院对外经济贸易主管部门或者国务院授权的部门和地方政府（以下简称审查批准机关）审查批准。审查批准机关应当自接到申请之日起四十五天内决定批准或者不批准。

第 7 条 中外合作者在合作期限内协商同意对合作企业合同作重大变更的，应当报审查批准机关批准；变更内容涉及法定工商登记项目、税务登记项目的，应当向工商行政管理机关、税务机关办理变更登记手续。

第 10 条 中外合作者的一方转让其在合作企业合同中的全部或者部分权利、义务的，必须经他方同意，并报审查批准机关批准。

第 24 条 合作企业的合作期限由中外合作者协商并在合作企业合同中订明。中外合作者同意延长合作期限的，应当在距合作期满一百八十天前向审查批准机关提出申请。审查批准机关应当自接到申请之日起三十天内决定批准或者不批准。

3.《中外合作经营企业法实施细则》

第 11 条 合作企业协议、合同、章程自审查批准机关颁发批准证书之日起生效。在合作期限内，合作企业协议、合同、章程有重大变更的，须经审查批准机关批准。

4.《外企股权变更若干规定》

第 9 条 由于本规定第二条（一）、（二）项原因需要变更股权的，企业应向审批机关报送下列文件：

（一）投资者股权变更申请书；

（二）企业原合同、章程及其修改协议；

（三）企业批准证书和营业执照复印件；

（四）企业董事会关于投资者股权变更的决议；

（五）企业投资者股权变更后的董事会成员名单；

（六）转让方与受让方签订的并经其他投资者签字或者以其他书面方式认可的股权转让协议；

（七）审批机关要求报送的其他文件。

5.《上海市外商投资企业审批条例》

第5条第1款 上海市外国投资工作委员会(以下简称市外资委)主管本市外商投资企业的审批工作。

6.《关于外商投资企业申请延期有关问题的意见》

三、延期申请应符合以下条件:

(一)全体投资者一致同意期限届满后延长经营期限;

(二)企业董事会决议同意期限届满后延长经营期限;

(三)符合申请提出之时有关利用外资法律、法规和产业政策。

工商登记案件裁判规则第 3 条：
企业所属行业或者经营范围不同，企业名称登记不构成相同或者近似

〔**规则描述**〕：在企业名称符合法律规定情形下，判断企业名称是否构成相同或近似，需结合《国民经济行业分类》国家标准，充分比较所属行业或经营特点。若企业所属行业或者经营特点不同，即使字号相同，企业名称也不构成相同或者近似。

一、类案检索大数据报告

截至 2019 年 3 月 28 日，以"企业名称""同行业"为并列关键词，通过 Alpha 案例库检索，以"企业名称""相同或近似"为并列关键词，通过元典智库、上海 C2J 系统检索，共检索到 660 件行政案件；剔除无关联案件和同一案件的一审裁判及其二审予以维持的裁判，实际共查找到高度关联的 47 起案例裁判文书。整体情况如下：

从地域分布看，分布较为广泛。主要分布为广东省 12 件，上海市 10 件，广西壮族自治区 3 件，河南省 3 件，辽宁省 2 件，浙江省 2 件，山东省 2 件，江苏省 3 件，北京市 2 件，湖南省 2 件，四川省、吉林省、海南省、黑龙江省、安徽省、福建省各 1 件（见图 3－1）。

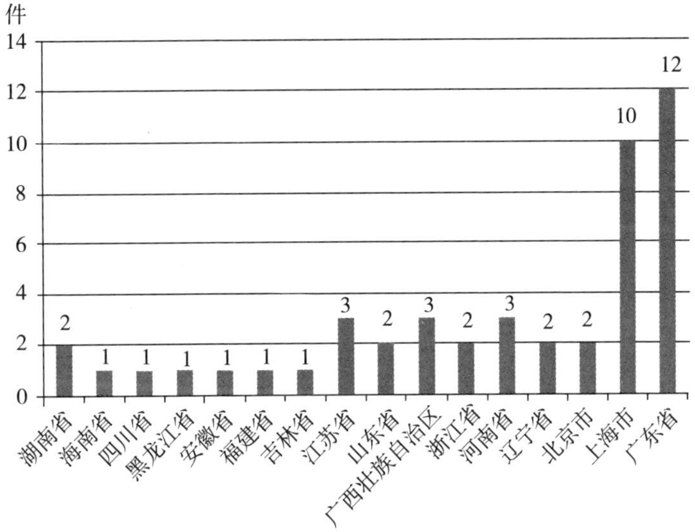

图 3－1　类案地域分布

从结案年度来看,2013 年至 2016 年呈多发趋势,2016 年涉案最多,为 13 件(见图 3-2)。

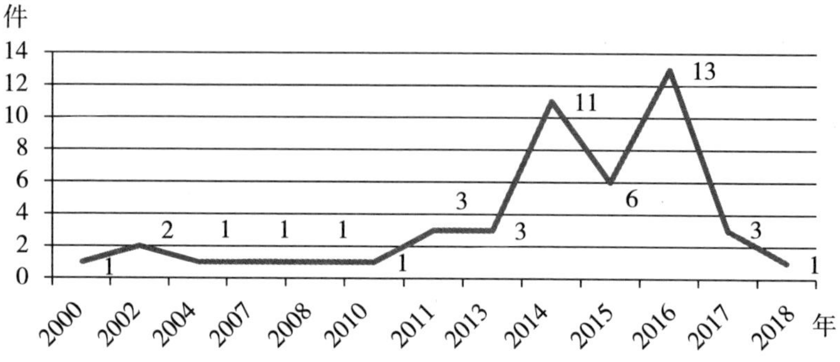

图 3-2 类案结案年度分布

从裁判结果来看,除 1 件因两个企业名称所冠行政区划不同,其他组成部分相同的情形,不宜简单认定为企业名称相同或者近似,判决撤销一审判决;1 件因两个企业构成同行业企业名称相同或近似,判决撤销一审判决;1 件因孟氏接骨骨伤科诊所与蒙氏整骨构成所登记个体工商户名称近似,判决确认无效;1 件因上诉人新泸公司的企业名称与被上诉人新沪公司近似,判决撤销上海市工商局核准上诉人新泸公司开业登记中使用"上海新泸电机有限公司"作为企业名称的具体行政行为;其他均支持了行政机关登记行为(见图 3-3)。

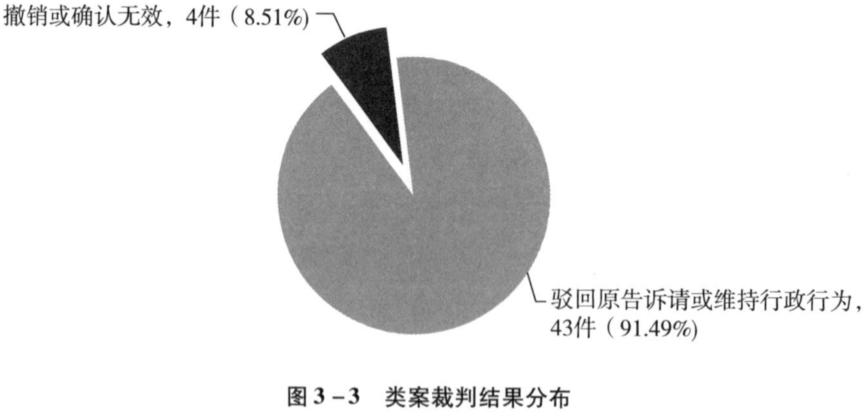

图 3-3 类案裁判结果分布

上述案例均支持了本裁判规则,其中也充分反映了在审理公司名称核准登记案件时,需准确理解同行业或经营特点的含义。

二、可供参考例案

例案一　上海宏伊投资管理有限公司诉上海市工商局企业名称变更预先核准行为案

【法院】

上海市第三中级人民法院

【案号】

(2016)沪03行终473号

【当事人】

上诉人(一审原告):上海宏伊投资管理有限公司

法定代表人:袁某某,该公司总经理

被上诉人(一审被告):上海市工商行政管理局

法定代表人:陆某某,该局局长

一审第三人:上海宏伊企业集团有限公司

法定代表人:郑某某,该公司董事长

【基本案情】

上海宏伊投资管理有限公司(以下简称宏伊投资公司)诉称,2009年3月11日宏伊投资公司经上海市工商行政管理局(以下简称上海市工商局)核准登记成立,经营范围主要包括投资管理、投资咨询、物业管理、商务信息咨询等。2012年11月上海市工商局在未征得宏伊投资公司同意的情况下,核准上海伟宏实业有限公司将企业名称变更为上海宏伊企业集团有限公司(以下简称宏伊集团公司),变更后该公司的主要经营范围与宏伊投资公司的主要经营范围几乎一致。宏伊投资公司故提起诉讼请求:(1)确认上海市工商局核准上海宏伊企业集团有限公司企业名称的行政行为违法;(2)本案诉讼费用由上海市工商局承担。

上海市工商局辩称,宏伊集团公司于2012年11月14日向上海市工商局提交了《企业名称预先核准申请书》,申请变更企业名称为上海宏伊企业集团有限公司,拟用“宏伊”作为企业字号,以“企业”作为行业表述,以“实业投资、物业管理、仓储服务及货运代理、设计、制作、代理各类广告、从事货物及技术的进出口业务”等为经营范围。该行业表述属于经营特点,意为企业经营范围横跨五大行业,与“实业”“企业发展”“经济发展”类似。上海市工商局经审查,未发现在辖区内该名称与已登记注册的同行业企业名称相同或者近似,于2012年11月19日作出《企业名称变更预先核准通知书》,核准该企业名称。而宏伊投资公司是一家以"投资管理、咨询"为主营业务的企业,在其企业名称中体现了行业表述"投资管理",属于国民经济行业分类标准中"7112－投资与资产管理",故宏伊投资公司与宏伊集团公司属不同的行业,宏伊投资公司的企业名称与宏伊集团公司的名称并不属于相同或者近似的情形,上海市工商局作出核准上海宏伊企业集团有限公司的行政行为与宏伊投资公司并无利害关系,核准程序符合法律规定,请求驳回宏伊投资公司的诉讼请求。

宏伊集团公司上海宏伊企业集团有限公司述称,自己与宏伊投资公司分居不同行业,不存在经营范围一致的情况,请求驳回宏伊投资公司的诉讼请求。

2012年11月14日,原上海伟宏实业有限公司(本案宏伊集团公司)提交了《企业名称预先核准申请书》,申请变更企业名称为上海宏伊企业集团有限公司,拟用"宏伊"作为企业名称中的字号,以"企业"作为行业表述,以"实业投资、投资咨询、物业管理、设计、制作、代理、发布各类广告、商务服务、货运代理、健身娱乐管理"等为经营范围。

上海市工商局于2012年11月19日作出沪工商注名预核字第01201211190510号《企业名称变更预先核准通知书》(以下简称被诉企业名称变更预先核准行政行为),根据《企业名称登记管理规定》《企业名称登记管理实施办法》《上海市企业名称登记管理规定》等规定,核准上海伟宏实业有限公司将企业名称变更为宏伊集团公司。此后,宏伊集团公司的企业名称发生多次变更。宏伊投资公司于2009年3月成立,公司类型为有限责任公司,经营范围是投资管理咨询等,其认为上海市工商局不应该核准宏伊企业集团公司的企业名称登记,宏伊企业集团公司的企业字号与经营范围与其近似。宏伊投资公司不服,向上海市徐汇区人民法院提起诉讼,要求确认上海市工商局所作的被诉企业名称变更预先核准行政行为违法。

上海市徐汇区人民法院于2016年7月20日作出(2016)沪0104行初86号一审判决:驳回宏伊投资公司的诉讼请求。宏伊投资公司不服,提起上诉。上海市第三中级人民法院于2016年12月21日作出二审判决:驳回上诉,维持原判。

【案件争点】

上海市工商局核准的一审宏伊集团公司的企业名称"上海宏伊企业集团有限公司"与上诉人的企业名称"上海宏伊投资管理有限公司"是否构成同行业企业名称的相同或者近似,是否应当予以核准。

【裁判要旨】

上海市第三中级人民法院认为，根据《企业名称登记管理规定》第7条第1款、第2款规定，本案中，涉案两个企业名称中均包含相同的行政区划名称“上海”和字号“宏伊”，但根据两者的行业或者经营特点的表述不同：“上海宏伊企业集团有限公司”中的“企业”是经营特点的表述；而“上海宏伊投资管理有限公司”中的“投资管理”是行业表述，属于国民经济行业分类标准中的“投资与资产管理”，故两者不构成同行业企业名称的相同或者近似，上海市工商局据此作出被诉企业名称变更预先核准行政行为，并无不当。一审第三人宏伊企业集团公司于2012年11月14日提交《企业名称预先核准申请书》，上海市工商局经审查于同月19日作出被诉企业名称变更预先核准行政行为，其程序符合《企业名称登记管理规定》第18条第1款等规定。综上，被诉企业名称变更预先核准行政行为证据确凿，适用法律、法规正确，符合法定程序，上诉人的上诉请求和理由依法不能成立，不予支持。一审判决驳回上诉人的诉讼请求正确，应予维持。

例案二 | 盐城市金鹰商贸有限公司诉盐城工商局企业名称处理决定案

【法院】

江苏省盐城市中级人民法院

【案号】

(2010)盐行终字第0031号

【当事人】

上诉人(一审原告)：盐城市金鹰商贸有限公司

法定代表人：还某某，该公司总经理

被上诉人(一审被告)：江苏省盐城市工商行政管理局

法定代表人：何某，该局局长

一审第三人：盐城金鹰国际购物中心有限公司

法定代表人：郑某某，该公司营运总裁

【基本案情】

盐城市金鹰商贸有限公司(以下简称金鹰商贸公司)诉称，金鹰商贸公司于2001年12月19日取得“盐城市金鹰商贸有限公司”的企业名称使用权，从事“批发零售”业务，经营范围为：定型包装食品(食盐限零售)批发及零售；日用品、塑料制品、文具用品、体育用品(除射击器材)、纸制品、五金交电、电气机械、服装鞋帽、针纺织品、化工原料(除危险品)、农产品(除非包装种子)、农机配件、装饰装潢材料批发及零售。2007年2月1日,盐城金鹰国际购物中心有限公司(以下简称金鹰购物公司)在江苏省盐城市工商行政管理局(以下简称盐城工商局)处申请注册了“盐城金鹰国际购物中心有限公司”的企业名称,其所从事的行业、经营范围与金鹰商贸公司基本相同。金鹰商贸公司知道后,于2009年4月17日向盐城工商局申请企业名称争议处理,要求将被申请人的名称作为不当注册的名称予以纠正。但盐城工商局作出的不予纠正处理决定认定事实不清、适用法律错误,故请求人民法院撤销盐城工商局作出的盐工商名争处字(2009)第001号企业名称争议处理决定。

盐城工商局辩称,金鹰商贸公司申请将金鹰购物公司的名称作为不当注册名称进行纠正,盐城工商局于2009年4月23日决定受理,并通知金鹰购物公司答辩。盐城工商局经调查认为,金鹰商贸公司名称为“盐城市金鹰商贸有限公司”,金鹰购物公司的名称为“盐城金鹰国际购物中心有限公司”,两者名称不相同,也不近似。《企业名称登记管理规定》第6条规定中“在登记主管机关辖区内不得与已登记注册的同行业企业名称相同或者近似”所述的“同行业”,是指企业名称中表述“行业或者经营特点”的文字内容,本案金鹰商贸公司名称中的“行业或者经营特点”表述为“商贸”,而金鹰购物公司的“行业或者经营特点”表述为“国际购物中心”,两者在《国民经济行业分类》(GB/T 4754—2002)中也不属于同行业;金鹰购物公司使用“金鹰”作为字号是合法使用其母公司的字号,符合《企业名称登记管理规定》,属于正当使用;根据金鹰商贸公司申请时提交的材料,没有证据证明金鹰购物公司使用“金鹰”使公众造成误解。故盐城工商局作出“对申请人要求将被申请人的名称作为不当注册的名称予以纠正的请求不予支持”的决定,认定事实清楚,适用法律正确,请求人民法院驳回金鹰商贸公司的诉讼请求。

金鹰购物公司述称,金鹰购物公司是金鹰国际商贸集团(中国)有限公司的子公司,南京金鹰作为品牌,具有较高的知名度,金鹰购物公司使用其母公司的字号作为自己的字号进行登记是合法的,且金鹰购物公司是以百货零售为主业,而金鹰商贸公司是以批发为主业,两者在《国民经济行业分类》中也不属于同行业,并不会对金鹰商贸公司造成损害,请求人民法院驳回金鹰商贸公司的诉讼请求。

金鹰商贸公司于2001年12月19日经盐城工商局核准登记注册,字号为“金鹰”,行业为“商贸”,组织形式为“有限公司”,其经营范围为:定型包装食品(食盐限零售）批发及零售；日用品、塑料制品、文具用品、体育用品（除射击器材）、纸制品、五金交电、电气机械、服装鞋帽、针纺织品、化工原料（除危险品）、农产品（除非包装种子）、农机配件、装饰装潢材料批发及零售。金鹰购物公司于2007年2月1日经盐城工商局核准登记注册，字号为“金鹰”，行业为“国际购物中心”，组织形式为“有限公司”，其投资方为“金鹰国际商贸集团（中国）有限公司”，经营范围为：服装、鞋帽、五金、交电、工艺品、日用品、金银制品、照相器材、通信设备（除卫星广播地面接收设施）、体育用品（除射击器材）、家具、建材批发、零售（以上所有项目在该住所地不得存储、分装）；柜台租赁；市场信息咨询、市场调研等。2009年4月17日，金鹰商贸公司以金鹰购物公司与其在同一工商局登记注册，在同一登记主管机关辖区内经营，使用了同一个（“金鹰”）字号名称，行业一样（同属批发和零售业），组织形式一样（同是“有限公司”），即两公司的行政区划、字号、行业、组织形式都相同为由，向盐城工商局申请企业名称争议处理，要求盐城工商局作出“金鹰购物公司名称为不当登记注册”的决定。盐城工商局收到金鹰商贸公司的申请后，于2009年4月23日立案受理，并向金鹰购物公司送达了“企业名称争议告知通知书”，要求金鹰购物公司在1个月内就争议问题提交书面答复意见。其后，盐城工商局对双方所提交的证据进行调查核实，依据相关法律、法规，于2009年10月22日作出盐工商名争处字（2009）第001号企业名称争议处理决定书。该决定书认定，金鹰商贸公司与金鹰购物公司企业在《国民经济行业分类》中不属于同行业，金鹰商贸公司所属行业为“商贸”，属于批发业，金鹰购物公司所属行业为“国际购物中心”，属于百货零售业，不存在《企业名称登记管理规定》第6条规定的禁止登记的情形；金鹰购物公司名称中使用“金鹰”字号是正当使用，金鹰购物公司的投资方“金鹰国际商贸集团（中国）有限公司”具有较高的市场知名度，金鹰购物公司作为其设立的全资子公司，有权使用母公司的字号作为自己的字号；金鹰购物公司名称中使用“金鹰”字号不存在主观恶意，且无证据证明金鹰购物公司使用“金鹰”字号对公众造成欺骗和误解，亦无证据证明金鹰商贸公司的合法权益因此而受到损害，故决定对金鹰商贸公司要求纠正的请求不予支持。金鹰商贸公司对盐城工商局所作的决定不服，遂向法院提起行政诉讼，请求撤销盐城工商局作出的盐工商名争处字（2009）第001号企业名称争议处理决定。

江苏省盐城市亭湖区人民法院于2010年4月10日作出（2010）亭行初字第0017号一审判决：驳回金鹰商贸公司的诉讼请求。金鹰商贸公司不服一审判决，提起上诉。江苏省盐城市中级人民法院于2010年6月17日作出二审判决：驳回上诉,维持原判。

【案件争点】

金鹰商贸公司与金鹰购物公司企业名称是否构成同行业企业名称相同或者近似。

【裁判要旨】

江苏省盐城市中级人民法院认为,要判断上诉人与一审第三人是否属于“同行业”,关键在于认定两者企业名称中的“行业或经营特点”的文字内容是否相同。本案中,上诉人企业名称中的“行业或经营特点”的文字内容是“商贸”,而一审第三人企业名称中的“行业或经营特点”的文字内容是“购物中心”。根据《国民经济行业分类》(GB/T 4754—2002),上诉人属于以批发业为主的行业,为63系列,一审第三人是“购物中心”,属于百货零售行业,为6511系列,两者在《国民经济行业分类》(GB/T 4754—2002)中属于不同大类的行业。因此,对照《企业名称登记管理实施办法》第17条“企业经济活动性质分别属于国民经济行业不同大类的,应当选择主要经济活动性质所属国民经济行业类别用语表述企业名称中的行业”的规定,上诉人与一审第三人企业名称中“行业或者经营特点”的文字内容既不相同,也不相近似,两者不属于《企业名称登记管理规定》第6条规定中的“同行业”。

另外,根据《企业名称登记管理规定》第14条第3项“能够独立承担民事责任的分支机构,应当使用独立的企业名称,并可以使用其所从属企业的企业名称中的字号”的相关规定,本案一审第三人作为“金鹰国际商贸集团(中国)有限公司”设立的全资子公司,使用其母公司的“金鹰”字号并无不当。而且本案一审第三人使用的“金鹰”字号在江苏省内外具有较高的知名度,并没有对公众造成欺骗或者误解。本案中,上诉人亦无证据证明一审第三人企业名称对其合法权益造成损害。因此,一审第三人的企业名称也不属于《企业名称登记管理实施办法》第41条规定的“应当认定为不适宜的企业名称予以纠正”的情形。

例案三 中山市城建开发有限公司诉中山市工商行政管理局、中山城建集团有限公司工商行政登记案

【法院】

广东省中山市中级人民法院

【案号】

(2014)中中法知行终字第3号

【当事人】

上诉人(一审原告)：中山市城建开发有限公司

法定代表人：谭某某，该公司经理

被上诉人(一审被告)：中山市工商行政管理局

法定代表人：李某某，该局局长

一审第三人：中山城建集团有限公司

法定代表人：罗某某，该公司董事长

【基本案情】

中山市城建开发有限公司(以下简称城建开发公司)诉称，中山市工商行政管理局(以下简称中山市工商局)核准登记的中山城建集团有限公司(以下简称城建集团公司)的企业名称中的字号与其字号相同，且两家企业所属行业及注册登记的行政区域均相同，因此，中山市工商局核准城建集团公司登记其企业名称的具体行政行为侵害了其合法权益。故请求法院判令撤销中山市工商局关于城建集团公司企业名称变更登记决定。

被告中山市工商局辩称，其核准中山市公建集团有限公司(以下简称公建集团公司)变更企业名称为城建集团公司合法有据，请法院予以维持。同时，城建开发公司与城建集团公司的经营范围存在较大差别，且二者的企业名称有明显区别。城建开发公司认为二者名称造成社会公众的误认证据不足。请求法院驳回城建开发公司的诉讼请求。

城建集团公司述称，城建集团公司办理企业名称变更登记的行为合法、有效，应予维持。城建集团公司企业名称中的“城建”二字仅为企业名称中的一部分，其全称为城市建设，反映了公司所属行业的经营特点，不具有特指性。城建集团公司与城建开发公司的企业名称中还有其他组成部分，且二者的注册资金相差巨大，城建集团公司不存在攀附城建开发公司声誉的故意，城建开发公司也没有提供证据证明其诉称的损失及公众的误认确实存在。同时，城建集团公司使用现企业名称有合理的因素和历史渊源，故请求法院驳回城建开发公司的诉讼请求。

城建开发公司的前身为成立于1993年4月的城建开发总公司。2003年1月4日，城建开发总公司的企业名称变更为现名称。现城建开发公司登记的企业性质为有限责任公司，注册资金为300万元，所属行业为房地产业，经营范围为：承接房屋建筑工程施工总承包及拆除工程(不含爆破)专业三级承包,承接旧城改造工程,房地产开发经营,自有物业租赁,销售建筑材料。

公建集团公司成立于2008年3月,核准的经营范围为资产重组、项目投资、项目融资、房地产开发经营(与资质证同时使用)、房产租赁、转让、物业维护、物业管理;所属行业为其他未列明服务业;注册资金为20亿元。2013年,中山市市属的七大集团公司进行整合重组,其中,公建集团公司与城投集团公司重组,并以公建集团公司为基础更名为城建集团公司,城投集团公司整体评估作价注入城建集团公司。

2013年12月11日,公建集团公司向中山市工商局申请将名称变更为城建集团公司。中山市工商局于当日作出核准变更名称登记的决定。更名后企业的性质、注册资金、经营范围等内容均无变化。

2013年12月27日,城建开发公司向市工商局提出异议称:其与城建集团公司的企业名称均以"城建"二字为其字号,且二者的经营范围、所属行业、注册的行政区域均相同,中山市工商局核准城建集团公司的名称并准予其注册登记违法,侵犯了城建开发公司的合法权益,请求中山市工商局撤销城建集团公司的名称核准及准予登记决定。

中山市工商局于2014年1月28日作出"关于请求撤销中山城建集团有限公司企业名称登记申请的回复",对城建开发公司的请求不予采纳,并于当日将上述回复意见邮寄城建开发公司。城建开发公司对中山市工商局的处理意见不服,于2014年2月19日向广东省工商行政管理局申请行政复议。广东省工商行政管理局维持了中山市工商局作出的城建集团公司名称核准及准予登记决定。城建开发公司仍不服,在法定期限内向一审法院提起诉讼,请求法院判令撤销中山市工商局核准城建集团公司企业名称登记的具体行政行为。

在一审庭审时,城建开发公司当庭补充两点意见:(1)城建集团公司企业名称中的字号与其字号相同,该企业名称的核准与城建开发公司有直接的利害关系,中山市工商局核准登记前未告知城建开发公司并听取城建开发公司的陈述与申辩违反法定程序,应予撤销;(2)城建集团公司申请的企业名称按照《企业名称登记管理实施办法》第18条、第31条的规定,应不予核准登记使用。据城建集团公司反映,公建集团公司与城投集团公司进行资产重组后,城投集团公司因为仍有债权、债务待清理,所以目前尚未注销,但其主要资产已注入城建集团公司。城建集团公司在完成企业名称变更登记后,主要由下属子公司中山市建和物业拓展公司负责开展房地产开发经营，由下属子公司中山市建安物业拓展有限公司、中山市建恒物业拓展有限公司、中山市城区地产有限公司、中山市土地开发物业管理有限公司负责房产租赁业务。

现中山市存在多家名称中含有“城建”二字的企业。

中山市工商局于2013年12月11日分别作出的粤中名称变核内字〔2013〕第1300458651号公司名称核准变更登记通知、粤中核变通内字〔2013〕第1300459221号核准变更登记通知，核准并准许公建集团公司的企业名称变更为城建集团公司并作出变更登记。据城建集团公司提供的营业执照显示，该公司核准登记的经营范围为：资产重组、项目投资、项目融资、房地产开发经营、房产租赁、转让、物业维护、物业管理、车辆停放管理服务。

广东省中山市第一人民法院于2014年6月6日作出（2014）中一法知行初字第1号一审判决：驳回城建开发公司诉讼请求。城建开发公司不服，提起上诉。广东省中山市中级人民法院于2014年11月28日作出二审判决：撤销广东省中山市第一人民法院（2014）中一法知行初字第1号行政判决；撤销中山市工商局于2013年12月11日作出的核准公建集团公司的企业名称变更为城建集团公司的具体行政行为。

【案件争点】

中山市工商局核准公建集团公司名称变更为城建集团公司名称的具体行政行为是否符合法律规定。

【裁判要旨】

广东省中山市中级人民法院认为，根据《企业名称登记管理规定》第6条第1款的规定，申请登记的企业名称在同一登记主管机关辖区内不得与已登记注册的同行业的企业名称相同或者近似。《企业名称登记管理实施办法》第31条第1项规定，除有投资关系以外，工商行政管理机关对于与同一工商行政管理机关核准或者登记注册的同行业企业名称字号相同的企业名称登记申请应当不予核准。在本案中，城建开发公司与城建集团公司的登记主管机关均为市工商局，二者的经营范围均包括房地产开发及物业租赁，应属同行业企业。虽然“城建”二字通常可以理解为城市建设的简称，但其用于城建开发公司的企业名称中，已特定化，即已不属于“城市建设”的简称，其已属于城建开发公司企业名称中的字号，是城建开发公司区别于其他企业的重要标志。同理，城建集团公司企业名称中的“城建”二字亦属于其企业名称中的字号。因城建开发公司与城建集团公司所属行业及登记主管机关、企业字号均相同,中山市工商局核准公建集团公司企业名称变更为城建集团公司的具体行政行为违反了上述法律规定,依法应当予以撤销。一审法院认定城建开发公司与城建集团公司属于不同的行业,二者之企业名称中的“城建”二字不属于其字号,属于认定错误,应予以更正。

即使如一审法院认定“城建”二字系城建集团公司所属行业或经营特点而非其字号,但根据《企业名称登记管理规定》第7条第1款的规定,企业名称应当由字号(或者商号)、行业或者经营特点、组织形式几个要素依次组成。若城建集团公司企业名称中的“城建”二字为其所属行业或经营特点,则其企业名称中并无字号,亦不符合上述《企业名称登记管理规定》,依法也不应当核准登记。综上所述,无论认定“城建”二字是城建集团公司企业名称中的字号还是其所属的行业,中山市工商局核准其登记均不符合法律规定,依法应予撤销。

三、裁判规则提要

企业名称是企业权利和义务的载体,是企业参与市场竞争的独特标志。根据《企业名称登记管理规定》,企业名称经工商行政管理机关依法核准登记注册后使用。各级工商行政管理机关通过对每一个字号和企业名称的严格审核后准予登记,同时承担相应的法律责任;“在登记主管机关管辖区内不得与已登记注册的同行业企业名称相同或者近似”等规定确定了严格审查制度和同一地区、相同行业字号不能相同或近似、混同的登记管理原则。但司法实践中,对同行业或经营特点的把握上,仍有些不同认识,比如例案一中“上海宏伊投资管理有限公司”和“上海宏伊企业集团有限公司”关于行业、经营特点的理解,例案二中对“盐城金鹰商贸有限公司”和“盐城金鹰国际购物中心有限公司”关于行业的理解,例案三中“中山市城建开发有限公司”和“中山城建集团有限公司”,一审法院将“城建”理解为同行业,二审法院对此予以纠正,认定“城建”属于字号。为此,结合实践中的问题,从人民法院司法案例角度,为企业起名或工商登记审查提供以下意见参考。

(一)企业名称应当规范完整,要素符合法律规定

企业名称是否完整规范,是判断是否构成同行业企业名称的相同或者近似的前提。规范完整是比对企业名称的基础。《企业名称登记管理规定》第7条规定,企业名称应当由以下部分依次组成:字号(或者商号,下同)、行业或者经营特点、组织形式。

（二）企业名称中构成相同或者近似需满足一定条件

根据《企业名称登记管理规定》第6条第1款规定和《企业名称登记管理实施办法》第31条第1项规定，判断企业名称中构成相同或者近似，需满足以下几个条件：第一，企业名称是否规范完整；第二，是否在登记在同一个主管机关辖区内；第三，所属行业或经营特点是否一致；第四，是否有特殊情形，如有投资关系等。

（三）两个企业所属行业是否相同或近似时须遵循的原则

第一，要比对企业名称中有关行业的表述和主要经营范围。根据《企业名称登记管理实施办法》第16条第1款和第17条的规定，企业名称中的行业表述应当是反映企业经济活动性质所属国民经济行业或者企业经营特点的用语；企业经济活动性质分别属于国民经济行业不同大类的，应当选择主要经济活动性质所属国民经济行业类别用语表述企业名称中的行业。另外，《企业经营范围登记管理规定》第7条规定，企业的经营范围应当包含或者体现企业名称中的行业或者经营特征；跨行业经营的企业，其经营范围中的第一项经营项目所属的行业为该企业的行业。因此，企业名称中有关行业的表述及企业的主要经营项目之间存在相互牵制的关联关系，在对企业所属行业是否相同进行判断时，不能只从字面上简单对比两个企业名称中的行业用语是否近似，而应分析两个企业名称中有关行业表述的用语是否指向《国民经济行业分类》中的同一行业，并结合企业的主要经营项目是否相同来判断两个企业所属行业是否相同。①

第二，要分析行业之间的关联度和竞争关系。当两个企业名称中表示行业的用语或者主要经营项目为同一门类中所属大小行业类别时，则应考虑到相关行业之间的包容性和竞争性，原则上宜按如下规则处理：（1）若属临近的行业类别，则视为近似，如大类和小类、小类和细类等；（2）若相隔一个行业类别，则不视为近似，如门类和小类、大类和细类等；（3）同一行业类别下两个并列的行业类别，也不视为近似，如同一大类下的甲小类和乙小类、同一小类下的甲细类和乙细类等。②

第三，要考虑企业实际的经营项目和经营特点。如果企业不遵循其登记的经营范围，利用与在另一企业相同或相近似的企业字号开展相竞争的经营活动时，应

① 参见赵千喜：《字号相同行业交叉时企业名称的侵权认定》，载《人民司法》2012年第4期。
② 参见吴叶新：《浅谈企业名称字号和行业近似的界定依据》，载《工商行政管理》2006年第18期。

从两个企业实际的经营项目和经营特点是否相同进行判断。如果实际的经营项目相同或经营特点相似,即使两个企业登记的经营范围有不同,也可以认定该两个企业为相同行业内的竞争者,后登记的企业行为可能构成企业名称侵权或不正当竞争。

(四)如果企业所属行业及登记主管机关、企业字号均相同,那么构成同行业企业名称相同或近似

即使企业名称中的区域或字号相同,但不属于同一行业,也不构成同行业企业名称相同或类似。"相同"是指两个企业名称完全一致,企业名称所冠行政区划不同,即使其他部分完全相同,也不能简单认定为企业名称相同,要区分不同情况,个案处理。企业名称所冠行政区划不同,其他组成部分相同的,也不宜简单认定为"近似",应当依据注册在先和公平竞争的原则予以处理。

四、辅助信息

高频词条:

1.《企业名称登记管理规定》

第6条 企业只准使用一个名称,在登记主管机关辖区内不得与已登记注册的同行业企业名称相同或者近似。

确有特殊需要的,经省级以上登记主管机关核准,企业可以在规定的范围内使用一个从属名称。

第7条 企业名称应当由以下部分依次组成:字号(或者商号,下同)、行业或者经营特点、组织形式。

企业名称应当冠以企业所在地省(包括自治区、直辖市,下同)或者市(包括州,下同)或者县(包括市辖区,下同)行政区划名称。

……

第11条 企业应当根据其主营业务,依照国家行业分类标准划分的类别,在企业名称中标明所属行业或者经营特点。

2.《企业名称登记管理实施办法》

第17条 企业经济活动性质分别属于国民经济行业不同大类的,应当选择主要经济活动性质所属国民经济行业类别用语表述企业名称中的行业。

第18条 企业名称中不使用国民经济行业类别用语表述企业所从事行业的,

应当符合以下条件：

（一）企业经济活动性质分别属于国民经济行业5个以上大类；

（二）企业注册资本（或注册资金）1亿元以上或者是企业集团的母公司；

（三）与同一工商行政管理机关核准或者登记注册的企业名称中字号不相同。

第31条 企业名称有下列情形之一的，不予核准：

（一）与同一工商行政管理机关核准或者登记注册的同行业企业名称字号相同，有投资关系的除外；

（二）与同一工商行政管理机关核准或者登记注册符合本办法第十八条的企业名称字号相同，有投资关系的除外；

（三）与其他企业变更名称未满1年的原名称相同；

（四）与注销登记或者被吊销营业执照未满3年的企业名称相同；

（五）其他违反法律、行政法规的。

工商登记案件裁判规则第 4 条：

企业法人在原登记机关管辖区域外设立机构，但未在当地办理工商登记领取营业执照的，不得从事经营活动

〔**规则描述**〕：企业法人已在某地依法设立，为了方便生产经营又在其他地方设立机构从事经营活动，有时会被工商登记机关以无照经营为由进行处罚。《许可法适用问题复函》第 2 项虽然规定了上述情形应当办理工商登记领取营业执照，但未明确界定“某地”“其他地方”的判断标准及“分支机构”的构成条件，实践中对此认识不一，故需进一步明确。本规则认为，相对于“某地”而言的“其他地方”应理解为跨登记主管机关管辖的区域；若企业在其他地方“设立机构从事经营活动”，则构成了企业法人的分支机构，需重新领取营业执照。

一、类案检索大数据报告

截至 2018 年 12 月 20 日，分别以“无照经营”“分支机构”“异地”“经营活动”“工商登记”等为关键词，通过 Alpha 案例库、上海 C2J 系统、法信平台、元典智库、北大法宝、中国裁判文书网共检索到 25 起案件，经逐案阅看、分析，剔除同一案件因不同审级形成的多个文书，与本规则关联度较高的案件有 16 件。整体情况如下：

从地域分布看，涉案量最多的是广东省、湖北省，各 4 件，其次是山东省、河南省各 2 件，江苏省、贵州省、山西省、北京市各 1 件（见图 4－1）。

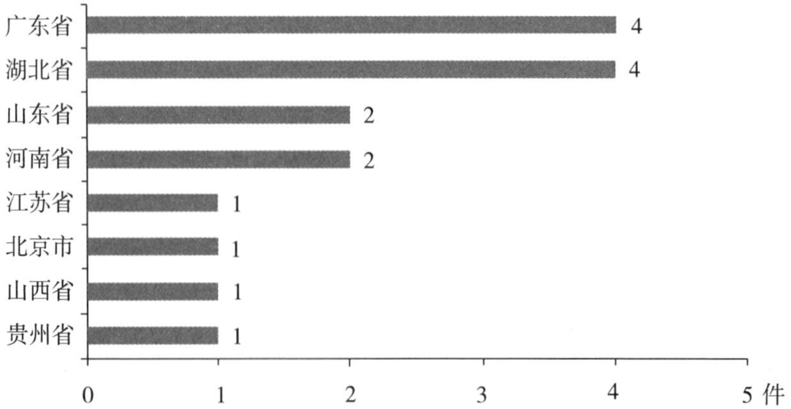

图 4－1 类案地域分布

从结案时间看，2017年1件，2016年最多，为6件，2015年2件，2014年3件，2013年4件（见图4－2）。

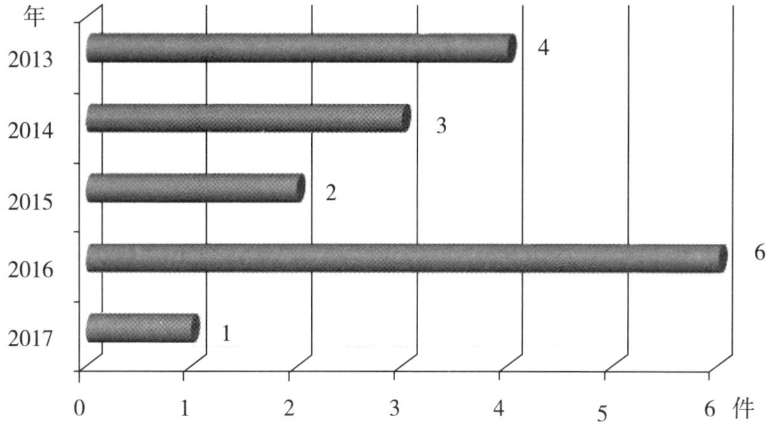

图4－2　类案结案年度分布

从诉讼请求来看，有8件为请求撤销工商登记机关作出认定为无照经营的处罚决定，1件为请求撤销处罚决定及复议决定，5件为利害关系人要求工商登记机关履行法定职责，1件为请求履行法定职责及撤销复议决定，1件为请求撤销责令改正通知书（见图4－3）。

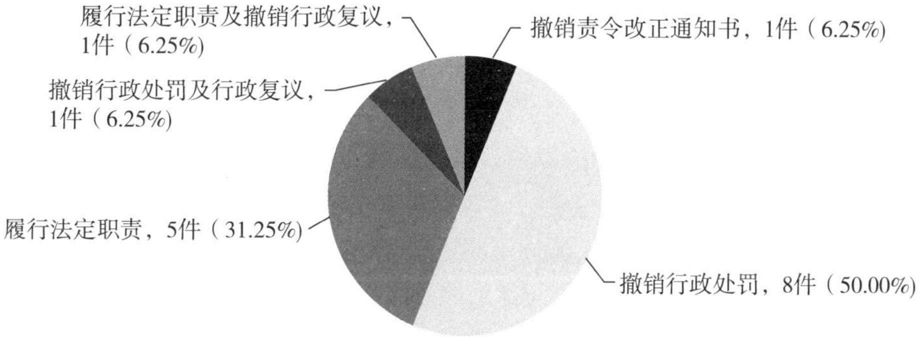

图4－3　类案类型分布

结案方式方面，一审生效判决的为13件，其中判决驳回原告的诉讼请求8件，撤销被诉行政行为5件；二审改判的为3件，均为不服行政处罚案，二审法院均认为企业法人的行为不属于无照经营（见图4－4）。

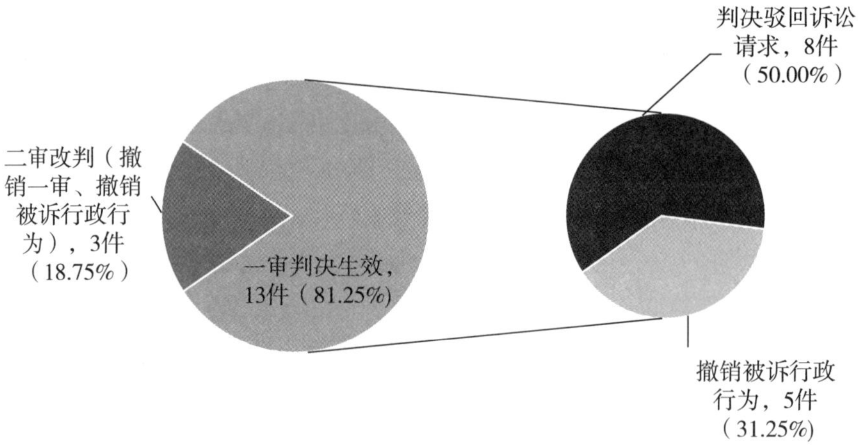

图4-4 案件结案方式分布

二、可供参考例案

例案一 广州市贝能电器有限公司诉肇庆市工商行政管理局端州分局工商行政处罚案

【法院】

广东省肇庆市中级人民法院

【案号】

(2015)肇中法行终字第5号

【当事人】

上诉人(一审原告):广州市贝能电器有限公司

法定代表人:张某,该公司总经理

被上诉人(一审被告):肇庆市工商行政管理局端州分局

法定代表人:郑某某,该局局长

【基本案情】

广州市贝能电器有限公司(以下简称贝能公司)上诉称,其是经合法工商注册的企业,没有"无照经营"的行为。贝能公司在广州市增城区有合法的注册登记,工商营业执照许可的经营范围并没有限制贝能公司的经营区域,作为生产型企业的贝能公司可以将经营范围延伸至肇庆地区。根据肇庆市工商行政管理局端州分局

(以下简称肇庆工商局端州分局)对“经营”的解释，经营应当是“以获取利润为目的”，肇庆工商局端州分局在行政处罚中认定贝能公司产品15%的毛利是生产利润，产生于贝能公司将产品出售给经销商，但无论是否有“办事处”，毛利都是15%，因此，设立办事处并不是以获取利润为目的，而是为了更好地服务客户、服务经销商。肇庆工商局端州分局在庭上承认法律并没有对“经营活动”有明确的定义，根据“法无禁止则可为”“法无定规则无罪”的原则，肇庆工商局端州分局不应认定贝能公司存在“无照经营”的行为。请求二审法院撤销一审判决，撤销被诉行政处罚。

肇庆工商局端州分局辩称，贝能公司在未领取营业执照的情况下，在经营住所外设点从事客户开发、商品销售及售后服务等经营活动，构成无照经营行为。贝能公司在上诉中提到上诉人有合法的登记注册，工商营业执照许可的经营范围没有限制上诉人的经营区域，作为生产型企业的贝能公司可以将经营范围延伸至肇庆地区，但根据《许可法适用问题复函》的精神，肇庆工商局端州分局认为，贝能公司在广州取得的营业执照，行政许可的适用范围没有地域限制，贝能公司可以在全国范围内从事被许可的活动，但如果为了方便生产经营活动，在广州取得营业执照后在肇庆工商局端州分局辖区范围内设点从事经营活动，就应当按照有关法律、法规等的规定申请办理登记、领取营业执照。肇庆工商局端州分局对经营现场检查笔录清晰记载在现场除发现有存放的少量货物外，还发现送货单、仓库调按单、贝能物品发放申请单及贝能工作报表等大量资料。贝能公司提供的证据显示，贝能公司的工作人员秦小龙于2013年6月发展“中顺五金”为新客户，并与其签订价格承诺书，并开始向其送货，2013年7月，经“肇庆办事处”已回收中顺五金的货款为4818元，未收货款为5745元。大量的书证可以证明，贝能公司在肇庆市端州区古塔中路沙墩七巷四号一、二楼设立的“肇庆办事处”是贝能公司在住所外设立的一个从事客户开发、签订合同、商品销售、货款回收及售后服务等与贝能电器产品销售直接相关的经营活动的经营点。虽然法律没有对“经营活动”作出定义，但《广东省查处无照经营行为条例》(2012年)第5条规定，从事生产、销售、服务等经营活动的单位和个人，应当依法向工商行政管理部门申请登记注册，领取营业执照。可见，有法律条文明确规定商品销售及商品服务属于经营活动，并且在案发现场被上诉人发现大量的金钱往来的收款单据，贝能公司否认其开展的业务属于经营活动，纯属强词夺理。综上，贝能公司在未取得营业执照的情况下，在公司住所以外设点从事“贝尔智能”品牌商品销售经营活动，违反了《无照经营查处取缔办法》

(2011年)第2条“任何单位和个人不得违反法律、法规的规定,从事无照经营”的规定,属于《无照经营查处取缔办法》(2011年)第4条“下列违法行为,由工商行政管理部门依照本办法的规定予以查处……(二)无须取得许可证或者其他批准文件即可取得营业执照而未依法取得营业执照,擅自从事经营活动的无照经营行为……”所指的违法行为,构成无照经营行为,肇庆工商局端州分局依据《无照经营查处取缔办法》(2011年)第14条第1款“对于无照经营行为,由工商行政管理部门依法予以取缔,没收违法所得;……并处2万元以下的罚款……”的规定,对贝能公司从轻处罚,处罚恰当。故请求法院驳回上诉,维持原判。

经审理查明,贝能公司的注册经营地址为广州市增城区,2013年6月,贝能公司在肇庆市端州区古塔中路沙墩七巷4号一、二楼设立联络处,开展相关商务活动。2013年10月29日,肇庆工商局端州分局对贝能公司的联络处进行执法检查,发现联络处从事开关、插座等电器产品销售的经营活动,遂以贝能公司涉嫌无照经营及对产品进行虚假宣传,对其立案调查。2013年11月27日,肇庆工商局端州分局作出行政处罚告知书,认定贝能公司构成无照经营及虚假宣传,拟对其罚款40,800元,并于同日将告知书送达。贝能公司于2013年12月2日向肇庆工商局端州分局提出听证申请,2013年12月31日,肇庆工商局端州分局经听证后作出听证报告,认为认定申请人(贝能公司)的无照经营行为成立,适用法律正确,处罚恰当。但对申请人(贝能公司)虚假宣传的认定证据不足,建议补充证据,根据补充证据再行对申请人(贝能公司)涉嫌虚假宣传作出认定。2014年1月20日,肇庆工商局端州分局作出限期提供证据通知书,要求贝能公司在2014年3月20日前提供美国公证机关证明并经中华人民共和国驻美国使领馆认证的美国贝尔智能电器国际有限公司在美国注册的证明、“BELLIT”商标在美国注册的证明及美国贝尔智能电器国际有限公司出具的授权书。至期,贝能公司未能向肇庆工商局端州分局提供相关证据。2014年4月1日,肇庆工商局端州分局作出端工商经检处字(2013)第562号《行政处罚决定书》,认定贝能公司构成无照经营,罚款5800元;认定贝能公司构成虚假宣传,罚款35,000元。2014年5月27日,贝能公司向肇庆市工商行政管理局提出行政复议,肇庆市工商行政管理局于2014年7月23日作出行政复议决定书维持了肇庆工商局端州分局的行政处罚决定。贝能公司不服,遂提起行政诉讼。

广东省肇庆市端州区人民法院认为,肇庆工商局端州分局作为肇庆市端州区的工商行政管理部门,其行政执法主体适格。本案中,双方讼争的焦点在于:贝能公司在肇庆市端州区设立联络处从事客户开发、商品调度发货，商品促销是否构成无照经营。贝能公司在肇庆市端州区设立联络处，从事客户开发、商品销售、签订合同、回收货款，应视为贝能公司经营管理的外延。贝能公司设立联络处从事经营的事实，有现场检查笔录、送货单、调查笔录等证据证实，依法可予认定。《许可法适用问题复函》第2项中规定："如果为了方便生产经营活动，在某地依法设立的企业拟在其他地方设立分支机构或者投资设立独立核算的法人，则应按照有关法律、行政法规等的规定办理登记，领取营业执照。"贝能公司在肇庆市端州区设立联络处，属于贝能公司属下的分支机构，应根据上述规定办理工商登记，领取营业执照，而贝能公司设立的联络处未经领取营业执照而从事经营活动，违反了上述政策法规的规定。肇庆工商局端州分局据此认定贝能公司无照经营并适用《无照经营查处取缔办法》(2011年)作出行政处罚依法有据。贝能公司在诉讼中引述的《企业法人持原营业执照异地经营的答复》及《企业在住所外设点经营问题的答复》均已失效，因此，贝能公司认为在住所外设立联络处经营无须办理营业执照的述称无政策法规支持，不予采纳。综上，肇庆工商局端州分局所作的端工商经检处字(2013)第562号《行政处罚决定书》认定事实清楚、证据充分、程序合法、适用法律法规正确，应予维持。

广东省肇庆市端州区人民法院于2014年10月09日作出(2014)肇端法行初字第24号行政判决：(1)维持肇庆工商局端州分局于2014年4月1日作出的端工商经检处字(2013)第562号《行政处罚决定书》。(2)驳回原告贝能公司的其他诉讼请求。原告不服，提起上诉。广东省肇庆市中级人民法院于2015年4月1日作出二审判决：(1)维持肇庆工商局端州分局于2014年4月1日作出的端工商经检处字(2013)第562号《行政处罚决定书》；(2)驳回贝能公司的其他诉讼请求。

【案件争点】

1. 注册经营地在广州市增城区的贝能公司在肇庆市端州区设立联络处从事客户开发、商品调度发货，商品促销是否构成无照经营。

2. 贝能公司是否应当领取营业执照。

【裁判要旨】

广东省肇庆市中级人民法院认为，首先，关于处罚的事实依据问题。贝能公司在肇庆市端州区设立联络处，在联络处从事客户开发、商品销售、签订合同、回收货款等经营行为，此事实有现场检查笔录、送货单、调查笔录等证据证实，该联络处应视为在公司住所以外设立的从事经营活动的分支机构，依据《许可法适用问题复函》第2项的规定,贝能公司应根据上述规定办理工商登记,领取营业执照,而贝能公司却未为联络处领取营业执照,其在该联络处的经营行为已构成无照经营。故此,肇庆工商局端州分局认定上诉人贝能公司构成无照经营及虚假宣传事实清楚,证据确实充分。其次,关于处罚程序和结果问题。肇庆工商局端州分局作出案涉行政处罚决定经过了立案、调查、处罚前告知、听证、作出并送达处罚决定书等法定程序,处罚结果亦在法定范围内。综上所述,肇庆工商局端州分局所作的端工商经检处字(2013)第562号《行政处罚决定书》事实认定清楚、适用法律准确、处罚程序合法、处罚结果恰当,依照《行政诉讼法》(1989年)第54条第1项的规定,应予以维持。依照《行政诉讼法》(1989年)第61条第1项的规定,判决驳回上诉,维持原判。

例案二 常州市国振机械有限公司诉常州市武进工商行政管理局工商行政处罚案

【法院】

江苏省常州市中级人民法院

【案号】

(2014)常行终字第89号

【当事人】

上诉人(一审原告):常州市国振机械有限公司

法定代表人:汪某某,该公司总经理

被上诉人(一审被告):常州市武进工商行政管理局

法定代表人:朱某某,该局局长

【基本案情】

常州市国振机械有限公司(以下简称国振公司)上诉称,租赁厂房不独立核算,不单独对外销售,不同于分支机构对外经营的行为;根据《企业在住所外设点经营问题的答复》文件精神,企业增设经营场所的行为应当属于"擅自改变主要登记事项"的行为,而不属于《无照经营取缔办法》规定的无照经营行为。常州市武进工商行政管理局(以下简称武进工商局)应当按照《企业法人登记管理条例施行细则》的相关规定作出处罚决定。请求二审法院撤销一审判决,撤销被诉行政处罚。

武进工商局辩称,(1)国振公司不适用《企业内部机构从事经营活动问题答复》文件；(2)国振公司在本市春秋路 62 号无照生产经营时间长，生产经营规模大，在行政机关检查时不予配合并故意抗法，社会危害性较大，被诉处罚决定合法、合理；(3)国振公司的行为违反了《公司法》《公司登记管理条例》的规定，属于《无照经营查处取缔办法》(2011 年)第 4 条第 1 款第 2 项规定的无照经营行为，《企业在住所外设点经营问题的答复》业已废止，且国振公司不是《企业法人登记管理条例》的适用对象。故请求法院驳回上诉，维持原判。

经审理查明，国振公司成立于 2006 年 4 月，住所地在常州市武进区湖塘镇小留工业集中区。2010 年 10 月 15 日，国振公司与常州市何氏机械制造厂签订了房屋租赁合同，合同约定常州市何氏机械制造厂将位于常州市武进区湖塘镇春秋路 62 号的部分厂房租赁给国振公司使用，租赁期限暂定为 5 年。之后，国振公司开始在前述厂房内从事罗茨风机的生产加工活动。2013 年 7 月 10 日，武进工商局根据举报对国振公司前述厂房进行了检查，发现在厂门口挂有“常州市国振机械有限公司罗茨风机生产基地”的牌匾，现场有国振公司工人正在从事生产加工活动。根据国振公司法定代表人汪某某的陈述，该租赁厂房专门从事罗茨风机的生产，其他产品在公司住所地生产，两厂生产各自分开，公司的营业执照在公司住所地，国振公司没有为租赁厂房办理营业执照。武进工商局认为国振公司在租赁厂房内生产经营的行为涉嫌无照经营，遂于检查当日立案调查。2013 年 10 月 30 日，武进工商局对国振公司位于租赁厂房内的相关设备机器进行了查封。由于国振公司不配合调查，武进工商局决定延长查封期限至 2013 年 11 月 28 日。2013 年 11 月 28 日，武进工商局解除了查封措施并向国振公司送达了《解除行政强制措施决定书》。2013 年 12 月 12 日，武进工商局作出了《行政处罚听证告知书》，告知国振公司拟作出的对国振公司无照经营行为予以取缔并处以 18 万元罚款的处罚决定，同时告知国振公司依法享有陈述、申辩和要求举行听证的权利。2013 年 12 月 13 日，武进工商局向国振公司送达了听证告知书；国振公司并未陈述、申辩，也未要求听证。2013 年 12 月 19 日，武进工商局根据查明事实，认为国振公司的行为违反了《无照经营查处取缔办法》(2011 年)第 2 条的规定，构成了《无照经营查处取缔办法》(2011 年)第 4 条第 1 款第 2 项规定的“无须取得许可证或者其他批准文件即可取得营业执照而未依法取得营业执照，擅自从事经营活动的无照经营行为”，根据《无照经营查处取缔办法》(2011 年)第 14 条之规定，于 2013 年 12 月 19 日对国振公司作出武工商案(2013)03294 号行政处罚决定，决定对国振公司罚款 18 万元。国振公司不服，向常州市武进区人民法院提起行政诉讼。

常州市武进区人民法院认为,武进工商局具有作出本案具体行政行为的法定职权,武进工商局作出本案行政处罚的程序亦合法。《公司登记管理条例》(2014年)第12条规定:“公司的住所是公司主要办事机构所在地。经公司登记机关登记的公司的住所只能有一个。公司的住所应当在其公司登记机关辖区内。”第45条规定:“分公司是指公司在其住所以外设立的从事经营活动的机构。分公司不具有企业法人资格。”《公司法》(2013年)第14条第1款规定:“公司可以设立分公司。设立分公司,应当向公司登记机关申请登记,领取营业执照。分公司不具有法人资格,其民事责任由公司承担。”依照前述规定,公司在其住所之外设立经营场所应按分公司进行登记并领取营业执照。国振公司在住所地以外的武进区湖塘镇春秋路62号从事罗茨风机生产经营活动,没有依照前述法律规定申请分公司登记,也未领取营业执照,其行为构成无照经营行为。因国振公司租用厂房面积大、生产时间长,武进工商局认定国振公司无照经营规模较大并无不妥。武进工商局依照《无照经营查处取缔办法》的规定作出行政处罚决定,认定事实清楚、适用法律正确。依照《行政诉讼法执行解释》第56条第4项的规定,判决驳回国振公司要求撤销武进工商局武工商案(2013)第03294号行政处罚决定的诉讼请求。

常州市武进区人民法院于2014年3月4日作出(2014)武行初字第9号行政判决:驳回原告国振公司要求撤销被告武工商案(2013)第03294号行政处罚决定的诉讼请求。原告不服,提起上诉。

江苏省常州市中级人民法院于2014年12月26日作出二审判决:(1)撤销常州市武进区人民法院(2014)武行初字第9号行政判决;(2)撤销被上诉人武进工商局作出的武工商案(2013)第03294号行政处罚决定。

【案件争点】

常州市国振机械有限公司在租用的常州市武进区湖塘镇春秋路62号厂房内从事罗茨风机的生产加工活动是否属于无照经营。

【裁判要旨】

江苏省常州市中级人民法院认为:其一,《无照经营查处取缔办法》(2011年)第4条第1款第2项规定,无须取得许可证或者其他批准文件即可取得营业执照而未依法取得营业执照,擅自从事经营活动的无照经营行为,由工商行政管理部门依照本办法的规定予以查处。根据一审查明事实以及武进工商局在一审中提供的证据材料,国振公司在武进工商局行政许可区域内业已领取了企业法人营业执照,并非未领取营业执照;国振公司在其租赁的春秋路62号厂房内从事罗茨风机的生产加工活动，厂门口亦挂有“常州市国振机械有限公司罗茨风机生产基地”的牌匾，生产基地的负责人与国振公司的法定代表人均是汪某某，生产基地亦以国振公司名称从事生产经营活动。前述事实证明生产基地属于国振公司，而并非是新设立的企业。基于这个事实，租赁地点不具备《企业法人登记管理条例》规定的企业法人登记条件，无须由其作为独立单位申领企业法人登记并领取营业执照，因而不构成《无照经营查处取缔办法》(2011年)第4条第1款第2项规定的无照经营行为。

其二，武进工商局认为，依照《公司法》(2013年)第14条、《公司登记管理条例》(2014年)第12条、第45条的规定，同时结合《企业增设经营场所登记管理问题的答复》的规定，国振公司在其住所之外设立经营场所应当按分公司进行登记；依照《许可法适用问题复函》的规定，国振公司拟在其他地方设立分支机构，应当申请办理登记、领取营业执照。《许可法适用问题复函》第2条规定，“法律、行政法规规定的取得有关行政许可的条件、标准应当是全国统一的。只要申请人取得的行政许可的适用范围依法没有地域限制，被许可人在一个地方取得了行政许可，就可以在全国范围内从事被许可的活动，无需在其他地方再次申请同一行政许可或者目的相同的行政许可……但是，如果为了方便生产经营活动，在某地依法设立的企业拟在其他地方设立分支机构或者投资设立独立核算的法人，则应当按照有关法律、行政法规等的规定申请办理登记、领取营业执照”。根据前述规定但书之前部分的应有之义，前述文件规定的“在某地依法设立的企业拟在其他地方设立分支机构”，这里的“某地”和“在其他地方”是属于两个不同行政许可区域。国振公司住所在武进区湖塘镇小留工业集中区，租赁的厂房在湖塘镇春秋路62号，均属于武进工商局管辖区域，不属于两个不同行政许可区域。且前述复函的但书是企业拟在其他行政许可区域设立分支机构，应当办理登记领取营业执照的情形。本案中，国振公司的情形不属于“拟在其他地方设立分支机构”的情形。因此，武进工商局认为国振公司的行为适用《许可法适用问题复函》规定的“在某地依法设立的企业拟在其他地方设立分支机构”的情形，系对前述复函的理解错误。

其三，《企业法人登记管理条例》(2014年)第9条规定，“企业法人登记注册的主要事项：企业法人名称、住所、经营场所、法定代表人、经济性质、经营范围、经营方式、注册资金、从业人数、经营期限、分支机构”。《企业法人登记管理条例施行细则》(2014年)第45条规定，“经营单位改变营业登记的主要事项，应当申请变更登记。变更登记的程序和应当提交的文件、证件，参照企业法人变更登记的有关规定执行”。该细则第63条进一步规定了违反登记管理的处罚。依照前述法律规定，国振公司的行为不属于无照经营行为,应当依照前述法律的规定办理增加经营场所等的变更登记。

例案三 黔南州鸿宇物业管理有限公司诉独山县市场监督管理局工商行政处罚案

【法院】

贵州省黔南布依族苗族自治州中级人民法院

【案号】

(2016)黔27行终114号

【当事人】

上诉人(一审原告):黔南州鸿宇物业管理有限公司

法定代表人:孟某某,该公司董事长

被上诉人(一审被告):独山县市场监督管理局

法定代表人:黄某,该局局长

【基本案情】

黔南州鸿宇物业管理有限公司(以下简称鸿宇公司)上诉称,被上诉人认定其无照经营没有法律依据。因为鸿宇公司于2009年在黔南州工商行政管理局依法注册登记,并享有开展物业管理资质。独山县属于黔南州行政管辖的范围,目前没有任何强制性法律规定要求鸿宇公司必须要到独山县设立分公司才能承接业务,该公司承接盛世峰景小区物业管理业务是合法经营活动。请求二审法院撤销一审判决,撤销被诉行政处罚。

独山县市场监督管理局辩称,黔南布依族苗族自治州工商行政管理局核发的2014年5月27日注册号为522700000000715营业执照载明,鸿宇公司于2009年8月13日成立,营业期限从2009年8月13日至2015年8月13日,经营范围为物业管理等。鸿宇公司是经黔南州质量技术监督局以及黔南州住房和城乡建设局等行政机关审核合格具有三级资质的物业服务企业。鸿宇公司于2011年4月承接独山县盛世峰景等小区物业管理业务以来至本案行政争议发生之前,没有向独山县公司登记机关申请设立和办理分支机构经营许可,一直以鸿宇公司独山盛世峰景管理处等形式开展物业管理业务,以鸿宇公司作为经营主体。上诉人的诉请没有依据,应予驳回。请求二审法院驳回上诉,维持一审判决。

经审理查明，2015 年 2 月 10 日，独山县市场监督管理局执法工作人员对鸿宇公司管理的“盛世峰景”小区进行执法检查，发现鸿宇公司在未经批准取得营业执照的情况下，擅自从事经营活动，其行为违反了《无照经营查处取缔办法》(2011 年)第 4 条的规定。2015 年 6 月 9 日，独山县市场监督管理局向鸿宇公司送达了行政处罚告知书，拟对鸿宇公司无照经营的行为处以罚款 10,000 元。鸿宇公司收到行政处罚告知书后提出听证要求，独山县市场监督管理局于 2015 年 7 月 6 日组织举行了听证会，并于 2015 年 7 月 28 日作出(独)市监处字〔2015〕01 - 13 号行政处罚决定书，对鸿宇公司给予以下行政处罚：对无照经营的行为处以罚款 10,000 元，上缴国库。该处罚决定书于 2015 年 7 月 30 日送达原告。原告鸿宇公司不服该处罚决定，于 2015 年 12 月 8 日向法院起诉，请求判决撤销独山县市场监督管理局作出(独)市监处字〔2015〕01 - 13 号《行政处罚决定书》或依法改判从轻或减轻行政处罚。

都匀市人民法院认为，鸿宇公司在其住所以外地域从事经营活动，应当向该场所所在地公司登记机关申请办理公司登记，领取营业执照。鸿宇公司营业执照登记的住所为都匀市剑江北路平桥南侧培育大厦一楼，鸿宇公司在独山县盛世峰景小区挂牌设立黔南州鸿宇物业管理有限公司独山县盛世风景管理处，属未经核准登记在公司住所地以外地域擅自设点从事经营活动，独山县市场监督管理局作为市场监督管理行政部门，有权依法进行查处。独山县市场监督管理局在办理鸿宇公司无照经营行政案件过程中，认定违法事实清楚，合法收集的证据确实充分，适用法律、法规正确，办案程序合法，处罚尺度并无不当。依照《行政诉讼法》(2014 年)第 69 条之规定，判决驳回原告鸿宇公司的诉讼请求。

都匀市人民法院作出(2015)都行初字第 101 号一审判决，驳回原告鸿宇公司的诉讼请求。原告不服，提起上诉。贵州省黔南布依族苗族自治州中级人民法院于 2016 年 6 月 29 日作出二审判决：(1)撤销都匀市人民法院(2015)都行初字第 101 号行政判决；(2)撤销独山县市场监督管理局作出的(独)市监处字〔2015〕01 - 13 号行政处罚决定中认定鸿宇公司无照经营并对其处以罚款 10,000 元的行政处罚。

【案件争点】

鸿宇公司未跨原登记主管机关管辖地承接物业管理业务是否属于无照经营。

【裁判要旨】

贵州省黔南布依族苗族自治州中级人民法院认为，根据《企业法人登记管理条例》(2014年)第17条“企业法人改变名称、住所、经营场所、法定代表人、经济性质、经营范围、经营方式、注册资金、经营期限,以及增设或者撤销分支机构,应当申请办理变更登记”及《企业法人登记管理条例施行细则》(2014年)第40条第1款“企业法人在异地(跨原登记主管机关管辖地)增设或者撤销分支机构,应向原登记主管机关申请变更登记。经核准后,向分支机构所在地的登记主管机关申请开业登记或者注销登记”的规定,鸿宇公司到独山县承接物业管理经营业务未跨原登记主管机关即黔南布依族苗族自治州工商行政管理局管辖地,黔南布依族苗族自治州工商行政管理局登记核发的企业法人营业执照涉及的地域经营范围包括独山县在内。如果独山县市场监督管理局认为鸿宇公司应当到经营地设立分公司并应当办理工商登记,应当明确告知行政管理相对人。鸿宇公司在独山开展物业管理经营业务长达四年的时间里,独山县市场监督管理局等行政机关从未告知鸿宇公司应当到当地办理工商注册登记。独山县市场监督管理局认为经过工商注册登记并具有物业管理资质的鸿宇公司以本公司的名义在独山县承接盛世峰景等小区的物业管理业务的行为属于无照经营,理由不充分。

三、裁判规则提要

法律、行政法规规定的取得行政许可的条件、标准应当是全国统一的。只要被许可人取得的行政许可的适用范围依法无地域限制,取得该行政许可后,就可在全国范围内从事被许可的活动。但是,企业法人取得无地域限制的行政许可后,拟跨原登记主管机关管辖区域设立机构从事经营活动,还应依法办理工商登记,领取营业执照,否则构成无照经营。

(一)“某地”及“其他地方”的界定标准

根据《许可法适用问题复函》第2条的规定,“在某地依法设立的企业拟在其他地方设立分支机构或者投资设立独立核算的法人”,此处的“某地”应理解为登记主管机关管辖的区域;“其他地方”应当理解为跨登记主管机关管辖的区域,并非企业法人注册登记地之外的区域。例案一中,广州市贝能公司注册经营地在广州市增城区,其设立的联络处在肇庆市端州区,该联络处属跨原登记主管机关管辖区域,故肇庆市端州区属于“其他地方”;例案二中,常州市国振机械有限公司注册经营地在武进区湖塘镇小留工业集中区、其成立的生产基地在湖塘镇春秋路62号,均属武进工商局管理区域,未跨原登记主管机关管辖区域,故湖塘镇春秋路62号不属于“其他地方”；例案三中，黔南州鸿宇物业管理有限公司至独山县承接业务，该公司的企业法人营业执照由黔南布依族苗族自治州工商行政管理局登记核发，其管辖区域涵盖了独山县，故独山县不属于“其他地方”。

(二)企业法人分支机构的基本特征是“设立机构从事经营活动”

实践中，存在大量企业法人在原注册登记地以外以“联络处”“联络点”“生产基地”“分校”“办公室”等形式从事活动，在企业法人设立机构从事经营活动的情形下，应视作该企业法人的分支机构。所谓“设立机构”，即具有固定的场所、人员、设备设施等。所谓“经营活动”，可结合原企业法人的主要业务，从经营活动的内容、财务核算方式等方面加以综合考量，如对于一个产品销售企业来说，有证据证明该机构从事客户开发、签订合同、商品销售、回收货款等，可认定为设立机构从事经营活动。

另外，对于在同一登记机关管辖区域内，原企业法人在其注册登记地之外的场所设立机构从事经营活动的情形，因原企业法人领取了营业执照，故不宜认定为无照经营，这种情形下，原企业法人应当根据法律规定办理增加经营场所等的变更登记。

四、辅助信息

高频词条：

1.《企业法人登记管理条例》

第 17 条　企业法人改变名称、住所、经营场所、法定代表人、经济性质、经营范围、经营方式、注册资金、经营期限，以及增设或者撤销分支机构，应当申请办理变更登记。

第 29 条　企业法人有下列情形之一的，登记主管机关可以根据情况分别给予警告、罚款、没收非法所得、停业整顿、扣缴、吊销《企业法人营业执照》的处罚：

(一)登记中隐瞒真实情况、弄虚作假或者未经核准登记注册擅自开业的；

(二)擅自改变主要登记事项或者超出核准登记的经营范围从事经营活动的；

(三)不按照规定办理注销登记的；

(四)伪造、涂改、出租、出借、转让或者出卖《企业法人营业执照》、《企业法人营业执照》副本的；

(五)抽逃、转移资金，隐匿财产逃避债务的；

(六)从事非法经营活动的。

对企业法人按照上述规定进行处罚时,应当根据违法行为的情节,追究法定代表人的行政责任、经济责任;触犯刑律的,由司法机关依法追究刑事责任。

2.《企业法人登记管理条例施行细则》

第37条 企业法人在异地(跨原登记主管机关管辖地)增设或者撤销分支机构,应向原登记主管机关申请变更登记。经核准后,向分支机构所在地的登记主管机关申请开业登记或者注销登记。

3.《无证无照经营查处办法》

第5条 经营者未依法取得许可从事经营活动的,由法律、法规、国务院决定规定的部门予以查处;法律、法规、国务院决定没有规定或者规定不明确的,由省、自治区、直辖市人民政府确定的部门予以查处。

4.《许可法适用问题复函》

二、法律、行政法规规定的取得有关行政许可的条件、标准应当是全国统一的。只要申请人取得的行政许可的适用范围依法没有地域限制,被许可人在一个地方取得了行政许可,就可以在全国范围内从事被许可的活动,无需在其他地方再次申请同一行政许可或者目的相同的行政许可。例如,一个建筑企业在某地依法登记、取得营业执照后,就可以在全国范围内参加投标、承揽建设工程,无需在其他地方再次申请登记、办理营业执照。但是,如果为了方便生产经营活动,在某地依法设立的企业拟在其他地方设立分支机构或者投资设立独立核算的法人,则应当按照有关法律、行政法规等的规定申请办理登记、领取营业执照。

工商登记案件裁判规则第 5 条：
变更登记申请材料齐备且符合法定形式，工商登记机关应予以受理

〔**规则描述**〕：在工商登记实践中，存在工商登记机关在受理阶段就对申请材料需核实事项提前进行审查的情况，用不予受理决定代替本应受理后经过核实作出的不予变更登记决定，该做法使工商登记受理程序形同虚设。公司变更登记申请受理阶段与工商登记受理后的审查阶段应有不同，不可混淆，当变更登记申请材料齐备且符合法定形式时，工商登记机关应予以受理。

一、类案检索大数据报告

截至 2019 年 2 月 25 日，以“公司变更登记”“登记受理”“申请材料齐全”“符合法定形式”“审查”为关键词，通过 Alpha 案例库、上海 C2J 系统、法信平台、元典智库、北大法宝、中国裁判文书网共检索到 12 起案件，经逐案阅看、分析，剔除同一案件因不同审级形成的多个文书，与本规则关联度较高的案件有 5 件。整体情况如下：

从地域分布看，山西省 1 件，山东省 1 件，湖南省 1 件，上海市 2 件，并未呈现一定的地域性（见图 5 －1）。

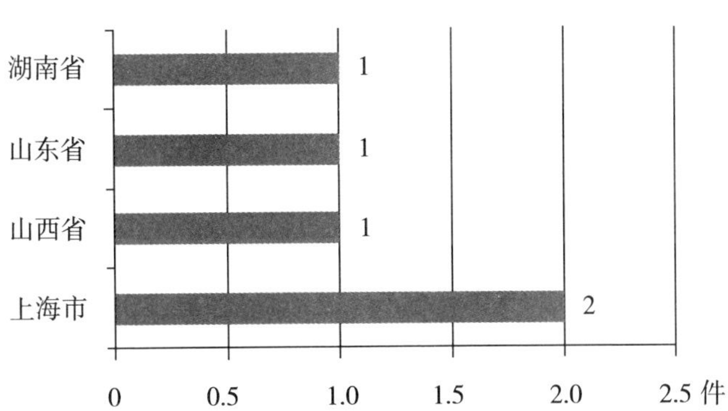

图 5 －1　案件地域分布

从年份分布看，2011 年 1 件，2014 年 1 件，2017 年 3 件，近年有增多的趋势（见图 5 －2）。

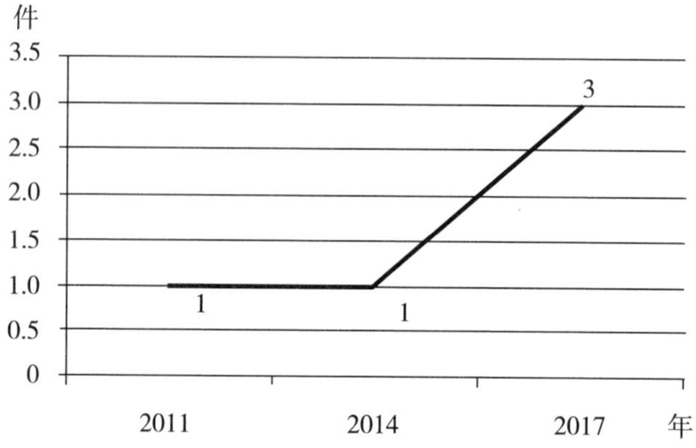

图 5-2　案件年度分布

从判决观点看,与本规则持相同观点的 4 件,占 80.00%,持不同观点的 1 件,占 20.00%,大多数判决观点与本规则相同(见图 5-3)。

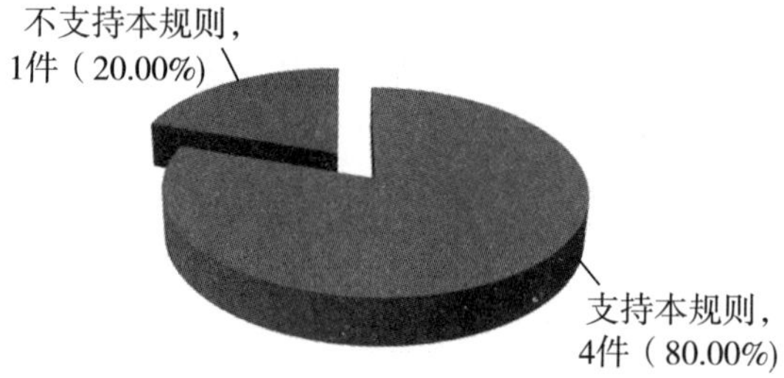

图 5-3　类案裁判结果分析

二、可供参考例案

例案一　上海万千投资开发有限公司诉上海市普陀区市场监督管理局要求履行法定职责案

【法院】

上海铁路运输法院

【案号】

(2017)沪 7101 行初 161 号

【当事人】

原告:上海万千投资开发有限公司

法定代表人:范某某,该公司董事长

被告:上海市普陀区市场监督管理局

法定代表人:赵某某,该局局长

【基本案情】

原告上海万千投资开发有限公司(以下简称万千公司)诉称,2016年6月16日原告作出股东会决议。2016年11月28日,原告向被告邮寄了变更登记申请及法定所需材料。被告收到申请至原告起诉时,已超过两个月未对原告的申请予以受理,系行政不作为,侵害原告的合法权益。原告故请求法院判决被告受理原告提出的经营期限变更登记的申请并办理相关登记事项。

被告上海市普陀区市场监督管理局(以下简称普陀区市场局)辩称,2016年11月7日原告携带申请材料至被告处要求就变更公司经营期限事项申请登记,经审查,因缺少全体股东一致同意的股东会决议和公司章程修正案,被告要求原告补正。2016年11月30日被告收到原告的补正材料,通过电话形式告知原告,因原告两名股东不同意延长营业期限,其未补正提交全体股东一致通过的关于修改公司章程的决议,故原告邮寄的申请材料不符合法定形式,被告不予受理,如需书面不予受理通知书,原告可至被告注册大厅现场签收。被告已经告知原告不予受理,履行了相关法定义务,故原告不符合起诉条件,请求法院驳回原告起诉。

法院经审理查明,原告万千公司公司章程第21条第2款规定:"股东会议事规则:……股东会对公司增减注册资本、分立、合并、解散或变更公司形式、修改公司章程等需经代表三分之二以上表决权的股东通过。"第49条规定:"公司经营期限40年,从《企业营业执照》签发之日起计算。"第53条规定:"本章程的修改,必须经股东会一致通过决议,报工商部门备案。"

2016年6月16日,万千公司召开股东会,作出股东会决议:"一、本公司经营期限延长20年,延长期限为2017年2月21日至2037年2月20日。二、修改公司章程第十五章第49条。修改前:公司经营期限20年,从《企业法人营业执照》签发之日起计算。修改后:公司经营期限40年,从《企业法人营业执照》签发之日起计算。"出资比例占73.25%的5名股东,包括原法定代表人范俊华,签字同意上述股东会决议;出资比例占26.75%的2名股东,签字不同意上述股东会决议。万千公司根据上述股东会决议,形成公司章程修正案,修改公司章程第十五章第49条,修改后为“公司经营期限40年,从《企业法人营业执照》签发之日起计算”。上述同意股东会决议的股东在章程修正案上签字。

2016年11月28日,原告向被告提出变更登记申请,变更项目为“公司经营期限”,申请变更登记内容为“公司章程修正案第十五章第四十九条:公司经营期限40年,从《企业法人营业执照》签发之日起计算”。原告提交了法定代表人签署的公司登记(备案)申请书、指定代表或共同委托代理人授权委托书及委托代理人身份证复印件、万千公司于2016年6月16日作出的上述股东会决议和章程修正案等材料。被告于2016年6月29日收到后,经审查,认为万千公司申请变更登记事项涉及修改公司章程,根据公司章程第53条规定,必须经股东会一致通过。现该公司申请材料不符合法定形式,被告决定不予受理。原告不服,提起本案诉讼。

上海铁路运输法院于2017年8月14日作出(2017)沪7101行初161号行政判决,判令被告普陀区市场局应于本判决生效之日起五日内受理原告万千公司的营业期限变更登记申请并依法作出决定。该判决已生效。

【案件争点】

万千公司提交的公司变更登记申请材料是否符合法定形式,公司登记机关对变更登记申请的审查标准与受理条件应如何把握。

【裁判要旨】

上海铁路运输法院认为,该案争议焦点为万千公司提交的公司变更登记申请材料是否符合法定形式?该争议涉及如下问题:

首先,现行立法对公司申请变更登记应提交的材料规范及登记机关审查方式是否明确。关于公司申请变更登记应提交材料的规范,《公司登记管理条例》第27条第1款规定:“公司申请变更登记,应当向公司登记机关提交下列文件:(一)公司法定代表人签署的变更登记申请书;(二)依照《公司法》作出的变更决议或者决定;(三)国家工商行政管理总局规定要求提交的其他文件。”该条第2款规定:“公司变更登记事项涉及修改公司章程的,应当提交由公司法定代表人签署的修改后的公司章程或者公司章程修正案。”原国家工商行政管理总局制定的《内资企业登记提交材料规范》(已失效)第6条对营业期限变更登记提交材料规范作了进一步的细化规定:“1.《公司登记(备案)申请书》。2.《指定代表或者共同委托代理人授权委托书》及指定代表或委托代理人的身份证件复印件。3.法律、行政法规和国务院决定规定公司变更事项必须报经批准的,提交有关的批准文件或者许可证件复印件。4.关于修改公司章程的决议、决定(变更登记事项涉及公司章程修改的,提交该文件；其中股东变更登记无须提交该文件，公司章程另有规定的，从其规定）。……5.修改后的公司章程或者公司章程修正案（公司法定代表人签署）。6.变更事项相关证明文件。……”关于登记机关对公司登记申请材料的审查标准，《企业登记程序规定》第9条规定：“登记机关收到登记申请后，应当对申请材料是否齐全、是否符合法定形式进行审查。申请材料齐全是指国家工商行政管理总局依照企业登记法律、行政法规和规章公布的要求申请人提交的全部材料。申请材料符合法定形式是指申请材料符合法定时限、记载事项符合法定要求、文书格式符合规范。”现行立法对公司申请营业期限变更登记应提交的材料规范及登记机关的审查方式作了较为明确的规定，但基于成文法的固有特性，导致实务中对登记机关审查标准的理解与把握仍存在分歧，倾向意见认为登记机关应对申请材料的形式与内容是否符合法律规定尽审慎审查义务，即基于一般人的理性、经验、常识就可以作出正确判断的义务。

其次，登记机关对公司申请变更登记提交的股东会决议及公司章程修正案，除审查是否符合立法规定外，是否还需审查符合公司章程的规定？根据《公司法》（2013年）第43条第1款规定：“股东会的议事方式和表决程序，除本法有规定的外，由公司章程规定。”当公司章程对议事规则作了明确约定且不违反公司法规定的情形，登记机关对股东会决议及公司章程修正案是否符合法定形式，除审查是否符合前述立法规定外，还需审查是否符合公司章程的规定，符合公司法的立法本意。

最后，当公司章程的前后规定存在冲突时，登记机关在审查中是否可以直接作出判断？从该案查明事实万千公司公司章程第21条第2款及第53条关于章程修改的规定明显存在冲突。按照私法自治原则以及公司登记审查的上述规定，立法并未赋予登记机关对上述冲突作出判断的职责权限。因此，对公司章程存在冲突的情形，登记机关可向当事人释明自行协调或通过其他途径寻求救济，而不宜直接作出判断。

综上所述，原告要求法院判决被告受理其经营期限变更登记申请的诉讼请求于法有据，法院予以支持，被告应在受理后对原告的申请登记事项进行审查，依法决定是否准予变更登记。

例案二 | 张某诉上海市工商行政管理局普陀分局准予变更登记案

【法院】

上海市普陀区人民法院

【案号】

(2010)普行初字第52号

【当事人】

原告:张某

被告:上海市工商行政管理局普陀分局

法定代表人:茅某某,该局局长

第三人:上海米蓝贸易有限公司

法定代表人:段某某,该公司董事长

第三人:段某某

第三人:陈某某

第三人:孙某

【基本案情】

原告张某诉称,被告未依照法律规定,要求上海米蓝贸易有限公司(以下简称米蓝公司)提交依照《公司法》作出的变更决议或者决定,且米蓝公司提交的米蓝公司章程修改案未依照公司章程经股东会决议通过。故被告作出的准予米蓝公司变更登记的行政行为违法,请求予以撤销。

被告上海市工商行政管理局普陀分局(以下简称普陀工商分局)辩称,米蓝公司提出公司变更登记的申请并提交了相关材料,被告经审查认为申请材料符合相关法律规定,被告所作行政行为认定事实清楚、证据充分、程序合法,适用法律正确,请求予以维持。

第三人米蓝公司述称,其提交的《公司变更登记申请书》以及加盖公司印章并由法定代表人段某某签署的章程修改案就是一种决定,符合《公司登记管理条例》(2005年)第27条第1款第2项的规定。在提交章程修改案及《公司变更登记申请书》之前是否在公司内部形成股东会决议,与被告作出被诉行政行为无关,不是本案讨论的问题。如果原告认为未召开股东会形成股东会决议,原告应当另案起诉,故请求驳回原告的诉讼请求。

第三人段某某述称,公司章程的设定是在招商引资时用的格式文本,章程中

10年经营期限并非米蓝公司真实意思，公司的经营不应当终止。其他述称意见与被告和米蓝公司的意见一致，请求驳回原告诉请。

第三人陈某某述称，认可该变更登记，其他争议可以协商解决。公司的章程确实是在招商引资时用的格式文本，有一定的历史原因。其他述称意见与被告和米蓝公司的意见一致，要求驳回原告的诉讼请求。

第三人孙某述称，同意原告的诉讼请求，这是保护小股东权益的方式。米蓝公司应当先召开股东会，协商一致形成决议后才能申请公司变更登记，被诉行政行为程序上不合法。其他述称意见与原告一致，要求撤销被诉行政行为。

法院经审理查明，2008年7月17日，米蓝公司向被告申请住所、经营范围、营业期限、执照有效期变更，并提交了由米蓝公司法定代表人段某某签字并加盖公司公章的《公司变更登记申请书》、2008年7月17日指定代表或者共同委托代理人的证明、2008年7月17日由段某某签字并加盖公司公章的章程修改案、2008年7月16日经营场所租赁协议、沪房地普字(2002)第024674号上海市房地产权证、上海市房地产登记册等材料。被告于同日受理，经审核后当场核准了申请。米蓝公司当场签收了准予变更登记通知书。同日，被告向米蓝公司换发企业法人营业执照。原告张某不服，提出行政复议申请。上海市工商行政管理局于2010年4月14日立案受理，并于同年6月3日作出沪工商复字〔2010〕第22号行政复议决定，维持了被告作出的具体行政行为。原告不服，向上海普陀区人民法院提起行政诉讼。

另查明，米蓝公司为自然人投资的有限责任公司，法定代表人段某某。股东为段某某、孙某、陈某某、张某。2002年5月28日的米蓝公司章程第34条为“本公司自《企业法人营业执照》签发之日起，经营期限满10年即行解散，并在30日内办理注销登记。如需延长，则在经营期限届满前75日作出决议报上海市工商行政管理局批准，办理变更登记注册手续”，第38条第3项为“新章程须在股东会上经全体股东通过”。米蓝公司向被告申请上述变更登记时，关于公司经营期限变更等事宜未经股东会决议，章程修改案也未在股东会上经全体股东通过。2009年11月3日和5日，米蓝公司召开股东会议，主要内容为“经审议讨论，对下列事项作出决议：关于米蓝公司营业期限延续的股东会决议。根据米蓝公司章程第一章第6条及第六章第34条规定，为公司持续经营和发展，经与会全体股东一致讨论通过，决议如下：米蓝公司自1999年4月6日成立至2009年4月5日，业已完成了公司章程中所规定的十年经营期限。公司在到期前，在上海市工商行政管理局对公司的营业期限办理了延续十年的工商变更手续，但在办理时未能形成股东会决议。对此，全体股东决定,在2010年7月召开股东会会议时,根据公司对包括与相关公司往来账目、借款等遗留问题的处理结果,届时的实际经营情况等状况,对公司的营业期限再行议定”。

上海市普陀区人民法院于2011年1月7日作出行政判决,撤销被告于2008年7月17日向第三人米蓝公司作出编号为NO.07000003200807170043号准予变更登记通知的行政行为。米蓝公司、段某某、陈某某不服,提起上诉,并在二审审理过程中自愿申请撤回上诉。上海市第二中级人民法院于2011年4月15日作出(2011)沪二中行终字第59号行政裁定,准许撤回上诉。

【案件争点】

被告认定原告申请变更登记的材料符合法定形式并据此作出准予变更登记是否合法。

【裁判要旨】

上海市普陀区人民法院认为,根据《公司登记管理条例》(2005年)第五章“变更登记”第27条第1款的规定,公司申请变更登记,应当向公司登记机关提交的文件为三项,即由公司法定代表人签署的变更登记申请书、依照《公司法》作出的变更决议或者决定、国家工商行政管理总局规定要求提交的其他文件。根据该条第2款的规定,公司变更登记事项涉及修改公司章程的,应当提交由公司法定代表人签署的修改后的公司章程或者公司章程修正案。根据《公司登记管理条例》(2005年)第八章“登记程序”第52条规定,公司登记机关对于“申请文件、材料齐全,符合法定形式的”,应当决定予以受理。因此,《公司登记管理条例》(2005年)第27条所列举的文件,既是公司登记机关变更登记的受理条件,也是公司登记机关变更登记的实质条件。本案中,第三人米蓝公司于2008年7月17日申请住所、经营范围、营业期限、执照有效期变更登记时,未提交米蓝公司依照《公司法》作出的变更决议或者决定。因此,被告作出被诉行政行为不但在受理时缺少了法定文件,而且在对变更登记事项进行审核时也缺少了法定文件。故被告作出被诉行政行为程序违法,主要证据不足,依法应当撤销。对原告要求撤销被诉行政行为的诉讼请求,该院予以支持。

例案三 桂东县汶江电业有限责任公司诉桂东县工商行政管理局要求履行行政登记法定职责案

【法院】

湖南省桂东县人民法院

【案号】

(2014)桂行初字第1号

【当事人】

原告:桂东县汶江电业有限责任公司

诉讼代表人:李某某,该公司负责人

被告:桂东县工商行政管理局

法定代表人:何某某,该局局长

【基本案情】

原告桂东县汶江电业有限责任公司(以下简称汶江电业公司)诉称,2013年8月9日原告向被告提交变更公司法定代表人登记的申请,2013年8月15日被告以原告提供的申请不符合法律规定为由,作出不予受理通知。2014年1月16日原告按照被告的要求补交了新的材料后再次向被告提出申请,被告未作出受理或不予受理通知,未履行法定职责,请求法院判令被告履行受理原告申请变更登记事项的法定职责。

被告桂东县工商行政管理局(以下简称桂东县工商局)辩称,原告第二次申请变更登记事项与第一次申请内容相同,提供材料及事实理由相同,属同一申请事项,被告已作出了不予受理通知书,已依法履行了法定职责。另外,刘某某作为原告的法定代表人、董事长,其股权已被法院冻结,被告不予受理原告法定代表人变更申请符合法律规定,请求法院驳回原告的诉讼请求。

法院经审理查明,原告于2013年3月24日召开了第三届第一次股东会,会议免去了刘某某的董事职务,选出了新的董事会,并于当天经半数以上董事推选李某某作为召集和主持人召开了第三届第一次董事会,会议一致通过免去刘某某的法定代表人及董事长职务,由李某某担任新一届董事长及法人代表。2013年8月9日,原告第一次向被告提交了《请求办理变更公司法定代表人登记的申请》。被告受理后,认为原告提交的变更法定代表人登记申请,不符合相关法律法规的规定,于2013年8月15日作出了不予受理通知。2014年1月16日,原告第二次向被告提交了《桂东县汶江电业有限责任公司法定代表人变更登记申请表》,并按照被告要求补交了"人民法院受理有关刘某某民间借贷纠纷案件、审理、结案情况统计表""桂东县公安局及桂东县公安局经侦大队出具的刘某某已被逮捕,现在羁押在郴州市看守所的证明"。被告收到申请书后,认为原告申请变更登记事项与第一次申请内容相同,提供材料及事实理由相同,属同一申请事项,未给原告书面的受理或不受理通知,只口头告知原告:"一、桂东县工商局已于2013年8月15日对你公司作出了不予受理通知,现不再作第二次通知。二、你公司可以依法向法院提起行政诉讼。"原告认为其已按照被告要求补交了新的材料,被告应当履行法定职责,依法对原告申请变更法定代表人作出受理或不予受理通知,遂起诉至法院。

湖南省桂东县人民法院判决被告桂东县工商局自本判决生效后十日内履行法定履职,依法受理原告变更法定代表人的申请。桂东县工商局不服,提起上诉,湖南省郴州市中级人民法院于2014年9月19日作出(2014)郴行终字第42号二审判决,驳回上诉,维持原判。

【案件争点】

被告是否履行了对原告登记申请进行审查处理的法定职责。

【裁判要旨】

湖南省桂东县人民法院认为,被告作为企业登记机关,有责任对企业登记申请进行审查,根据不同情况作出是否受理登记的决定。另依据国家工商行政管理总局1999年6月23日颁布的《企业法人法定代表人登记管理规定》第6条规定:"企业法人申请办理法定代表人变更登记,应当向原企业登记机关提交下列文件:(一)对企业原法定代表人免职文件;(二)对企业新任法定代表人的任职文件;(三)由原法定代表人或者拟任法定代表人签署的变更登记申请书。"原告已向被告提交了以上所需文件,并按照被告要求补交了其他材料,请求变更公司法定代表人登记,被告作为原企业登记机关应当予以受理。被告提出《桂东县汶江电业有限责任公司股东会决议》不符合法定要求及原告的股权已被郴州市中级人民法院冻结作为其不予受理的理由不能成立,不予采纳。故法院判决被告自本判决生效后10日内履行法定履职,依法受理原告变更法定代表人的申请。

三、裁判规则提要

从前述例案和类案检索大数据报告看,对于受理阶段的审查和受理后的审查,多数判决均作以区分,但在登记实践中仍存在混淆。以例案一为例,原告的公司章程关于章程修改的规定明显存在冲突，被告却在受理阶段直接对章程冲突的条款应如何适用作出判断，并实体审查认为原告提交的股东会决议和公司章程修正案不符合法定形式，而作出不予受理决定，其没有区分受理和受理后的审核阶段，且对股东会决议的审查介入程度较深。

工商登记机关对变更登记申请是否受理的审查，是变更登记审查的初始阶段，其审查深度应弱于受理后对于登记材料的审查。本规则明确了工商登记机关在变更登记申请受理阶段，应根据现行立法对公司变更登记应提交的材料规范，对申请材料是否齐备及是否符合法定形式进行形式审查，变更登记申请材料齐备且符合法定形式，工商登记机关应予以受理。

（一）公司登记法律规范对提交申请材料的规定

《公司登记管理条例》第27条规定："公司申请变更登记，应当向公司登记机关提交下列文件：（一）公司法定代表人签署的变更登记申请书；（二）依照《公司法》作出的变更决议或者决定；（三）国家工商行政管理总局规定要求提交的其他文件。公司变更登记事项涉及修改公司章程的，应当提交由公司法定代表人签署的修改后的公司章程或者公司章程修正案。变更登记事项依照法律、行政法规或者国务院决定规定在登记前须经批准的，还应当向公司登记机关提交有关批准文件。"还有国家市场监督管理总局制定的2019年3月1日起实施的《企业登记申请文书规范》《企业登记提交材料规范》中对提交申请材料的形式和种类进行了具体规范。工商登记机关应按照上述规定，要求申请人提交变更登记申请材料。

（二）公司登记法律规范对申请材料齐全和符合法定形式的规定

根据《企业登记程序规定》第9条第1款之规定，登记机关收到登记申请后，应当对申请材料是否齐全、是否符合法定形式进行审查。何为申请材料齐全、符合法定形式？该条第2款和第3款作了规定，"申请材料齐全是指国家工商行政管理总局依照企业登记法律、行政法规和规章公布的要求申请人提交的全部材料。申请材料符合法定形式是指申请材料符合法定时限、记载事项符合法定要求、文书格式符合规范"。因此，对于申请人来说，只要按照公司登记法律、行政法规和规章等法律规范公布的要求提交申请材料，并保证申请材料符合法定形式即可。

（三）公司登记机关依据公司登记法律规定审查后的处理

工商登记机关应该按照上述规定，在受理阶段，对申请人提交的登记申请材料进行形式审查,根据不同情况分别作出是否受理的决定,如申请材料齐全、符合法定形式的,应当决定予以受理;申请材料存在可以当场更正的错误的,应当允许有权更正人当场予以更正,由更正人在更正处签名或者盖章、注明更正日期;经确认申请材料齐全,符合法定形式的,应当决定予以受理;申请材料齐全并符合法定形式,但申请材料需要核实的,应当决定予以受理,同时书面告知申请人需要核实的事项,理由及时间。

四、辅助信息

高频词条:

1.《公司登记管理条例》

第27条 公司申请变更登记,应当向公司登记机关提交下列文件:

(一)公司法定代表人签署的变更登记申请书;

(二)依照《公司法》作出的变更决议或者决定;

(三)国家工商行政管理总局规定要求提交的其他文件。

公司变更登记事项涉及修改公司章程的,应当提交由公司法定代表人签署的修改后的公司章程或者公司章程修正案。

变更登记事项依照法律、行政法规或者国务院决定规定在登记前须经批准的,还应当向公司登记机关提交有关批准文件。

2.《企业登记程序规定》

第9条 登记机关收到登记申请后,应当对申请材料是否齐全、是否符合法定形式进行审查。

申请材料齐全是指国家工商行政管理总局依照企业登记法律、行政法规和规章公布的要求申请人提交的全部材料。

申请材料符合法定形式是指申请材料符合法定时限、记载事项符合法定要求、文书格式符合规范。

第10条 经对申请人提交的登记申请审查,企业登记机关应当根据下列情况分别作出是否受理的决定:

(一)申请材料齐全、符合法定形式的,应当决定予以受理。

(二)申请材料齐全并符合法定形式,但申请材料需要核实的,应当决定予以受理,同时书面告知申请人需要核实的事项,理由及时间。

(三)申请材料存在可以当场更正的错误的,应当允许有权更正人当场予以更正，由更正人在更正处签名或者盖章、注明更正日期；经确认申请材料齐全，符合法定形式的，应当决定予以受理。

（四）申请材料不齐全或者不符合法定形式的，应当当场或者在五日内一次告知申请人需要补正的全部内容。告知时，将申请材料退回申请人并决定不予受理。属于五日内告知的，应当收取材料并出具收到材料凭据。

（五）不属于企业登记范畴或者不属于本机关登记管辖范围的事项，应当即时决定不予受理，并告知申请人向有关行政机关申请。

通过邮寄、传真、电子数据交换、电子邮件等方式提交申请的，应当自收到申请之日起五日内作出是否受理的决定。

本规定所称有权更正人，是指申请人或者经申请人明确授权，可以对申请材料相关事项及文字内容加以更改的经办人员。

3.《企业登记申请文书规范》《企业登记提交材料规范》

工商登记案件裁判规则第6条:

审查公司变更登记申请材料是否符合法定形式,应以法治化营商环境建设和“放管服”改革理念为引领,对所涉公司自治范畴的股东会决议效力争议,不应介入实质审查

〔**规则描述**〕:《公司登记管理条例》第53条第2款规定,对工商登记申请材料“需要”审查的标准赋予了工商登记机关裁量权。长期以来对该权力的行使边界,一直存在“形式审查”和“实质审查”观点之争,并逐渐形成了“审慎审查”的执法口径,但把握标准仍存争议。在国家推进“放管服”改革,尤其是法治化营商环境建设背景下,审查公司变更登记申请材料是否符合法定形式,须以新的理念观念加以审视把握,对所涉公司自治范畴的股东会决议效力争议,不应介入实质审查。

一、类案检索大数据报告

截至2019年2月25日,以“工商”“公司变更登记”“股东会决议”“审查”“效力”“判决”等为并列关键词,通过Alpha案例库、上海C2J系统、法信平台、元典智库、北大法宝、中国裁判文书网共检索到207起案件,经逐案阅看、分析,剔除同一案件因不同审级形成的多个文书,与本规则关联度较高的案件有103件。整体情况如下:

从地域分布来看,本规则相关行政登记案例主要集中在浙江省、江苏省、山东省、上海市和湖南省,分别占比20.39%、18.45%、15.53%、10.68%、9.71%,其中浙江省的案件量最多,达到21件(见图6-1)。

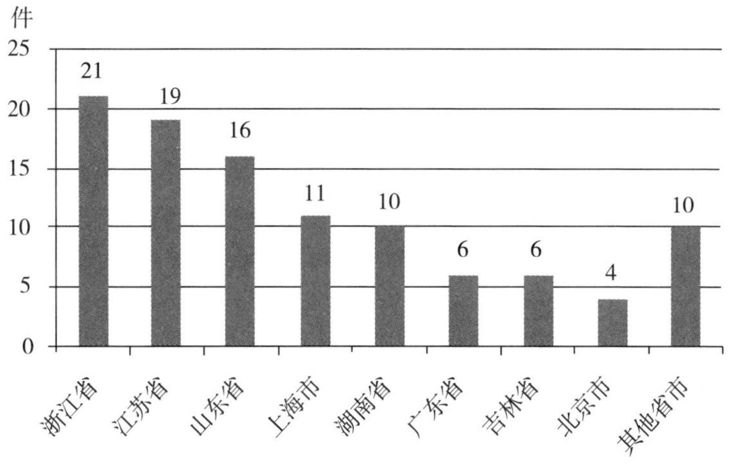

图6-1 类案地域分布

从年份分布看，本规则相关行政登记案例近十年案件数量逐渐增加，至2016年达到最多26件，之后有所回落（见图6-2）。

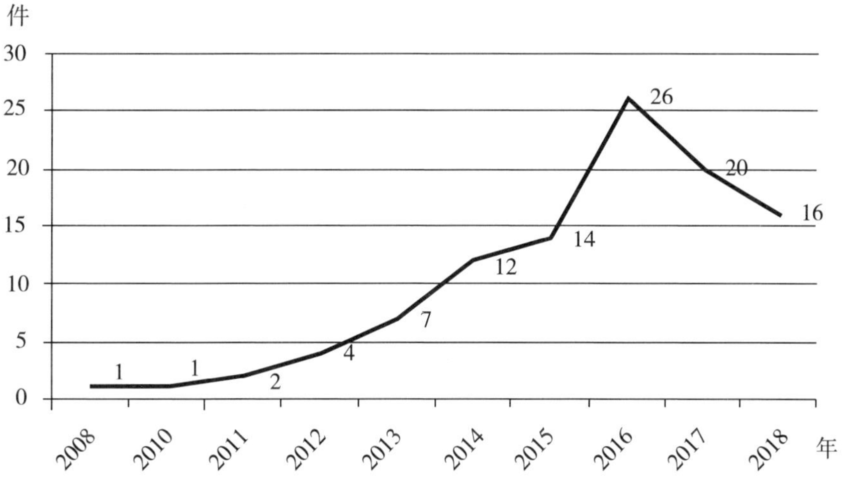

图6-2 案件年度分布

关联度较高的103件案件中，与本规则持相同观点的86件，占83.50%，持不同观点的17件，占16.50%（见图6-3）。

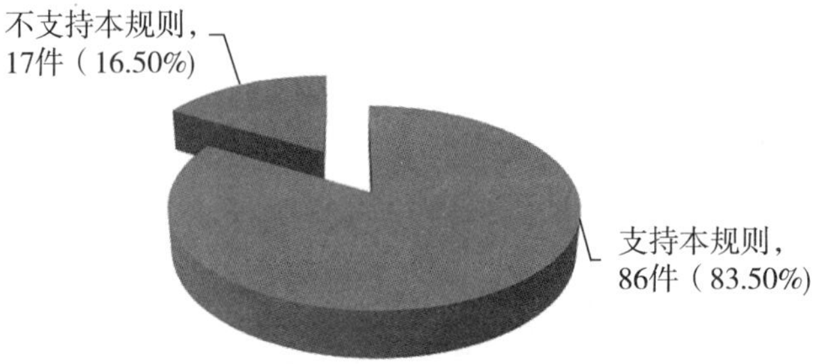

图 6-3 类案裁判结果分布

二、可供参考例案

例案一 上海万千投资开发有限公司诉被告上海市普陀区市场监督管理局、上海市工商行政管理局不予变更登记和行政复议决定案

【法院】

上海铁路运输法院

【案号】

(2018)沪7101行初342号

【当事人】

原告:上海万千投资开发有限公司

被告:上海市普陀区市场监督管理局

法定代表人:赵某某,该局局长

被告:上海市工商行政管理局

法定代表人:陆某某,该局局长

【基本案情】

原告上海万千投资开发有限公司(以下简称万千公司)诉称,上海市普陀区市场监督管理局(以下简称普陀市场监管局)对原告延长营业期限变更登记申请进行审查,认为2016年6月16日延长公司营业期限的股东会决议(以下简称涉案股东会决议)的法律效力存在异议,并已进入司法审查阶段,遂决定不予变更登记。被告上海市工商行政管理局(以下简称上海市工商局)于2018年1月15日作出沪工商复字〔2017〕第553号行政复议决定予以维持。原告认为普陀市场监管局无权对涉案股东会决议的效力进行审查核实。涉案股东会决议的效力争议虽处于民事诉

讼中,但在法院判决否定其效力前,应为有效的股东会决议。若民事诉讼判决涉案股东会决议无效或者予以撤销,原告的其他股东可根据民事判决,依照《公司法》的相关规定,申请撤销变更登记。原告故请求法院判决撤销普陀市场监管局于2017年9月27日作出的沪工商登记内驳字〔2017〕第001号《登记驳回通知书》和上海市工商局于2018年1月15日作出沪工商复字〔2017〕第553号《行政复议决定书》,并责令普陀市场监管局依法为原告办理变更登记。

被告普陀市场监管局辩称,根据《公司登记管理条例》第53条第2款之规定,其对涉案股东会决议进行了核实。原告股东对涉案股东会决议效力存在争议,且该争议已进入司法审查阶段,故该股东会决议效力应根据民事判决确定,届时原告可根据判决结果再申请变更登记,遂作出被诉不予变更登记决定。同时,该决定亦依据参考了上海铁路运输法院(2017)沪7101行初161号行政判决(以下简称161号行政判决)、普陀区法院(2011)普民二(商)初字第308号民事判决(以下简称308号民事判决)和(2010)普行初字第52号行政判决(以下简称52号行政判决)。故请求法院判决驳回原告的诉讼请求。

被告上海市工商局辩称,同意普陀市场监管局的答辩意见,被诉行政复议决定合法,请求法院判决驳回原告的诉讼请求。

法院经审理查明,原告万千公司系有限责任公司,营业期限为1997年2月22日至2017年2月21日。该公司章程第21条第2款规定:“股东会议事规则……股东会对公司增减注册资本、分立、合并、解散或变更公司形式、修改公司章程等需经代表三分之二以上表决权的股东通过。”第49条规定:“公司经营期限20年,从《企业营业执照》签发之日起计算。”第53条规定:“本章程的修改,必须经股东会一致通过决议,报工商部门备案。”第55条规定:“本章程解释由股东会集体讨论决定。”

2014年3月10日,原告召开股东会,应到会股东7人,实际到会股东4人,未到会股东3人,作出股东会决议:“股东会根据章程第五十五条的规定行使对章程第二十一条第二款、第五十三条的解释权:章程第二十一条第二款与第五十三条的内容不一致。因第二十一条第二款的内容与《公司法》(2013年)第43条的法条相一致,所以股东会决定在修改公司章程事项上适用章程第二十一条第二款,不适用章程第五十三条。”到会的4名股东或其代理人签字同意上述股东会决议。

2016年6月16日,原告召开股东会,作出股东会决议:“一、本公司经营期限延长20年,延长期限为2017年2月21日至2037年2月20日。二、修改公司章程

第十五章第四十九条。修改前:公司经营期限20年,从《企业法人营业执照》签发之日起计算。修改后:公司经营期限40年,从《企业法人营业执照》签发之日起计算。"决议载明,出资比例占73.25%的5名股东,包括法定代表人均签字同意上述股东会决议;出资比例占26.75%的2名股东,签字不同意上述股东会决议。原告根据上述股东会决议,形成公司章程修正案,修改公司章程第十五章第49条为"公司经营期限40年,从《企业法人营业执照》签发之日起计算"。上述同意股东会决议的股东亦在章程修正案上签字。

2016年11月28日,原告向普陀市场监管局提出变更登记申请,变更项目为"公司经营期限",申请变更登记内容为"公司章程修正案第十五章第四十九条:公司经营期限40年,从《企业法人营业执照》签发之日起计算"。普陀市场监管局于同月29日收到后,审查认为原告提交的涉案股东会决议与章程修正案不符合法定形式,决定不予受理。原告不服,提起行政诉讼。普陀市场监管局在该案审理中陈述不予受理的理由为,涉案股东会决议与章程修正案依据章程第21条第2款作出,未按章程第53条经全体股东一致通过,而不符合法定形式。上海铁路运输法院经审理,于2017年8月14日作出161号行政判决,认为原告公司章程中有关冲突的章程修改规定,按照私法自治原则以及公司登记相关规定,立法并未赋予公司登记机关对上述冲突作出判断的职责权限,故公司登记机关可向当事人释明自行协调或通过其他途径寻求救济,而不宜直接作出判断,遂认定原告申请材料齐全且符合法定形式,判决普陀市场监管局于该判决生效之日起5日内,受理万千公司的营业期限变更登记申请并依法作出决定。

2017年8月28日,普陀市场监管局收到161号行政判决,根据该判决于同年9月12日受理了原告营业期限变更登记申请,并要求原告于收到受理通知书之日起15日内提交申请材料原件。原告于2017年9月14日向普陀市场监管局提交了申请材料原件。同年9月13日,案外人股东卫某某对原告申请变更营业期限登记向普陀市场监管局提出异议并提交相关材料,称其已向普陀区法院提起了民初22564号民事诉讼,请求撤销2014年3月10日股东会决议和涉案股东会决议,故要求普陀市场监管局中止办理原告营业期限变更登记。次日普陀市场监管局通知原告,要求原告法定代表人和相关股东于同年9月14日至21日至普陀市场监管局对涉案股东会决议予以核实,并告知将于同年9月27日前作出是否准予登记决定。原告收到该通知后,于同年9月18日发函至普陀市场监管局,主张其于2016年6月16日召开的股东会程序合法,作出的涉案股东会决议合法有效。

同年9月15日，普陀市场监管局向普陀区法院发送咨询函，了解卫某某陈述的相关民事诉讼情况。普陀区法院于同年9月21日回函，告知该院已受理民初22564号卫某某与万千公司股东会决议撤销纠纷一案，立案日期为2017年9月7日，在2017年9月27日前难以作出民事判决，并随附了相关民事诉讼材料。普陀市场监管局于2017年9月21日再次通知原告，要求其法定代表人和相关股东至该局接受询问，原告未到场予以核实。2017年9月27日，普陀市场监管局作出被诉不予变更登记决定，并制作沪工商登记内驳字〔2017〕第001号《登记驳回通知书》送达原告。

原告不服，向市工商局申请行政复议。市工商局于2017年11月23日受理后，于次日通知普陀市场监管局答复。普陀市场监管局于2017年11月30日收到行政复议答复通知后，于2017年12月8日作出行政复议答复。市工商局经复议审理后，于2018年1月15日作出沪工商复字〔2017〕第553号行政复议决定，维持上述不予变更登记决定，并送达原告和普陀市场监管局。原告仍不服，提起行政诉讼。

另查明，普陀区法院就民初22564号卫某某诉万千公司要求撤销万千公司2014年3月10日股东会决议和涉案股东会决议一案，于2018年2月1日作出民事裁定，中止该案审理。中止理由为该案审理中，卫某某又向该院提起(2018)沪0107民初403号(以下简称民初403号)诉讼，请求“确认万千公司在2016年6月16日关于朱某某代持万千公司股权，但表决权授予朱某某行使的股东会决议不成立”。普陀区法院于2018年5月2日作出民初403号民事判决，确认万千公司股东会于2016年6月16日所作决议中“在周某某未办理减资减持登记手续的情况下，由朱某某代本公司持有的本公司股权290万元，该股权在股东会上的表决权授权朱某某行使”的决议内容无效。万千公司不服该案判决，向上海市第二中级人民法院提起上诉。该院于2018年7月26日予以立案，并于同年8月28日作出(2018)沪02民终6907号民事判决，驳回上诉，维持原判。普陀区法院现已恢复民初22564号案件审理，尚未进行庭审，判决时间尚不确定。

再查明，原告营业期限至2017年2月21日。原告在庭审中陈述，营业期限到期前，公司经营状态良好，现因登记变更争议处于诉讼中，实际已无法开展经营活动和新业务，职工亦无法如常工作。普陀市场监管局在庭审中陈述，原告营业期限到期后应依法解散清算并办理注销。

又查明，普陀市场监管局审理中提及的普陀区法院308号民事判决一案，系原告孙某、张某诉被告上海米蓝贸易有限公司(以下简称米蓝公司)股东会决议纠纷案,该案判决书认定,米蓝公司公司章程中规定的关于章程修改的股东会议事规则存在冲突,但米蓝公司营业期限到期前,“公司股东曾就延长公司营业期限进行过讨论,但未能形成股东会决议”。普陀市场监管局审理中另提及的普陀区法院52号行政判决一案,系原告张某诉被告原上海市工商行政管理局普陀分局不服准予米蓝公司营业期限等变更登记决定案,该案判决书认定,“米蓝公司申请变更登记时,关于公司经营期限变更等事宜未经股东会决议”,该案被诉变更登记决定“不仅在受理时缺少了法定文件,而且在对变更登记事项进行审核时也缺乏法定文件”,遂判决撤销该案被诉变更登记决定。

上海铁路运输法院于2018年10月9日作出(2018)沪7101行初342号行政判决,撤销被告上海市普陀区市场监督管理局于2017年9月27日作出的沪工商登记内驳字〔2017〕第001号《登记驳回通知书》和被告上海市工商行政管理局于2018年1月15日作出的沪工商复字〔2017〕第553号《行政复议决定书》,并责令被告上海市普陀区市场监督管理局于本判决生效之日起15日内依法为上海万千投资开发有限公司办理营业期限变更登记。

【案件争点】

普陀市场监管局以涉案股东会决议效力存在争议并进入民事诉讼程序为由,作出的不予变更登记决定是否符合法律规定。

【裁判要旨】

上海铁路运输法院认为,普陀市场监管局对原告营业期限变更登记申请是否予以登记,涉及公司登记管理,应由《公司登记管理条例》调整和规范。该条例第53条第2款规定,“公司登记机关需要对申请文件、材料核实的,应当自受理之日起15日内作出是否准予登记的决定”。该规定对“需要”审查的具体程度未予明确。长期以来,实践中对此一直存在“形式审查”和“实质审查”标准之争,公司登记机关逐渐形成了“审慎审查”的通行做法标准,该做法标准属公司登记机关裁量把握范畴,应予尊重。但是,根据经济社会发展和国家改革进程,对此审查标准宜以新的理念观念来重新审视把握。结合国家改革背景以及本案案情,被诉不予变更登记决定和行政复议决定应予撤销,理由如下:

第一,自2014年以来,国家实行注册资本登记制度改革,以健全完善现代企业制度,服务经济社会持续健康发展。在此轮改革中,国家高度重视完善法治化、国际化、便利化的营商环境,以进一步解放生产力,提高综合竞争力。政府按照创新、协调、绿色、开放、共享的发展理念积极转变职能，推进简政放权、放管结合、优化服务的“放管服”改革，以破除制约企业的体制机制障碍，着力降低制度性交易成本，使市场在资源配置中起决定性作用。该项改革要求进一步下放行政审批权，取消无法律依据的行政权，减少重复管理的行政权，放宽市场准入，扩大企业自主权；要求工商登记机关积极探索和创新监管职能，利用新技术创新有利于营造公平竞争环境的公正有效的监管体制，防范可能引发的风险，促进经济健康发展；要求提高公共服务供给效率和政务服务效率，营造便利环境，减少市场干预，将市场的事交由市场来决定，降低市场主体自治运行成本，促进市场主体的活力和创新能力。根据上述改革精神，市场监督管理不仅涉及市场监管部门与市场主体之间的关系，更深层次关乎政府与市场的关系。故在推进政府“放管服”改革，优化法治化营商环境建设中，公司登记机关对市场主体和市场活动监督管理的行政职责，应以改革的新理念新思维重新定位，合理限定审查范围，不适宜介入如本案所涉民事行为效力等实质内容的审查。

《公司登记管理条例》第 53 条第 2 款规定了公司登记机关在受理登记申请后，需对申请材料核实的，自受理之日起 15 日内作出是否准予登记的决定。该规定应理解为是侧重于规范公司登记机关受理后办理登记的期限，以及在其专业能力所及范围内对申请材料是否真实合法的审查；况且 15 天核实办理期限，要求公司登记机关对申请材料作实质性审查，也勉为其难。同时，《公司法》(2013 年)第 22 条规定了公司股东对股东会决议效力存在争议的民事诉讼解决途径，并明确在“人民法院宣告该决议无效或者撤销该决议后，公司应当向公司登记机关申请撤销变更登记”的后续调整渠道，即立法对公司登记机关审查风险后果作了制度性安排。因此，在上述改革背景下，以往对审查标准把握的固有观念和惯常做法应随之更新调整，综合适用《公司登记管理条例》《公司法》等相关规定，公司登记机关对申请材料的审查介入程度相较过去应更为有限。

本案原告章程中关于章程修改的规定存在冲突的问题，2014 年 3 月 10 日股东会已依据章程第 55 条解释条款，对上述冲突条款的适用作出了决议。虽然该决议已于 2017 年 9 月 7 日涉诉，但原告 2016 年 6 月 16 日涉案股东会决议是在此基础上作出的。换言之，从表面证据反映，涉案股东会决议系根据 2014 年 3 月 10 日股东会决议的程序所作出，且原告 2016 年 11 月提出变更登记申请时，涉案股东会决议未涉诉，并未被依法否定过。结合上述改革精神和相关规定，原告股东对涉案股东会决议效力所持的异议，属公司行为内部争议，为其自治范畴，形成纠纷后异议能否成立也需经民事诉讼程序由法院审理判定。故涉案股东会决议效力异议不属公司登记机关审查职责和能力范围。公司登记机关对本案系争变更登记申请的审查,无须介入股东会决议效力。在法院未判决否定涉案股东会决议效力之前,原告提交的申请材料齐全,符合法定形式。正如上海铁路运输法院161号行政判决书已明确认定的,公司登记审查应按照私法自治原则以及公司登记审查规定进行,涉案股东会决议效力不属于公司登记机关审查职责权限,公司登记机关是否予以登记应根据公司登记相关规定予以单独判断。

第二,普陀市场监管局作出被诉不予变更登记决定的理由也是涉案股东会决议效力存在争议并已进入司法审查,应依据民事判决而定。虽然该理由形式上看是不介入实质性审查,但在本案原告已于2017年2月21日营业期限届满的情况下,实际上被诉决定已产生了介入审查股东会决议效力并加以否定的客观结果,即不予变更登记决定实际上使原告营业期限无法延长,正如普陀市场监管局庭审所陈述的,公司处于需解散清算的状态。根据《公司法》(2013年)第36条、第37条之规定,有限责任公司股东会是公司的权力机构,依照该法行使"对公司合并、分立、解散、清算或者变更公司形式作出决议""修改公司章程"等职权。又根据《公司法》(2013年)第180条第1项、第2项和第181条规定,公司存续与否可由其自治决定。据此,股东会作出有关延长公司营业期限的股东会决议,属公司自治事项。被诉不予变更登记决定客观上产生迫使原告需解散清算的后果,不符合《公司法》上述有关规定。又根据《公司法》(2013年)第180条第4项和第5项有关公权力强制解散情形的规定,不予变更登记决定所产生公司被迫解散清算的后果,也不属于《公司法》规定的"强制解散"法定情形。

因此,被诉不予变更登记决定所产生的实质介入公司存续的客观结果,实际上扩大了公司登记机关职权范围,使企业对市场运行制度难有预期,未能充分体现改革所要求的建设稳定公平透明可预期的营商环境的精神。此外,普陀市场监管局陈述其作出不予变更登记决定也参考了普陀区法院308号民事判决和52号行政判决。但根据两案判决书,所涉米蓝公司在营业期限到期前,并未形成延长公司营业期限的股东会决议,申请变更登记时亦未提交延长营业期限的股东会决议,缺乏法定形式。故该两案情况与本案明显不同,对本案审理不具有参考性。

第三,对于原告延长营业期限申请是否予以变更登记,应结合本案案情综合考量各群体的利益。普陀市场监管局答辩称,涉案股东会决议效力由民事判决确定后,届时原告可根据民事判决结果再申请变更登记。被诉不予变更登记决定的客观结果虽然顾及了不同意延期的2名少数股东异议因素，但实际上也影响了同意延期的5名多数股东意愿。本案原告营业期限已于2017年2月21日到期，在未能办理变更登记前，无法开展新业务等经营活动。根据公司运营陷入困顿的现状，以及涉案股东会决议效力民事诉讼未决情况，相比较是否准予变更登记两种结果考量：如果准予变更登记，公司可以继续开展经营，多数股东及职工利益可予维护。至于相关民事诉讼判决结果的利益风险，一旦民事判决否定股东会决议效力，少数股东可根据《公司法》(2013年)第22条第4款“人民法院宣告该决议无效或者撤销该决议后，公司应当向公司登记机关申请撤销变更登记”的登记而获得救济；如果不予变更登记，在民事诉讼生效判决时间难以预期情况下，公司会长时间处于被迫解散清算状态，无论是公司经营秩序、交易机会，还是多数股东、职工乃至债权人利益均会受此影响，若等待民事诉讼结果，公司将继续处于营业期限届满无法开展经营的尴尬状态。即使最终相关民事判决确认股东会决议效力后，公司再申请变更登记，但那时公司运行成本已大为增加，公司和多数股东因不予变更登记而带来的受损利益难有救济途径。考量两种结果并结合“放管服”改革精神，认为准予变更登记更为妥当。若民事诉讼判决否定涉案股东会决议效力，原告应按照《公司法》(2013年)第22条第4款规定，向公司登记机关申请撤销变更登记。

第四，公司登记机关具有维护公共利益的职责，如何解决若予以变更登记后不特定交易相对方对登记信息公示的信赖利益？在“放管服”改革中，市场监管上的“简政放权”和“优化服务”的建设目标，并不意味着市场监管部门对市场主体放弃监管，而是要求其加强监管创新，做到“放管结合”。因此，市场监管部门需以市场自治理念为指引，放宽准入条件的同时，创新推进综合监管，实行以信用信息的收集和公示为主的事中和事后监管，借助信息公示规范市场主体的行为，提高市场交易行为的透明度，从而优化促进诚信体系建设，维护公平竞争的市场秩序。故公司登记机关对原告营业期限予以变更登记的同时，可参考借鉴“备注”“附记”或“注记”等做法，创新以适当方式向公众披露公司有关营业期限的股东会决议涉诉信息。由此，将决定交易与否的市场行为交由市场主体自主决定，既能维护公共利益，又充分兼顾保障了企业和股东利益。

综上所述，普陀市场监管局以涉案股东会决议效力存在异议，并已进入司法审查阶段为由，作出被诉不予变更登记决定，有所不妥，综合考量后予以撤销。被诉行政复议决定维持被诉不予变更登记决定，应相应予以撤销。原告提出的营业期限变更登记申请材料齐全，符合法定形式。普陀市场监管局已核对了该申请材料原件,且双方对申请材料真实性均予认可,亦无其他需核实事项。因此,被诉不予变更登记决定撤销后,普陀市场监管局应针对原告营业期限变更登记申请办理变更登记。遂判决撤销被诉不予变更登记决定和行政复议决定,并责令普陀市场监管局15日内为原告办理变更登记。

例案二 | 原告张某甲诉广州市工商行政管理局工商登记案

【法院】

广东省广州市天河区人民法院

【案号】

(2013)穗天法行初字第272号

【当事人】

原告:张某甲

被告:广州市工商行政管理局

法定代表人:张某乙,该局局长

第三人:广州市阜裕贸易有限公司

法定代表人:陈某某,该公司董事长

【基本案情】

原告张某甲诉称,广州市阜裕贸易有限公司(以下简称阜裕公司)2012年9月7日召开的股东会不符合法律规定程序,该股东大会召开未通知原告;被告在对变更申请进行审查时,未全面审查材料的合法性;阜裕公司提交的《有限责任公司变更登记申请书》上所加盖的公章系伪造,故要求撤销被告2013年5月7日作出的准予阜裕公司变更、备案登记的具体行政行为。

被告广州市工商行政管理局(以下简称广州工商局)辩称,其一,公证书证明股东会通过的决议有效,原告没有足够的相反证据推翻公证书。董事长的召集程序并不是被上诉人作出变更登记法定必须审查的内容。其二,根据珠海吉鑫科技有限公司(以下简称吉鑫公司)在2012年8月1日向上诉人发出了召开股东临时会议的通知,该通知寄送至公司实际办公地址且已经送达,所以原告对召开股东临时会议事项并非毫不知情。其三,公章是否经过备案不是工商登记机关审查的范围。根据阜裕公司提交的材料,该公司股东会已经作出了启用新公章原公章不再使用的决议,因此,在申请材料当中的所盖公章即使是新刻制的公章,也是代表该公司的真实意思表示,与公章是否经过备案无关。广州工商局在法定期限内作出核准登记行为符合相关规定。

法院经审理查明,阜裕公司原法定代表人是张某甲,注册资本1213万元,吉鑫公司出资1043.18万元(占注册资本86%),张某甲出资169.82万元(占注册资本14%)。2012年12月21日,阜裕公司向被告申请办理法定代表人由原告变更为陈某某的变更登记,以及有关董事、监事、经理和章程备案,提交了以下申请材料:拟任法定代表人陈某某签名并加盖公章的有限责任公司变更登记申请书、指定代表或者共同委托代理人的证明、持有86%股权股东吉鑫公司2012年9月7日签署的阜裕公司股东会决议、阜裕公司章程(修订稿)、法定代表人信息、董事、监事、经理信息、2012年9月10日广东省广州市广州公证处出具的(2012)粤广广州第239918号《公证书》,证明阜裕公司2012年9月7日股东会会议程序及所通过各项决议真实、合法、有效等公证证明事项、阜裕公司营业执照副本等材料。被告认为上述申请材料齐全、符合法定形式,遂于2013年5月7日予以核准上述变更(备案)登记。2013年7月4日,原告不服上述变更登记行为,向广东省工商行政管理局申请行政复议,广东省工商行政管理局于同年9月2日作出粤工商复决字(2013)第256号行政复议决定,维持被告于2013年5月7日作出的准予阜裕公司变更(备案)登记决定。原告不服,认为阜裕公司2012年9月7日召开的股东会不符合法律规定程序,该股东大会召开未通知原告;被告在对变更申请进行审查时,未全面审查材料的合法性;阜裕公司提交的《有限责任公司变更登记申请书》上所加盖的公章系伪造,向一审法院提起行政诉讼,要求撤销被告2013年5月7日作出的准予阜裕公司变更、备案登记的具体行政行为。

另查明,2012年8月阜裕公司大股东吉鑫公司提议召开临时股东会议,并在2012年8月1日以邮政快递的形式以阜裕公司注册地址、原告户籍登记地址等地点为寄达地,向原告张某甲发出《召开临时股东会会议的通知》,同时,在2012年8月1日《羊城晚报》上B8版对召开本次临时股东会会议的通知事项进行了公告。2012年9月7日,阜裕公司召开了临时股东会,吉鑫公司出席了会议,原告张某甲未出席,在该次股东会形成股东会决议,对公司法定代表人、董事、监事、公司章程修改以及启用新的公司公章等事项形成股东会议决议,当日临时股东会议的召开,广州市公证处进行了全程公证,并出具了《公证书》,广州市公证处确认本次股东会议程序及所通过的各项决议真实合法有效,会后,阜裕公司向被告提交了相关变更登记申请材料。

广州市天河区人民法院作出(2013)穗天法行初字第272号行政判决,驳回原告张某甲的诉讼请求。原告张某甲提起上诉,广东省广州市中级人民法院于2015年4月24日作出(2014)穗中法行终字第585号行政判决,撤销广州市天河区人民法院(2013)穗天法行初字第272号行政判决并撤销被上诉人广州工商局于2013年5月7日作出的准予阜裕公司变更(备案)登记。第三人阜裕公司申请再审,广东省高级人民法院于2016年3月31日作出(2016)粤行再2号行政判决,撤销广州市中级人民法院(2014)穗中法行终字第585号行政判决并维持广州市天河区人民法院(2013)穗天法行初字第272号行政判决。

【案件争点】

被告广州工商局对阜裕公司申请材料中的股东会决议的效力是否应予审查判断,对申请材料上签章的真伪是否具有实质审查的义务。

【裁判要旨】

广州市天河区人民法院一审认为,根据《公司登记管理条例》(2005年)第27条第1款、第2款规定:"公司申请变更登记,应当向公司登记机关提交下列文件:(一)公司法定代表人签署的变更登记申请书;(二)依照《公司法》作出的变更决议或者决定;(三)国家工商行政管理总局规定要求提交的其他材料。公司变更登记事项涉及修改公司章程的,应当提交由公司法定代表人签署的修改后的公司章程或者公司章程修正案。"第38条规定:"公司董事、监事、经理发生变动的,应当向原公司登记机关备案。"2012年9月7日,阜裕公司召开了临时股东会,吉鑫公司出席了会议,原告张某甲未出席,在该次股东会形成股东会决议,对公司法定代表人、董事、监事、公司章程修改以及启用新的公司公章等事项形成股东会议决议,当日临时股东会议的召开,广州市公证处进行了全程公证,并出具了《公证书》,广州市公证处确认本次股东会议程序及所通过的各项决议真实合法有效。对于原告提出阜裕公司申请变更登记资料上加盖公司印章与原公司印章不符的问题,阜裕公司股东会已经作出了"更换公司公章,即日启用新公章,原公章即日起予以废止,不再使用"的股东会决议。上述资料上所盖印章并不影响阜裕公司要求变更登记的真实意思表示。第三人阜裕公司向被告提交的公司变更登记、备案材料完整合法有效,被告对第三人阜裕公司的变更登记申请依法进行了审查,作出准予第三人阜裕公司变更(备案)的登记,事实清楚,程序合法,遂判决驳回张某甲的诉讼请求。

广州市中级人民法院二审认为,一审第三人阜裕公司申请办理企业法定代表人变更登记以及公司董事、监事、章程备案等事项,被上诉人应当对一审第三人提交的申请材料是否齐全、是否符合法定形式进行审查。本案中，一审第三人向被上诉人提交的《有限责任公司变更登记申请书》以及《指定代表或者共同委托代理人的证明》等申请材料所加盖的阜裕公司印章，均是未经批准刻制的新印章。根据国务院《关于国家行政机关和企事业单位社会团体印章管理的规定》第23条规定：“印章制发机关应规范和加强印章制发的管理，严格办理程序和审批手续。国家行政机关和企事业单位、社会团体刻制印章，应当到当地公安机关指定的刻章单位刻章。”广东省人民政府《广东省印章刻制管理规定》第9条第1款规定：“凡需刻制印章的单位（含个体工商业户），必须持上一级单位出具的证明或营业执照，到所在县公安机关申领《刻章许可证》，凭《刻章许可证》到印章刻制店户刻制。”阜裕公司提供的材料不合法。广州工商局依据上述材料作出涉案企业法定代表人变更登记不符合上述规定，依法应予撤销。关于广州工商局认为股东会已经作出了启用新公章原公章不再使用的决议，因此在申请材料当中的所盖公章即使是新刻制的公章，也是代表该公司的真实意思表示，无须审查公章是否备案的意见，本案对被诉具体行政行为合法性进行审查，应当对一审第三人阜裕公司在其提交申请变更登记的所有材料是否符合法定形式，是否违反法律、行政法规的强制性规定等进行审查，因此，广州工商局的主张不予支持。一审法院判决驳回张某甲的诉讼请求处理错误，判决撤销广州市天河区人民法院（2013）穗天法行初字第272号行政判决并撤销被上诉人广州工商局于2013年5月7日作出的准予阜裕公司变更（备案）登记。

广东省高级人民法院再审认为，《公司登记管理条例》对公司申请变更登记所应提交的材料作出了详细规定，《企业登记程序规定》也对登记机关进行登记时所应尽到的审查责任作出了规定，故人民法院在行政诉讼中应当针对被诉行政机关是否违反法律规定，是否违法进行企业变更登记进行审查。对于本案存在的公司公章问题，该院认为，公司公章为公司意志的表现符号，阜裕公司临时股东会议决定启用公司新公章，该公司据此重新刻制公章符合公司真实意思表示。《内资企业登记申请提交材料规范》中要求申请变更登记材料应加盖公司公章，而阜裕公司申请变更登记材料中也确实加盖了经该公司股东会决定启用的新公章，广州工商局据此给予办理变更登记并不违反上述规定。张某甲以变更登记申请材料上所盖公章不是原始登记公章，而是阜裕公司未经国家机关批准私刻的公章，广州工商局未尽到审慎审查义务办理公司变更登记违法为由，要求撤销公司变更登记，理由不能成立。至于阜裕公司在未经批准的情况下即先行刻制和启用公司新公章的问题，应由有关机关依照公章管理的相关法律、法规规定作出处理，但不能因此推定广州市工商局作出的变更登记行为违法并予撤销。二审判决仅以阜裕公司刻制公章未经批准机关许可为由,认定广州工商局作出的变更登记行为违法并予撤销,理由不充分,应予纠正。

股东大会是公司最高权力机关,股东会决议在未被依法否决之前,应推定代表公司意志,可以作为公司申请变更登记的依据。广州工商局对至今依然有效的阜裕公司临时股东会决议进行审查后,同意其变更登记申请,符合法律规定。张某甲作为公司股东之一,如果对阜裕公司召开的临时股东会议程序及作出的决议有异议,应当通过其他途径解决。张某甲以其可能已丧失通过民事途径救济的机会为由,要求工商登记机关在登记程序中审查公司股东会议的实质合法性,并决定是否给予变更登记,超出工商登记机关职权范围,不应支持。张某甲一方证人称,已告知广州工商局慎重处理阜裕公司工商登记事宜,如有变更申请,请通知双方股东及张某甲。该告知行为仅产生提醒登记机关注意的作用,告知内容并不构成登记机关的法定义务,广州工商局对申请材料进行审查后,认为符合法定要求的,可以给予变更登记,张某甲据此主张广州工商局未尽到审慎审查义务,理由不能成立。

另外,张某甲与吉鑫公司股权纠纷一案,人民法院作出民事终审判决的时间为2015年12月28日,尽管张某甲根据该判决已可以取得阜裕公司67%的股权,但不能因此否定国家工商登记机关之前根据有效的阜裕公司股东会议决议作出的变更登记行为的合法性,张某甲根据登记行为之后作出的民事判决要求维持本案原二审判决,理由不充分,不予支持。

综上所述,一审判决认定事实基本清楚,适用法律和实体处理正确,应予维持。二审判决适用法律错误,撤销一审判决不当,应予纠正。阜裕公司申请再审理由成立,应予支持。该院遂判决撤销广州市中级人民法院(2014)穗中法行终字第585号行政判决,维持广州市天河区人民法院(2013)穗天法行初字第272号行政判决。

例案三 赵某某诉黑龙江省大庆市工商行政管理局萨尔图分局企业法人工商行政登记案

【法院】

黑龙江省大庆市萨尔图区人民法院

【案号】

(2008)萨行初字第33号

【当事人】

原告：赵某某

被告：大庆市工商行政管理局萨尔图分局

法定代表人：王某某，该局局长

第三人：大庆市德丰饮食娱乐服务部

法定代表人：白某某，该公司经理

【基本案情】

原告赵某某诉称，在第三人大庆市德丰饮食娱乐服务部（以下简称德丰服务部）经营困难并处民事诉讼执行过程中，被告将原告法定代表人身份擅自变更，将其9年没有年检的营业执照进行年检，严重损害了原告的合法权益。原告请求法院确认被告2008年6月13日为德丰服务部法定代表人变更登记违法，并予以撤销；被告赔偿原告经济损失507,500元，并为原告收回德丰服务部七区A－1南服4号、5号并承担上述房屋使用费，支付原告诉讼费用16,534元、上访费10,000元。

被告大庆市工商行政管理局萨尔图分局（以下简称萨尔图工商分局）辩称，其所作法定代表人变更登记，材料齐全，适用法律、法规正确，符合法定程序，合法有效，请求法院驳回原告的诉讼请求。

第三人德丰服务部述称，被诉变更登记合法有效，不存在伪造情况，系经过法定程序办理。

经审理查明，德丰服务部于1999年从大庆市华庆实业总公司改制成立，于1999年11月25日在大庆市工商行政管理局注册，住所地大庆市萨尔图区东风新村7～14号商服楼，法定代表人赵某某，股东19人，每位股东各持一份股权。2008年6月13日，被告依据德丰服务部提交的委托代理人证明、企业法人变更登记申请书、法定代表人登记表、大庆市德丰饮食娱乐服务部临时股东会会议决议事项纪要、大庆市德丰饮食娱乐服务部章程等相关材料，依据《企业法人登记管理条例》（2005年）第17条，为德丰服务部办理了变更登记，法定代表人变更为白某某。原告赵某某对被告的变更登记行为不服，于2008年7月18日起诉请求法院确认变更登记行为违法判决予以撤销并判令登记机关赔偿经济损失。

大庆市萨尔图区人民法院于2008年10月9日作出（2008）萨行初字第33号行政判决，撤销萨尔图分局2008年6月13日为德丰服务部办理的法定代表人变更登记，并驳回原告其他的诉讼请求。第三人德丰服务部提起上诉，黑龙江省大庆市中级人民法院于2008年11月19日作出(2008)庆行终字第145号行政判决,驳回上诉,维持原判。黑龙江省人民检察院提起抗诉,黑龙江省大庆市中级人民法院作出(2009)庆行再字第3号行政判决,维持(2008)庆行终字第145号行政判决。

【案件争点】

被告萨尔图工商分局对德丰服务部申请材料中关于修改公司章程、变更法定代表人的临时股东会会议决议的效力是否尽到了形式审查职责和核实义务。

【裁判要旨】

大庆市萨尔图区人民法院一审认为,德丰服务部1999年11月15日第一次股东会通过的《大庆市德丰饮食娱乐服务部章程》第16条规定,股东会决议必须经持有企业股本2/3以上的股东同意方可作出。本案中已故持股职工毕某某的丈夫魏某某以继承人的身份参与德丰服务部的股东会决议,并行使股东表决权,其并没有履行法定的继承程序,不具备企业股东的合法身份,魏某某所行使股东表决权的行为违反法定程序。德丰服务部2008年6月13日向被告提供申请变更材料中关于修改公司章程继变更法定代表人的临时股东会会议决议事项纪要,因魏某某不具有合法股东身份,其余9人占股本不足2/3,该申请材料无效。被告萨尔图分局不应该依据该申请材料为德丰服务部办理法定代表人变更登记。原告提出的其他赔偿请求没有事实和法律依据,不予支持。遂判决撤销萨尔图分局2008年6月13日为德丰服务部办理的法定代表人变更登记,并驳回原告其他的诉讼请求。

大庆市中级人民法院二审认为,第一,对股东会会议的召开、议事和表决程序是否符合《公司法》和公司章程,工商行政机关负有审查义务。本案中,虽然德丰服务部是股份合作制企业而非股份有限公司,但由于其采取股东会议的决策机制,股东会会议表决作为申请变更登记的主要依据,工商行政机关应对股东会议所涉及的相关事项包括股东身份和股东会会议决议效力进行审查。第二,魏某某以股东身份参加股东会并参与表决,对是否具有合法股东身份,工商行政机关负有审查义务。根据《发展城市股份合作制企业指导意见》等规定,股东合作制企业职工死亡后,其个人股份不应采取他人继承的方式处理,且魏某某成为德丰服务部股东没有履行企业章程规定的批准手续。工商行政机关提供的证据中没有法律文书、公证文书或其他书面材料证明毕某某的股份由魏某某一人继承,其继承事宜也没有按照企业章程规定经股东会批准,办理有关手续。第三,因魏某某不具备企业股东的合法身份,其行使股东表决权的行为违反法定程序。德丰服务部2008年6月13日向工商行政机关提供的申请材料中,关于修改公司章程、变更法定代表人的临时股东会会议决议事项纪要，因魏某某不具有合法股东身份，其余9人占股本不足2/3，该申请材料无效。工商行政机关将其确认为合法有效的申请材料不当。因此，萨尔图工商分局在作出企业法人变更登记过程中，对德丰服务部提交的申请材料是否合法有效应履行形式审查职责。对股东会决议事项所涉及的股东身份、表决方式即结果负有核实义务。由于被告未能完全履行上述义务，导致其作出的企业法人变更登记主要证据不足，人民法院应判决予以撤销，遂判决驳回上诉，维持原判。

大庆市中级人民法院再审认为，本案的焦点问题是萨尔图工商分局在德丰服务部申请变更登记过程中，是否尽到了合法的形式审查职责和核实义务。企业法人变更登记是指有权提出申请的申请人提供申请材料，由工商行政机关进行审查和核实，如申请材料符合变更条件，工商行政机关予以核准变更的行政行为。由此可见，企业法人变更登记是行政法意义上的依申请的行政行为。工商行政机关对于申请人的申请材料审查应尽到审慎的形式审查义务。本案中德丰服务部提供的申请材料中，股东会决议是决定其申请是否被工商行政机关批准的核心材料。工商机关应对股东会决议进行审慎审查，首先应对参与股东会的股东是否登记在企业股东的名单中进行核实，其次是所形成的股东会决议是否依据《公司法》和企业章程规定的程序进行。魏某某在德丰服务部罢免赵某某法定代表人资格及修改企业章程时，均以股东身份出席股东会，并行使了股东的权利。根据各方当事人的陈述，结合本案的证据，魏某某是德丰服务部已故股东毕某某的丈夫，但魏某某并没有依照法律和企业章程等相关规定，办理股权继承的相关手续。虽然其以股东身份参加股东会议，但这并不必然确定其是德丰服务部的股东，故魏某某不能确认为德丰服务部的合法股东，其不能行使股东权利并参加股东会会议。德丰服务部作出罢免赵某某执行董事职务和更改企业章程的股东会决议，应根据除魏某某以外其他出席股东的9名股东所持有的具有表决权股份是否超过总股本的2/3，这是股东会决议是否有效的关键。根据德丰服务部企业章程中记载的股东出资额，其他出席股东会的9名股东的出资比例并未超过股本总额的2/3，所形成的股东会决议不符合企业章程的规定。2002年国家工商行政管理总局《关于淮南市阳光城建设有限公司变更登记有关问题的答复》第2条中指出，“股东会议的召集、议事方式、表决程序符合《公司法》和公司章程的规定，且以符合规定的表决权通过的股东会决会议有效”。根据该答复，工商行政机关应对股东会会议的召开和表决程序是否符合《公司法》和公司章程负有审查义务，而本案中萨尔图工商分局在审查德丰服务部的申请材料时未能完全履行审慎的审查义务,就作出企业法定代表人的变更登记,故萨尔图工商分局作出变更企业法人登记的行政行为缺乏合法性,应予以撤销。检察机关的抗诉理由缺乏事实根据,不予支持。一审、二审判决认定事实清楚,适用法律正确,应予维持,遂判决维持(2008)庆行终字第145号行政判决。

三、裁判规则提要

从前述参考案例和类案检索大数据报告可以看出,对于工商登记机关办理变更登记涉及公司股东会决议审查程度的认识和把握长期存在争议,标准并不统一。例如,2008年的例案三反映,一审、二审到再审对于涉案股东会决议的审查标准采审慎审查态度,倾向于实质审查。又如,2013年的例案二中,虽然二审法院观点侧重实质审查,但一审和再审均倾向形式审查,再审法院更明确认为,股东大会是公司最高权力机关,股东会决议在未被依法否决之前,应推定代表公司意志,可以作为公司申请变更登记的依据,股东如果对召开股东会议程序及所作决议有异议,应通过其他途径解决。再如,2018年的例案一,是以法治化营商环境建设和"放管服"改革为理念所作的判决,认为对涉公司自治范畴的股东会决议效力争议不应介入实质审查。从类案检索大数据报告分析看,人民法院超过80%的判决所持观点与本规则相一致。

本规则认为,审查工商变更登记行为时,应以法治化营商环境建设和"放管服"改革理念为引领,对登记申请材料是否符合法定形式仅作形式审查,不介入所涉公司自治范畴的股东会决议效力争议的实质审查,该争议申请人可通过民事诉讼等途径另行解决。

(一)审查标准应依据《公司法》《公司登记管理条例》等法律法规确定

《公司登记管理条例》第53条第2款虽然规定了工商登记机关"需要对申请材料核实的,应当自受理之日起15日内作出是否准予登记的决定",但该规定仅应理解为是侧重于规范工商登记机关受理后办理登记的期限。因为股东会决议效力争议须通过民事诉讼等程序专业审理后才能认定解决,工商登记机关在有限的15日办理期限内,只能在其专业能力所及范围内对申请材料是否真实合法进行形式审查,难以苛求其作实质性审查。那么,股东会决议效力一旦被民事诉讼确认无效或者撤销,与工商变更登记结果不一致,该如何衔接?对此,《公司法》第22条明确规定了公司股东对股东会决议效力存在争议的民事诉讼解决途径,即"人民法院宣告该决议无效或者撤销该决议后，公司应当向公司登记机关申请撤销变更登记”的救济方式，故立法对工商登记机关有限审查的风险后果作了制度性安排。据此，也进一步说明，工商登记机关对申请材料的审查介入程度应是有限的，作为公司自治范畴的股东会决议效力未依法定程序被否定前，应属公司有效意志，工商登记机关审查不应介入，否则就会扩大工商登记机关的职权范围，形成对公司内部治理的不当干预。以上述例案一为例，公司延长营业期限涉及公司存续与否，属公司自治范畴事项，对于股东会作出的有关延长公司营业期限的股东会决议，工商登记机关所作不予变更登记的决定，已实际介入实质性审查，客观上产生了公司被迫解散清算的后果，显然实际不当干预了公司对是否持续经营的自主决策权。

（二）审查标准应以新的理念观念来把握

自2014年以来，国家实行注册资本登记制度改革，在国务院《关于印发注册资本登记制度改革方案的通知》中要求“明确政府对市场主体和市场活动监督管理的行政职责，区分民事争议与行政争议的界限。尊重市场主体民事权利，工商登记机关对工商登记环节中的申请材料实行形式审查”。当前，国家着力完善法治化、国际化、便利化的营商环境建设，政府积极转变职能，持续大力推进简政放权、放管结合、优化服务的“放管服”改革，以破除制约企业的体制机制障碍，降低制度性交易成本，使市场在资源配置中起决定性作用。因此，市场监督管理不仅关涉工商登记机关与市场主体之间的关系，更深层次为政府与市场的关系。工商登记机关作为市场监管主体，应在“放管服”改革中，积极转变职能，以尊重市场主体自治为理念，合理限定审查范围，不应对所涉自治范畴的股东会决议等民事行为效力介入实质审查。如上所述，相关效力争议应通过民事诉讼途径另行审查，若结果与变更登记不同，申请人可申请工商登记机关根据民事诉讼结果再行变更登记。

（三）处理应兼顾公司、股东权益和公共利益

工商登记具有公示效力，登记信息对相关市场主体决策具有重要的参考作用，故工商登记与否不仅影响公司及股东利益，也会影响公共利益，这也是多年来工商登记审查标准存在“形式审查”和“实质审查”之争的重要因素。那么，不介入股东会决议效力争议，可能会引起登记结果的反复，从而给不特定交易相对方造成信赖利益损失，即所涉公共利益该如何把握和处理？此轮“放管服”改革，市场监管的“简政放权”和“优化服务”，并不意味着对市场主体放弃监管，而是要求“放管结

合”。加强监管创新以市场自治理念为指引,在放宽审查条件的同时,更需创新推进综合监管,实行以信用信息的收集和公示为主的事中、事后监管,借助信息公示规范市场主体行为,从而提高市场交易行为的透明度,促进诚信体系建设,维护公平竞争的市场秩序。以例案一为例,工商登记机关在对公司营业期限予以变更登记的同时,完全可以参考借鉴“备注”“附记”或“注记”等做法,创新以适当方式向公众披露公司有关营业期限的股东会决议信息。由此,将决定交易与否的市场行为交由市场主体自主决定。如此,既尊重了公司自治权,保障了企业正常运转,又维护了公共利益。

四、辅助信息

高频词条:

1.《公司法》

第22条 公司股东会或者股东大会、董事会的决议内容违反法律、行政法规的无效。

股东会或者股东大会、董事会的会议召集程序、表决方式违反法律、行政法规或者公司章程,或者决议内容违反公司章程的,股东可以自决议作出之日起六十日内,请求人民法院撤销。

股东依照前款规定提起诉讼的,人民法院可以应公司的请求,要求股东提供相应担保。

公司根据股东会或者股东大会、董事会决议已办理变更登记的,人民法院宣告该决议无效或者撤销该决议后,公司应当向公司登记机关申请撤销变更登记。

第43条 股东会的议事方式和表决程序,除本法有规定的外,由公司章程规定。

股东会会议作出修改公司章程、增加或者减少注册资本的决议,以及公司合并、分立、解散或者变更公司形式的决议,必须经代表三分之二以上表决权的股东通过。

2.《公司登记管理条例》

第27条 公司申请变更登记,应当向公司登记机关提交下列文件:

(一)公司法定代表人签署的变更登记申请书;

(二)依照《公司法》作出的变更决议或者决定;

(三)国家工商行政管理总局规定要求提交的其他文件。

公司变更登记事项涉及修改公司章程的，应当提交由公司法定代表人签署的修改后的公司章程或者公司章程修正案。

变更登记事项依照法律、行政法规或者国务院决定规定在登记前须经批准的，还应当向公司登记机关提交有关批准文件。

第 53 条 公司登记机关对决定予以受理的登记申请，应当分别情况在规定的期限内作出是否准予登记的决定：

（一）对申请人到公司登记机关提出的申请予以受理的，应当当场作出准予登记的决定。

（二）对申请人通过信函方式提交的申请予以受理的，应当自受理之日起 15 日内作出准予登记的决定。

（三）通过电报、电传、传真、电子数据交换和电子邮件等方式提交申请的，申请人应当自收到《受理通知书》之日起 15 日内，提交与电报、电传、传真、电子数据交换和电子邮件等内容一致并符合法定形式的申请文件、材料原件；申请人到公司登记机关提交申请文件、材料原件的，应当当场作出准予登记的决定；申请人通过信函方式提交申请文件、材料原件的，应当自受理之日起 15 日内作出准予登记的决定。

（四）公司登记机关自发出《受理通知书》之日起 60 日内，未收到申请文件、材料原件，或者申请文件、材料原件与公司登记机关所受理的申请文件、材料不一致的，应当作出不予登记的决定。

公司登记机关需要对申请文件、材料核实的，应当自受理之日起 15 日内作出是否准予登记的决定。

3.《企业登记程序规定》

第 9 条 登记机关收到登记申请后，应当对申请材料是否齐全、是否符合法定形式进行审查。

申请材料齐全是指国家工商行政管理总局依照企业登记法律、行政法规和规章公布的要求申请人提交的全部材料。

申请材料符合法定形式是指申请材料符合法定时限、记载事项符合法定要求、文书格式符合规范。

第 11 条 企业登记机关认为需要对申请材料的实质内容进行核实的，应当派两名以上工作人员，对申请材料予以核实。经核实后，提交“申请材料核实情况报告书”，根据核实情况作出是否准予登记的决定。

4.《关于印发注册资本登记制度改革方案的通知》

5.《关于印发 2016 年推进简政放权放管结合优化服务改革工作要点的通知》

6.《关于为改善营商环境提供司法保障的若干意见》

工商登记案件裁判规则第 7 条：
工商登记机关发现变更登记申请材料与设立登记时提供的相关材料及其他生效法律文书存在明显冲突，不予变更登记的，应予支持

〔**规则描述**〕：工商登记机关应当对申请人提交的变更登记申请材料的真实性、合法性进行审查。当申请材料与设立登记时提供的材料及期间发生的生效法律文书存在明显冲突时，即工商登记机关从外观、表面上能直接判断出与设立登记时提供的材料或者与生效文书查明的事实、裁判结果相冲突的，则变更登记申请材料的真实性、合法性存在问题，工商登记机关应不予变更登记。

一、类案检索大数据报告

截至 2018 年 12 月 26 日，以“变更登记”“生效判决”“材料冲突”等为关键词，通过 Alpha 案例库、上海 C2J 系统、法信平台、元典智库、北大法宝、中国裁判文书网共检索到 90 件案件，经逐案阅看、分析，提出同一案件因不同审级形成的多个文书，与本规则相关度较高的案件有 21 件。整体情况如下：

从地域分布看，涉案数最多的是北京市，为 9 件，其次是江苏省 3 件，上海市、河南省、山东省各 2 件，安徽省、内蒙古自治区、广州市各 1 件（见图 7－1）。

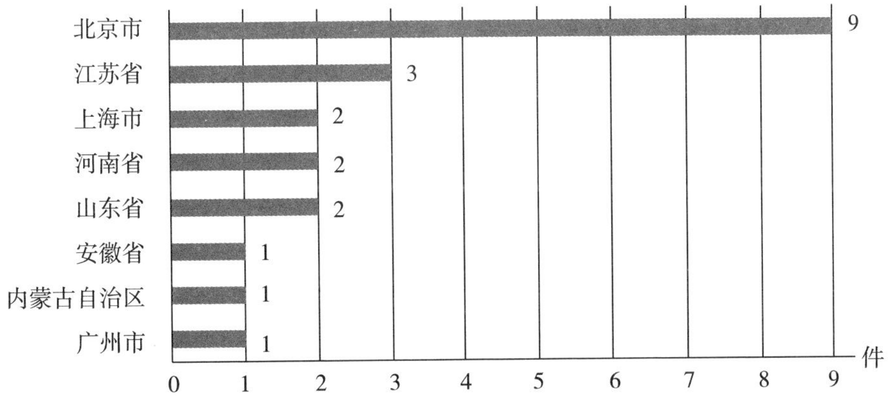

图 7－1　类案地域分布

从结案时间看，2009 年、2012 年、2015 年各有 1 件，2018 年有2 件，2013 年和

2014 年各有 3 件,2016 年和 2017 年各有 5 件(见图 7-2)。

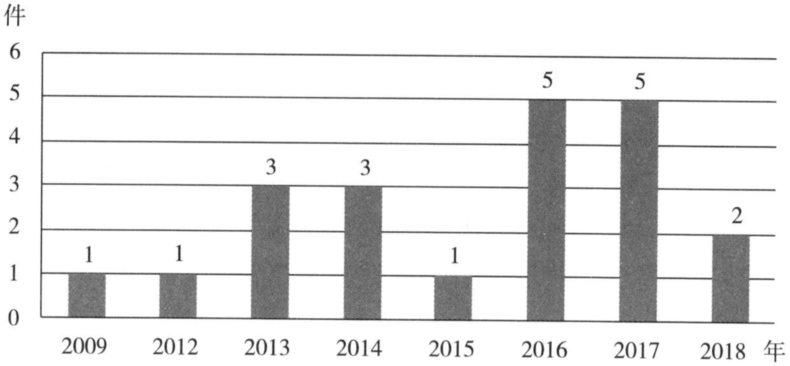

图 7-2　类案结案年度分布

从原告诉讼请求来看,有 20 件为请求撤销变更登记或不予变更登记行为,1 件为请求确认变更登记行为违法。

从结案方式上看,因变更登记申请材料与设立登记时提供的相关材料存在明显冲突,而被撤销变更登记的有 10 件、确认违法的有 1 件、判决驳回原告诉请的有 9 件[①]、裁定驳回起诉 1 件。这 21 起案件均为正面案例,即法院支持在变更登记申请材料与设立登记时提供的相关材料存在明显冲突的,不予变更登记(见图 7-3)。

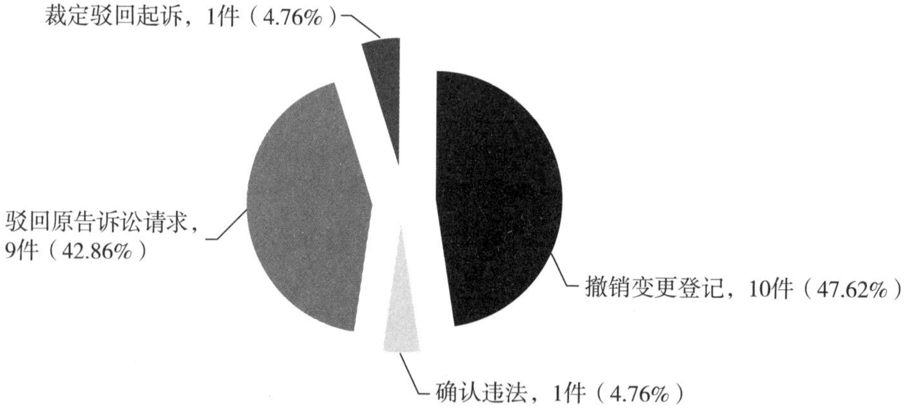

图 7-3　类案裁判结果分布

① 其中有 1 件,诉讼请求为撤销不予登记决定,法院经审理认为行政机关作出不予登记决定程序违法,但鉴于不予登记决定具有相应的事实依据,程序违法事项并未导致行政机关对变更登记申请是否符合法律法规规定产生错误判断,因此对不予登记决定依法确认违法,但不予撤销,驳回要求撤销不予登记决定的诉讼请求。

二、可供参考例案

例案一 | 南通市中北房地产开发有限公司诉南通工商行政管理局工商登记案①

【法院】

江苏省南通市港闸区人民法院

【案号】

(2012)港行初字第0003号

【当事人】

原告：南通市中北房地产开发有限公司

法定代表人：张某甲，该公司董事长

被告：江苏省南通工商行政管理局

法定代表人：蔡某某，该局局长

第三人：张某乙

第三人：张某甲

第三人：张某

【基本案情】

原告南通市中北房地产开发有限公司（以下简称中北公司）诉称，2012年3月21日，中北公司向江苏省南通工商行政管理局（以下简称南通工商局）提出公司股东、注册资本和实收资本变更登记申请，并提供了包括南通新江海联合会计师事务所于2012年2月29日出具的通新审（2012）023号专项审计报告、通新验（2012）009号验资报告和2012年3月1日出具的通新验（2012）010号验资报告等在内的申请材料。中北公司的变更登记申请材料齐全，形式完备，南通工商局应依据《公司登记管理条例》的相关规定作出准予变更登记的决定；法院在相关民事案件审理中对第三人张某乙股东身份的审查仅仅为形式审查，南通工商局以生效民事判决为依据驳回变更申请，依据不足；中北公司是根据生效行政处罚决定纠正违法登记行为而提出的变更登记申请。据此，请求判令撤销南通工商局作出的（06000057）公司变更〔2012〕第03210014号公司变更登记驳回通知书，并判令南通工商局重新

---

① 参见国家法官学院、中国人民大学法学院编：《中国审判案例要览（2013年行政审判案例卷）》，中国人民大学出版社2015年版，第69～76页。

审查并依法进行变更登记。

被告南通工商局辩称,中北公司主要是基于第三人张某乙未交纳出资及被解除了股东资格为由提出变更申请,但2011年5月11日,南通市中级人民法院对张某乙诉中北公司及张某甲、张某公司解散纠纷一案作出(2010)通中商初字第0038号民事判决。依据该生效民事判决,第三人张某乙实际上是以商品楼的实物出资方式履行了150万元的出资义务,第三人张某乙仍为中北公司股东,中北公司的申请所依据的事实和理由不能成立。对第三人张某乙是否为中北公司股东及是否履行出资义务存有争议的,中北公司及第三人应当通过民事诉讼的方式寻求解决。据此,被诉驳回通知证据确凿,适用法律法规正确,符合法定程序,请求法院驳回中北公司的诉讼请求。

第三人张某乙述称,该案被诉驳回通知书证据确凿,适用法律法规正确,程序合法。当事人历经的多次诉讼均已证明第三人张某乙具备中北公司股东资格,中北公司提起此次诉讼的材料均为捏造,请求驳回其诉讼请求。

法院经审理查明,中北公司前身为南通市新中北实业发展有限公司。1998年9月20日,南通市新中北实业发展有限公司变更为中北公司,其股东包括张某甲、张某乙等8名自然人。注册资本1000万元。根据1998年9月8日南通苏瑞会计师事务所通瑞会内验(1998)211号验资报告:张某甲、张某乙等股东以中城公司证明由其所有的濠西园二村19幢、21幢商品房评估价1000万元作为投资,并于1998年9月7日办理了移交手续,截至1998年9月8日,拟设立的中北公司已收到股东投入的实物资本1000万元。其中,张某甲占35%,张某乙占15%。1999年至2001年,中北公司两次向南通工商局申请办理变更登记,均核准予以变更。2001年因中北公司在1998年9月和1999年10月二次变更登记中,对其注册资本1000万元的股东组成向登记机关提供虚假证明文件,南通工商局责令中北公司改正并处以罚款。2009年8月13日,中北公司因在2001年4月29日办理股东变更登记时所提交的资料中存在违法行为,南通工商局责令中北公司30日内改正违法行为,并罚款9万元。2010年8月3日,因中北公司在签收前述行政处罚决定书后未主动纠正违法行为,违法行为处于继续状态,南通工商局决定撤销中北公司2001年4月29日的变更登记。

2011年5月11日,南通市中级人民法院对张某乙诉中北公司及张某甲、张某公司解散纠纷一案作出(2010)通中商初字第0038号民事判决。认定张某乙在公司设立时是中北公司的股东,占中北公司15%的股份。中北公司、张某甲、张某以中城公司是其投资、张某乙未履行出资义务为由提出取消张某乙股东身份的抗辩主张未被采纳。二审维持原判。

2012年3月21日，中北公司以第三人张某乙长期不履行300万元人民币的出资义务，公司通过股东会决议取消张某乙的股东资格，并因此将注册资本和实收资本由1000万元减为700万元为由，向南通工商局提出公司股东、注册资本和实收资本变更登记申请，并提供了包括南通新江海联合会计师事务所于2012年2月29日出具的通新审(2012)023号专项审计报告、通新验(2012)009号验资报告和2012年3月1日出具的通新验(2012)010号验资报告等在内的申请材料。同年4月1日，南通工商局作出(06000057)公司变更〔2012〕第03210014号公司变更登记驳回通知书，认为生效民事判决认定张某乙以中城公司转让的商品楼实物出资的方式履行了150万元的出资义务，张某乙仍为中北公司股东；对张某乙是否为股东及是否履行出资义务存有争议的应当通过民事诉讼等方式解决。故中北公司申请公司股东、注册资本和实收资本变更登记的事实和理由不能成立，决定对中北公司提出的上述变更登记申请不予登记，驳回申请。

江苏省南通市港闸区人民法院于2012年9月5日作出(2012)港行初字第003号一审判决：(1)驳回原告南通四中北房地产开发有限公司要求撤销被告江苏省南通工商行政管理局作出的(06000057)公司变更〔2012〕第03210014号公司变更登记驳回通知书的诉讼请求；(2)驳回原告南通市中北房地产开发有限公司要求判令被告江苏省南通工商行政管理局重新审查并依法进行变更登记的诉讼请求。原告不服，提起上诉。江苏省南通市中级人民法院于2012年11月26日作出二审判决：驳回上诉，维持原判。

【案件争点】

生效民事判决是否可以作为驳回变更申请的依据。

【裁判要旨】

江苏省南通市港闸区人民法院认为，工商设立登记行为应当界定为行政许可行为的一种。变更登记系对在先所作登记内容的全部或部分改变，也应受到《行政许可法》的调整和规范。根据相关规定，南通工商局作为登记机关，理应对中北公司申请材料的真实性、合法性进行审查。该案中，中北公司申请所要求变更的事项及据此提供的相关申请材料中，最为核心的证据是审计报告，中北公司欲以此证明第三人张某乙未履行股东出资义务，但审计报告明显与中北公司1998年登记时所提交的相应材料(特别是表明注册资本到位的验资报告)以及公司解散之诉与股东知情权之诉中人民法院所认定的相关事实相悖,这就意味着中北公司此次申请所依据的材料与生效的行政行为及人民法院的生效判决所确认的事实之间存在明显的冲突,在此情况下,南通工商局就无法置这些冲突于不顾而作出认定。中北企图通过迳行要求工商变更登记以达到其自身目的,其实质是要求登记机关直接决定民事争议,明显有悖于登记机关的法定职责,因而法院不予支持。

例案二 | 高州市东郊物业发展有限公司诉高州市工商行政管理局工商登记案

【法院】

广东省茂名市中级人民法院

【案号】

(2017)粤09行终39号

【当事人】

上诉人(一审原告):高州市东郊物业发展有限公司

负责人:卢某某,该公司执行董事

被上诉人(一审被告):高州市工商行政管理局

法定代表人:陈某某,该局局长

【基本案情】

上诉人高州市东郊物业发展有限公司(以下简称东郊公司)诉称,一审法院认定东郊公司于2014年11月3日作出的《股东会决议》属"与事实不符,不真实的材料"错误。虽然高州市人民法院曾以(2015)茂高法行初字第21号行政判决认定2014年11月3日的《股东会决议》"属与事实不符,不真实的材料",但在该判决书所谓的"与事实不符、不真实",指的是该《股东会决议》所附情况说明中的"经2201名股东开会投票产生该决议"的内容与事实不符,而该《股东会决议》本身所记载的与会人员,签名,盖章等内容全部是真实的。东郊公司本次申请变更法定代表人时已就该《股东会决议》的产生过程重新做出了与事实相符的情况说明,因此,该《股东会决议》本身并非"与事实不符、不真实的材料"。同时,无论其是否存在召集程序、表决方式的瑕疵,是否违反公司章程,在没有公司股东起诉的情况下,法院无权在一个行政案件中依职权去否认一个《股东会决议》的效力。一个符合法定形式、合法有效的《股东会决议》,一审法院将其认定为"不真实",于法无据。一审判决认定事实错误,适用法律不当,请求二审法院依法改判,撤销高州市工商行政管理局（以下简称高州市工商局）作出（高州）登记内驳字〔2016〕第1600104286号《企业登记驳回通知书》。

被上诉人高州市工商局辩称，东郊公司有效的存续企业登记状态是股东分别“高州市潘州街道办城南社区居民委员会，持股比例92.65%；曾某甲，持股比例7.35%”；法定代表人：李某；在备案事项中记载“李某为执行董事、经理；谢某某为监事”。按照《公司法》及上诉人公司的章程规定，股东的表决权以认缴出资比例行使，股东会决议需要由股东持有公司表决权一半以上通过。因此，东郊公司向申请公司法定代表人及监事变更登记时，所提交的二份股东会决议，其中2014年11月3日的《股东会决议》虽然有股东高州市潘州街道办城南社区居民委员会和曾某甲盖印及签名，但已被高工商撤决字〔2015〕1号《撤销变更登记决定书》和（2015）茂高法行初字第21号《行政判决书》认定为不真实，该《股东会决议》从形式到内容均没有约束力，上诉人不能以一份不具有约束力的股东会决议作为办理公司法定代表人及监事备案登记的法定事由。高州市工商局依据《公司登记管理条例》第54条和《企业法人法定代表人登记管理规定》及《企业登记程序规定》的相关规定，依法作出（高州）登记内驳字〔2016〕第1600104286号《企业登记驳回通知书》，驳回上诉人申请公司变更登记，该行政行为合法。

法院经审理查明，东郊公司于1996年11月设立，类型为其他有限责任公司。2011年8月经被高州市工商局核准变更登记后，公司法定代表人为曾某甲，股东是高州市潘州街道办事处城南社区居民委员会（以下简称城南居委会）和曾某甲，持股比例分别为92.65%和7.35%。2012年8月经高州市工商局核准变更登记，该公司法定代表人变更为李某。2014年11月3日，东郊公司向高州市工商局提交《公司登记（备案）申请书》《高州市东郊物业发展有限公司法定代表人、经理、监事任职书》《高州市东郊物业发展有限公司股东会决议》《高州市东郊物业发展有限公司处理决定》《高州市东郊物业发展有限公司处理方案投票结果（汇总）》等材料，申请法定代表人事项变更登记。2014年11月13日，高州市工商局作出高州核变通内字〔2014〕第1400144389号《法定代表人变更登记》，法定代表人由李某变更为卢某某。后因居民投诉举报，高州市工商局经调查，认定东郊公司提交的《高州市东郊物业发展有限公司股东会决议》与实际情况不符，《高州市东郊物业发展有限公司处理决定》及《东郊公司处理方案投票结果（汇总）》属不真实材料，于2015年5月25日作出高工商撤决字〔2015〕1号《撤销变更登记决定书》，撤销高州核变更通内字〔2014〕第1400144389号的《法定代表人变更登记》。2015年5月30

日,东郊公司再次召开股东大会,作出《高州市东郊物业发展有限公司股东会决议》,该决议决定:(1)同意李某本人辞去执行董事(法定代表人)兼经理的职务申请;免去谢某某监事的职务。(2)同意选举卢某某担任公司执行董事(法定代表人)兼经理的职务;聘任曾某乙担任公司监事职务。上述决议有股东曾某甲及应邀出席人员签名,城南居委会没有在决议上签名盖章。2015 年 6 月 10 日,东郊公司向一审法院提起行政诉讼,请求撤销高州市工商局作出的高工商撤决字〔2015〕1号《撤销变更登记决定书》。2015 年 9 月 2 日,一审法院作出(2015)茂高法行初字第 21 号行政裁定,认定卢某某以东郊公司法定代表人的名义代表公司提起诉讼,主体不适格,驳回东郊公司的起诉。东郊公司不服,提出上诉,茂名市中级人民法院于 2015 年 12 月 17 日作出(2015)茂中法行终字第 180 号行政裁定,以东郊公司在卢某某的法定代表人资格被撤销后,又召开股东大会作出决议,重新选举卢某某担任公司执行董事(法定代表人)兼经理职务,该股东会所作更换法定代表人的决议符合法律规定,卢某某可以代表公司进行诉讼活动等为由,撤销一审裁定,由一审法院续审理。一审法院继续审理后,于 2016 年 4 月 21 日作出(2015)茂高法行初字第 21 号行政判决,驳回东郊公司的诉讼请求。该判决现已生效。

2016 年 8 月 26 日,东郊公司重新向高州市工商局递交公司登记(备案)申请书,申请原法定代表、执行董事、经理李某变更登记为卢某某,原监事谢某某变更登记为曾某乙,并提交了相关资料,其中包括 2014 年 11 月 3 日《高州市东郊物业发展有限公司股东会决议》、2015 年 5 月 30 日《高州市东郊物业发展有限公司股东会议决议》。其中,2014 年 11 月 3 日《股东会决议》已经生效的(2015)茂高法行初字第 21 号行政判决认定属与实际情况不符、不真实的材料。高州市工商局受理审查后,于 2016 年 9 月 5 日作出(高州)登记内驳字〔2016〕第 1600104286 号《企业登记驳回通知书》,对东郊公司提交的申请变更登记不予登记。东郊公司不服,于 2016 年 9 月 21 日向一审法院提起行政诉讼,请求撤销该《企业登记驳回通知书》,并判令高州市工商局重新作出行政行为,依法将东郊公司法定代表人、执行董事、经理变更登记为卢某某,将公司监事变更登记为曾某乙。一审法院判决驳回东郊公司诉请,东郊公司不服,上诉至广东省茂名市中级人民法院。

广东省高州市人民法院作出(2016)粤 0981 行初 23 号一审判决:驳回东郊公司的诉讼请求。原告不服,提起上诉。广东省茂名市中级人民法院于 2017 年 6 月 26 日作出二审判决:驳回上诉,维持原判。

【案件争点】

被法院判决确认为不真实的公司股东会决议是否可以作为变更登记的申请依据。

【裁判要旨】

广东省茂名市中级人民法院认为，高州市工商局作为公司登记机关，依法具有对公司有关登记事项进行登记的法定职权。根据《公司法》（2013 年）第 43 条，《公司登记管理条例》第 10 条、第 26 条、第 27 条第 1 款之规定，东郊公司要申请办理法定代表人、执行董事变更登记，须经过股东会决议，并向高州市工商局提交作出的变更决议或者决定。东郊公司 2016 年 8 月 26 日向高州市工商局申请公司变更登记时，提交的主要材料有 2014 年 11 月 3 日《股东会决议》和 2015 年 5 月 30 日《股东会议决议》，其中，2014 年 11 月 3 日《股东会决议》已经生效判决认定属与实际情况不符、不真实的材料，故不能作为变更登记的申请文件，2015 年 5 月 30 日《股东会议决议》，由于作为持股 92.65% 的第一大股东高州市潘州街道办事处城南社区居民委员会没有出席股东会，也没有在股东会议决议中签名或盖章认可，该决议不符合《公司法》和公司章程的规定，同样不能作为变更登记的申请依据。高州市工商局经审核后认为东郊公司所提交的变更决议文件不符合规定，导致无法核实申请材料的真实性，对东郊公司的变更登记申请决定不予登记并予以驳回，并无不当。一审法院判决驳回东郊公司的诉讼请求正确。东郊公司上诉称，公司登记机关对登记申请材料只能进行形式审查，不能进行实体审查。对此法院认为，工商登记作为行政许可行为，根据最高人民法院《关于审理行政许可案件若干问题的规定》第 13 条的规定，高州市工商局对申请材料是否齐全、是否符合法定形式的审查还是对实质内容的核实，都应当依照法定程序履行审慎合理的审查职责，否则会有实体登记错误导致行政赔偿之虞，故高州市工商局进行的审查，并无不当。

例案三 北京华阳房地产发展有限责任公司诉北京市工商行政管理局朝阳分局工商登记案

【法院】

北京市朝阳区人民法院

【案号】

（2016）京 0105 行初 446 号

【当事人】

原告:北京华阳房地产发展有限责任公司

法定代表人:蒋某某,该公司董事长

被告:北京市工商行政管理局朝阳分局

法定代表人:王某甲,该局局长

【基本案情】

原告北京华阳房地产发展有限责任公司(以下简称华阳公司)诉称,华阳公司系1992年10月成立的全民所有制企业,原名为北京华阳房地产发展公司,2002年8月,经北京市朝阳区财政局批复改制为有限责任公司,更名为北京华阳房地产发展有限责任公司,华阳经济开发公司(以下简称华阳经开公司)及其几位职工成为华阳公司的部分股东。2016年1月8日,经合法召集程序,华阳公司召开股东会,经合法表决程序,股东会决议同意股东北京华阳之星物业管理有限责任公司(以下简称华阳之星公司)将其所持有的50%股权分别转让给王某乙等14位自然人股东。同时,股东会决议修改公司章程,申请变更工商登记。股东华阳经开公司派员出席了股东会,行使了表决权,其不同意本次股权转让。但股东会的表决均达到了公司章程规定的表决权数,合法有效。北京市工商行政管理局朝阳分局(以下简称朝阳工商分局)于2016年4月28日受理了华阳公司的工商登记变更申请。2016年5月13日,朝阳工商分局无理作出被诉《登记驳回通知书》。华阳公司认为该通知书应予撤销,理由如下:(1)华阳公司在股东会召开前15日向全部股东通知了股东会召开的时间、地点。由于改制的历史原因,按照多年的惯例,华阳经开公司及其几位职工股东,华阳公司一并通过特快专递书面通知给华阳经开公司。(2)股东会决议达到了《公司法》及公司章程规定的表决权数,依法有效。(3)华阳公司2014年12月召开的股东会会议也是通过特快专递一并通知华阳经开公司及其几位职工股东,朝阳工商分局已经对股东会通过的章程修正案依法予以登记,朝阳工商分局此次不予登记没有法律依据。(4)朝阳工商分局此次不予登记唯一的可能是受到了华阳经开公司的施压或者不当影响,而非法律上的原因。因此,请求法院依法撤销被告作出的京工商朝注册企不许字(2016)0000058号《登记驳回通知书》,判令朝阳工商分局将华阳公司股东变更申请予以登记。

被告朝阳工商分局辩称,朝阳工商分局作出的登记驳回行政行为合法有效。华阳公司于2016年4月28日向朝阳工商分局提交了变更登记申请,申请变更公司股东,备案公司章程。朝阳工商分局于同日作出受理通知书。2016年5月4日华阳公司股东华阳经开公司向朝阳工商分局提交了《关于请求暂停办理北京华阳房地产发展有限责任公司股权变更工商登记手续事宜的函》，要求暂停办理工商变更登记。鉴于此情况，朝阳工商分局依据《行政许可法》(2003年)第34条及《企业登记程序规定》第11条的规定，对华阳公司的变更登记申请材料进行实质审查。在实质审查期间，华阳经开公司提交了《关于华阳房地产公司股权变更的事宜》及附件，证明2016年1月8日召开股东会前未通知全体股东，其中股东吴某未收到本次股东会的会议通知，故本次变更登记材料中的股东会决议因股东会召开程序违反公司章程而无效。朝阳工商分局依据相关规定进行了审查，申请人提交的变更登记申请文件不符合法律规定的形式要件，故作出了不予登记决定。朝阳工商分局作出的不予登记行政行为符合法定程序，有法可依，已履行了法定的审查义务，请求法院依法驳回华阳公司的诉讼请求。

法院经审理查明，2016年4月28日，朝阳工商分局接到华阳公司提交的变更登记申请及相关申请材料，包括《公司变更登记申请书》《指定(委托)书》、受委托人身份证复印件、《股权转让协议》14份、《第二届第三次股东会决议》、原告公司章程修正案、《北京华阳房地产发展有限责任公司第三届第一次股东会决议》、《企业法人营业执照(副本)》、《税务登记证(副本)》、《组织机构代码证》正副本、《北京市统计登记证》正副本，申请将华阳公司股东由华阳经开公司、华阳之星公司及黄某某等24名自然人变更为华阳经开公司及黄某某等24名自然人。上述申请材料显示，华阳之星公司与刘某某等14名自然人于2016年1月8日分别签订《股权转让协议》，将华阳之星公司所持有的原告1000万元出资(占注册资本的50%)分别转让给原告其他14位自然人股东；2016年1月8日，华阳公司召开第二届第三次股东会并形成《第二届第三次股东会决议》，同意华阳之星公司的上述股权转让行为，同意华阳之星公司退出股东会。

朝阳工商分局经审查认为，华阳公司提交的申请材料齐全、符合法定形式，但考虑到原告此前存在多次股权被冻结的情况，且此次股权转让行为直接影响华阳公司其他股东的重大利益，故依据《行政许可法》等有关规定，决定指派两名工作人员对华阳公司提交的申请材料的实质内容进行核实。朝阳工商分局遂于当日作出《受理通知书》，对华阳公司的变更登记申请予以受理，并于当日直接送达原告。

2016年5月4日，华阳经开公司向朝阳工商分局提交《关于请求暂停办理北京华阳房地产发展有限责任公司股权变更工商登记手续事宜的函》，请求朝阳工商分局在该公司与华阳公司、华阳之星公司之间的相关股权争议解决前，暂停办理华阳公司的股权变更登记事宜。随后，华阳经开公司又向朝阳工商分局提交了《关于华阳房地产公司股权变更的事宜》及附件，包括华阳公司章程、华阳之星公司章程、北京市第三中级人民法院(2015)三中民(商)终字第14494号及第14495号民事判决书、华阳公司发给华阳经开公司及几位自然人股东的《股东会会议通知》、吴某于2016年1月27日出具的《声明》及吴某的身份证复印件、华阳经开公司法律顾问于2016年5月9日制作的其与吴某对话的《谈话记录》及律师证复印件。其中，华阳公司公司章程第16条中规定，股东会会议分为定期会议和临时会议，并应当于会议召开15日以前通知全体股东。北京市第三中级人民法院于2015年11月6日针对本案原告与吴某之间的变更公司登记纠纷作出的(2015)三中民(商)终字第14495号《民事判决书》认定：法院生效判决已经确认吴某继承吴某某在本案原告的股份后成为本案原告股东(股东出资额715,230.53元，占公司注册资本的3.576%)，故其有权要求华阳房地产公司完成将原股东吴某某名下所持有的股权变更过户至吴某名下的工商变更登记，因此，一审法院作出的华阳房地产公司于判决生效之日起10日内协助吴某将吴某某名下持有的3.576%的股权变更至吴某名下的判决应予维持，故判决驳回上诉，维持原判。吴某于2016年1月27日出具《声明》的主要内容为：吴某继承其父亲吴某某在华阳公司和华阳之星公司股权的事实已被法院终审判决确认，但吴某未收到华阳公司于2016年1月8日召开股东会的会议通知书，该行为侵犯了吴某对华阳公司的股东权益。2016年5月9日，华阳经开公司法律顾问与吴某就其股权变更登记事宜及其是否参加华阳公司股东会等事宜进行谈话并制作的《谈话记录》记载，吴某表示其曾在2014年10月参加过一次华阳公司的股东会议，之后未再参加过，未收到华阳公司于2016年1月8日召开股东会的会议通知，亦不知晓上述会议情况。

朝阳工商分局收到华阳经开公司提交的上述材料后，经审查核实，认为华阳公司召开第二届第三次股东会时未通知全体股东，会议召集程序违反《公司法》(2013年)第41条的规定，提交的变更申请材料不符合《公司登记管理条例》第27条第1款第2项之规定，未提交依照《公司法》作出的变更决议或者决定，遂于2016年5月13日制作《申请材料核实情况报告书》。同日，朝阳工商分局作出被诉《登记驳回通知书》并直接送达华阳公司。

另查明，2016年4月22日，法院向朝阳工商分局发出(2015)年朝执字第20235号《协助执行通知书》和《协助公示执行信息需求书》，请朝阳工商分局协助执行将吴某某持有的华阳公司715,230.53元股权（占公司注册资本的3.576%）过户至吴某名下。朝阳工商分局经审核于2016年4月25日将吴某登记为华阳公司股东。

北京市朝阳区人民法院于2016年12月15日作出一审判决：(1)确认被告朝阳工商分局于2016年5月13日作出的京工商朝注册企不许字(2016)0000058号《登记驳回通知书》违法；(2)驳回原告北京华阳房地产发展有限责任公司要求撤销被告北京市工商行政管理局朝阳分局于2016年5月13日作出的京工商朝注册企不许字(2016)0000058号《登记驳回通知书》并判令被告北京市工商行政管理局朝阳分局将原告北京华阳房地产发展有限责任公司股东变更申请予以登记的诉讼请求。[①]

【案件争点】

变更登记材料明显与设立登记时的材料相冲突，是否不予变更登记。

【裁判要旨】

北京市朝阳区人民法院认为，根据《公司法》及华阳公司公司章程规定，华阳公司召开股东会会议，应当于会议召开15日前通知全体股东。本案中，朝阳工商分局在对华阳公司的申请材料进行核实的过程中，根据该公司股东华阳经开公司提交的民事判决书、吴某的《声明》等相应材料，经审查认为华阳公司召开第二届第三次股东会会议前未通知股东吴某；华阳公司认可其未通知吴某，但认为吴某并非在册股东，亦未通过变更登记获得股东身份，因此，未通知吴某符合法律规定。对此法院认为，法院生效判决已确认吴某为华阳公司的股东，2015年11月6日关于变更公司登记纠纷的终审判决亦要求华阳公司协助吴某将吴某某名下持有的股权变更至吴某名下。《公司法》(2013年)第32条第3款规定，公司应当将股东的姓名或者名称向公司登记机关登记；登记事项发生变更的，应当办理变更登记。未经登记或者变更登记的，不得对抗第三人。根据上述规定，公司股东发生变更，未经变更登记，只是产生不得对抗第三人的效果，对于公司本身仍具有约束力；且登记事项发生变更时向登记机关申请办理变更登记乃公司的法定义务。而华阳公司在明知法院生效判决已确认吴某为华阳公司股东、其有义务协助吴某办理股权变更登记的情况下，一方面，在变更公司登记纠纷的终审判决作出之日至2016年1月8

---

① 在中国裁判文书网、Alpha案例库、法信平台、元典智能中检索，未查询到本案其他相关审级裁判文书。

日召开第二届第三次股东会之间的 2 个月内,未依照生效判决要求为吴某办理股权变更登记、使吴某成为登记股东;另一方面,在召开上述第二届第三次股东会前,亦未通知吴某参加会议。因此,华阳召开上述股东会并未按照《公司法》及公司章程要求通知全体股东。朝阳工商分局由此认定华阳公司的第二届第三次股东会会议的召集程序违反《公司法》(2013 年)第 41 条规定,据此作出的股东会决议不符合《公司登记管理条例》第 27 条第 1 款第 2 项的规定,从而作出不予登记决定,该认定具有相应的事实基础和证据支撑。

三、裁判规则提要

一般情况下,就维护企业的稳定性而言,申请人从设立登记到变更登记总会跨越一定的年限,这就导致了申请变更登记时的状态与设立登记时可能会有了较大的变化,其中极可能涉及企业股东、人事、资金的变动,甚至期间会产生相关诉讼。从检索情况看,此类事情并不少见。根据相关规定申请人在申请变更登记时,除依照相关规定向工商登记机关提交公司法定代表人签署的变更登记申请书,还需要提交依照《公司法》作出的变更决议或者决定等文件。工商登记机关需依申请,对变更登记的事项进行审查,审查材料的真实性、合法性。那如何才算真实、合法,一旦出现与设立登记时的材料存在冲突或与生效法律文书存在冲突的情况时,是否意味着材料不真实、不合法?本规则认为,工商登记机关一需审查申请材料是否齐全,二需审查申请人提交的材料与设立登记时的公司章程、法定代表人签名等材料是否明显冲突以及与生效判决确定的事项是否明显冲突。近年来,随着全面深化改革,政府职能转变不断推进,审批事项不断精简优化,工商登记机关在审查上述材料时,也要及时转变理念,既要履行法律规定的职责、程序,尽到合理审查义务,又要依法保护市场主体的合法权益,避免权力滥用,从而树立行政机关依法行政的良好形象,强化企业合规意识,进一步营造稳定公平透明的营商环境。

(一)工商变更登记受《行政许可法》的调整和规范,工商登记机关应当对变更登记申请材料的真实性、合法性进行审查

工商设立登记一般认为是行政许可行为,是工商登记机关对当事人的申请进行审查后,确认其达到规定的条件予以注册并准许其从事特定活动的行为。工商设立登记一经作出就具有公定力、确定力、拘束力与执行力,因此,被许可人获得许

可后，就必须按照许可的场所、许可的业务范围从事被许可的活动，非经法定程序，行政机关与被许可人不得变更行政许可的内容。如被许可人需要变更登记事项的，根据行政许可的连贯性，其既需要向原登记机关申请，同时在提供相关材料时也应按行政许可法的要求，确保申请材料的真实性和合法性。换言之，工商登记机关在受理设立登记时，根据《行政许可法》有权、有责任审核申请材料的真实性、合法性，而工商变更登记作为对原行政许可行为的改变，理应和工商设立登记一样受行政许可法的调整和规范，工商登记机关亦应对变更登记申请材料的真实性、合法性进行审查。

（二）工商登记机关发现变更登记申请材料与工商设立登记时提供的相关材料存在明显冲突的情形下，应当不予变更登记

工商登记不仅仅是对公司登记事项的许可，同时因其经过行政公权力的确认，使市场主体产生信赖，从而发挥保护社会交易安全的功能，因此工商登记机关在行使登记职责时更应依法审查。工商设立登记行为是申请工商变更登记的基础，其法定效力已经确认，因此变更材料不应与其存在明显冲突，否则就存在真实性和合法性的问题。前述例案二中的股东会决议因缺少持股 90% 以上的股东参与，明显与设立登记时提交的公司章程中应由股东持有公司表决权一半以上通过的规定相悖，而未作为合法材料予以采信。所以工商登记机关在办理登记时一旦发现变更登记申请材料与设立登记时提供的材料存在明显冲突的情况下，基于行政行为的确定力以及工商登记的对外公示效力，工商登记机关即应作出不予变更登记的决定。当然，这里要强调的是明显冲突，即工商登记机关从外观上、表面上即能直接判断出存在冲突，如到会股东人数，公章真伪，股东签名等。

（三）工商登记机关发现变更登记申请材料与生效法律文书存在明显冲突的情形下，应当不予变更登记

同理，生效的法律文书具有排他性，非经司法程序不得随意推翻，这一确定力包括查明的事实及裁判的结果。如果工商变更登记的申请材料与生效法律文书确认的内容相冲突，一旦工商登记机关忽略或不顾生效法律文书，仅根据申请材料作出变更登记，会引发新的纠纷，不利于市场的稳定。因此，工商登记机关发现变更登记申请材料与生效法律文书存在明显冲突的情形下，应当不予变更登记。前述例案一中，股东以实物出资履行出资义务的方式已经法院判决确定，这一事实与变

更登记材料中审计报告认定该股东未实际出资相悖,因此,该申请材料明显不具有合法性及真实性,工商登记机关理应不予变更登记。

(四)工商登记机关应合理限定审查范围,无权在变更登记中直接对当事人的相关争议作出确认

工商登记内容往往会牵涉申请人之前的市场行为及民事争议,所以有些申请人时常会将工商登记作为其他相关诉讼的捷径或利器,以期通过工商登记的行政确认力或否定工商登记的效力来达到其经济目的。因此,工商登记机关在办理变更登记时,只需根据《行政许可法》及工商登记相关法律规定审查申请材料,作出同意或不同意变更登记的决定,而无须对当事人相关争议作出确认,这也与正在推进的“放管服”改革理念相契合。

四、辅助信息

高频词条:

1.《行政许可法》

第34条 行政机关应当对申请人提交的申请材料进行审查。

申请人提交的申请材料齐全、符合法定形式,行政机关能够当场作出决定的,应当当场作出书面的行政许可决定。

根据法定条件和程序,需要对申请材料的实质内容进行核实的,行政机关应当指派两名以上工作人员进行核查。

第49条 被许可人要求变更行政许可事项的,应当向作出行政许可决定的行政机关提出申请;符合法定条件、标准的,行政机关应当依法办理变更手续。

2.《公司登记管理条例》

第10条 公司的登记事项应当符合法律、行政法规的规定。不符合法律、行政法规规定的,公司登记机关不予登记。

第26条 公司变更登记事项,应当向原公司登记机关申请变更登记。

未经变更登记,公司不得擅自改变登记事项。

第27条 公司申请变更登记,应当向公司登记机关提交下列文件:

(一)公司法定代表人签署的变更登记申请书;

(二)依照《公司法》作出的变更决议或者决定;

(三)国家工商行政管理总局规定要求提交的其他文件。

公司变更登记事项涉及修改公司章程的，应当提交由公司法定代表人签署的修改后的公司章程或者公司章程修正案。

变更登记事项依照法律、行政法规或者国务院决定规定在登记前须经批准的，还应当向公司登记机关提交有关批准文件。

工商登记案件裁判规则第 8 条:

公司章程对相关事项有规定的,该事项申请变更登记时,工商登记机关应根据公司章程进行审查

〔**规则描述**〕:《公司法》诸多条款授权公司章程可以设定更具体体现公司独立意志的规则,在不违背法律原则的前提下,这些规则可能高于《公司法》规定的基准。当公司需要向工商登记机关申请变更登记相关事项时,如公司章程对该事项有具体规定,工商登记机关能否依据公司章程审查变更登记申请,在一些行政纠纷中常会成为争点问题。本规则认为,公司章程规定了公司组织与经营的最根本事项,在公司设立时即经国家行政机关确认,对公司及股东等均具有约束力。当公司章程明确规定了具体的变更程序或条件,公司申请变更登记事项时,工商登记机关不仅要审查变更事项是否符合《公司法》的规定,还应审查是否符合公司章程的规定。

一、类案检索大数据报告

截至 2018 年 12 月 29 日,以“变更登记”“公司章程”等为并列关键词,通过 Alpha 案例库、上海 C2J 系统、法信平台、元典智库、北大法宝、中国裁判文书网共检索到 83 起行政案件,经逐案阅看、分析,剔除同一案件因不同审级形成的多个文书,与本规则关联度较高的案件有 24 件。整体情况如下:

从地域分布来看,当前案例主要集中在北京市、广东省、安徽省,分别占比 20.83%、16.67%、12.50%。其中,北京市的案件量最多,达到 5 件(见图 8-1)。

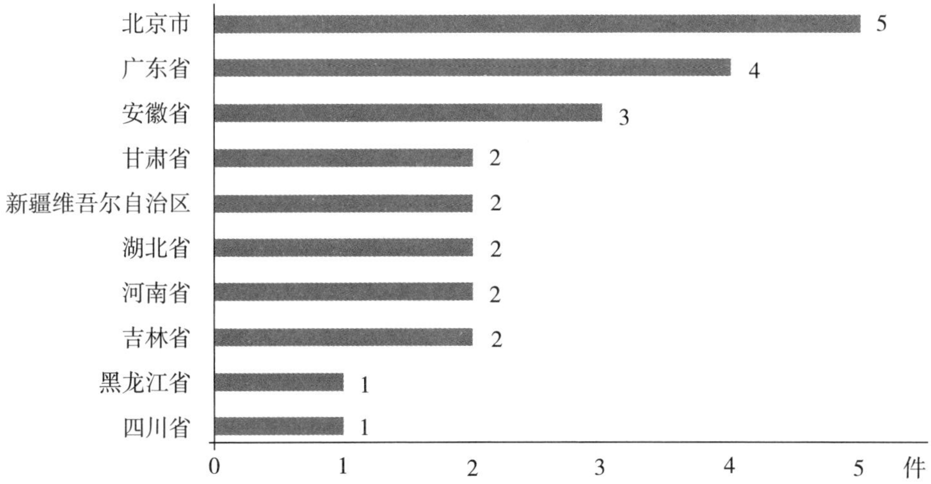

图 8－1　类案地域分布

从结案年度分布看,2017 年结案数最多,为 10 件;其次是 2016 年,为 5 件,2014 年和 2018 年各有 3 件,2015 年有 2 件,2012 年有 1 件(见图 8－2)。

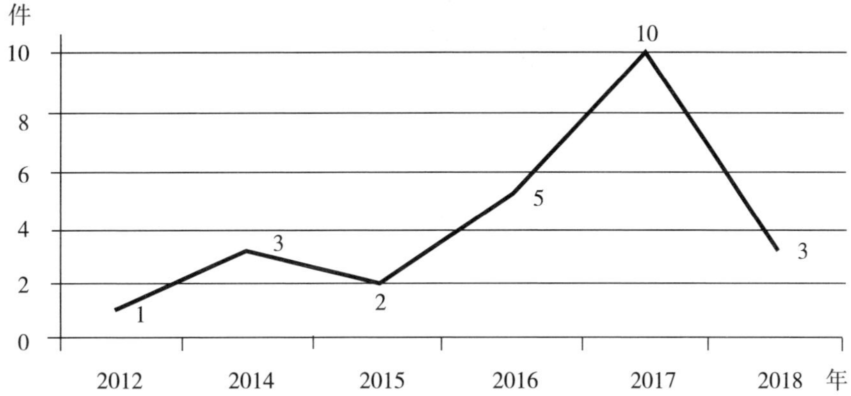

图 8－2　类案结案年度分布

从审理程序分布看,一审案例 16 件,二审案例 7 件,再审案例 1 件(见图 8－3)。

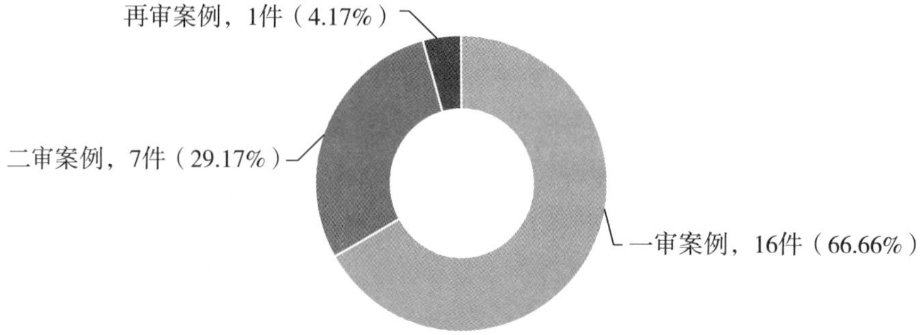

图 8-3 类案审理程序分布

通过对一审裁判结果的可视化分析可以看到，当前条件下判决撤销被告工商登记行为的有 9 件，占比 56.25%，判决驳回原告诉讼请求的有 4 件，占比25.00%，判决确认登记行为无效的有 2 件，占比为 12.50%，裁定驳回起诉的有 1 件，占比 6.25%（见图 8-4）。

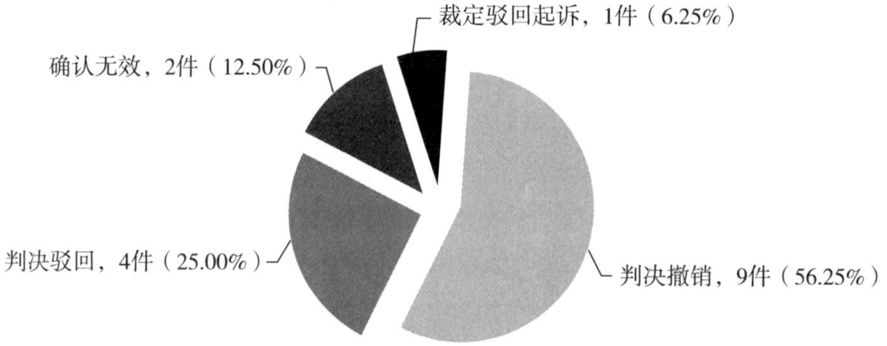

图 8-4 类案一审裁判结果分布

另外 7 件二审案件中，6 件为维持原判，1 件为改判；1 件再审案件处理结果为撤销二审判决，维持一审判决。

二、可供参考例案

例案一 | 甘肃永瑞房地产开发有限公司诉兰州市工商行政管理局行政答复案

【法院】

甘肃省高级人民法院

【案号】

(2017)甘行终357号

【当事人】

上诉人(一审原告):甘肃永瑞房地产开发有限公司

法定代表人:朱某某,该公司董事长

被上诉人(一审被告):兰州市工商行政管理局

法定代表人:权某某,该局局长

【基本案情】

上诉人(一审原告)诉称,2016年,上诉人因经营期限即将到期,严格依据《公司法》及公司章程的相关规定,依法召开股东会并形成决议后向被上诉人申请延长经营期限。被上诉人认为该股东会决议未达到法定表决权答复驳回申请适用法律错误。公司法定代表人、执行董事召集能够出席的股东对公司延续作出处置符合公司利益,公司按法定程序向全部股东发出公告,个别股东放弃股东权利的行为不应当成为阻碍公司正常经营的理由。因此,被上诉人有义务根据当事人申请作出相应的行政行为。综上,一审判决适用法律错误,请求撤销一审判决。

被上诉人(一审被告)辩称,上诉人提交的股东会决议未达到2/3以上表决权的股东同意,根据《公司法》的规定及永瑞公司章程第30条的规定,上诉人延续经营期限的,应当先修改公司章程,修改公司章程的,应当经公司持有2/3以上表决权的股东表决通过后予以进行。因此,被上诉人作出的驳回申请延长期限的答复符合法律、公司章程的规定,认定事实清楚,适用法律正确,请求二审法院维持原审判决。

法院查明,上诉人甘肃永瑞房地产开发有限公司(以下简称永瑞公司)系有限责任公司,有3名股东,分别为叶某某(参股比例57%)、陈某某(参股比例17.5%)、朱某某(参股比例25.5%)。2015年12月2日,永瑞公司召开股东大会,股东陈某某、朱某某参加,一致同意并于当日形成变更公司住所地和延长公司营业期限的申请。股东叶某某未参加此次股东会。2016年4月6日,永瑞公司向被上诉人兰州市工商行政管理局(以下简称兰州市工商局)提交了《甘肃永瑞房地产开发有限公司延长公司营业期限申请书》。2016年4月29日,兰州市工商局作出《关于驳回甘肃永瑞房地产开发有限公司申请延长营业期限的答复》,以永瑞公司的变更申请未形成超过2/3以上股东表决权的股东会决议,不符合《公司法》及公司章程的规定为由,驳回永瑞公司的申请。永瑞公司不服,向兰州铁路运输中级法院提起一审行政诉讼。一审法院认为,兰州市工商局针对永瑞公司的申请审核了永瑞公司提供的材料,因申请材料不符合《公司法》及公司章程对经营期限变更的规定答复驳回申请并无不当,遂判决驳回永锐公司的诉讼请求。

另查明,永瑞公司的公司章程第 30 条规定,公司根据需要或涉及公司登记事项变更的,应修改公司章程,修改公司章程的决议必须经代表 2/3 以上表决权的股东通过,并由全体股东签名、盖章。修改后的公司章程应送原公司登记机关备案;涉及变更登记事项的,同时应向登记机关申请变更登记。

兰州铁路运输中级法院作出(2017)甘 71 行初 7 号一审判决:驳回原告永瑞公司的诉讼请求。永瑞公司不服,提起上诉。甘肃省高级人民法院于 2017 年 10 月 26 日作出二审判决:驳回上诉,维持原判。

【案件争点】

兰州市工商局作出的驳回永瑞公司申请延长营业期限的答复是否合法。

【裁判要旨】

甘肃省高级人民法院认为,根据《公司法》(2013 年)第 181 条第 1 款、第 2 款,第 43 条第 1 款、第 2 款等规定以及永瑞公司的公司章程第 30 条规定,上诉人永瑞公司延续经营期限,应当先修改公司章程,修改公司章程的,应当经公司持有 2/3 以上表决权的股东表决通过后予以进行。本案中,2015 年 12 月 2 日永瑞公司召开的股东大会,参股比例 57% 的股东叶某某未参加大会,该股东大会表决通过的股东会决议未达到公司有表决权的 2/3 以上股东的表决,故上诉人永瑞公司申请延长营业期限不符合公司法及其公司章程的规定。被上诉人兰州市工商局依法对申请材料进行审查后作出驳回申请的答复正确,上诉人提出的上诉理由不能成立。

例案二 四川达宏物联射频科技有限公司等诉成都市高新工商行政管理局、刘某某工商变更登记案

【法院】

四川省成都市中级人民法院

【案号】

(2016)川 01 行终 698 号

【当事人】

上诉人(一审被告):成都市高新工商行政管理局

法定代表人:李某某,该局局长

上诉人(一审第三人):刘某某

被上诉人(一审原告):四川达宏物联射频科技有限公司

法定代表人:刘某某,该公司总经理

被上诉人(一审第三人):廖某

【基本案情】

上诉人(一审被告)诉称,上诉人对变更登记申请材料中体现的程序性事项进行审查,要求被上诉人四川达宏物联射频科技有限公司(以下简称达宏公司)提供股东会议和董事会已通知到所有股东和董事的材料,是上诉人成都市高新工商行政管理局(以下简称高新工商局)在履行职责时应尽到的合理注意义务;上诉人针对工商变更登记特征,结合工作实际情况,决定采取听证会的形式对涉案工商变更登记申请进行审查,程序合法。因被上诉人达宏公司提交的申请材料不符合《公司法》(2013 年)第 41 条、第 110 条和达宏公司章程第 26 条规定的股东会和董事会的召集程序,违反了《公司登记管理条例》第 10 条和《企业法人法定代表人登记管理规定》第 5 条之规定,故作出不予登记的决定,认定事实清楚,证据充分,程序合法,适用法律、法规和规章正确。请求依法撤销一审判决,改判驳回被上诉人达宏公司全部诉讼请求。

上诉人(一审第三人)诉称,本案公司登记机关有权对廖某以达宏公司名义提交的申请材料的内容进行核实。原判决认定事实错误,适用法律、法规错误。

被上诉人(一审原告)达宏公司辩称,达宏公司申请变更登记并非行政许可,高新工商局按照《行政许可法》的规定举行听证,系适用法律错误。一审法院认定事实清楚,证据确实充分,适用法律、法规正确,程序合法。

法院查明,2015 年 2 月 13 日,达宏公司向高新工商局申请办理变更登记手续,并提供了 2015 年 1 月 15 日的《四川达宏物联射频科技有限公司关于将四川达宏物联射频科技有限公司经理由刘某某变更为廖某的董事会决议》和 2015 年 2 月 2 日的《四川达宏物联射频科技有限公司关于将四川达宏物联射频科技有限公司经理由刘某某变更为廖某的股东会决议》等材料。高新工商局经审查,认为达宏公司法定代表人变更及董事备案的申请材料齐全,符合法定形式,遂予以受理,并告知将在 15 日内对材料中"股东会及董事会的召开程序是否符合《公司法》及你公司章程的规定"进行核实。2015 年 3 月 2 日,刘某某以董事身份向高新工商局申请对达宏公司召开的董事会和股东会举行听证。2015 年 3 月 16 日,高新工商局召开听证会。2015 年 3 月 19 日,高新工商局作出(成)登记内驳字〔高新〕第 2015001 号《登记驳回通知书》,以达宏公司提交的申请材料不符合《公司法》(2013 年)第 41 条、第 110 条和达宏公司章程第 26 条规定的股东会和董事会的召集程序为由驳回达宏公司的变更登记申请。达宏公司不服,向一审法院提起诉讼,请求撤销高新工商局作出的《登记驳回通知书》,判令高新工商局限期作出准予变更登记和董事备案登记的决定。

一审法院认为,高新工商局受理达宏公司的申请后,认为达宏公司提交的申请材料中的董事会召集程序不符合《公司法》及公司章程的规定,属于《公司法》(2013 年)第 22 条规定的应由公司股东在法定期限内请求人民法院撤销的情形。高新工商局直接认定其董事会召开程序不符合《公司法》及公司章程的规定,作出登记驳回决定,不符合《公司法》(2013 年)第 22 条的法定审查程序,因此判决撤销(成)登记内驳字〔高新〕第 2015001 号《登记驳回通知书》。

成都高新技术产业开发区人民法院作出(2015)高新行初字第 178 号一审判决:撤销成都市高新工商行政管理局作出的《登记驳回通知书》[(成)登记内驳字〔高新〕第 2015001 号]。高新工商局、刘某某不服,提起上诉。成都市中级人民法院于 2016 年 11 月 25 日作出二审判决:撤销成都高新技术产业开发区人民法院作出的(2015)高新行初字第 178 号行政判决,即"撤销成都市高新工商行政管理局作出的《登记驳回通知书》[(成)登记内驳字〔高新〕第 2015001 号]";驳回被上诉人(一审原告)四川达宏物联射频科技有限公司的诉讼请求。

【案件争点】

高新工商局受理变更登记申请后,通过听证程序,认定达宏公司董事会召开程序不符合《公司法》及公司章程的规定,作出涉案《登记驳回通知书》是否合法。

【裁判要旨】

四川省成都市中级人民法院认为,本案上诉人高新工商局对于本次工商变更登记采取听证会的形式对申请材料进行核实,属于依法履行法定职责的行为,该行为并无不当。一审法院认为高新工商局作出登记驳回决定不符合《公司法》(2013 年)第 22 条规定的法定审查程序的认定,属于法律理解错误。一审法院将《公司法》(2013 年)第 22 条赋予股东救济权利和救济渠道的规定错误理解为工商行政管理部门在处理工商变更登记申请时必须遵循的法定审查程序,进而得出高新工商局作出的《登记驳回通知书》违反法定程序的结论错误。达宏公司申请变更登记时提交的相关股东会决议、董事会决议不符合该公司章程第 26 条规定的股东会和董事会的召集程序，高新工商局以此为由作出登记驳回决定认定事实清楚，其上诉理由成立，应予支持，遂判决撤销一审判决。

例案三 | 章某甲等诉湖南省沅江市工商行政管理局工商变更登记案

【法院】

湖南省沅江市人民法院

【案号】

(2015)沅行初字第11号

【当事人】

原告：章某甲、章某乙、章某丙

被告：湖南省沅江市工商行政管理局

法定代表人：张甲，该局局长

第三人：文某甲、文某乙、张乙

【基本案情】

三原告诉称，2015年2月5日，原告在查询沅江市浣沙湖特种养殖有限公司的注册登记资料时，得知本公司已于2013年12月4日和2013年12月19日将原法定代表人章某甲变更为文某甲，注册资本由原来的50万元变更为500万元，股东由章某甲、章某乙、章某丙三人变更为章某甲、章某乙、文某甲、文某乙、张乙。第三人文某甲在原告不知情的情况下，谎称浣沙湖公司营业执照及公司财务、行政公章遗失，向被告湖南省沅江市工商行政管理局(以下简称沅江市工商局)申领企业法人营业执照正、副本。被告为其补办企业法人营业执照。基于以上事实，被告作出的变更登记行为事实不清、程序违法，非原告方的真实意思表示，侵害了原告及股东的合法权益，请求撤销被告作出的变更登记。

被告辩称，第一，涉案的两次变更登记符合法律规定，申请人提交的申请材料齐全，符合法定形式，其变更登记合法有效。第二，2015年1月13日，浣沙湖公司法定代表人以公司营业执照正、副本及行政公章、财务专用章遗失为由，申请补办，提供材料齐全，符合法定形式，补办证照合法有效。第三，原告提出的《关于防伪印章刻制的函》无工商部门批准等理由不成立，可通过其他途径解决纠纷，与被告无关。故请求法院驳回原告的诉讼请求。

第三人文某甲述称，第三人文某甲租了浣沙湖公司的湖进行养殖，因经营不善想用公司的公章与他人签合同,原告称公章遗失了,并生气要第三人文某甲去补办,第三人才去补办的。把法人代表变更成第三人文某甲经过多次股东会决议。

第三人文某乙述称,原告称公章遗失了,第三人文某甲、文某乙只好去工商局申请补发,工商两次变更都是股东商量的,为保障第三人的权利,把法定代表人变更为第三人文某甲了。

第三人张乙述称,2015年3月2日,第三人张乙才知道营业执照被变更,第三人张乙没有参加过股东会,在浣沙湖公司也没有投资。

法院查明,2009年1月20日,原告章某甲、章某乙、章某丙三人在沅江市新湾镇沅南路经营农业综合开发,成立沅江市浣沙湖特种养殖有限公司,由章某甲任企业法定代表人,注册资本50万元,股东章某甲、章某乙、章某丙。2013年12月4日,浣沙湖公司向被告沅江市工商局提交有限公司变更申请书,指定代表人或共同委托代理人的证明,浣沙湖公司股东会决定及章程,法定代表人信息,董事、监事、经理信息等材料,在沅江市工商局办理变更注册资金登记。即日,沅江市工商局送达受理通知书和准予变更登记通知书。又于2013年12月9日,该公司向被告提交有限公司变更登记申请书,指定代表或者共同委托代理人的证明,浣沙湖公司股东决定的章程、董事、监事、经历信息,浣沙湖公司股东股份转让协议,有限责任公司变更登记附表、企业法人营业执照,有限责任公司变更登记审核表。即日,被告又送达了受理通知书(沅江)私营登记字(2013)第2105号和准予变更登记通知书(沅江)私营登记字(2013)第2105号。即日,对浣沙湖公司办理了企业法人营业执照(注册号430981000008356),法定代表人文某甲,注册资本500万元。2015年1月12日,以该公司名义由文某甲本人签字,向被告沅江市工商局申报浣沙湖公司遗失营业执照正、副本各一本,要求补发营业执照。同年1月,沅江市工商局受理后,发出受理通知书,随即为浣沙湖公司重新补办了企业法人营业执照。

另查明,浣沙湖公司的公司章程规定,增加股东和注册资本,应当由原股东大会决定对是否吸纳新股东、是否增加注册资本以及注册资本增加后原股东的优先认缴等事项作出决议。浣沙湖公司申请变更登记时提交的股东会决议为新股东即本案第三人增加后就公司有关事项的决议。

湖南省沅江市人民法院作出(2015)沅行初字第11号一审判决:撤销被告沅江市工商局于2013年12月4日作出的关于沅江市浣沙湖特种养殖有限公司变更法定代表人、注册资金的登记;撤销被告沅江市工商局于2013年12月19日作出的关于沅江市浣沙湖特种养殖有限公司变更股东的登记;确认被告沅江市工商局于

2013年12月4日作出的关于沅江市浣沙湖特种养殖有限公司的股东变更登记违法；驳回原告要求法院判令被告收回补发的沅江市浣沙湖特种养殖有限公司营业执照正副本的诉讼请求。

【案件争点】

公司重大事项的变更不符合公司章程规定时，工商行政管理部门准予变更登记是否合法。

【裁判要旨】

湖南省沅江市人民法院认为，本案被诉两次变更登记，涉及增加、减少股东，增加注册资本和法定代表人的变更，属于公司重大事项的变更。登记机关在工商变更登记审查的过程中应当审查材料和证明文件所记载的事项是否符合有关登记管理法律、法规的规定，以及是否符合公司章程的要求。《公司法》(2013年)第43条、第72条、第106条，对公司增加注册资金、变更股东，原股东对新增注册资本的优先认缴权作出了明确规定。浣沙湖公司设立之时的公司章程对增加注册资金、股权转让作出了具体要求。本案中，新股东增加后的就公司有关事项的股东会的决议不能替代原股东大会决议，且该决议的签名，被告当庭认可"章某丙"的签名与设立公司登记时的签名不一致。第三人张乙当庭否认其属于公司的股东，称未在浣沙湖公司投资，也未参加股东大会。该新股东大会的决议不能作为办理涉案公司变更登记的依据。综上，被诉变更登记的行政行为主要证据不足，依法应予撤销。

三、裁判规则提要

公司有关登记注册事项的变更，必然涉及公司权利义务关系及内容的变化，亦涉及多方利益。而根据《公司法》的规定，公司需变更有关登记注册事项的，应当向工商登记机关申请，经工商登记机关批准后才正式予以变更。因此，当公司申请变更登记注册事项时，工商登记机关审查是否准予变更登记时的依据便至关重要。

本规则认为，公司章程作为公司的自治规范，应成为工商登记机关审查变更登记申请时的重要依据。

公司章程由股东根据《公司法》的规定或授权自行制定，是股东共同一致的意思表示，规定了公司组织与经营的最根本事项如经营范围、注册资本、组织机构、股东的权利和义务、利润分配、解散事由及清算办法等，一经签署对公司、股东、董事、监事、高级管理人员等均具有约束力，被称为公司的"大宪章"。且《公司法》作为规范公司企业的基本法律规范，只能规定公司的普遍性问题，因此，其中较多的条款被设定为任意性的规范，由这些规范授权公司章程可以作出较《公司法》更为具体、更加体现每个公司独立意志的规则。在不违背基本法律原则的前提下，公司章程中的这些规则可能高于《公司法》所规定的基准，体现每个公司各自独特的灵魂。《公司登记管理条例》第20条、第21条明确规定申请设立公司时，应当向工商登记机关提交公司章程。这表明，在公司初始登记时，公司章程即作为最重要的文件经国家行政机关予以确认下来，具有针对该公司的准法律地位，与《公司法》共同肩负调整公司活动的责任，公司之后经营运行包括从设立到终止的基本规则已明确。因此，无论是公司内部各类人员，还是公司外部的行政机关或者司法机关，均负有尊重公司章程的责任。

另外，我国现阶段的整体信用机制尚未完全建成，若仅仅依赖变更登记申请人的诚实信用来决定是否准予变更登记，并不利于保障整体市场的交易安全。公司变更登记多涉及多方利益，且又牵涉公司内部决议的有关程序及条件，一经准予变更登记即具备公示性以及产生对抗第三人的效果，公司之后的运营模式将产生一定程度的改变。因此，工商登记机关有权力也有义务对公司提交的申请变更材料进行相应审查。根据相关规定，公司章程为公司申请变更登记必须提交的材料之一。此种情况下，当公司申请变更登记的事项由其公司章程明确规定了具体的变更程序或条件时，工商登记机关不仅要看变更事项是否符合《公司法》的规定，还要判断是否符合该公司的公司章程中具体的规定，如此审查才能真正有效发挥变更登记机制的作用。

本规则引用的例案一中，上诉人永瑞公司于2015年12月2日召开股东大会，参股比例达57%的股东叶某某并未出席，会议所通过的股东会决议即未经占57%表决权的股东叶某某所确认，不符合该公司的公司章程第30条规定“公司根据需要或涉及公司登记事项变更的，应修改公司章程，修改公司章程的决议必须经代表三分之二以上表决权的股东通过，并由全体股东签名、盖章”。被上诉人兰州市工商行政管理局据此作出驳回永瑞公司延长营业期限申请的答复。司法审查过程中，一审、二审法院判决中体现的观点一致，均支持了兰州市工商行政管理局的答复，体现了司法机关对公司章程的尊重。又如例案二中，一审法院认为高新工商局因股东会及董事会的召开程序不符合达宏公司的公司章程规定而驳回变更登记申请不合法，从而判决撤销高新工商局的驳回申请决定。二审法院则不认同一审判决的上述观点，二审法院认为被上诉人达宏公司申请变更法定代表人等信息时，其所依据的股东会决议不符合该公司章程第 26 条规定的股东会和董事会的召集程序，故上诉人高新工商局作出驳回变更登记申请的行政行为并无不当，最终判决撤销一审法院的判决、驳回原告的诉讼请求，扭转了一审法院的审理理念。再如例案三中，浣沙湖公司的公司章程规定，涉及增加股东和增加注册资本等事项时，应由原股东大会决定对是否吸纳新股东、是否增加注册资本以及注册资本增加后原股东的优先认缴等事项作出决议。而该公司申请变更股东登记时提交的是新股东加入后所作的股东会决议，不符合公司章程的上述规定，故法院判决撤销被告沅江市工商行政管理局作出的两次变更登记。上述三个案例均明显体现出尊重公司章程的理念，强调应维护工商登记机关根据公司章程来审查变更登记的权力，体现了本规则的应有之义。

优化营商环境的首要任务是转变思想观念、尊重市场主体地位，依法依规促进经济发展。公司章程是公司运营最重要的规则，应受到充分的尊重。因此，本规则所确立的内容不仅在实践中为工商登记机关在审查变更登记申请时提供了具可操作性的依据，更在本质上体现了尊重市场经济条件下的股东契约精神，符合优化营商环境的任务要求。

四、辅助信息

高频词条：

1.《公司法》

第 43 条　股东会的议事方式和表决程序，除本法有规定的外，由公司章程规定。

股东会决议作出修改公司章程、增加或者减少注册资本的决议，以及公司合并、分立、解散或者变更公司形式的决议，必须经代表三分之二以上表决权的股东通过。

第 180 条　公司因下列原因解散：

（一）公司章程规定的营业期限届满或者公司章程规定的其他解散事由出现；

（二）股东会或者股东大会决议解散；

（三）因公司合并或者分立需要解散；

（四）依法被吊销营业执照、责令关闭或者被撤销；

（五）人民法院依照本法第一百八十二条的规定予以解散。

第 181 条　公司有本法第一百八十条第（一）项情形的，可以通过修改公司章程而存续。

依照前款规定修改公司章程,有限责任公司须经持有三分之二以上表决权的股东通过,股份有限公司须经出席股东大会会议的股东所持表决权的三分之二以上通过。

2.《公司登记管理条例》

第27条第1款 公司申请变更登记,应当向公司登记机关提交下列文件:

(一)公司法定代表人签署的变更登记申请书;

(二)依照《公司法》作出的变更决议或者决定;

(三)国家工商行政管理总局规定要求提交的其他文件。

3.《企业登记程序规定》

第3条 企业登记机关依法对申请材料是否齐全、是否符合法定形式进行审查。根据法定条件和程序,需要对申请材料的实质内容进行核实的,依法进行核实。

第9条 登记机关收到登记申请后,应当对申请材料是否齐全、是否符合法定形式进行审查。

申请材料齐全是指国家工商行政管理总局依照企业登记法律、行政法规和规章公布的要求申请人提交的全部材料。

申请材料符合法定形式是指申请材料符合法定时限、记载事项符合法定要求、文书格式符合规范。

第10条 经对申请人提交的登记申请审查,企业登记机关应当根据下列情况分别作出是否受理的决定:

(一)申请材料齐全、符合法定形式的,应当决定予以受理。

(二)申请材料齐全并符合法定形式,但申请材料需要核实的,应当决定予以受理,同时书面告知申请人需要核实的事项,理由及时间。

(三)申请材料存在可以当场更正的错误的,应当允许有权更正人当场予以更正,由更正人在更正处签名或者盖章、注明更正日期;经确认申请材料齐全,符合法定形式的,应当决定予以受理。

(四)申请材料不齐全或者不符合法定形式的,应当当场或者在五日内一次告知申请人需要补正的全部内容。告知时,将申请材料退回申请人并决定不予受理。属于五日内告知的,应当收取材料并出具收到材料凭据。

(五)不属于企业登记范畴或者不属于本机关登记管辖范围的事项,应当即时决定不予受理，并告知申请人向有关行政机关申请。

通过邮寄、传真、电子数据交换、电子邮件等方式提交申请的，应当自收到申请之日起五日内作出是否受理的决定。

本规定所称有权更正人，是指申请人或者经申请人明确授权，可以对申请材料相关事项及文字内容加以更改的经办人员。

工商登记案件裁判规则第9条：

当事人通过违法手段取得工商登记，且不法状态未予纠正，当事人以超过两年追究期限为由抗辩的，不予采纳

〔**规则描述**〕：根据《行政处罚法》第29条的规定，违法行为在二年内未被发现的，不再给予行政处罚。违法行为有连续或者继续状态的，从行为终了之日起计算。工商登记机关对以违法手段取得工商登记作出处罚决定是否超出法定追究期限，取决于当事人的违法登记行为是否处于连续或继续的状态。如果登记状态持续，工商登记机关对其处罚不受两年追究期限的限制；如果当事人主动纠正违法登记行为，使登记行为符合法律规定的登记条件，则自纠正之日起超过两年的，工商登记机关不应再追究其违法行为。

一、类案检索大数据报告

截至2018年12月26日，以"虚假材料""持续状态""行政处罚"等为并列关键词，通过Alpha案例库、上海C2J系统、法信平台、元典智库、北大法宝、中国裁判文书网共检索到62起案件，经逐案阅看、分析，剔除同一案件因不同审级形成的多个文书，与本规则关联度较高的案件有12件。整体情况如下：

从地域分布看，涉案最多的是北京市、湖南省和贵州省，各2件；山东省、辽宁省、江苏省、湖北省、河北省、河南省各1件（见图9－1）。

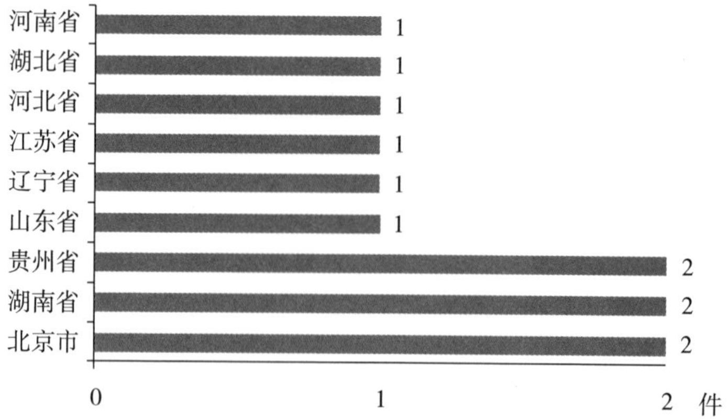

图9－1　类案地域分布

从结案年度来看，2014 年有 5 件，2015 年有 4 件，2016 年有 1 件，2017 年有 2 件（见图 9－2）。

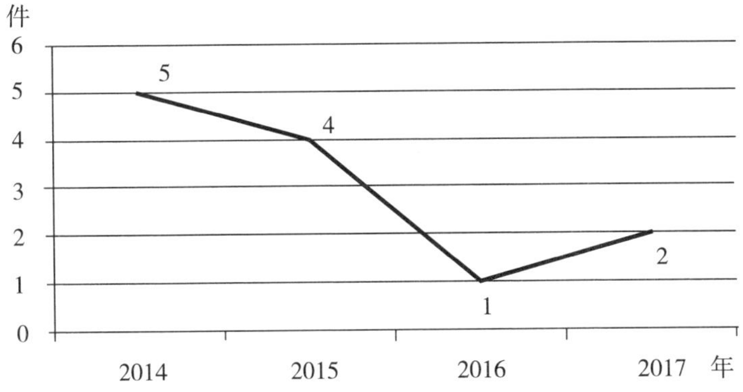

图 9－2 类案结案年度分布

从原告诉讼请求来看，请求撤销行政处罚的有 9 件，请求撤销行政处罚决定和复议决定的有 1 件，请求确认行政行为违法并撤销行政处罚决定的有 1 件，请求确认被上诉人的答复违法并判令被上诉人履职的有 1 件（见图 9－3）。

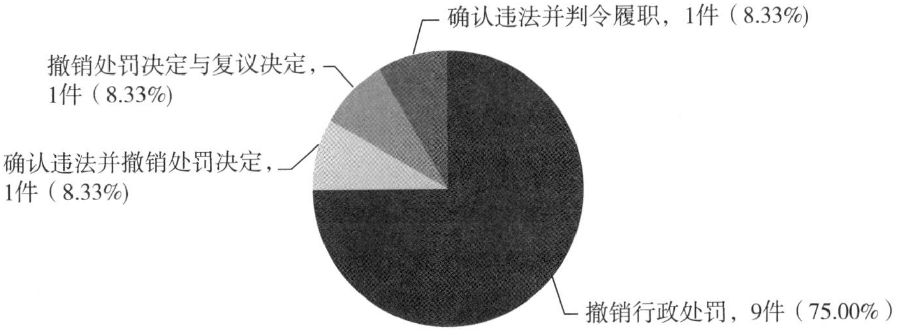

图 9－3 原告诉请类型分布

从结案方式来看，判决驳回原告诉请的 7 件，判决维持的有 3 件，判决撤销行政处罚决定的 2 件（见图 9－4）。

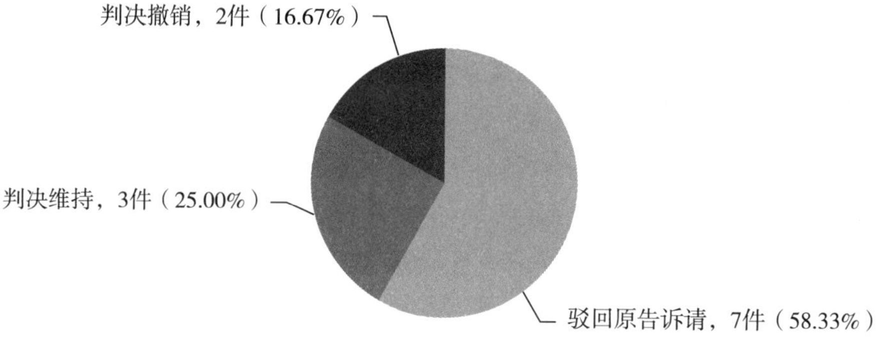

图9-4　类案结案方式分布

本次检索的案例中,二审裁判案件有7件,均为判决驳回上诉,维持原判决。

二、可供参考例案

例案一　世奢会(北京)国际商业管理有限公司上诉北京市工商行政管理局东城区分局工商行政处罚案

【法院】

北京市第二中级人民法院

【案号】

(2014)二中行终字第106号

【当事人】

上诉人(一审原告):世奢会(北京)国际商业管理有限公司

法定代表人:宾某,该公司总经理

被上诉人(一审被告):北京市工商行政管理局东城分局

法定代表人:孙某某,该局局长

【基本案情】

原告世奢会(北京)国际商业管理有限公司(以下简称世奢会)不服北京市工商行政管理局东城分局(以下简称东城工商分局)于2013年7月18日作出的京工商东处字(2013)第294号对原告吊销营业执照的行政处罚决定,诉至一审法院,认为东城工商分局无证据证明世奢会提供了虚假商标授权证明,也无证据证明世奢会提供了虚假企业住所证明材料。东城工商分局在事实不清、证据不足的情况下,滥用《公司登记管理条例》(2014年)第69条之“情节严重”的规定,作出上述不当处罚，有失客观公正，明显违背法律原则。并且，世奢会公司自成立5年来，年年通过东城工商分局年检部门的审查，可视为符合法定形式。请求法院撤销第294号处罚决定。

东城工商分局辩称，第一，世奢会在申请公司名称核准及申请开业登记时，提交与事实不符的商标注册证明和虚假住所证明文件两项虚假材料，扰乱了正常的行政管理秩序；第二，世奢会以欺骗手段取得“世奢会”字号名称的目的，是让人误以为“世奢会”是“世界奢侈品协会”的简称，误导群众。在法制建设、诚信经营的大环境下，我局对严重失信企业坚决予以严惩；第三，企业通过年检与企业是否存在违法行为没有必然联系。综上，我局对世奢会作出的行政处罚决定事实清楚，证据确凿，适用法规正确，定性准确，处罚得当，程序合法，请求法院驳回世奢会的诉讼请求。

经审理查明，2012年6月，东城工商分局建国门工商所接到举报人实名举报世奢会存在多项违法行为。2012年7月16日，东城工商分局予以立案调查。经调查核实，世奢会于2008年7月15日向东城工商分局申请“世奢会（北京）国际品牌顾问有限公司”的名称核准，于2008年7月23日取得了该名称预先核准登记；于2008年8月22日，向东城工商分局申请公司注册登记，并于2008年8月25日取得了“世奢会（北京）国际品牌顾问有限公司”的注册登记。后其于2009年将公司名称变更为世奢会。东城工商分局调取的该公司企业登记管理档案材料显示：世奢会在申请名称核准时，向东城工商分局提交了名称预先核准申请书及相关表格、字号授权（许可）文件证件（含字号为世奢会的名称授权与解释文件、授权人世奢会协会的注册证书复印件和世奢会商标注册证复印件）等有关名称申请材料。其中属于字号授权（许可）文件证件之一的商标注册证复印件，标明其注册商标为“世奢会”，商标注册证号为第3633782号，注册人为“世界奢侈品协会有限公司”。经向国家商标局档案查询核实，第3633782号商标注册证的真正注册商标为“普诺”，注册人为“淄博普诺土工合成材料有限公司”。世奢会提供的商标注册证复印件为虚假材料。

2008年8月22日，世奢会向东城工商分局申请设立公司登记时，向该机关提交了住所为“北京市东城区朝阳门南小街18号楼首层5号”的《企业住所（经营场所）证明》及产权人刘某某与拆迁公司签订的朝内、建内危改区非住宅返还协议书、房屋进住证、非住宅房屋交接单、发票等有关住所证明材料。东城工商分局于2008年8月25日核准该公司成立。东城工商分局经向刘某某核实，刘某某出具了内容为“我未向世奢会提供过经营场所、未与其签订过租房协议,也未在《企业住所(经营场所)证明》上签字”的证明。2012年10月18日,东城工商分局委托华夏鉴定中心对上述《企业住所(经营场所)证明》中产权人证明一栏“刘某某”的签名进行鉴定。经鉴定,该检材上的产权人“刘某某”的签字与刘某某签字样本不是由同一人所写。2012年7月16日,东城工商分局到“北京市东城区朝阳门南小街18号楼首层5号”进行现场检查,经房屋承租人证实,世奢会从未租赁该房屋作为公司住所,也从未在该址从事过经营活动。2012年10月15日,东城工商分局以该案案情复杂为由,经主管局长批准,延长办案期限30日。后经该分局案件会审委员会集体讨论决定将案件延长至2013年9月16日前审结。2013年5月10日,东城工商分局向世奢会送达了行政处罚听证告知书,并根据世奢会的申请,于2013年6月26日举行了听证会,听取了世奢会的意见,形成了听证报告。2013年7月18日,东城工商分局作出被诉处罚决定,并送达给世奢会。世奢会不服,于法定期限内提起行政诉讼。北京市东城区人民法院于2013年12月4日作出(2013)东行初字第327号一审行政判决:判决维持东城工商分局作出的第294号处罚决定。宣判后,原告不服,提出上诉。

北京市第二中级人民法院于2014年2月20日作出二审判决:驳回上诉,维持原判。

【案件争点】

东城工商分局对世奢会的处罚是否适当,处罚程序是否合法,是否超过了法定追究期限。

【裁判要旨】

二审法院认为,东城工商分局对辖区内违反公司登记法律、法规的行为具有行政处罚的职权。《公司登记管理条例》规定,设立公司应当经公司登记机关依法登记。公司的登记事项包括名称、住所、法定代表人姓名、经营范围等内容。公司的登记事项应当符合法律、法规的规定。《公司登记管理条例》(2014年)第65条规定,提交虚假材料或者采取欺诈手段隐瞒重要事实,取得公司登记的,由公司登记机关责令改正,处以5万元以上50万元以下的罚款;情节严重的,撤销公司登记或者吊销营业执照。东城工商分局提交的证据材料,能够证明世奢会在向东城工商分局申请公司设立登记时,提交的第3633782号商标注册证及《企业住所(经营场所)证明》系虚假材料。上述材料的内容涉及公司设立的重要登记事项,世奢会以提交虚假材料的形式取得公司登记,且自设立后至今从未在涉案住所地进行经营,该行为扰乱了正常的行政管理秩序，属情节严重的情形。故，东城工商分局依据《公司登记管理条例》的规定所作第294号处罚决定属认定事实清楚、证据确凿，处罚幅度适当。世奢会关于东城工商分局所作第294号处罚决定违反了《行政处罚法》（2009年）第29条“违法行为在二年内未被发现的，不再给予行政处罚”规定的意见，二审法院认为，世奢会自始至终都未自行纠正其违法行为，其违法行为所产生的后果仍处于继续状态，东城工商分局有权依法对其进行相应的处理。一审法院依照《行政诉讼法》（1989年）第54条第1项的规定，判决维持东城工商分局所作第294号处罚决定是正确的，二审法院应予维持。

例案二　郑州市金升耐火材料有限公司诉新密市工商行政管理局工商行政处罚案

【法院】

河南省郑州市中级人民法院

【案号】

（2014）郑行终字第559号

【当事人】

上诉人（一审原告）：郑州市金升耐火材料有限公司

法定代表人：安某某，该公司总经理

被上诉人（一审被告）：新密市工商行政管理局

法定代表人：陈某某，该局局长

被上诉人（一审第三人）：郭某甲

被上诉人（一审第三人）：郭某乙

一审第三人：安某某

一审第三人：徐某某

【基本案情】

郑州市金升耐火材料有限公司因诉新密市工商行政管理局（以下简称新密市工商局）工商行政处罚一案，不服新密市人民法院（2014）新密行初字第15号行政判决，向郑州市中级人民法院提起上诉。

上诉人郑州市金升耐火材料有限公司上诉称，第一，被诉的行政处罚违反法定程序。（1）被上诉人新密市工商局的行政处罚已过追诉时效，应不予处罚。上诉人公司与被上诉人郭某甲的股权变更登记行为发生在2009年9月21日,被上诉人新密市工商局发现立案调查的时间在2013年1月7日,在长达4年之久后被上诉人发现上诉人公司有违法行为,已严重超过法律规定两年的追诉时效,依法则对上诉人不应处罚。被上诉人抗辩上诉人违法行为一直持续,适用《行政处罚法》(2009年)第29条第2款的规定是错误的。因为本案被上诉人郭某甲已于2010年3月2日补签了股权转让协议,双方且已经履行,郭某甲追认了2009年9月21日股权转让的真实性,为此上诉人的违法行为灭失,故被上诉人认为上诉人的违法行为处于持续状态是错误的。(2)被上诉人新密市工商局作出行政处罚前的听证程序违法。被上诉人应当通知与上诉人公司有直接利害关系的第三人股东参加诉讼而未通知,程序违法。(3)被上诉人办案期限长达380多天,严重超期,程序违法。被上诉人以本案重大复杂为由多次延期,但被上诉人认为本案所谓案情重大是超越职权的行为,缺乏省级工商管理机关对此案是否属于重大、案情特别复杂的情形确定的相关证据,属于擅自延长办案期限,办案程序违法。(4)被上诉人以安某某不配合调查为由建议延期调查一个月,和2013年5月7日被上诉人以同样的理由延长办案时间,理由不能成立。安某某不存在不配合调查的情况,被上诉人以该理由延期程序违法。第二,被上诉人作出的行政处罚认定事实错误。(1)2009年9月21日上诉人公司与郭某甲签订的股权转让协议,虽然郭某甲没有签字,但实际是其真实意思表示,这仅是被上诉人在登记时出现的瑕疵,后来郭某甲接受了安某某的付款已经认可了股权转让的真实性。(2)2010年3月2日,郭某甲、郭某乙、安某某又补签了股权转让协议。该协议的签订是三方的真实意思表示。这是对原2009年9月21日所签协议的追认,故被上诉人进行行政处罚认定事实错误。(3)被上诉人作出的撤销登记行为,将会对上诉人和安某某、徐某某造成重大经济损失,对安某某已经履行的股权转让款无法处理。同时,对上诉人公司后两次变更登记行为造成实质影响,已不能恢复到公司的原来状态。更重要的是,使上诉人公司而后所产生的新的法律关系和股东之间的新的权利义务关系处于不确定状态,为此违背了《行政诉讼法》(1990年)第57条、第58条规定的立法精神,故法院应当撤销被上诉人作出的行政处罚。第三,被上诉人作出的行政处罚适用法律错误。被上诉人作出的行政处罚决定以《公司法》第199条"提交虚假材料……取得公司登记的……"属于适用法律错误。2014年3月1日新施行的《公司法》第199条所规定的内容并非是提供虚假材料的内容。被上诉人作出行政处罚的时间是2014年5月5日,旧《公司法》已被新《公司法》替换,旧《公司法》已不再适用,被上诉人适用已失效的法律规定，属于适用法律错误。请求二审依法支持上诉人的上诉请求。

被上诉人新密市工商局辩称，第一，本机关作出的行政处罚决定适用法律正确。《行政处罚法》对于新旧法律的适用并未作出具体规定，本机关参照《刑法》从旧兼从轻的原则适用旧法对上诉人的违法行为作出处罚符合法律规定。况且，新旧《公司法》对提供虚假材料骗取公司登记的处罚规定完全一致，因此，上诉人这一理由不能成立。第二，该行政处罚没有超过处罚时效。国务院法制办国法函〔2006〕81号对国家工商行政管理总局的复函中早已明确：虚报注册资本、提交虚假材料、虚假出资等行为在工商行政管理机关查处前未纠正的，视为行为的继续状态。上诉人提交虚假材料骗取工商登记的违法行为一直没有自行纠正，在本机关责令其改正后仍未纠正，因此，其违法行为一直处于继续状态，依法应予处罚。第三，本机关听证程序合法。《行政处罚法》(2009年)第42条规定，行政机关作出责令停产停业、吊销许可证或者执照、较大数额罚款等行政处罚决定之前，应当告知当事人有要求举行听证的权利。因此，对于听证的权利，上诉人依法告知行政处罚当事人即可，对于其他利害关系人，可以根据案件需要酌情通知他们参加听证，即使不通知，也不违反行政处罚法的规定。第四，上诉人违法事实清楚，证据确实充分。本机关提供了上诉人提供虚假材料骗取登记的相关证据，上诉人当庭以及在上诉状中予以认可，依法应当受到相应的行政处罚。第五，关于办案期限问题，行政诉讼法没有作出限制性规定，工商行政管理局对办案期限的规定是内部的规定，不能作为行政处罚决定违法的理由。对于重特大案件，本机关有权自由裁量办案期限。河南省工商局豫工商文(2009)88号文对重特大案件的办案期限有明确规定。请求二审依法驳回上诉，维持原判。

被上诉人郭某甲辩称，上诉人没有任何证据证明将200多万元的股东转让款支付给我。其中40万元打到我的卡上，取出来当时就给他了，这是正当的经济往来。原来的股权转让协议签字是虚假的，股权转让也是虚假的，说是我的真实意思表示不是事实。

被上诉人郭某乙辩称和郭某甲的意见一致。

经审理查明，2009年2月16日第三人郭某甲、安某某、第三人郭某乙与冯某甲、冯某乙签订股权转让协议，取得郑州仕昂特耐有限公司全部股权，并将公司名称更改为郑州市金升耐火材料有限公司，公司法定代表人为郭某乙，2009年3月该公司住所地变更为新密市来集镇李堂村，注册资本由600万元变更为1000万元。

2009年9月12日,该公司向被上诉人提交材料申请股权变更登记,将第三人郭某甲所有的200万元股权变更给第三人安某某所有,被上诉人于2009年9月21日作出(新密工商)登记企核〔2009〕第693号登记核准通知书,准予变更登记。2010年2月23日,第三人郑州市金升耐火材料有限公司向被上诉人提出将公司法定代表人由郭某乙变更为安某某的申请,被上诉人于2010年2月28日作出(新密工商)登记内变字〔2010〕第38号准予变更通知书,准予该法定代表人变更登记。2011年7月1日,第三人郑州市金升耐火材料有限公司向被上诉人申请变更登记,将第三人郭某乙的股权变更给第三人徐某某所有,被上诉人准予其变更登记。

2012年12月,郭某甲向被上诉人反映2009年9月21日郑州市金升耐火材料有限公司申请将其200万股权转让给安某某的变更登记材料中,自己的名字不是本人签名,要求被上诉人审查处理。针对第三人郭某甲举报上诉人提供虚假材料取得公司登记,被上诉人于2013年1月7日立案调查。在处理过程中经河南司法警院鉴定中心鉴定,于2013年2月28日该鉴定中心作出豫司警院司法鉴定中心〔2013〕文鉴字第89号笔迹司法鉴定意见书,鉴定意见为"2009年9月12日郑州市金升耐火材料有限公司股东会决议及股权转让协议原件上'郭某甲'签名不是郭某甲本人所签"。被上诉人经调查取证,认定2009年9月12日,上诉人向被上诉人申请股权变更登记所提交的"股东决议"和"股权转让协议"上"郭某甲"的签名不是其本人书写,系虚假材料。该行为属于《公司法》所指"提交虚假材料取得公司登记"的违法行为,且该违法行为已经达到情节严重的程度。2014年1月16日,被上诉人作出新密工商责改字〔2014〕006号责令改正通知书,责令上诉人改正上述违法行为,上诉人收到该通知书后没有对该违法行为进行改正。2014年2月25日,被上诉人拟作出撤销被诉变更登记的行政处罚,并下达了新密工商听告字(2014)002号行政处罚听证告知书,向当事人告知拟作出行政处罚的事实、理由、依据及陈述申辩和要求听证的权利,上诉人于2014年2月26日向被上诉人提出听证的要求。2014年3月25日,被上诉人组织召开听证会,上诉人委托代理人刘某某,第三人郭某甲参加听证。2014年5月5日被上诉人作出新密工商处字(2014)026号行政处罚决定书,决定撤销上诉人于2009年9月21日的公司变更登记。被上诉人于2014年5月7日向上诉人法定代表人安某某送达行政处罚决定书。上诉人不服,提起行政诉讼。河南省新密市人民法院作出(2014)新密行初字第15号一审行政判决:驳回上诉人郑州市金升耐火材料有限公司的诉讼请求。宣判后,郑州市金升耐火材料有限公司不服,提起上诉。

河南省郑州市中级人民法院于2015年3月16日作出二审判决：驳回上诉，维持原判。

【案件争点】

被诉行政处罚是否符合法定程序、认定事实是否清楚、适用法律是否正确，被诉行政处罚是否已经超过两年的追究期限。

【裁判要旨】

该院认为，关于被诉行政处罚是否已经超过两年的追究期限问题。根据《行政处罚法》（2009年）第29条的规定，违法行为在二年内未被发现的，不再给予行政处罚。违法行为有连续或者继续状态的，从行为终了之日起计算。对本案中被上诉人认定上诉人存在提交虚假资料的违法行为，该违法行为是否有连续或者持续状态，《公司登记管理条例适用问题复函》已明确：虚报注册资本、提交虚假材料、虚假出资等行为在工商行政管理机关查处前未纠正的，视为行为的继续状态。本案上诉人提交虚假资料的行为发生在2009年9月21日，2014年1月16日接到被上诉人新密市工商局的责令改正通知书后，没有自行改正，因此，其行为一直处于持续状态，被上诉人对其作出处罚不违反行政处罚法关于追究期限的规定。上诉人称郭某甲在2010年已经另外补签协议追认了2009年9月21日的股权转让的真实性、上诉人的违法行为从此灭失的上诉理由，因没有证据证明其所称的事实存在，故对其该理由该院不予支持。

例案三 | 建平县鸿瑞铁选厂诉建平县市场监督管理局工商行政处罚案

【法院】

辽宁省朝阳市中级人民法院

【案号】

（2015）朝行终字第00028号

【当事人】

上诉人（一审被告）：建平县市场监督管理局

法定代表人：马某某，该局局长

被上诉人（一审原告）：建平县鸿瑞铁选厂

法定代表人：顾某某，该厂厂长

【基本案情】

上诉人建平县市场监督管理局因工商行政处罚一案,不服建平县人民法院(2014)建行初字第00028号行政判决,向辽宁省朝阳市中级人民法院提起上诉。

上诉人建平县市场监督管理局上诉称,第一,上诉人在行政处罚过程中,严格依照法律规定执行,没有违反程序进行处罚的行为和事实,即使程序上存在瑕疵,也未损害当事人的利益,不影响行政处罚的正确性。第二,被上诉人违反《个人独资企业法》第33条规定的事实存在,证据充分,适用法律正确,适用幅度并无不当。请求二审法院撤销一审判决,依法改判或发回重审。

被上诉人建平县鸿瑞铁选厂答辩称,第一,上诉人作出的行政处罚不是为了规范市场秩序,而是为了配合地方政府拆迁,损害被上诉人的合法利益,上诉人的行政处罚目的违法。第二,行政处罚程序违法。第三,根据《行政处罚法》的规定,违法行为2年内未被发现的,不再给予行政处罚。被上诉人的违法行为是在2008年6月18日,距今达6年,即使2011年8月31日前属于连续状态,江某某将该企业转让给现投资人顾某某后,该行为也属终止,至今也超过2年。第四,处罚主体不应是被上诉人,应是企业变更前的鸿瑞铁选厂,而不是依法变更后的现投资人的企业。综上,一审判决认定事实清楚,证据确实、充分,适用法律正确,请求二审法院驳回上诉人的上诉请求。

经审理查明,建平县鸿瑞铁选厂原投资人江某某于2008年1月25日向建平县工商行政管理局申请设立个人独资企业,在申请设立程序中提交了与建平县农业技术推广中心签订的《场所租用协议书》,2008年1月26日建平县农村经济委员会出具证明,证实建平县农业技术推广中心果园用地中的荒山租给建平县鸿瑞铁选厂。建平县工商行政管理局于2008年6月18日准予建平县鸿瑞铁选厂设立。2011年5月20日,江某某与顾某某签订建平县鸿瑞铁选厂企业转让协议书,将企业名称及企业全部资产整体转让给顾某某。2011年8月21日,江某某与顾某某向建平县工商行政管理局申请个人独资企业变更登记,将该选厂投资人姓名由"江某某"变更为"顾某某"。

2014年4月8日,建平县红山新城管委会反映,建平县鸿瑞铁选厂江某某在办理《营业执照》时提供的2008年1月25日与建平县农业技术推广中心签订的《场所租用协议书》属虚假协议,申请建平县工商行政管理局调查该执照是否有效。在调查过程中,建平县公安局出具《关于江某某伪造"建平县农业技术推广中心"印章及"方某某"签字一事的说明》,证实该厂原投资人江某某在申请工商登记时提交的《场所租用协议书》系伪造协议,用于骗取工商登记。建平县工商行政管理局依据《个人独资企业法》第33条的规定,作出吊销建平县鸿瑞铁选厂营业执照的处罚决定。建平县鸿瑞铁选厂不服,提起行政诉讼。辽宁省建平县人民法院作出(2014)建行初字第00028号一审行政判决:撤销被上诉人建平县工商行政管理局作出的建工商处字(2014)241号《行政处罚决定书》。宣判后,建平县市场监督管理局不服,提起上诉。

辽宁省朝阳市中级人民法院于2015年4月16日作出二审判决:驳回上诉,维持原判。

【案件争点】

被诉行政处罚决定程序是否合法,是否属于超期处罚。

【裁判要旨】

该院认为,上诉人建平县市场监督管理局依据相关法律规定具有作出被诉行政行为的法定职权。其对被上诉人建平县鸿瑞铁选厂作出吊销营业执照的行政处罚行为存在以下几个问题:第一,建平县鸿瑞铁选厂是2008年6月18日在建平县工商局登记注册的个人独资企业,投资人是江某某,财产属其个人所有。2011年8月21日,该铁选厂整体转让给顾某某。本案上诉人是针对江某某投资设立的鸿瑞铁选厂存在伪造材料骗取工商登记的违法行为而作出的处罚,而不是依法变更后的现投资人的企业存在违法行为。被诉处罚决定被处罚主体错误。第二,违法行为发生在2008年6月18日,至今已超2年。2011年8月21日变更投资人后,违法行为属于终止状态,至今亦已超过2年。《行政处罚法》(2009年)第29条规定,违法行为在二年内未被发现的,不再给予行政处罚;违法行为有连续或者继续状态的,从行为终了之日起计算。被诉行政行为属于超期处罚。第三,被诉行政行为适用的法律依据是《个人独资企业法》第33条,该条规定:"违反本法规定,提交虚假文件或采取其他欺骗手段,取得企业登记的,责令改正,处以五千元以下罚款;情节严重的,并处吊销营业执照。"上诉人以造成政府拆迁工作无法进行为由,认定属于情节严重,作出吊销建平县鸿瑞铁选厂的营业执照的决定,而吊销营业执照属于并处情节,故被诉行为存在适用法律不当的情形。综上,上诉人的上诉理由不成立,其作出的被诉行政行为认定事实不清,适用法律不当,依法应予撤销。一审判决结果正确,依法应予维持。

三、裁判规则提要

从前述例案和类案检索大数据报告看,有关违法手段的认定,涉及案件绝大部分为提供虚假材料取得工商登记,同时也存在其他违法情形,例如虚假出资、冒用登记主体等。而案件争议焦点,则往往集中在当事人通过违法手段取得工商登记超过两年的,行政机关基于不法状态持续对当事人进行行政处罚是否超过了法定追究期限。以例案一为例,原告世奢会在向被告东城工商分局申请公司设立登记时,提交的商标注册证及《企业住所(经营场所)证明》系虚假材料,上述材料的内容涉及公司设立的重要登记事项,而原告以欺骗手段取得"世奢会"字号名称的目的,是让人误以为"世奢会"是"世界奢侈品协会"的简称,误导群众,此举严重扰乱了行政管理秩序。故在原告取得公司登记的4年之后,被告接举报始对该案进行立案调查,继而对原告进行了行政处罚。法院审理后认为,原告取得工商登记后,自始至终都未自行纠正其违法行为,在被告查处之时,其违法行为所产生的后果仍处于继续状态,故被告对其行政处罚,并未超过追究期限,遂做出相应判决。

实践中,如果当事人通过违法手段进行工商登记,对于违法手段的界定、对违法行为状态的定性以及违法行为得到纠正后是否仍可处罚等都存在不同理解,进而直接影响到行政处罚和司法裁判结果,故有必要对此作一厘清。

(一)违法手段的理解

工商登记相关法律法规对当事人申请工商登记应尽的诚实义务作了相应规定。例如,《公司登记管理条例》第2条第2款规定,申请办理公司登记,申请人应当对申请文件、材料的真实性负责。《公司登记管理条例适用问题复函》中明确,虚报注册资本、提交虚假材料、虚假出资等行为在工商登记机关查处前未纠正的,视为行为的继续状态。违法手段应作广义理解,除了占比较高的提交虚假材料和复函列举情形,其他违背法律规定、不符合诚实信用原则的行为也应视为违法手段。

(二)以违法手段取得工商登记后,当事人若未纠正,应视为违法行为处于继续状态

违法行为的继续状态是指某一违法行为侵犯了同一法益后,在一定时间内持续存在,侵害行为始终未曾中断。持续存在的违法行为自始至终侵犯的都是同一特定对象。它既包括违法行为的继续,也包括违法行为终了后,不法状态的继续。因此,违法行为的终了应包括违法行为的完成和违法状态的结束。当事人以违法手段取得工商登记,侵害了社会信用和工商登记的公示公信法益。虽然在申请工商登记之时,当事人的违法行为即宣告完成,但据此产生的不法状态一直持续。故

以违法手段取得工商登记后，若未纠正，应视为违法行为处于继续状态，此时对该行为予以行政处罚，不受两年的追究期限限制。

（三）若当事人纠正了违法行为，自纠正行为之日起超过两年的，不再给予行政处罚

行政处罚追究期限限制的目的之一在于促使行政机关提高行政效率，包括行政处罚效率，及时保护社会和公民合法权益。根据法律规定，一般情况下，行政处罚的追究期限为两年。违法行为有连续或者继续状态的，从行为终了之日起计算。在工商管理部门查处之前，若当事人纠正了违法行为，使其工商登记符合相关法律法规规定的条件，其侵害法益的状态即为终了。故自违法行为得到纠正之日起开始计算两年的追究期限，超过两年的，不应予以处罚。

四、辅助信息

高频词条：

1.《行政处罚法》

第29条 违法行为在二年内未被发现的，不再给予行政处罚。法律另有规定的除外。

前款规定的期限，从违法行为发生之日起计算；违法行为有连续或者继续状态的，从行为终了之日起计算。

2.《公司登记管理条例》

第2条 有限责任公司和股份有限公司（以下统称公司）设立、变更、终止，应当依照本条例办理公司登记。

申请办理公司登记，申请人应当对申请文件、材料的真实性负责。

3.《公司登记管理条例适用问题复函》

公司登记管理条例对虚报注册资本、提交虚假材料、虚假出资、抽逃出资等行为的处罚，应当按照行政处罚法的有关规定办理。你局提出：虚报注册资本、提交虚假材料、虚假出资、抽逃出资等行为在工商行政管理机关查处前未纠正的，视为违法行为的继续状态。如果违法的公司纠正其违法行为，并达到公司法规定的条件，且自该纠正行为之日起超过两年的，则不应再追究其违法行为。这一理解是与行政处罚法的规定相一致的，我们没有不同意见。

工商登记案件裁判规则第10条：
伪造他人签名申请公司登记且情节严重，工商登记机关依法撤销该公司登记或吊销营业执照的，应予支持

〔**规则描述**〕：伪造公司法定代表人、股东签名申请公司登记且该签名非本人真实意思表示的，因相应的公司登记行为缺乏事实根据，属于提交虚假材料取得公司登记的行为。依照《公司法》第198条及《公司登记管理条例》第64条的规定，对于提交虚假材料取得公司登记的行为，情节严重的，公司登记机关有权撤销公司登记或者吊销营业执照。而认定伪造他人签名申请公司登记的行为是否"情节严重"应着重考量违法行为是否属于可改正范围、受害人是否追认及现实利益的侵害程度，综合违法事实、性质、情节及社会危害程度予以认定。对于伪造他人签名申请公司登记情节严重的，一般应撤销公司登记；当撤销公司登记已不能恢复公司登记真实状态时，可吊销营业执照。

一、类案检索大数据报告

截至2018年12月24日，以"伪造"（或"仿冒""假冒""虚假"）、"签字"（或"签名"）、"情节严重""撤销"（或"吊销"）等为并列关键词，通过Alpha案例库、上海C2J系统、法信平台、元典智库、北大法宝、中国裁判文书网共检索到180余起案件，经逐案阅看、分析，剔除同一案件因不同审级形成的多个文书，与本规则关联度较高的案件有共57件。整体情况如下：

从地域分布看，涉案数最多的是广东省，为10件，其次是浙江省6件，河南省5件，陕西省、湖北省各4件，江苏省3件，北京市、吉林省、安徽省、山东省、湖南省、甘肃省、辽宁省、四川省各2件，内蒙古自治区、福建省、浙江省、海南省、天津市、山西省、新疆维吾尔自治区、重庆市、河北省各1件（见图10-1）。

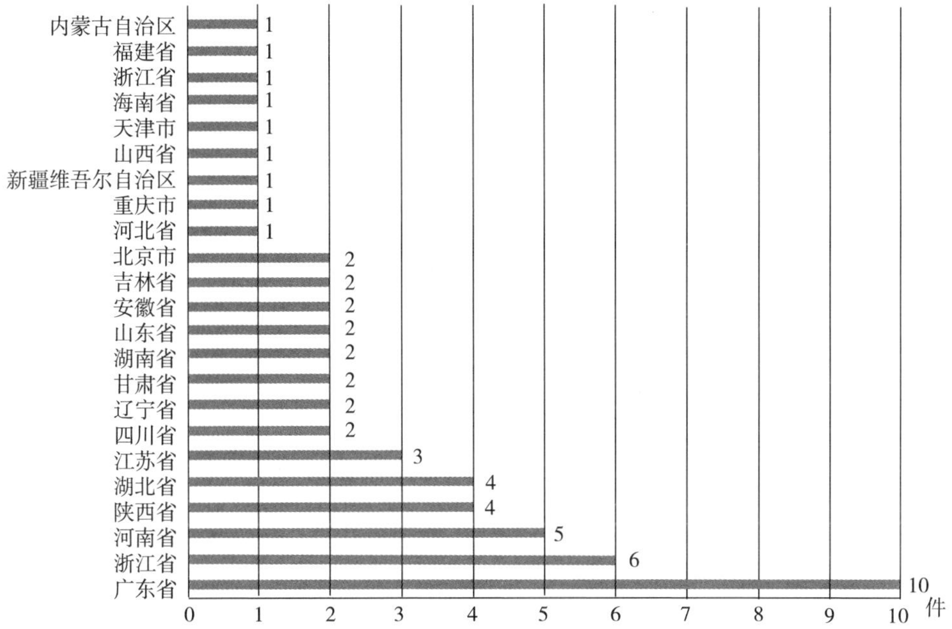

图10－1　类案地域分布

从结案年度看，2017年最多，为15件，其次是2014年13件，2016年12件，2015年9件，2018年4件，2013年2件，2010年和2012年各1件（见图10－2）。

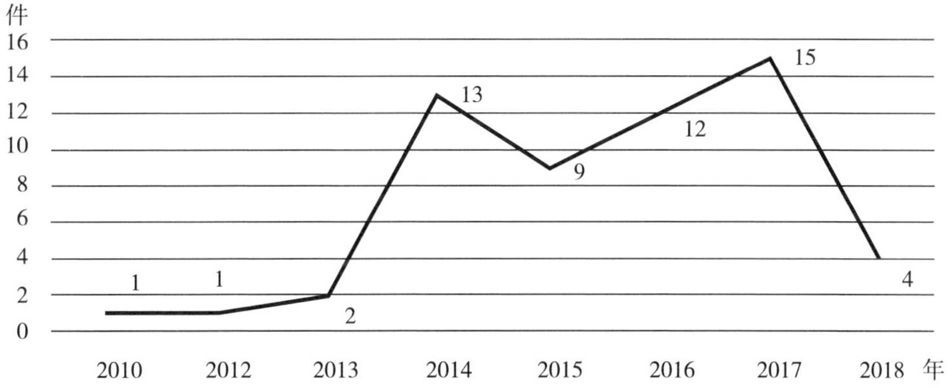

图10－2　类案结案年度分布

经逐案阅看、分析，对于伪造他人签名申请公司登记的行为，裁判结果[①]认定构

① 经过二审或再审的案件，以最终生效的裁判结果作为该案的裁判结果。

成"情节严重"的案件有 54 件(见图 10－3)。其中,法院认为登记机关应当撤销公司登记的有 52 件(其中,登记机关依法撤销公司登记且法院支持的有 21 件,登记机关未撤销公司登记但法院判决撤销的有 31 件);法院认为登记机关应当吊销营业执照的有 1 件;法院因认为不具有可撤销内容而判决确认违法的 1 件。

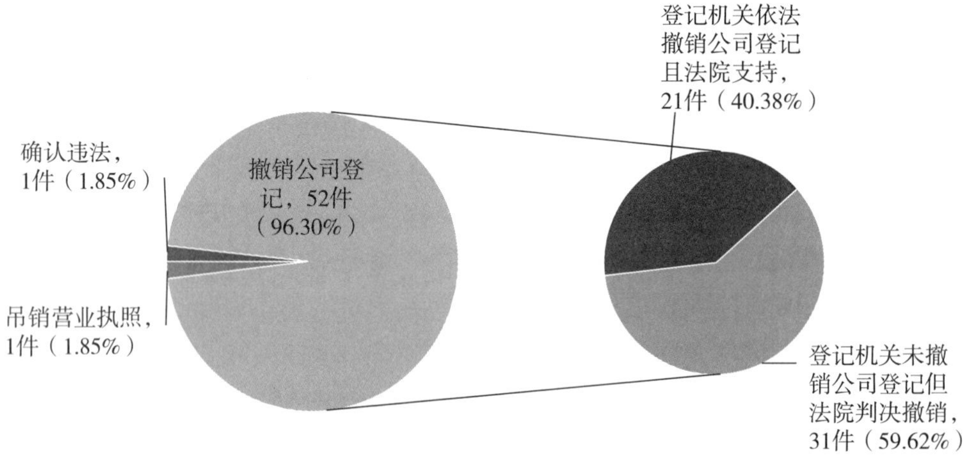

图 10－3　类案裁判结果分布

裁判结果认定构成"情节严重"的 54 件案件中,经过二审的有 28 件,改判的有 3 件,占比 10.71%(见图 10－4)。其中,2 件为二审法院改判撤销公司登记的,1 件为二审法院因认为不具有可撤销内容而改判确认违法的。

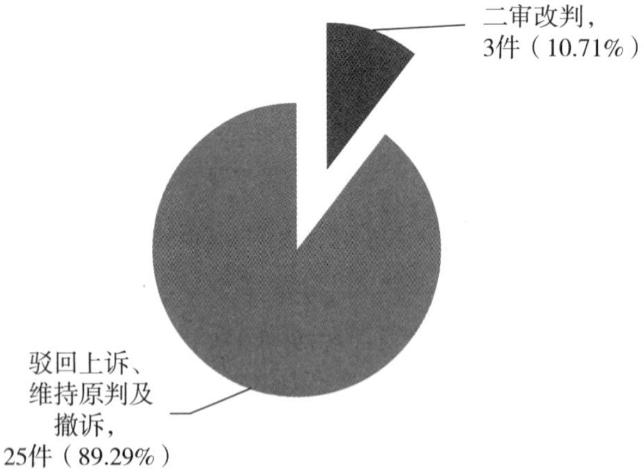

图 10－4　类案二审裁判结果分布

裁判结果认定构成"情节严重"的54件案件中，涉及公司变更登记的明显居于多数，变更内容主要有变更法定代表人、股东、持股比例、公司类型及董事、监事、经理等重要人事信息（见图10－5）。

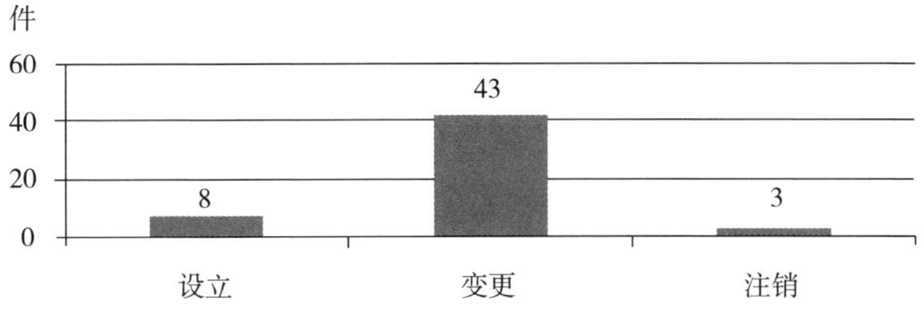

图10－5　类案公司登记类型分布

二、可供参考例案

例案一｜卢某某诉福州市工商行政管理局工商登记案

【法院】

福建省福州市中级人民法院

【案号】

(2014)榕行终字第252号

【当事人】

上诉人（一审原告）：卢某某

被上诉人（一审被告）：福州市工商行政管理局

法定代表人：林某，该局局长

一审第三人：叶某某

一审第三人：福州德胜贸易有限公司

法定代表人：叶某某，该公司董事长

【基本案情】

一审福州市晋安区人民法院经审理查明，福州德胜贸易有限公司（以下简称德胜公司）于1994年登记成立，公司类型为有限责任公司。1996年10月31日，福州市工商行政管理局（以下简称福州工商局）根据德胜公司的申请，核准该公司的法定代表人由叶某某变更为卢某某，股东由叶某某、王某某变更为卢某某、王某某的登记。德胜公司提交的《福州市德胜贸易有限公司股东决议》,载明原由叶某某出资的股份额全部转让给卢某某,卢某某为股东、企业法定代表人任董事长,请求变更登记等决议事项,落款加盖德胜公司印章,原股东、新股东签名处有叶某某、卢某某等签名字样。1999年6月14日,被告核准德胜公司名称变更登记为福州海融经贸有限公司(以下简称海融公司)。2010年8月开始,叶某某分别向福州工商局、国家工商总局、福建省信访局投诉,反映卢某某伪造其本人签名的《福州市德胜贸易有限公司股东决议》到福州工商局办理了德胜公司的法定代表人、股东变更登记等事项,要求撤销德胜公司1996年10月31日的变更登记,将德胜公司法定代表人、持股95%的股东登记恢复为叶某某等内容。2011年3月22日,福州工商局委托福建正中司法鉴定所对《福州市德胜贸易有限公司股东决议》上的"叶某某"签名笔迹进行鉴定,根据司法鉴定意见,该签名笔迹与样材上叶某某的签名笔迹不同一。2013年10月24日向卢某某发出《询问通知书》,并先后对卢某某、叶某某、王某、王某某、阮某某进行调查询问;而后向叶某某、卢某某、王某某发出听证告知书,并依卢某某、王某某的申请,于2014年1月15日举行听证会。2014年2月10日,作出榕工商企监(2014)33号《福州市工商局关于撤销福州德胜贸易有限公司1996年10月31日变更登记的决定》(以下简称33号决定),认定德胜公司于1996年10月26日在申请将股东叶某某的股份全部转让给卢某某、法定代表人由叶某某变更为卢某某的变更登记中,提交了仿冒原公司法定代表人叶某某签字的《福州市德胜贸易有限公司股东决议》,以此取得股东和法定代表人变更登记事实清楚,卢某某没有充分证据证明办理变更登记是叶某某的真实意思表示,德胜公司办理该次变更登记侵犯了叶某某的合法权益,属情节严重,决定撤销该局于1996年10月31日核准德胜公司的变更登记,并于2014年2月12日送达各方当事人。原告卢某某不服,提起行政诉讼,要求撤销被告福州工商局作出的33号决定。

福州市晋安区人民法院认为,叶某某述称德胜公司1996年10月31日变更登记所提交的《福州市德胜贸易有限公司股东决议》中"叶某某"的签名并非其本人签字,其并未委托他人代签。2011年4月2日,经福州工商局委托,福建正中司法鉴定所作出闽正中司鉴所(2011)文鉴字第029号《文书司法鉴定意见书》,认为《福州市德胜贸易有限公司股东决议》上的"叶某某"签名笔迹与样材上叶某某的签名笔迹不同一。经调查核实,福州工商局认定德胜公司1996年10月提交虚假签名的股东决议取得股东、法定代表人变更登记,事实清楚,卢某某在诉讼中也没有证据证明办理变更登记是叶某某的真实意思表示。卢某某主张股东决议上“叶某某”的签字是经叶某某同意由经办人阮某某代签，股东决议加盖德胜公司的印章即代表叶某某的意思表示，缺乏依据。《公司法》(1999年)第206条规定：“违反本法规定，办理公司登记时虚报注册资本、提交虚假证明文件或者采取其他欺诈手段隐瞒重要事实取得公司登记的，责令改正，对虚报注册资本的公司，处以虚报注册资本金额百分之五以上百分之十以下的罚款；对提交虚假证明文件或者采取其他欺诈手段隐瞒重要事实的公司，处以一万元以上十万元以下的罚款；情节严重的，撤销公司登记。构成犯罪的，依法追究刑事责任。”据此，福州工商局认为德胜公司办理该次变更登记侵犯了叶某某的合法权益，属情节严重，于2014年2月10日作出撤销德胜公司1996年10月31日变更登记的33号决定，并无不当。

福州市晋安区人民法院于2014年5月28日作出(2014)晋行初字第36号行政判决：驳回原告卢某某要求撤销被告福州市工商行政管理局作出的榕工商企监(2014)33号《福州市工商局关于撤销福州德胜贸易有限公司1996年10月31日变更登记的决定》的诉讼请求。

卢某某不服，向福州市中级人民法院提起上诉称，第一，《承包德胜公司协议书》足以证明，股东、法定代表人变更为卢某某系叶某某的真实意愿。1996年10月25日，叶某某与卢某某签订《承包德胜公司协议书》(真实性各方已予确认)中，清楚说明“从承包始起德胜公司及以叶某某名义的所有资产归卢某某所有，归属必须明确，并办理有效手续”“承包后德胜公司董事长变更为卢某某担任”。1996年10月26日即协议书签订的第二天，即向工商局申请办理变更登记，符合常理。第二，阮某某确认，1996年10月26日原德胜公司变更登记申请行为，系其受包括叶某某在内的股东委托(委托手续已经福州工商局验证认可)，代叶某某在股东决议上签字，叶某某完全知道讼争变更登记情况。第三，叶某某确认1996年至1998年还在原德胜公司，且还负责办理年检，其应当知道讼争变更登记，并在此基础上从事过相关管理和经营活动。第四，一审法院适用法律错误。即使办理讼争变更登记部分材料存在瑕疵，也够不上情节严重程度。申请是由叶某某为法人代表的原德胜公司提出；办理前一天有关各方签订了《承包协议书》；具体经办人是原公司员工阮某某，且明确证明受叶某某委托，替其在《股东决议书》上签字，叶某某作为原股东、法定代表人，其笔迹应当在市工商局有登记备案，《股东决议书》上的签字明显非叶某某所签，对此瑕疵市工商局未尽到审慎义务，与卢某某无关。综上，上诉人请求撤销被上诉人市工商局作出的33号决定。

被上诉人福州工商局辩称,第一,上诉人认为1996年10月26日德胜公司的股权变更是一审第三人叶某某的真实意愿的主张不能成立,且无证据证明。(1)2010年8月开始叶某某向相关部门投诉,认为德胜公司在申请变更登记时提交的有关材料系仿冒其签字,骗取工商登记,请求撤销德胜公司1996年10月31日的变更登记。福建正中司法鉴定所出具鉴定意见,德胜公司1996年10月26日向答辩人提交的《福州市德胜贸易有限公司股东决议》中"叶某某"的签名与叶某某本人的亲笔笔迹不同。该签名系他人所签的事实是清楚的,对此事实上诉人也多次予以确认。(2)上诉人承认其所签《承包协议书》中关于承包的部分条款并未实际履行,特别是关于承包费的内容。所以,上诉人主张的股权转让在无相关对价又未能得到股权持有人确认的情况下,其主张不仅不符合生活常理,也不符合公平合理原则。何况承包也不等同于股权转让。(3)上诉人认为阮某某系受叶某某委托而在股东决议上代签无证据证明,不能成立。在有关德胜公司的相关文件中,叶某某均自己签字,且案中和阮某某陈述中均无叶某某的授权委托材料和相关委托证据。所以,上诉人提出1996年10月26日德胜公司的股权变更是叶某某的真实意愿的主张不能成立。第二,德胜公司1996年10月提交虚假签名的股东决议取得股东、法定代表人变更登记违反公司法有关工商登记的规定,且股权在公司管理中系重大权利,属于情节严重。答辩人作为工商登记主管机关撤销1996年10月31日核准德胜公司的变更登记适用法律正确。上诉人以"原告明知却未提异议"为由主张答辩人适用法律错误不能成立,因为上诉人均未能证明"原告明知"这一基础事实,而叶某某陈述其一直处于被隐瞒状态。答辩人在充分调查、组织听证活动后,作出33号决定,撤销答辩人于1996年10月31日核准德胜公司的变更登记事实清楚、程序正当。综上,被上诉人请求维持被诉具体行政行为。

一审第三人叶某某述称,上诉人所谓的"双方曾经订立过的《承包协议书》、股东决议上'叶某某'的签字是经叶某某同意由经办人阮某某代签,股东决议加盖德胜公司的印章即代表叶某某的真实意思表示",均不符合客观事实,且违背法律规定,一审法院对该说辞不予支持是正确的。首先,《承包协议书》从未生效过、双方也从未遵循该协议履行过,且双方另行签订的形成在后的1996年11月26日的"董事会决议"内容也充分证明了双方之间确认公司股东为叶某某,显然合同在后的更具有效力,该份《承包协议书》不能证明办理变更登记系叶某某的真实意思表示。其次,上诉人所谓的阮某某系受叶某某的委托而代签的理由不能成立。阮某某已记不清是受谁的指派而签写。法定的委托应有授权委托书，但本案案外人阮某某至今未提交任何的授权委托书，阮某某根本无权代理叶某某签署股东决议。一审法院的判决正确。综上，叶某某请求驳回上诉，维持原判。

一审第三人德胜公司述称，同意一审第三人叶某某的意见。

福州市中级人民法院经审理，所查明的事实与一审判决相同。

福州市晋安区人民法院于2014年5月28日作出(2014)晋行初字第36号一审判决：驳回原告卢某某的诉讼请求。卢某某不服，提起上诉。福州市中级人民法院于2014年8月1日作出二审判决：驳回上诉，维持原判。

【案件争点】

1. 系争公司变更登记是否是叶某某本人的真实意思表示。

2. 德胜公司提交虚假签名的股东决议取得股东、法定代表人变更登记能否构成情节严重。

【裁判要旨】

福州市中级人民法院认为，一审第三人德胜公司向被上诉人福州工商局提交了《福州市德胜贸易有限公司股东决议》等相关材料，申请办理法定代表人、股东等事项的变更登记。被上诉人作为公司登记机关，对申请人提交的材料进行形式审查后，据此办理了“德胜公司法定代表人由叶某某变更为卢某某，股东由叶某某、王某某变更为卢某某、王某某”的登记，对此，被上诉人作为公司登记机关在履行公司事项登记行为时已尽到审查义务。但根据本案一审查明的事实，2011年3月22日，被上诉人对《福州市德胜贸易有限公司股东决议》中叶某某的签名进行了鉴定，经有法定鉴定资质的鉴定机构鉴定，该签名非“叶某某”本人所签。由于《福州市德胜贸易有限公司股东决议》中的“叶某某”三字非德胜公司股东叶某某本人所签，德胜公司法定代表人、股东的变更行为的真实性无法确定，不能证明系叶某某本人真实意思表示。据此，由于德胜公司作出公司变更登记的基础客观不存在，故福州工商局作出被诉撤销决定并无不当。上诉人关于“股东决议上‘叶某某’的签字是经叶某某同意由经办人阮某某代签，股东决议加盖德胜公司的印章即代表叶某某意思表示”的主张，于法无据，不予支持。

例案二 浙江富浦线缆有限公司、张某某诉杭州市富阳区市场监督管理局行政处罚案①

【法院】

浙江省杭州市富阳区人民法院

【案号】

(2016)浙0111行初37号

【当事人】

原告:浙江富浦线缆有限公司

法定代表人:张某某,该公司执行董事

原告:张某某

被告:杭州市富阳区市场监督管理局

法定代表人:戴某某,该局局长

第三人:朱某某

第三人:楼某

【基本案情】

2016年7月14日,杭州市富阳区市场监督管理局(以下简称富阳市场监管局)作出(杭富)市管罚处字〔2016〕008号《行政处罚决定书》,该决定书查明如下事实:原告浙江富浦线缆有限公司(以下简称富浦公司)成立于2011年4月13日,成立时注册资本800万元,其中自然人股东朱某某以货币出资方式出资720万元,拥有公司注册资本的90%,自然人股东楼某以货币出资的方式出资80万元,拥有公司注册资本的10%,在办理公司登记手续过程中,张某某、汤某取得朱某某、楼某的口头同意,无书面授权委托书,由张某某代朱某某签名,由汤某代楼某签名。2012年6月19日,原告富浦公司向杭州市工商行政管理局富阳分局申请办理注册资金变更登记时,张某某、汤某取得朱某某、楼某的口头同意,无书面授权委托书,由张某某代朱某某签名,由汤某代楼某签名。2014年4月10日,原告富浦公司向

---

① 有关撤销公司登记的法律性质是否属于行政处罚的问题,一直争论不休。最高人民法院在(2012)行他字第15号《关于山西星座房地产开发有限公司不服山西省工商行政管理局工商行政登记一案法律适用问题的答复》及全国人大法工委在法工委复〔2017〕2号《关于公司法第一百九十八条"撤销公司登记"法律性质问题的答复意见》中先后作出了答复,均指出撤销公司登记的行为性质不属于行政处罚。本书对这一问题不欲作深入探讨,所有案例中出现的有关该问题的不同意见不代表本书及作者的观点。

杭州市工商行政管理局富阳分局申请办理变更登记，申请变更事项为法定代表人由朱某某变更为张某某，股东由朱某某、楼某变更为张某某、楼某，张某某持股比例90%，楼某持股比例10%，组织机构变更为楼某为监事，张某某为执行董事兼总经理。公司地址变更为富阳市场口镇太阳山路20号。原告富浦公司在2014年4月10日申请公司变更登记中提交的《富浦公司股东会决议》《股权转让协议》《富浦公司股东会决议》及富浦公司章程4份材料，"朱某某""楼某"签名均非朱某某、楼某本人签字，且未提供"朱某某""楼某"出具的授权委托书，上述4份材料为虚假材料。其行为违反了《公司登记管理条例》(2014年)第2条第2款之规定，构成了《公司登记管理条例》(2014年)第65条规定的违法行为，在办理变更登记中未尽到提供真实材料的义务，属提交虚假材料取得公司登记。据此，依据《公司登记管理条例》(2014年)第65条之规定，对原告富浦公司作出如下处罚：对2011年4月13日设立登记与2012年6月19日变更登记的材料予以责令改正，对2014年4月16日变更登记予以撤销，并处罚款200,000元。

两原告诉称，如撤销2014年4月16日的变更登记，将直接对外消灭原告张某某的法定代表人身份，并影响原告张某某的股东身份。原告认为，被告对原告作出的行政处罚决定，是根据利害关系人朱某某的虚假陈述作出的错误决定，在事实认定、法律适用和法定程序上均存在严重错误。首先，被告单纯根据利害关系人朱某某的陈述，机械片面地判断代签材料的真假，朱某某承认有口头授权，代签材料即为真，朱某某不承认有口头授权，代签材料即为假，而无视其他可以证明案件真实情况的证据，错误认定原告存在提交虚假材料取得公司登记的行为。其次，本案实际是由朱某某、楼某与原告张某某之间的民事退股纠纷引发的，因三方一直就朱某某、楼某转让给原告张某某的股权价值不能协商一致，朱某某不惜向被告进行虚假投诉。张某某历次代朱某某签字，公司会计汤某代楼某签字，是经全体股东协商一致，为简化签字手续，方便快速地完成公司登记而共同决定的；2014年4月16日申请变更登记的真实原因是朱某某个人和其关联公司的银行征信出现负面信息，三股东担心朱某某继续担任原告富浦公司的法定代表人会影响富浦公司的银行征信记录，因此一致决定将法定代表人变更为张某某，并将朱某某名下的公司股权变更至张某某名下。为完成此次变更，朱某某和楼某将个人的身份证原件交给张某某，同意张某某、汤某按照惯例继续代签材料。最高人民法院在2012年3月7日公布的《公司登记座谈会纪要》第1条"以虚假材料获取公司登记的问题"第二段中，明确指出："……公司法定代表人、股东等以申请材料不是其本人签字或者盖章为由，请求确认登记行为违法或者撤销登记行为的……但能证明原告此前已明知该情况却未提出异议,并在此基础上从事过相关管理和经营活动的,人民法院对原告的诉讼请求一般不予支持。”根据该意见,在有证据证明被代签人明知代签未提出异议,并按此履行的,代签材料不应被认为是虚假材料,相应的工商登记也不应被撤销。本案中被告作出的行政处罚决定显然与此背道而驰,是在鼓励和放纵不诚信股东的失信行为,打击诚信股东,并且以损害公司的持续经营为代价。故原告现提起诉讼,请求:(1)撤销被告于2016年7月14日作出的(杭富)市管罚处字〔2016〕008号《行政处罚决定书》;(2)本案诉讼费用由被告承担。

被告富阳市场监管局辩称,被告作出(杭富)市管罚处字〔2016〕008号《行政处罚决定书》认定事实清楚,证据充分。本案涉及原告富浦公司三次工商登记,具体为2011年4月13日的设立登记、2012年6月19日的增资变更登记、2014年4月16日的法定代表人及股权变更登记。上述三次登记办理过程中,涉及朱某某、楼某的签字分别由张某某、汤某代签。经调查,朱某某、楼某表示对前两次的代签行为,张某某、汤某已取得其口头同意或确认,但对于第三次2014年4月16日的变更登记,未取得其口头同意或者书面授权,朱某某、楼某不予认可。上述事实有张某某、汤某、朱某某、楼某的询问笔录,以及浙江汉博司法鉴定中心出具的鉴定意见书可以证实。原告富浦公司辩称2014年4月16日的变更登记已征得朱某某、楼某口头同意,以及被代签人朱某某明知代签未提出异议并按此履行,均没有相应证据证明。从张某某、朱某某、楼某多次就股权转让事宜协商过程看,三方未就最终的股权转让价款达成一致,转让价款是股权转让的实质条款,故原告富浦公司辩称朱某某、楼某已同意变更法定代表人以及变更股权明显不符合常理。根据《公司登记管理条例》(2014年)第2条第2款的规定,申请办理公司登记,申请人应当对申请文件、材料的真实性负责。而原告富浦公司在上述三次办理工商登记过程中,均存在提交虚假材料或采取其他欺诈手段隐瞒重要事实的情形,考虑前两次工商登记代为签名已取得朱某某、楼某的同意,故被告责令其改正。原告富浦公司已经改正前二次登记,对于2014年4月16日的工商登记,在未经朱某某、楼某同意或追认的情形下,变更公司法定代表人和变更股权,明显侵害了朱某某、楼某的合法权益,且该虚假材料的状态无法得到纠正,属于情节严重的情形,故被告决定予以撤销,并处罚款200,000元,完全符合《公司登记管理条例》(2014年)第65条的规定。综上,请求法院驳回原告的诉请。

第三人朱某某述称,原告张某某认为被告作出的行政处罚撤销了2014年4月

16日的变更登记，就直接对外消灭了法定代表人及股东身份的说法是不成立的，因张某某在富浦公司是隐名股东，几个股东之间本身有隐名股东的协议约定，被告的撤销不影响其权利义务。被告作出的处罚事实认定清楚，2011年4月13日设立登记、2012年6月19日变更登记虽然由其他人代签的，朱某某是认可的，有书面的委托书，被告还是认为要责令改正，要求朱某某、楼某签名。关于原告主张的银行征信问题没有事实依据，朱某某在未明确股权金额的情况下，没有书面保证的情况下，不可能把股权转让给张某某。原告引用的《公司登记座谈会纪要》不适用于本案的情形。根据被告调查，两第三人不知道该变更情况，也不认可该情况。原告没有证据证明第三次变更登记行为经过第三人的认可或事后确认，属于虚假登记。故被告撤销第三次登记认定事实清楚，程序合法，适用法律正确，请求驳回原告诉请。

第三人楼某述称，2011年4月13日设立登记时，其占股10%，朱某某占股90%，实际上是朱某某占股45%，张某某占股45%，其占股10%。因前两次登记行为开会讨论过，对于前两次的登记行为其知道并认可，但没有出具书面委托书给汤某，直至现在才知道前二次登记中其本人签名是由会计汤某代签。第三次登记行为其并不知情。请求驳回原告的诉讼请求。

杭州市富阳区人民法院经审理查明：(1)2011年4月13日，第三人朱某某与楼某共同出资设立原告富浦公司，该公司的注册资本为800万元人民币，第三人朱某某出资720万元，占股90%，楼某出资80万元，占股比例为10%，由朱某某担任公司的法定代表人，职务为执行董事兼总经理，楼某担任监事，公司的住所为富阳市大源镇工业功能区3号路2号3楼。2012年6月19日，富浦公司申请办理注册资本变更登记，变更后的注册资本为2350万元人民币，朱某某出资2115万元，楼某出资235万元。富浦公司在申请办理公司设立登记、注册资本变更登记时提交的材料中，朱某某的签名均由张某某代签，楼某的签名均由会计汤某代签。

(2)2014年4月16日，富浦公司申请办理变更登记，公司住所由原富阳市大源镇工业功能区3号路2号3楼变更为富阳市场口镇太阳山路20号，法定代表人由朱某某变更为张某某，股东由朱某某、楼某变更为张某某和楼某，其中张某某出资2115万元，持股90%，楼某出资235万元，持股10%，许可经营项目增加了轨道交通线缆生产，由张某某担任公司的执行董事兼经理，楼某担任公司的监事。富浦公司提交了由法定代表人张某某签署的公司登记(备案)申请书、关于同意股权转让、修改公司章程、关于选举公司执行董事兼经理、监事、法定代表人的股东会决议、股权转让协议、修改后的公司章程、张某某作为法定代表人以及执行董事兼经理的身份信息、楼某为监事的身份信息等资料。被告于同日予以核准登记。在本次变更登记中,富浦公司申请变更登记所依据的股东会决议、股权转让协议、公司章程中朱某某的签名均由张某某代签,楼某的签名均由汤某代签。

(3)2012年12月12日,原告张某某与第三人朱某某、楼某签订了一份《股份制合作协议书》,该协议书约定原告张某某与朱某某、楼某共同出资富浦公司(包括富阳市宏泰铜业有限公司),其中,朱某某出资270万元,占股45%,楼某出资60万元,占股10%,张某某出资270万元,占股45%。公司成立后,富浦公司公章由张某某保管使用。

2016年1月13日,第三人朱某某向被告反映富浦公司2014年4月10日的股东会决议与股权转让协议中其本人签名是虚假的,请求恢复其在富浦公司的股权和法定代表人身份。被告接举报后,于2016年1月28日立案调查,于2016年7月14日作出被诉处罚决定,并于2016年7月29日撤销了富浦公司2014年4月16日的变更登记行为,将富浦公司的法定代表人由张某某变更为朱某某。张某某持有的富浦公司公章已经登报申明作废,富浦公司于2016年8月22日刻制了新的公章,并由法定代表人朱某某保管。

(4)2015年10月8日,原告张某某与第三人朱某某、楼某签订了《退股协议》,该协议约定朱某某、楼某同意退出公司,将股份转让给张某某,由张某某将股本金全部退还给朱某某、楼某。2016年8月5日,原告张某某以股权确认纠纷为由,向法院起诉朱某某与楼某,请求确认张某某对富浦公司持有的100%的股权,并判令朱某某、楼某协助办理股权转让后续变更登记手续。

杭州市富阳区人民法院于2017年3月30日作出一审判决:(1)驳回原告浙江富浦线缆有限公司对被告杭州富阳区市场监督管理局的起诉。(2)驳回原告张某某的诉讼请求。浙江富浦线缆有限公司、张某某不服,提起上诉。在二审过程中,浙江富浦线缆有限公司、张某某自愿撤回上诉,浙江省杭州市中级人民法院于2017年8月28日作出(2017)浙01行终448号行政裁定:准许上诉人撤回上诉。

【案件争点】

1.原告富浦公司提起本案诉讼的意思表示是否真实,原有工商登记的法定代表人与现有的工商登记的法定代表人谁能代表富浦公司的意志;原告张某某并非行政处罚的相对人,其是否具有原告主体资格。

2.富浦公司于2014年4月16日提交虚假材料取得公司变更登记的行为是否

构成情节严重，被告作出的被诉行政处罚决定认定事实是否清楚，程序是否合法，适用法律是否正确。

【裁判要旨】

杭州市富阳区人民法院认为，《公司法》（2013年）第13条规定，公司法定代表人变更，应当办理变更登记。该院认为，工商登记的法定代表人对外具有公示效力，对于公司与股东之间因法定代表人任免产生的内部争议，应以有效的股东会任免决议为准，并在公司内部产生法定代表人变更的法律效果。在公司初始登记股东朱某某与楼某明确表示其对2014年4月10日的公司股权转让协议以及股东会决议不知情的情况下，富浦公司工商登记的法定代表人已由张某某变更为朱某某，张某某持有的富浦公司公章亦已登报申明作废，现有的工商登记的法定代表人朱某某明确表示反对富浦公司提起本案诉讼。因此，本案起诉不能代表富浦公司的真实意思，应裁定驳回原告富浦公司的起诉。《行政诉讼法》（2014年）第2条第1款规定："公民、法人或者其他组织认为行政机关和行政机关工作人员的行政行为侵犯其合法权益，有权依照本法向人民法院提起诉讼。"根据该规定，公民、法人或者其他组织只要认为其合法权益受损，即有权提起诉讼。《公司法》（2013年）第32条第3款规定："公司应当将股东的姓名或者名称及其出资额向公司登记机关登记；登记事项发生变更的，应当办理变更登记。未经登记或者变更登记的，不得对抗第三人。"按照上述规定，原告张某某认为被告撤销其作为富浦公司新增股东以及法定代表人的登记事项，使其所享有的富浦公司股权因被告的撤销行为不具备对抗第三人的法律效力，其有权向法院提起诉讼。至于富浦公司工商登记事项中张某某的股东资格、股权来源的合法性，不是本案中张某某起诉主体资格审查的内容，故法院认为原告张某某虽然并非行政处罚决定的被处罚人，但现有富浦公司工商登记已无法体现其享有的股权登记和执行董事的公司法定代表人身份，其与被告作出的撤销工商登记行政行为具有法律上利害关系，有权作为原告提起本案行政诉讼，第三人朱某某的主张不能成立，法院不予采信。

根据《公司登记管理条例》（2014年）第65条之规定，"提交虚假材料或者采取其他欺诈手段隐瞒重要事实，取得公司登记的，由公司登记机关责令改正，处以5万元以上50万元以下的罚款；情节严重的，撤销公司登记或者吊销营业执照"。本案中，富浦公司于2011年4月13日的设立登记、2012年6月19日的增资变更登记、2014年4月16日的法定代表人及股权变更登记中提交的申请材料，"朱某某""楼某"的签名均系他人代签，以上事实有原告张某某、第三人朱某某、楼某、证人汤某的询问笔录、司法鉴定意见书为证,法院予以确认。鉴于前两次代签行为朱某某、楼某予以追认,被告责令富浦公司对前两次登记行为予以改正,并无不当。关于2014年4月16日的变更登记,第三人朱某某、楼某对该签名的效力不予追认,且富浦公司注册资本金达2350万元,法定代表人及股权(股东)变更涉及当事人的重大利益,在此情形下,被告认定第三次登记行为构成提交虚假材料取得公司登记且该虚假材料的状态无法得到纠正,属于情节严重的情形,符合上述法律的规定。被告在接到投诉后,依法立案受理,在案件办理过程中,履行了调查、组织听证、告知、送达等程序,并无不当。根据富浦公司提交的《公司登记(备案)申请书》显示,其向被告申请办理第二次变更登记的日期是2014年4月16日,被告认定原告富浦公司是2014年4月10日向其提出申请与事实有误,法院予以指正。原告要求撤销该行政处罚决定书的诉讼请求,缺乏事实和法律依据,法院不予支持。

例案三 温州市现代包装机械有限公司诉温州市龙湾区工商行政管理局工商行政处罚案

【法院】

浙江省温州市龙湾区人民法院

【案号】

(2014)温龙行初字第55号

【当事人】

原告:温州市现代包装机械有限公司

法定代表人:孔某甲

被告:温州市龙湾区工商行政管理局

法定代表人:陈某某

【基本案情】

原告温州市现代包装机械有限公司(以下简称现代公司)诉称,原告的前身系温州市现代机械厂,股东为孔某甲、郑某某、李甲、李乙,法定代表人系孔某甲。2000年3月开始,孔某甲、郑某某夫妇到北京开拓公司业务,将公司交予孔某乙管理。2009年4月,孔某甲、郑某某夫妇到被告温州市龙湾区工商行政管理局(以下简称龙湾区工商局)处查询,发现孔某乙提供虚假材料,将郑某某的股权变更到自己名下,而且在此之前孔某乙提供虚假材料发生过数次股权变更登记。故原告出现提供虚假材料导致公司股东多次变更，系公司原管理人员孔某乙利用职权的个人行为，原告法定代表人及股东均不知情。被告因此吊销原告的营业执照将使毫不知情的股东的利益受到巨大损失，显然是错误的。但该虚假的股权变更登记侵犯了原告股东的合法权益，应予以撤销。被告在办理公司股权变更登记时，应严格审核转让人与受让人的身份，并应责令转让人与受让人本人到场。因此，被告在审核登记时存在审核不严的过错，不能让原告承担所有的过错责任。即使原告提供虚假材料取得公司登记行为构成情节严重，也不应吊销营业执照。根据相关法律规定，情节严重的可以撤销公司登记或者吊销营业执照。原告虽多次提供虚假材料取得公司登记，但没有以提交虚假材料取得公司登记从事其他违法行为严重损害他人的合法权益和社会公众利益，故应予以撤销公司登记而不应予以吊销营业执照。2001年10月29日的公司名称变更系原告股东授权，提供的股东会决议材料中股东签名虽不是本人签名，但有口头授权，该份材料不应被认定为虚假伪造的材料，该变更事项应被认定为合法之变更。被告认为"撤销登记已无法恢复股权的真实性，难以消除股东之间的矛盾"不能成为吊销营业执照处罚的依据，而且被告已经进行了大量的调查，原告公司登记信息有迹可查，完全可以通过撤销登记来恢复股权的真实性。综上，原告认为被告对原告处以吊销营业执照的行政处罚是错误的，依法请求予以撤销。

被告龙湾工商局辩称，本案事实经过被告的调查查明，原告在2001年11月2日至2003年6月19日向被告申请办理各种公司登记时，提供材料系伪造、虚假的，故被告做出被诉具体行政行为的事实依据清楚。2013年1月5日温州市工商行政管理局指定被告调查核实原告是否存在虚假登记的行为，同日原告决定立案调查，通知各当事人并告知权利，进行询问、制作谈话笔录，并按职权收集证据以查实案件事实。因案件复杂被告两次申请延长办案期限，2013年9月26日被告经调查认定原告存在提供虚假材料申请登记的事实，遂上报核审机构审核讨论。经核审后，被告拟对原告作出吊销营业执照的处罚，并经过告知，组织听证，再次审核程序，最后作出被诉具体行政行为并送达原告，故被告程序合法正确。被告根据《公司法》《公司登记管理条例》《工商行政管理机关行政处罚程序规定》等相关规定，通过法定程序做出被诉具体行政行为，法律适用恰当、正确。原告申请变更登记，是作为独立主体所做的法人行为，原管理人员提供虚假材料，系原告及其法定代表人自身疏于管理的结果，原告诉称法定代表人及股东对原管理人员提供虚假登记材料不知情与事实不符。根据相关规定，原告需要对登记材料的真实性负责，被告仅需对登记材料进行形式上审核,并不对内容真实性进行审核。因此,原告诉称被告未尽核实义务缺乏事实与法律依据。原告多次提交伪造虚假材料骗取公司登记构成情节严重,被告行使自由裁量权决定吊销原告营业执照符合法律规定。综上,被告做出被诉具体行政行为事实清楚,法律适用正确,程序合法,请求法院驳回原告的诉请。

温州市龙湾区人民法院经审理查明,2013年1月5日,温州市工商行政管理局对原告提交虚假材料骗取工商登记一案指定由被告管辖,被告经立案、调查、取证、询问、委托鉴定以及告知、听证程序,于2014年7月25日作出温龙工商处字(2013)20号《行政处罚决定书》,认定原告在2001年11月2日至2003年6月19日,在向被告申请办理各种公司登记时,提供了虚假材料骗取了各种公司登记。具体违法事实是2001年11月2日在把温州市现代机械厂重新登记为公司时,提交了未经他人同意的,伪造他人签名的材料,骗取登记成为温州市现代包装机械有限公司;2003年4月7日在办理股东变更时提交了在未经相关股权所有人同意的,伪造他人签名的材料,骗取办理了公司股东变更登记;2003年6月19日在办理股东变更时提交了未经其本人同意,伪造其签名的材料,骗取办理了公司股东变更登记。另外,原告因提供虚假材料骗取公司登记分别于2009年9月16日、2012年3月22日被被告两次予以行政处罚。被告经告知并举行听证,认为原告行为已违反《公司法》(2013年)第198条之规定,构成提交虚假材料或者采取其他欺诈手段隐瞒重要事实取得公司登记,且伪造次数多,造成目前公司股东人员不清、股权不明,属于情节严重,遂根据《公司法》(2014年)第198条及《公司登记管理条例》(2014年)第65条的规定,对原告处以吊销企业法人营业执照(注册号:330303000032499)的行政处罚。原告收到上述处罚决定后不服,遂诉至温州市龙湾区人民法院。

温州市龙湾区人民法院于2014年12月31日作出(2014)温龙行初字第55号一审判决:驳回原告温州市现代包装机械有限公司要求撤销被告温州市龙湾区工商行政管理局于2014年7月25日作出的温龙工商处字(2013)20号行政处罚决定的诉讼请求。现代公司不服,提起上诉。审理期间,现代公司申请撤回起诉,温州市中级人民法院于2015年5月19日作出行政裁定书:准许上诉人现代公司撤回上诉。

【案件争点】

被告作出吊销营业执照的处罚是否适当。

【裁判要旨】

温州市龙湾区人民法院认为，《公司法》(2013年)第198条规定："违反本法规定，虚报注册资本、提交虚假材料或者采取其他欺诈手段隐瞒重要事实取得公司登记的，由公司登记机关责令改正，对虚报注册资本的公司，处以虚报注册资本金额百分之五以上百分之十五以下的罚款；对提交虚假材料或者采取其他欺诈手段隐瞒重要事实的公司，处以五万元以上五十万元以下的罚款；情节严重的，撤销公司登记或者吊销营业执照。"《公司登记管理条例》(2014年)第65条规定："提交虚假材料或者采取其他欺诈手段隐瞒重要事实，取得公司登记的，由公司登记机关责令改正，处以5万元以上50万元以下的罚款；情节严重的，撤销公司登记或者吊销营业执照。"本案中，原告在申请办理公司变更登记中，多次提交虚假的股份转让协议书与股东会决议骗取公司变更登记，造成公司股东人员不清、股权不明，且原告曾因提交虚假材料骗取公司登记被被告处以行政处罚，故被告认为原告的行为属于情节严重，撤销登记已无法恢复公司股权的真实性遂对原告处以吊销企业法人营业执照的处罚符合上述法律规定，并量罚得当。原告诉称提供虚假材料骗取公司登记系原管理人员的个人行为以及被告在审核登记时存在审核不严的过错，法院认为，原告申请公司变更登记系其法人行为，依法对其申请材料的真实性负责，其行为后果以及相应法律责任依法应由原告承担，是否系内部管理人员滥用职权不影响法律责任的认定，故对上述原告诉称意见法院不予支持。

被告于2014年7月25日作出的温龙工商处字(2013)20号《行政处罚决定书》中法律依据应是《公司法》(2013年)第198条和《公司登记管理条例》(2014年)第65条，笔误为《公司法》(2013年)第199条和《公司登记管理条例》(2014年)第69条，对此，法院予以指正。

综上所述，被告作出的被诉行政处罚决定认定事实清楚，适用法律正确，符合法定程序。

三、裁判规则提要

上述三个案例均是对本规则的具体体现，但在适用本规则时各有侧重。例案一侧重于如何认定公司登记申请材料上的代签名是否属于伪造，例案二侧重于认定是否构成"情节严重"应当考量违法行为是否属于可改正范围及"追认"等情节，例案三侧重于"吊销营业执照"的适用情形。

（一）伪造他人签名申请公司登记且该签名非本人真实意思表示的，属于提交虚假材料的行为

“伪造他人签名申请公司登记”中的“他人”特指公司法定代表人、股东，其原因在于法定代表人、股东在公司中的特殊地位。特别是有限责任公司，人合性是其不可或缺的信用基础，在涉及法定代表人、股东等重大经济利益的公司登记申请材料中伪造法定代表人、股东的签名，实际是破坏了公司的人合性，不利于维护交易安全及交易秩序。当事人主张属于申请材料瑕疵的，应不予支持。

实践中，公司登记申请材料中经常出现“代签名”的现象，纠纷也是因此而起。该代签名是否属于“伪造”，应根据申请材料上的签名是否基于本人真实意思表示予以认定。只要代签名被证明系本人授权，就表明相应的公司登记行为是本人真实意思表示。但即便签名笔迹确属本人的，也不能证明申请材料就是真实的，有可能出现真实签名被套用或复印在虚假申请材料上的情况。因此，认定公司登记申请材料上的代签名是否属于伪造，关键是要看申请材料上的签名是否基于签名者本人真实意思表示。

此外，上述例案二中提到了对代签名的“追认”，且因当事人的“追认”，法院支持了登记机关作出的两种不同处罚。“追认”不能改变申请材料虚假的事实，仅是认定是否构成“情节严重”时应当考量的重要因素。

（二）认定提交虚假申请材料的行为是否构成“情节严重”应当考量违法行为是否属于可改正范围、受害人是否追认及现实利益的侵害程度，综合判断违法事实、性质、情节及社会危害程度

伪造他人签名申请公司登记并不必然导致撤销公司登记或吊销营业执照的不利后果，还要看该违法行为是否足以构成“情节严重”。认定“情节严重”应当综合判断违法事实、性质、情节及社会危害程度，从违法行为是否属于可改正范围、受害人是否追认及现实利益的侵害程度三个层面加以考量。如例案二中，工商登记机关对前两次经追认的公司登记责令改正，对最后一次受害人不予追认的公司登记认定构成“情节严重”予以撤销，正是考量到了前两次登记中的代签名行为得到了“追认”，后一次登记中虚假申请材料的状态无法得到纠正，才作出了不同的处理。

值得注意的是，违法行为属于可改正范围与受害人追认仅是认定是否构成“情

节严重”时应当考量的重要因素，并不意味着只要违法行为属于部分可改正的范围或有部分追认的情节就认定不构成“情节严重”，是否构成“情节严重”还要综合判断。当违法行为部分属于可改正范围时，该违法行为能否构成“情节严重”，还应考量其不属于可改正范围的部分所侵害的现实利益是否非撤销公司登记不能恢复。同理，在部分受害人追认或同一受害人对部分代签行为追认的情况下，违法行为应当如何认定和处理，正如例案二法院裁判理由中所指出的“关于 2014 年 4 月 16 日的变更登记，第三人朱某某、楼某对该签名的效力不予追认，且富浦公司注册资本金达 2350 万元，法定代表人及股权（股东）变更涉及当事人的重大利益，在此情形下，被告认定第三次登记行为构成提交虚假材料取得公司登记且该虚假材料的状态无法得到纠正，属于情节严重的情形”，还应考量未予追认的部分侵害现实利益的程度。

（三）吊销营业执照适用于撤销公司登记已不能恢复公司登记的真实状态时

吊销营业执照直接导致公司法律主体的消亡，其对应的违法情节应比撤销公司登记更加严重，适用于撤销公司登记已不能恢复公司登记的真实状态时。如上述例案三，争议焦点在于被告作出的吊销营业执照的处罚是否适当，原告以其没有“提交虚假材料取得公司登记从事其他违法行为严重损害他人的合法权益和社会公众利益”为由认为“应予以撤销公司登记而不应予以吊销营业执照”，但法院经审查认为“原告的行为情节严重”且“撤销登记已无法恢复公司股权的真实性”足以使被告有理由吊销营业执照，符合法律规定并量罚得当。

四、辅助信息

高频词条：

1.《公司法》

第 198 条　违反本法规定，虚报注册资本、提交虚假材料或者采取其他欺诈手段隐瞒重要事实取得公司登记的，由公司登记机关责令改正，对虚报注册资本的公司，处以虚报注册资本金额百分之五以上百分之十五以下的罚款；对提交虚假材料或者采取其他欺诈手段隐瞒重要事实的公司，处以五万元以上五十万元以下的罚款；情节严重的，撤销公司登记或者吊销营业执照。

2.《公司登记管理条例》

第64条 提交虚假材料或者采取其他欺诈手段隐瞒重要事实,取得公司登记的,由公司登记机关责令改正,处以5万元以上50万元以下的罚款;情节严重的,撤销公司登记或者吊销营业执照。

工商登记案件裁判规则第 11 条：
工商登记机关撤销或变更原登记内容违反信赖保护原则的，不予支持

〔**规则描述**〕：行政主体作出行政行为后，要受到信赖保护原则的限制。信赖保护原则实质是为了保护行政相对人对授益性行政行为的信赖利益，故必须限制对该行为的随意撤销或者废止。也就是说，行政主体的撤销权和废止权将受到相对人信赖利益的限制，行政主体不能随意以另一新的行政行为撤销或变更原行政行为所指向的内容。行政许可系典型的授益性行政行为，《行政许可法》对信赖保护原则亦作出明确规定。工商登记行为系典型的行政许可行为，工商登记机关在撤销或变更工商登记时应更为注意信赖保护原则。

一、类案检索大数据报告

截至 2018 年 12 月 28 日，以“行政”“工商”“信赖保护”为并列关键词，通过 Alpha 案例库、法信、中国裁判文书网和北大法宝等共检索到类案 165 件，经逐案阅看、分析，剔除同一案件因不同审级形成的多个文书，与本规则关联度较高的案件有 9 件。整体情况如下：

从类案地域分布看，广东省 2 件、宁夏回族自治区 2 件、湖南省 1 件、河北省 1 件、云南省 1 件、广西壮族自治区 1 件、河南省 1 件（见图 11－1）。

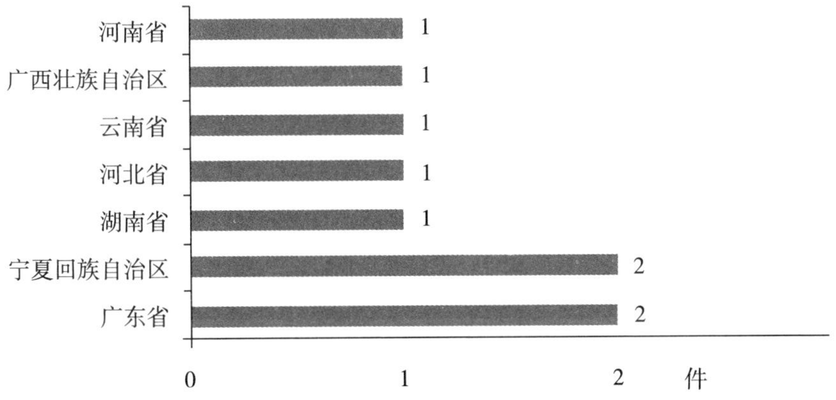

图 11－1　类案地域分布

从类案结案年度来看,2006 年 1 件、2013 年 1 件、2014 年 1 件、2015 年 2 件、2017 年 3 件、2018 年 1 件(见图 11-2)。

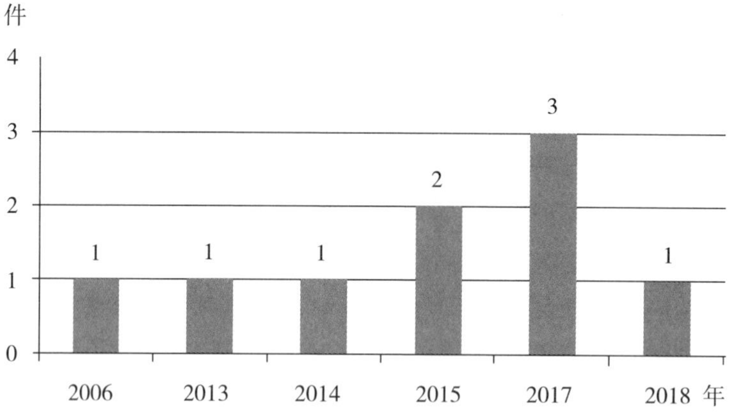

图 11-2 类案结案年度分布

从类案裁判结果来看,撤销新行政行为 6 件,撤销新行政行为并责令重做 2 件,确认新行政行为违法 1 件(见图 11-3)。

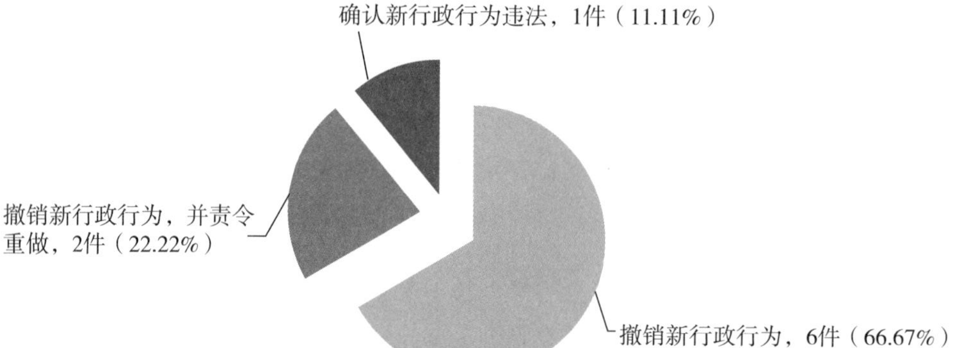

图 11-3 类案裁判结果分布

从类案生效裁判审级来看，一审 3 件、二审 3 件、再审 3 件（见图 11－4）。

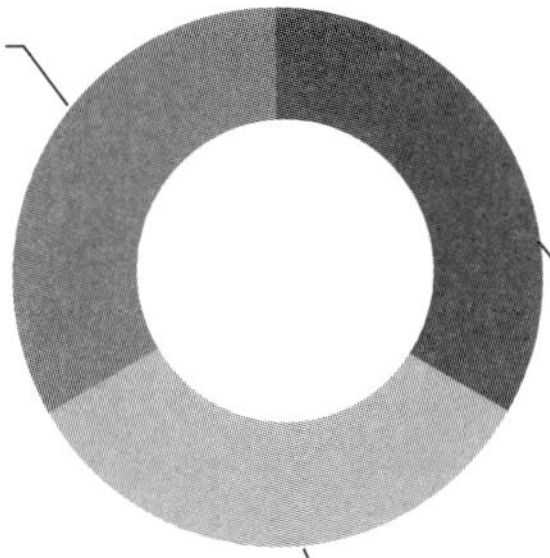

图 11－4　类案裁判审级分布

上述案例均支持本裁判规则，充分反映出司法裁判在该问题上的统一性。

二、可供参考例案

例案一　珠海市香洲鹏达化工实业公司诉广东省珠海市工商行政管理局工商变更登记案

【法院】

广东省珠海市中级人民法院

【案号】

（2006）珠中法行终字第 4 号

【当事人】

上诉人（一审原告）：珠海市香洲鹏达化工实业公司①

被上诉人（一审被告）：广东省珠海市工商行政管理局

法定代表人：林某某，该局局长

【基本案情】

珠海市香洲鹏达化工实业有限公司（以下简称鹏达公司）是 1994 年 3 月 16 日经珠海市工商局核准登记成立的企业法人，登记的经营范围是："销售钢材、木材、建筑材料、化工原料、纺织机械、五金、交电、纺织品、农副产品。"2003 年 12 月 25 日，广东省珠海市工商行政管理局（以下简称珠海市工商局）和珠海市安全生产监

① 该案例通过在法信检索获得，其中未载明原告法定代表人信息。

督管理局(以下简称珠海市安监局)联合发布《关于申办危险化学品经营许可证的通告》(以下简称通告),并刊登在2003年12月30日的珠海特区报。通告所指的对象是凡在珠海市行政区域内,已登记注册、领取营业执照的、须领取危险化学品经营许可证的涉及危险化学品的经营企业。该通告要求相关企业从本通告之日起,申请办理危险化学品经营许可证。申请办理截止日期为2004年6月30日,逾期不办理的,视同自愿放弃经营资格,由安全生产监督管理部门会同工商行政管理部门,取消其相关的经营范围或办理注销登记手续。2004年,鹏达公司申报年度检验,并于2004年6月2日向珠海市工商局提出经营范围变更登记申请,要求取消农副产品经营项目。珠海市工商局受理后,对鹏达公司提交的文件及相关材料进行审查。经审查和核实后,珠海市工商局认为鹏达公司没有危险化学品经营许可证,遂于2004年6月2日发出《核准企业变更登记通知书》和《企业法人营业执照》,重新核准登记鹏达公司的经营范围为:"销售钢材、木材、建筑材料、化工原料(不含化学危险品)、化工产品(不含化学危险品)、纺织机械、五金、交电、纺织品。"鹏达公司的工作人员于当日签收了《企业法人营业执照》。

鹏达公司诉称,从1994年3月6日核准成立之日起,其一直凭珠海市工商局核发的营业执照经营危险化学品。珠海市工商局于2003年12月25日发布通告后,鹏达公司根据通告的要求,积极申请并准备办证的各种资料手续等。不料在2004年6月2日珠海市工商局对鹏达公司进行年检时,在没有任何事实和理由的情况下,擅自取消了鹏达公司原有的危险化学品经营范围,珠海市工商局没有对此行为作任何说明,也未告知鹏达公司享有复议和诉讼的权利。直到2005年7月15日,鹏达公司收到珠海市香洲区人民法院(2005)香行民初字第23号行政判决书时,方知珠海市工商局的行为可经法定程序变更或撤销。综上,珠海市工商局取消鹏达公司的危险化学品经营范围的行为违反了珠海市工商局自己发布的通告的规定,也违反企业变更登记的法定程序。请求人民法院确认珠海市工商局于2004年6月2日取消鹏达公司的危险化学品经营范围的变更登记行为违法并予以撤销。

珠海市工商局辩称,第一,该局于2004年6月2日作出的关于变更原告经营范围的行政行为,法律依据充分,事实清楚,程序合法。企业年度检验制度是登记主管机关对企业法人进行监督管理的重要手段,工商登记机关依法按年度对企业进行检查把关,执行国家法律法规,确认企业继续经营资格。鹏达公司在2004年申报2003年度年检时,无法提供危险化学品经营许可证,按照《危险化学品安全管理条例》(2002年)第5条第7项"工商行政管理部门依据有关部门的批准、许可文件，核发危险化学品生产、经营、储存、运输单位营业执照，并监督管理危险化学品市场经营活动”，第27条“国家对危险化学品销售实行许可制度。未经许可，任何单位和个人都不得经营销售危险化学品”，第29条第2款“申请人凭危险化学品经营许可证向工商行政管理部门办理登记注册手续”的规定，我局在年检时依法对原告的经营范围予以变更，将其中的“化工原料、化工产品”变更为“化工原料、化工产品（不含化学危险品）”。这一行政行为事实清楚，法律依据充分。第二，国家法律法规是该局依法行政的最重要最基本的依据。2003年12月25日，珠海市安监局和该局联合发布的通告只是为贯彻执行管理条例的一种催办通知性质的文件，其法律效力有限，并不是该局作出行政行为的唯一依据，更不可能代替法律“先证后照”的规定。另外，鹏达公司无许可证经营的危险化学品是关系国家和人民群众生命财产安全、关系社会改革发展稳定大局的安全生产重点监控项目。“安全责任重于泰山。”中央、省、市各级对此三令五申，要求加强安全生产管理，消除一切安全隐患。所以，利用年检手段依法变更、注销企业无许可证经营的危险化学品项目是该局履行安全生产职责，严格执行法律，贯彻落实上级精神的重要措施。综上所述，鹏达公司提出的事实和理由缺乏事实与法律依据，所提出的撤销登记请求不符合法律规定。请人民法院驳回鹏达公司的诉讼请求。

二审另查明，珠海市工商局没有提供证据证明鹏达公司在2004年6月30日前有自愿放弃经营危险化学品资格的意思表示。审理时，鹏达公司已经取得了危险化学品的经营许可。

广东省珠海市香洲区人民法院于2005年10月24日作出（2005）香行初字第43号一审判决：驳回原告珠海市香洲鹏达化工实业公司的诉讼请求。宣判后，鹏达公司不服，提起上诉。广东省珠海市中级人民法院于2006年4月6日作出二审判决：（1）撤销广东省珠海市香洲区人民法院（2005）香行初字第43号行政判决；（2）确认珠海市工商行政管理局在年检登记时取消上诉人危险化学品经营范围的变更登记行政行为违法。

【案件争点】

1. 通告是否属行政行为。

2. 珠海市工商局的重新核准经营范围的登记行为是否违反信赖保护原则。

【裁判要旨】

广东省珠海市中级人民法院认为，珠海市工商局是行政执法机关，其依据有关法律、法规的规定作出的通告的相对人是明确、固定的，即特指凡在珠海市行政区域内,已登记注册、领取营业执照的、须领取危险化学品经营许可证的涉及危险化学品的经营企业。而且,通告的效力是一次性的,不能反复使用。其设定特定相对人在2004年6月30日前任何时间内办理申请的权利和履行相关义务的行为,是一种行政行为。鹏达公司即属于特定相对人的范畴。珠海市工商局的这一行政行为具有确定力、拘束力、执行力、存续力等效力,对鹏达公司的合法权益产生影响。鹏达公司不按期履行通告的内容,要承担视同自愿放弃经营资格,被取消其相关的经营范围或办理注销登记手续的后果。珠海市工商局作出通告的行政行为具有存续力,一旦鹏达公司因该行政行为确定了权利,该权利也具有存续的效力,鹏达公司有权也应当信任该行政行为和权利的存续。珠海市工商局虽然根据法律、行政法规的规定作出了取消鹏达公司危险化学品经营范围的变更登记行政行为,但是却没有遵循通告的内容实施该行为,而是擅自改变自己的主张和决定,属滥用职权。且珠海市工商局没有提供证据证明鹏达公司在2004年6月30日前有自愿放弃经营危险化学品资格的意思表示,珠海市工商局也没有以法定事由,并经法定程序撤销、变更该通告。珠海市工商局取消鹏达公司危险化学品经营范围的行政行为不当。

例案二 宁夏中卫市金利工程运输有限公司诉宁夏回族自治区中卫市工商行政管理局撤销行政处罚决定案

【法院】

最高人民法院

【案号】

(2014)行提字第14号

【当事人】

再审申请人(一审原告、二审上诉人):宁夏中卫市金利工程运输有限公司

法定代表人:许某甲,该公司董事长

再审被申请人(一审被告、二审被上诉人):宁夏回族自治区中卫市工商行政管理局(现市场监督管理局)

法定代表人:严某某,该局局长

【基本案情】

一审查明,宁夏中卫市金利工程运输有限公司(以下简称金利公司)注册成立

于2000年1月13日，原名中卫县金利工程运输有限公司，注册资本100万元。2005年4月5日其将公司名称变更为宁夏中卫市金利工程运输有限公司。2006年3月6日该公司变更注册资本至1000万元。2009年2月4日，中卫市公安局在立案调查金利公司其他违法行为时，发现其虚报注册资本的违法行为，并于2009年4月7日向宁夏回族自治区中卫市工商行政管理局（以下简称中卫市工商局）发出了《关于建议撤销宁夏中卫市金利工程运输有限公司登记的函》。中卫市工商局遂立案调查，查明金利公司在2006年3月6日变更登记过程中，以实物增资900万元向宁夏宏源会计师事务所中卫分所提供的购车发票和会计资料全部系伪造。依据《公司法》（2005年）第199条和《公司登记管理条例》（2005年）第68条之规定，中卫市工商局于2009年6月12日作出卫工商处字（2009）第33号《行政处罚决定书》（以下简称33号决定），对金利公司作出“责令改正，罚款45万元”的行政处罚。金利公司依照该处罚决定于处罚当日缴纳了45万元罚款，用现金补交了900万元注册资本，中卫市工商局也于当日为该公司更换颁发了《企业法人营业执照》。2009年6月16日，宁夏回族自治区中卫市人民政府（以下简称中卫市政府）召开会议，就金利公司涉嫌虚报注册资本犯罪行为相关问题进行了专题研究，形成了专题（2009）86号《专题会议纪要》（以下简称86号文），决定由中卫市工商局负责，依法撤销6月12日作出的33号决定和增加注册资本变更登记的决定，尽快依法吊销金利公司的营业执照。中卫市工商局启动执法监督程序，组织专人对此案进行重新审查后认为，金利公司虽然及时缴纳了罚款，并积极改正，增加注册资本进行了变更登记，但考虑到金利公司虚报注册资本数额较大，违法情节严重，原处罚种类、幅度过轻，应从重处罚。中卫市工商局遂于2009年6月19日作出卫工商发（2009）80号《关于撤销卫工商处字（2009）第33号的决定》（以下简称80号决定），决定：（1）撤销《中卫市工商行政管理局行政处罚决定书》[卫工商处字（2009）第33号]；（2）撤销宁夏中卫市金利工程运输有限公司依据卫工商处字（2009）第33号行政处罚“责令改正”的决定作出的增加注册资本的变更登记。金利公司不服，向宁夏回族自治区工商行政管理局（以下简称自治区工商局）提起行政复议。自治区工商局在审理过程中，查知中卫市公安局对金利公司法定代表人许某甲涉嫌犯罪进行立案侦查，于是中止了该行政复议案件的审理。2012年1月16日，中卫市沙坡头区人民检察院作出卫检刑不诉（2012）第1号《不起诉决定书》，认为许某甲实施了《刑法》（2011年）第158条规定的行为，已构成虚报注册资本罪，但犯罪情节轻微，根据《刑事诉讼法》（2012年）第142条第2款的规定，决定对许某甲不起诉。自治区工商局于2012年2月24日恢复审理,并于2012年3月7日作出(宁)工商复决字(2009)1号行政复议决定,决定维持中卫市工商局作出的80号决定。金利公司不服,以中卫市工商局为被告提起行政诉讼,请求法院依法判决撤销中卫市工商局作出的80号决定和自治区工商局作出的(宁)工商复决字(2009)1号行政复议决定。

再审另查明,2009年4月7日,中卫市工商局对金利公司立案调查后,认定该公司构成虚报注册资本900万元的违法事实,于同年4月28日在《宁夏法治新报》刊登了拟吊销金利公司营业执照的公告;同年6月3日,金利公司股东许某甲、许某乙分别向中国建设银行股份有限公司中卫支行缴入投资款870万元(许某甲)、30万元(许某乙);同年6月9日,中卫市工商局向金利公司下达了卫工商责改字(2009)01号《责令改正通知书》,责令该公司在三个月内办理变更登记。从2000年2月至本案再审阶段,金利公司按照不同税款计征标准一直履行纳税义务。

金利公司申请再审称,第一,80号决定没有事实根据和相关证据,是违法行政行为。中卫市工商局依据了中卫市政府作出的86号文,而该86号文系由当时中卫市政府、市中院、市检察院、市公安局、市国土资源局、中卫市工商局等部门负责人共同开会形成。33号决定已经认定"鉴于当事人违法行为没有造成社会危害,符合《工商行政管理机关正确行使行政处罚自由裁量权意见》中的'能够主动改正或者及时中止违法行为的,及违法行为社会危害性较小或者尚未产生社会危害后果的'从轻情节",所作处罚符合《行政处罚法》(2009年)第4条、第27条的规定,基本做到了罚当其过。而中卫市政府以86号文形式要求中卫市工商局撤销33号决定和增加注册资本变更登记的决定,吊销该公司营业执照,将该公司法定代表人许某甲定性为事实清楚、证据确凿的虚报注册资本罪,中卫市政府的行为系以权压法,80号决定是在上述86号文的高压下作出的,是中卫市工商局畏权弃法,以权代法的产物,是滥用职权的违法行政行为。第二,80号决定适用法律错误。33号决定已经根据《行政处罚法》(2009年)第23条规定责令当事人改正,且金利公司已经改正,并重新办理了变更登记,但中卫市工商局无视上述规定,根据《行政处罚法》(2009年)第54条、第55条第1项和《行政许可法》(2003年)第69条第1款等规定,撤销了已改正的变更登记,适用法律错误。同时,与《公司注册资本登记管理规定》第27条"撤销变更登记涉及公司注册资本及股东或者发起人出资额和出资方式变动的,恢复公司该次登记前的状态"规定相违,即便撤销已改正出资的变更登记,也应恢复该公司变更登记前100万元的登记状态,岂能连同设立登记时

100万元的注册资本一并撤销。第三,80号决定认定虚报注册资本定性错误。《公司法》《公司登记管理条例》所指"虚报注册资本",均是指"虚报注册资本,取得公司登记的"行为,只能发生在申请设立登记前至登记注册完成阶段,中卫市工商局定性错误。第四,80号决定违反法定程序。根据《行政许可法》《行政处罚法》有关规定,该公司享有陈述权、申辩权、申请听证权、行政复议权、行政诉讼权,但中卫市工商局却未予告知,违背了法定程序等。金利公司请求依法判决撤销宁夏回族自治区高级人民法院(2012)宁行终字第4号行政判决、宁夏回族自治区中卫市中级人民法院(2012)卫行初字第1号行政判决;撤销中卫市工商局于2009年6月19日作出的80号决定。

中卫市工商局辩称,第一,80号决定依据了证明金利公司虚报注册资本金违法行为的全部证据、对案件事实的重新复查、中卫市公安局的建议函件、中卫市政府作出的86号文和相关的法律法规,并不是没有事实依据、没有证据。第二,该局作出80号决定的起因是基于对自己前面作出的33号决定纠错而作出,引用的法律法规均是行政机关对于已经作出的行政处罚如果错误而进行纠错的法律依据,并不存在适用法律错误的问题。撤销33号决定的同时撤销变更登记的原因,是之后办结的变更登记是基于33号决定要求的"责令改正",33号决定既然被全部撤销,就不存在责令改正问题。而该局重新进行处罚又拟选择的是从重处罚措施,按公司法和公司登记法规规定,从重处罚措施中并没有责令改正措施,故只能将已经办结的变更登记同时撤销。第三,从公司法调整范畴看,虚报注册资本的目的是为了骗取公司登记,即欺骗公司登记机关,而虚假出资的目的是为了吸引其他发起人或股东的投资,即欺骗的是其他发起人或股东。公司登记不仅指设立登记,还包括变更登记和注销登记,金利公司认为只有设立登记时才存在虚报注册资本的情况,是对公司注册登记概念和内容的曲解。《经济犯罪案件追诉标准》明确规定,申请公司登记使用虚假证明文件或者采取其他欺诈手段虚报注册资本,欺骗公司登记主管部门,取得公司登记,有限责任公司虚报数额占法定最低限额的60%以上的,应予追诉。金利公司的法定代表人许某甲在2009年5月19日到公安部门自首,对自己虚报注册资本的事实供认不讳,检察机关亦认定许某甲构成虚报注册资本罪。金利公司在针对其虚报注册资本的33号决定作出后,既未提出异议也未依法提起复议或诉讼,而是积极主动地交纳罚款、进行变更登记。故该局对虚报注册资本定性无误。第四,该局在作出80号决定后,送达给了金利公司委托的单位会计进行了签收。金利公司在法律规定的期限内申请了行政复议并提起了行政诉讼,其程序权利并没有受到侵犯,故不存在程序违法的情况。据此请求法院不支持金利公司的申请。

宁夏回族自治区中卫市中级人民法院于2012年5月2日作出(2012)卫行初字第1号一审判决:维持宁夏回族自治区中卫市工商行政管理局于2009年6月19日作出的卫工商发(2009)80号《关于撤销卫工商处字(2009)第33号的决定》。金利公司不服,向宁夏回族自治区高级人民法院提起上诉。宁夏回族自治区高级人民法院于2012年7月13日作出(2012)宁行终字第4号二审判决:驳回上诉,维持原判。金利公司人不服,向最高人民法院申请再审。最高人民法院于2017年8月24日作出再审判决:(1)撤销宁夏回族自治区高级人民法院(2012)宁行终字第4号行政判决;(2)撤销宁夏回族自治区中卫市中级人民法院(2012)卫行初字第1号行政判决;(3)撤销宁夏回族自治区中卫市工商行政管理局于2009年6月19日作出的卫工商发(2009)80号《关于撤销卫工商处字(2009)第33号的决定》。

【案件争点】

1. 金利公司违法行为的定性问题,即可否认定为“虚报注册资本”。

2. 金利公司违法行为的程度问题,即可否认定违法行为“情节严重”。

3. 80号决定的合法性问题。

【裁判要旨】

最高人民法院认为:

一、关于金利公司违法行为的定性问题

中卫市工商局在一审、二审中提供的证据能够证明,金利公司在增资过程中以涂改、伪造的购车发票和会计资料获取验资报告,获得公司变更登记,构成《公司法》(2005年)第199条和《公司登记管理条例》(2005年)第68条规定的“虚报注册资本,取得公司登记”的违法行为。金利公司虽然试图证明其在增资过程中提供了用于增资的实物,但不足以改变对其违法性质的认定,只宜作为处理当中的酌定情节。结合法律文义及有关工商行政管理实践,上述规定中的“虚报注册资本”不仅适用于公司初始登记,也适用于增加注册资本的公司变更登记。金利公司以“虚报注册资本”只适用于公司初始登记阶段为由,提出其行为并不构成“虚报注册资本,取得公司登记”的主张不能成立,法院不予支持。

二、关于金利公司的违法程度问题

按照《行政处罚法》(2009年)第4条关于“设定和实施行政处罚必须以事实为依据,与违法行为的事实、性质、情节及社会危害程度相当”之规定,工商部门在行使处罚裁量权时，应当综合、全面地考虑案件的主体、客体、主观、客观及社会危害性等具体情况进行裁量，不能偏执一端，片面考虑某一情节而对当事人作出行政处罚。就本案而言，中卫市工商局在就金利公司“虚报注册资本”的违法程度作出判断时，至少应当综合权衡以下两个具体情节：一是违法数额。二是社会危害性。

如果单独考虑违法数额，则金利公司虚报部分的注册资本为900万元，数额较大且在注册资本中占比高达90%，按照有关规定，认定金利公司“虚报注册资本，情节严重”，似并无不妥。而如果单独考虑社会危害性，即仅考虑金利公司责任能力的不足是否产生了损害后果以及损害后果的大小，是否造成了他人利益或者公共利益严重受损，则从本案情况看，金利公司无论自2000年成立以来还是自变更登记以来，除虚报注册资本外，并无其他违法记录，且其未因责任能力不足而影响纳税等法定义务的履行，亦未因此使其他市场主体的利益受损。依照《工商行政管理机关正确行使行政处罚自由裁量权意见》关于“违法行为社会危害性较小或者尚未产生社会危害后果”应当从轻处理之规定，认定金利公司“虚报注册资本”尚不构成“情节严重”，似亦于法有据。上述两个情节相互冲突，重要性彼此相当。对此，中卫市工商局在首次判断当中具有较大的裁量空间，无论强调违法数额之重而认为金利公司违法构成“情节严重”，还是强调社会危害性之轻而认为金利公司的行为系一般违法，均在合理范围之内。

三、80号决定的合法性问题

行政机关基于裁量权作出的行政行为只要在合理范围内，按照法安定性和信赖保护的要求，就不得轻易改变，尤其是不得做不利于相对人的改变。否则，改变后的行政行为构成滥用职权或者明显不当。在33号决定中，中卫市工商局所作金利公司虚报注册资本系一般违法之认定，综合权衡了违法数额和社会危害性等因素，裁量基本合理，法院予以认可。中卫市沙坡头区人民检察院的《不起诉决定书》中虽有金利公司法定代表人许某甲已构成虚报注册资本罪的内容，但同时亦有“犯罪情节轻微”之认定，不能据此认定金利公司虚报注册资本的行为构成《公司法》(2005年)第199条规定的“情节严重”，何况该决定书在定罪方面并不具有司法终局的效力。故中卫市工商局主张只要《不起诉决定书》认定该公司法定代表人构成犯罪即表明该公司的违法行为情节严重的抗辩理由难以成立，法院不予支持。33号决定根据《公司法》(2005年)第199条之规定，责令金利公司改正并罚款45万元，于法有据。自治区工商行政管理局以“重责轻罚”为由追究中卫市工商局相关人员的责任，至多说明中卫市工商局相关人员工作上存在过错，但不能证明金利公司对此过错负有责任。中卫市工商局以此否定33号决定的合法性,理由不够充分,法院不予支持。在33号决定送达生效后,金利公司立即按要求补齐了注册资本并足额缴纳了罚款。针对此种情形,中卫市工商局其后所作的80号决定,只强调违法数额,不考虑社会危害性较小之情节,认为金利公司虚报注册资本构成“情节严重”,33号决定处理畸轻,显然有失偏颇。80号决定不考虑33号决定的合法性、合理性要素且金利公司已主动履行了相关义务等事实,出尔反尔、反复无常,撤销了33号决定,代之以更为不利于金利公司的处理方式即撤销增加注册资本的变更登记,不仅违反信赖保护原则,亦不利于维护法律的安定性以及行政管理秩序的稳定性,被诉行政行为构成权力滥用、存在明显不当。虽然中卫市政府对中卫市工商局作出的行政处罚有权监督,但这种监督权亦应受到法律约束。本案中,中卫市政府组织专题研究并形成的86号文中,虽有责成中卫市工商局撤销33号决定并吊销金利公司营业执照的内容,但该内容本身亦存在明显不当,不能作为80号决定的权源基础。中卫市工商局以其奉命行事为由否认80号决定违法之理由不能成立,法院不予支持。另外,在中卫市工商局作出被诉行政行为及其后诉讼过程中,金利公司多次强调其曾投入实物作为公司注册资本,该事实主张关系金利公司虚报数额大小之认定,双方对此存有争议。而从现有案卷材料及中卫市工商局之抗辩理由看,该局并未对此进行充分深入的查证,更多强调票据本身造假,这在一定程度亦造成被诉行政行为的证据不够充分。

综上所述,中卫市工商局作出的80号决定,存在行使职权的随意性与明显不当,且主要证据不足。依照《行政诉讼法》(1990年)第54条第2项第2、5目之规定,应予撤销。金利公司请求判决撤销被诉行政行为于法有据,应予支持。

例案三 | 朱某某诉湖南省长沙市工商行政管理局岳麓分局撤销工商登记决定案

【法院】

湖南省长沙市岳麓区人民法院

【案号】

(2015)岳行初字第00151号

【当事人】

原告:朱某某

被告:湖南省长沙市工商行政管理局岳麓分局

法定代表人:李某,该局局长

第三人:长沙学士房地产开发有限公司

法定代表人:刘某甲,该公司董事长

第三人:刘某乙

第三人:刘某丙

【基本案情】

2005 年第三人长沙学士房地产开发有限公司(以下简称学士公司)成立时,公司股东为第三人刘某乙、刘某丙及案外人刘某甲三人,2010 年 4 月 14 日,学士公司以原股东刘某乙、刘某丙将股权转让给朱某某为由,向湖南省长沙市工商行政管理局岳麓分局(以下简称岳麓分局)申请将公司股东由原登记的刘某乙、刘某丙、刘某甲三人变更登记为刘某甲、朱某某二人,同时将公司注册资本由原登记的 800 万元变更登记为 3000 万元,并附相应的《股东会议纪要》(以下简称会议纪要)、《长沙学士房地产开发有限公司股权转让协议》(以下简称股权转让协议)、验资报告等资料。岳麓分局经审核后,认为学士公司的申请符合法律规定,遂于当月 15 日核准其变更登记申请,将学士公司工商登记中的股东信息变更为刘某甲、朱某某二人。2014 年 6 月 24 日,第三人刘某丙、刘某乙向岳麓分局递交《撤销工商变更登记申请书》(以下简称申请书),以朱某某伪造申请资料和学士公司公章为由,要求岳麓分局撤销学士公司 2010 年 4 月 14 日办理的工商变更登记。岳麓分局受理刘某丙、刘某乙二人的申请后,在调查过程中,刘某乙于 2015 年 1 月 8 日向岳麓分局申请对 2010 年 4 月 14 日学士公司向岳麓分局提交的股东会议纪要及股权转让协议中刘某乙的签名进行笔迹鉴定,以确认上述签名是否刘某乙本人所签,并向岳麓分局提交签名样本,岳麓分局将刘某乙提交的样本及会议纪要、股权转让协议一并交由湖南大学司法鉴定中心进行笔迹鉴定,《司法鉴定意见书》(以下简称意见书)鉴定意见为送检的会议纪要、股权转让协议上刘某乙的签名与岳麓分局提供样本上的刘某乙签名的字迹不是同一人书写形成。岳麓分局据此认定 2010 年 4 月学士公司在办理公司股权变更登记时所递交的系虚假资料,于 2015 年 3 月 20 日决定撤销 2010 年 4 月学士公司办理的股权变更登记。朱某某 2015 年 4 月 28 日到岳麓分局处查询得知岳麓分局已将学士公司登记的股东信息变更为刘某甲、刘某丙、刘某乙三人。

朱某某诉称,第一,岳麓分局作出的“撤销长沙学士房地产开发有限公司 2010 年 4 月所做股权工商变更登记”的决定的行政处罚的行为违反相关法律的规定,已超出保护时效。《行政处罚法》(2009 年)第 29 条规定"违法行为在二年内未被发现的,不再给予行政处罚。法律另有规定的除外。前款规定的期限,从违法行为发生之日起计算;违法行为有连续或者继续状态的,从行为终了之日起计算"。因此,刘某丙、刘某乙申请撤销 2010 年 4 月 15 日办理的学士公司的工商变更登记事项的请求已过保护期限。岳麓分局就此作出行政处罚的行为违反相关法律的规定。第二,岳麓分局不应仅凭错误的鉴定结论就作出行政处罚决定。学士公司 2010 年 4 月 15 日进行的工商登记行为,是朱某某分别受让了第三人刘某乙、刘某丙各 200 万股股权并支付对价后,再在此基础上进行了增资扩股,扩至 3000 万股,朱某某占 49%、刘某甲占 51%,双方均支付了增资款。因此,该行为不仅包括股权转让内容,还包括增资扩股内容。岳麓分局仅凭不符合法定程序的错误鉴定结论撤销整个工商变更登记,不符合法律规定,也没有法律依据。第三,岳麓分局作出处罚决定是为了拒绝履行人民法院的生效判决。2014 年 1 月 12 日朱某某就岳麓分局于 2012 年 1 月 20 日对学士公司的股东变更登记行政行为,向长沙市岳麓区人民法院提起行政诉讼,经一审、二审人民法院判决被告败诉,但被告拒不履行人民法院生效判决,岳麓分局于 2015 年 1 月 27 日向长沙市岳麓区人民法院申请强制执行。岳麓分局急忙启动行政处罚程序,将 2010 年 4 月 15 日的工商登记予以撤销,实质是为抗拒履行人民法院的生效判决。第四,岳麓分局作出的《撤销长沙学士房地产开发有限公司 2010 年 4 月所做股权工商变更登记告知书》(以下简称告知书)程序、形式、格式均不合法。(1)刘某丙、刘某乙早在 2014 年 6 月 24 日即向岳麓分局提交了申请书,但岳麓分局不履行立案手续,至今没有受理案号,没有受理案件通知,却作出了撤销工商登记的行政处罚决定,侵犯了朱某某的合法权利。(2)岳麓分局自行委托的笔迹鉴定不合法。鉴定前未及时向朱某某送达相关的案件材料,也未组织各方当事人共同协商选择鉴定机构或者是通过抽签选择鉴定机构,而是由岳麓分局单方确定鉴定机构。鉴定所依据的鉴材来源不合法,没有经过质证,无法确定鉴材真实性。(3)行政处罚过程中没有进行听证。第五,岳麓分局执法不公,对于朱某某之前向岳麓分局提出撤销岳麓分局 2012 年 1 月 20 日对学士公司所作错误登记的申请不予受理。但对刘某丙、刘某乙提出的申请又予以受理,在同一执法问题上差别执法。第六,岳麓分局适用《公司法》(2013 年)第 199 条作出撤销登记的处罚决定,是适用法律错误。综上所述,请求人民法院判令撤销岳麓分局于 2015 年 3 月 20 日作出的"撤销长沙学士房地产开发有限公司 2010 年 4 月所做股权工商变更登记"的决定并恢复学士公司 2010 年 4 月 15 日的股权工商变更登记。

岳麓分局辩称，第一，岳麓分局受理并启动对学士公司递交虚假材料骗得公司股权变更登记的行为，是依照《公司法》(2013年)第199条、湖南省人民政府《湖南省行政程序规定》第64条的规定，依法履行管理职责并自行纠错的正常职务行为。并不是启动行政处罚程序进行撤销，不受时效限制，不需要进行听证。第二，朱某某诉岳麓分局主体不适格。虽然岳麓分局向学士公司下达了告知书，但最终是依据学士公司的自行纠错申请予以撤销登记，如果朱某某与第三人之间有争议应通过民事程序解决。第三，工商登记是备案登记，其是否变更并不影响股东的实质利益。第四，岳麓分局依法履行了法院的判决，而且以此为鉴，积极行政，对发现的递交虚假材料骗取工商登记案件，发现一起查处一起。第五，关于笔迹鉴定的问题。由于第三人和朱某某在规定的时间内未能协商选定鉴定机构，才由岳麓分局指定有资格的鉴定机构符合法定程序。而且，在岳麓分局调查过程中，假冒刘某乙在相关文件上签名的人也对此供认不讳。综上所述，请求人民法院依法驳回原告的诉讼请求。

刘某丙、刘某乙的陈述意见与岳麓分局答辩意见相同。

湖南省长沙市岳麓区人民法院于2015年11月18日作出一审判决：(1)撤销被告长沙市工商行政管理局岳麓分局2015年3月20日作出的撤销2010年4月长沙学士房地产开发有限公司办理的股权变更登记的决定；(2)责令被告长沙市工商行政管理局岳麓分局于本判决生效之日起10日内，恢复2010年4月15日核准的第三人长沙学士房地产开发有限公司的变更登记内容。宣判后，各方当事人均未上诉，该判决已生效。

【案件争点】

1. 朱某某诉岳麓分局主体是否适格。

2. 岳麓分局依据意见书认定2010年4月学士公司在办理公司股权变更登记时所递交的系虚假资料理由是否成立。

3. 刘某乙、刘某甲、刘某丙三人的陈述是否足以认定股权转让协议、股东会议纪要中股东签名的真伪。

【裁判要旨】

湖南省长沙市岳麓区人民法院认为：第一，关于岳麓分局提出朱某某诉其主体不适格的问题。根据《公司法》(2013年)第198条的规定，提交虚假材料取得公司登记的，应由公司登记机关责令改正，情节严重的，撤销公司登记。因此，对提交虚假材料取得的公司登记岳麓分局应当依法作出处理决定，该处理行为属于岳麓分局的法定职责。岳麓分局认为本案被诉行政行为是依学士公司申请作出,应由朱某某与第三人通过民事程序解决争议的意见,没有法律依据,该意见法院不予采纳。

第二,关于岳麓分局能否依据本案中的意见书认定2010年4月学士公司在办理公司股权变更登记时所递交的系虚假资料的问题。首先,根据司法部司法鉴定管理局发布的《笔迹鉴定规范》(SF/ZJD0201002—2010)第4部分"笔迹鉴定规程"中的5.2.1规定,通常只有以下几种情况能够确定样本字迹的书写人:第一,委托人当场提取或经过侦查、质证等合法程序确认的样本字迹;第二,鉴定人当场提取的样本字迹;第三,经对样本字迹进行比较检验,能与以上两种样本合并的其他样本字迹。但岳麓分局提交给鉴定机构用于鉴定的字迹样本,既未通知原告进行质证,四份样本中除一份后期实验样本外,其余样本也非鉴定人当场提取,且岳麓分局也无证据证明提交给鉴定机构的样本上的"刘某乙"签名是其本人所写。因此,不能确定其他样本字迹的书写人是刘某乙本人。其次,《笔迹鉴定规范》第3部分"笔迹鉴定结论的种类及判断依据"中的4.2规定,如样本字迹书写人明确的,鉴定结论的表述应为"检材字迹……是或不是(或非确定性)某人所写"。4.3则规定,如样本字迹书写人不明确的,鉴定结论应表述为"检材字迹……与样本字迹是或不是(或非确定性)同一人所写"。本案岳麓分局提供的意见书中的鉴定意见为"1.送检的《长沙学士房地产开发有限公司股权转让协议》上'刘某乙'的签名字迹与所提供样本上'刘某乙'的签名字迹不是同一人书写形成;2.送检的《股东会议纪要》上'刘某乙'的签名字迹与所提供样本上'刘某乙'的签名字迹不是同一人书写形成"。由此可见,作出该意见书的鉴定人也只是认定股权转让协议、股东会议纪要上"刘某乙"的签名与岳麓分局送检的样本上"刘某乙"的签名不是同一人所写,并不能认定上述签名不是刘某乙本人所写。

第三,从本案采信的证据来看,除意见书外,能够直接证明上述股权转让协议、股东会议纪要中股东签名非本人所写的只有刘某乙、刘某甲、刘某丙三人的陈述,但由于学士公司新旧股东之间存在股权纠纷,目前仍未解决,上述三人与该案的调查处理结果均存在利害关系,在仅凭三人陈述,而无其他证据佐证的情况下,不足以认定股权转让协议、股东会议纪要中股东签名的真伪。

综上所述,岳麓分局认定2010年4月学士公司在办理公司股权变更登记时所递交的系虚假资料,并作出撤销该登记的决定,证据不足。

三、裁判规则提要

作为行政法的基本原则之一，信赖保护原则在工商行政管理领域体现得尤为突出。工商登记机关作为行政主体准予工商登记后，对原登记内容进行撤销或变更时应遵循信赖保护原则，否则不予支持。

（一）信赖保护原则的基本要义

信赖保护原则是私法帝王条款——诚实信用原则在行政法中的使用。具体是指在行政主体应当确保管理活动的明确性、稳定性和连贯性，从而树立和保护公民、法人或者其他组织对行政主体及其管理活动真诚信赖的原则，即行政管理相对人对于已经作出的行政行为的正当合理信赖应当给予保护，行政执法主体不得擅自改变已经生效的行政行为，确需改变行政行为的，对于因此给行政行为的相对人造成的损失应当给予补偿，又称为保护合法信赖原则或者尊重合法信赖原则。行政行为具有公定力、确定力、拘束力和执行力。信赖保护原则即是行政行为确定力的一种外在表现。一般而言，信赖保护原则适用条件有四：第一，存在信赖基础。行政行为生效且行政相对人知晓生效事实是信赖保护原则适用的前提，行政行为是否合法并不是考虑的重点。第二，具备信赖行为。行政相对人有基于对行政行为的信赖而对自己生活和财产进行的处分行为。第三，信赖值得保护。信赖是否值得保护的判定依据主要是行政相对人对于法律状态的改变是否有过错。第四，信赖保护没有损害公共利益。是否影响公共利益是信赖保护原则是否适用的例外情形。一般来讲，当公共利益大于被信赖保护的相对人利益时，公共利益成为信赖保护原则的例外。在我国，信赖保护原则系行政法的基本原则，在立法层面体现在《行政许可法》第 8 条和第 69 条的规定中。根据法律的规定，信赖利益的保护包括两个方面，一是存续保护，即行政主体应保证行政行为的有效性，以保障当事人基于行政行为产生的信赖利益；二是财产保护，即行政主体在不得不撤销、变更或废止行政行为时，应对就此给当事人基于对行政行为的信赖造成的损失进行合理的补偿或赔偿。工商登记是一种典型的行政许可行为，系授益性行政行为，因此，行政机关在撤销或变更工商登记时应更为注意信赖保护原则。

（二）适用信赖保护原则的限制

第一，行政主体之间应相互信任。各行政主体之间应保证相互信任的关系，基于维护国家行政管理统一性、连贯性的要求,各行政主体之间应相互尊重对方作出的行政行为的效力,以此保证当事人的信赖利益。

第二,制定规范溯及力的限制。原则上,法不溯及既往,行政行为中,行政主体制定的规范也应当秉承该原则,不得限制或损害当事人依法已经获得的利益。

第三,行政行为撤销的限制。根据行政行为合法性的要求,行政主体如果作出了违法的行政行为,有权机关应当依其职权或依申请并经正当程序予以撤销。但是,对违法的不利行政行为撤销是原则,不撤销是例外,这里的例外情形主要是不撤销该行为的信赖利益明显大于公共利益;对违法的有利行政行为(或称授益性行政行为)不得一概撤销,而应遵守不撤销是原则、撤销是例外的规则,这里的例外情形主要是撤销该行为的公共利益明显大于信赖利益。《行政许可法》第 69 条规定了可以撤销和应当撤销行政许可的具体情形。只有出现这些具体的情形,行政主体才能撤销行政行为,同时给予赔偿;除此之外,行政行为特别是授益性行政行为不得随意撤销。

第四,行政行为变更或废止的限制。针对合法行政行为,鉴于其后客观情况的变化,原行政行为不再适应新的情况,有权机关决定终止该行为往后的效力。一般情况下,对已经不适应新形势需要的行政行为,行政主体可以依法予以废止;但是,在废止行政行为时,应充分考虑信赖保护。《行政许可法》第 8 条第 2 款规定了两种具体的情形,且前提必须是公共利益大于信赖利益。同时,变更或废止行政行为给当事人信赖利益造成财产损失的,应依法给予补偿。

第五,正当程序的限制。正当程序是行政法的基本原则,因此,在行政主体撤销、变更或废止行政行为时,均应遵循正当程序原则。在对行政行为进行实体处理的同时,也应严格按照法定程序进行,否则,新的行政行为也必然属违法行为。

上文所述三个例案中,工商登记机关撤销或变更原登记内容的做法并不符合行政许可法相关条款的适用情形,违反了信赖保护原则,应予限制。

四、辅助信息

高频词条:

《行政许可法》

第 8 条 公民、法人或者其他组织依法取得的行政许可受法律保护,行政机关不得擅自改变已经生效的行政许可。

行政许可所依据的法律、法规、规章修改或者废止,或者准予行政许可所依据的客观情况发生重大变化的，为了公共利益的需要，行政机关可以依法变更或者撤回已经生效的行政许可。由此给公民、法人或者其他组织造成财产损失的，行政机关应当依法给予补偿。

第 69 条 有下列情形之一的，作出行政许可决定的行政机关或者其上级行政机关，根据利害关系人的请求或者依据职权，可以撤销行政许可：

（一）行政机关工作人员滥用职权、玩忽职守作出准予行政许可决定的；

（二）超越法定职权作出准予行政许可决定的；

（三）违反法定程序作出准予行政许可决定的；

（四）对不具备申请资格或者不符合法定条件的申请人准予行政许可的；

（五）依法可以撤销行政许可的其他情形。

被许可人以欺骗、贿赂等不正当手段取得行政许可的，应当予以撤销。

依照前两款的规定撤销行政许可，可能对公共利益造成重大损害的，不予撤销。

依照本条第一款的规定撤销行政许可，被许可人的合法权益受到损害的，行政机关应当依法给予赔偿。依照本条第二款的规定撤销行政许可的，被许可人基于行政许可取得的利益不受保护。

工商登记案件裁判规则第 12 条：
企业法定代表人被免去职务后，原法定代表人不能以该企业名义提起行政诉讼

〔**规则描述**〕：在公司法定代表人被解除董事长、执行董事或总经理职务，甚至自行辞职后，其随即丧失了作为公司法定代表人的基础条件，不具有代表公司意思表示的合法性。其仍然使用公司公章或已作废的公章、营业执照向人民法院提起行政诉讼的，不应给予其行政诉讼原告主体资格，更不应进行实体审理。

一、类案检索大数据报告

截至 2018 年 12 月 24 日，以“原法定代表人”“公司名义”“行政诉讼”为并列关键词，通过 Alpha 案例库、法信平台、元典智库、北大法宝、中国裁判文书网、上海 C2J 系统共检索到 170 起行政案件，剔除无关联案件和同一案件的一审裁判及其二审予以维持的裁判，实际共查找到高度关联的 21 起案例裁判文书。整体情况如下(见图 12－1)：

从地域分布看，分布较为分散。主要分布在广西壮族自治区 3 件，湖北省 2 件，福建省 2 件，江西省 3 件，山西省、山东省、陕西省、安徽省、河南省、湖南省、河北省、江苏省、重庆市、内蒙古自治区、云南省各 1 件。

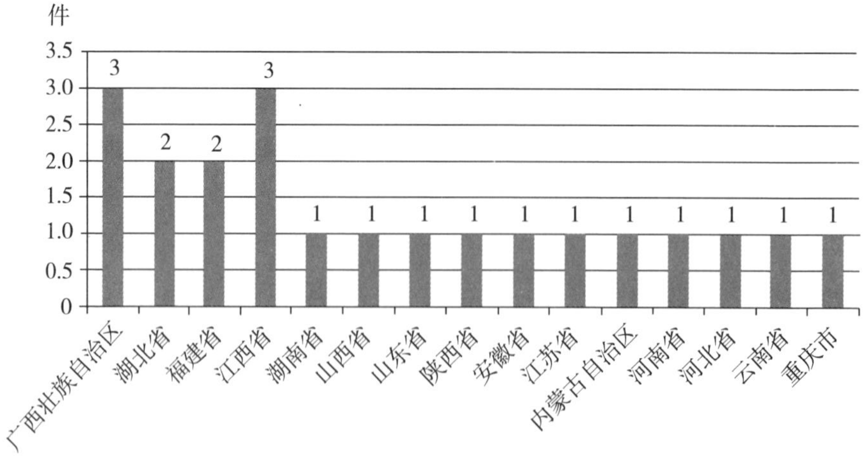

图 12－1　类案地域分布

从结案年度来看，较为平均分散。2012 年为 2 件，最多是 2016 年为 8 件（见图 12－2）。

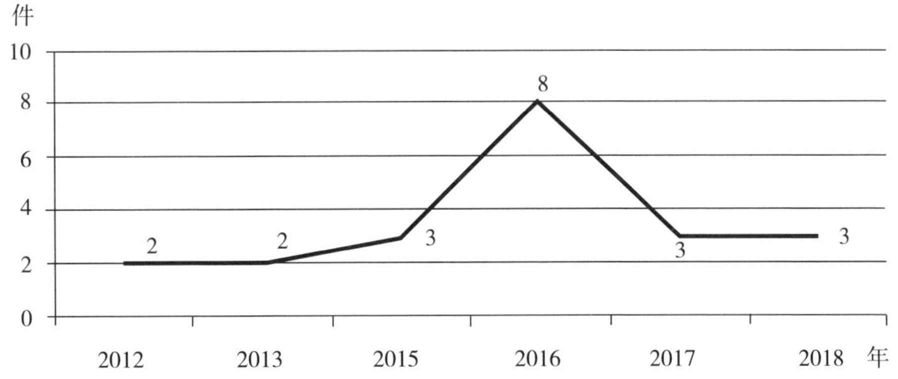

图 12－2　类案结案年度分布

从裁判结果来看，其中有 2 件因一审对公司原法定代表人以公司名义起诉予以受理并进行判决，程序违法，二审予以撤销并发回重审；有 1 件因原告不具有公司法定代表人或负责人的身份，其子未经公司授权，以公司委托代理人名义代理公司提出再审申请，不符合法律规定，裁定终结审查；有 18 件因一审认定变更法定代表人正确，认可了变更后的法定代表人合法性，被二审撤销原审判决，裁定驳回起诉。上述生效案例均支持了本裁判规则，企公司原法定代表人被免除职务后，不具有代表公司提起行政诉讼的原告资格（见图 12－3）。

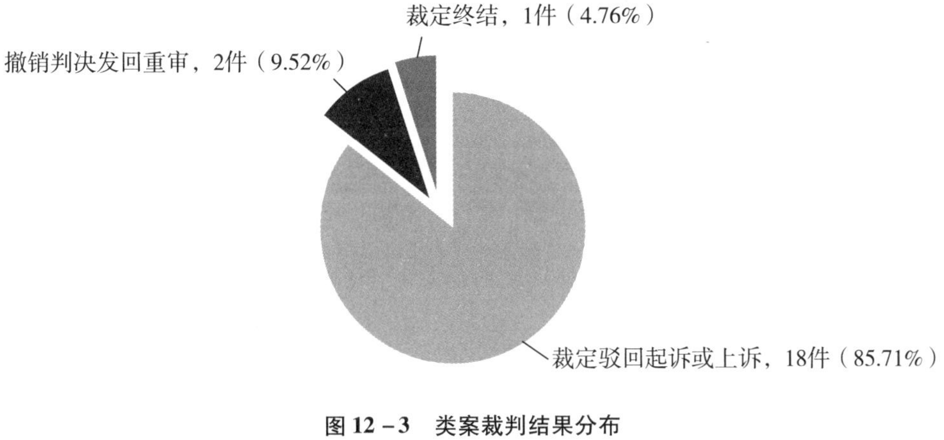

图 12－3　类案裁判结果分布

二、可供参考例案

例案一 元氏县石化产品总公司、武某某诉河北省元氏县人民政府公司设立行为及行政赔偿案

【法院】

最高人民法院

【案号】

(2016)最高法行申2057号

【当事人】

再审申请人(一审原告、二审上诉人):元氏县石化产品总公司

法定代表人:武某某,该公司经理

再审申请人(一审原告、二审上诉人):武某某

再审被申请人(一审被告、二审被上诉人):河北省元氏县人民政府

法定代表人:许某某,该县县长

【基本案情】

元氏县石化产品总公司、武某某诉称,元氏县人民政府非法设置未领取企业法人营业执照的元氏县商业总公司,侵犯了石化产品公司的经营自主权,向河北省石家庄市中级人民法院请求判决该行政行为违法,责令元氏县人民政府停止该行政行为,并依法赔偿由此造成的各种社会保险和办公费用等损失。

2002年5月11日,元氏县机构编制委员会元编(2002)2号《关于元氏县党政机构的通知》明确"不再保留乡镇企业局、商业局、物资局、外贸局,其行政职能并入经济贸易局……成立元氏县商业总公司、元氏县物产公司、元氏县外贸进出口公司,三个公司接受经贸局管理"。元氏县商业总公司属于政府机构设置单位,元氏县石化产品总公司(以下简称石化产品公司)是元氏县商业总公司下属国有企业。2003年1月10日元氏县商业总公司下发元商字(2003)第2号文件,调整任命下属部分企业领导,免去了武某某的石化产品公司经理的职务,并任命吴某某为该公司经理,同时注明由原商业局名义和商业总公司名义发布的任免文件废止。但元氏县商业总公司并未在工商登记中变更石化产品总公司的法定代表人,只是将"河北省元氏县石化产品总公司"的公章通过登报声明作废,并于2003年1月17日刻制了"元氏县石化产品总公司"的新公章。2010年4月8日武某某以元氏县石化产

品总公司法定代表人身份起诉元氏县人民政府行政不作为及行政赔偿，该案后因起诉人不具备原告主体资格而分别被石家庄市中级人民法院（2010）石行初字第00013号行政裁定和河北省高级人民法院（2010）冀行终字第73号行政裁定驳回起诉。2015年7月21日，武某某使用作废的"河北省元氏县石化产品总公司"公章以元氏县石化产品总公司法定代表人名义又提起本案诉讼。在本案审理期间，元氏县石化产品总公司提交撤销案件申请书，以武某某使用本单位作废公章并以本单位名义提起的行政诉讼系武某某的个人行为为由，申请撤销对本案的诉讼。

河北省石家庄市中级人民法院于2015年9月22日作出（2015）石行初字第00206号行政裁定：驳回元氏县石化产品总公司、武某某的起诉。河北省高级人民法院作出（2015）冀行终字第245号行政裁定：驳回元氏县石化产品总公司、武某某的上诉请求。最高人民法院于2016年9月29日裁定驳回元氏县石化产品总公司、武某某的再审申请。

【案件争点】

本案再审申请人武某某被免去公司经理职务后，使用作废公章，仍以元氏县石化产品总公司名义提起诉讼，是否具有原告主体资格。

【裁判要旨】

元氏县人民政府于2002年撤销了元氏县商业局，成立了元氏县商业总公司。元氏县商业总公司变更其下属企业的法定代表人，并更换公章等行为，均属其履行管理职责的范围。本案再审申请人武某某被免去公司经理职务后，使用作废公章，仍以元氏县石化产品总公司名义提起诉讼，并不是该企业真实的意思表示，也不能代表该企业主张诉权，故不具有原告诉讼主体资格；商业总公司的机构设置属于公司经营管理的内部事务，与武某某个人无法律上的利害关系，该机构的设置、成立未侵犯武某某的合法权益，故武某某以个人名义对元氏县人民政府设立元氏县商业总公司的行为提起行政诉讼因缺乏诉的利益而不能成立。故一审法院依法裁定驳回其起诉并无不当。

例案二　武汉通用机械工业有限公司诉武汉市工商行政管理局、武汉市人民政府撤销变更登记决定及行政复议案

【法院】

湖北省武汉市中级人民法院

【案号】

(2017)鄂01行终649号

【当事人】

上诉人(一审原告):武汉通用机械工业有限公司

被上诉人(一审被告):武汉市工商行政管理局

法定代表人:刘某,该局局长

被上诉人(一审被告):武汉市人民政府

法定代表人:万某,该市市长

【基本案情】

上诉人武汉通用机械工业有限公司通用公司(以下简称通用公司)上诉称,一审法院以未经质证的证据作为裁判依据,程序不合法,应予纠正;以未经质证且真实性存疑的"关于公司启用新印鉴的通知",直接认定上诉人加盖的公章无效而否定其诉讼主体资格,明显与事实不符;依《行政诉讼法》(2014年)第25条规定,认定被上诉人市工商局作出的撤销变更登记的决定系对上诉人之前法定代表人郑某某的权利产生影响,应以郑某某个人作为提起行政诉讼的主体,明显适用法律错误。综上所述,请求二审法院:(1)撤销武汉市江汉区人民法院(2017)鄂0103行初49号行政裁定,指令一审法院继续审理上诉人的起诉。(2)被上诉人承担本案的诉讼费用。

通用公司于2010年4月12日取得公司变更登记,即法定代表人及董事会、监事会成员变更。(1)公司法定代表人变更内容:由何某某变更为郑某某。(2)董事会成员变更:免去张某、任某公司董事的职务,选举郑某某、雷某某为公司董事会新成员,由郑某某、雷某某、何某某、熊某某、杨某某为董事会成员。(3)公司监事会成员变更:免去刘某、郑某某公司监事职务,选举胡某某、陈某某为公司监事会成员,由刘某甲、胡某某、陈某某为监事会成员。

2016年6月1日,武汉市工商行政管理局(以下简称武汉市工商局)以通用公司伪造何某某、熊某某、刘某乙三名股东签名、提供虚假材料取得公司登记的行为违反了《公司法》(2013年)第198条之规定,作出《关于撤销武汉市通用机械工业有限公司变更登记的决定》,决定撤销通用公司2010年4月12日的变更登记。

2016年7月18日,通用公司向武汉市人民政府(以下简称武汉市政府)申请行政复议后,武汉市政府于2016年10月18日向通用公司送达武政复决〔2016〕第330号《行政复议决定决定书》,维持了武汉市工商局作出的《关于撤销武汉市通用机械工业有限公司变更登记的决定》。通用公司不服诉至法院，请求判令撤销武汉市工商局作出的《关于撤销武汉市通用机械工业有限公司变更登记的决定》，武汉市政府作出的武政复决〔2016〕第 330 号《行政复议决定决定书》。

2016 年 7 月 21 日，武汉市工商局在《长江日报》上登载《营业执照作废公告》，公告核发的通用公司 2015 年 6 月 19 日的营业执照正、副本作废。

2016 年 8 月 5 日，通用公司公告原有印鉴作废，启用新印章。2016 年 12 月 28 日，通用公司的法定代表人变更为雷某某。

湖北省武汉市江汉区人民法院于 2017 年 9 月 4 日作出(2017)鄂 0103 行初 49 号行政裁定：驳回通用公司的起诉。通用公司不服，提起上诉。湖北省武汉市中级人民法院于 2017 年 12 月 15 日裁定驳回上诉，维持原裁定。

【案件争点】

郑某某使用作废公章，仍以武汉通用机械工业有限公司名义提起诉讼，是否具有原告主体资格。

【裁判要旨】

湖北省武汉市中级人民法院认为：被上诉人武汉市工商局和武汉市政府被诉行政行为的相对人虽然是上诉人通用公司，但被上诉人作出的撤销法定代表人变更登记的行为，仅对该公司的原法定代表人郑某某的权利产生影响，其为被诉行政行为的利害关系人。现该公司的法定代表人为雷某某，公司的原营业执照正副本以及原有的印鉴均已作废，即能够证明上诉人公司身份的证明文件均发生了变化，郑某某再以通用公司的名义提起本案行政诉讼，并在一审提交法定代表人为何某某的身份证明，和盖有公司已失效的印章，显然已不具备提起诉讼的条件和原告的主体资格，同时也无法证明本次起诉是通用公司真实的意思表示。

例案三 | 青岛韩周服装有限公司诉青岛市工商行政管理局撤销登记决定案

【法院】

山东省青岛市市南区人民法院

【案号】

(2013)南行初字第 64 号

【当事人】

原告：青岛韩周服装有限公司

被告:青岛市工商行政管理局

法定代表人:于某某,该局局长

第三人:青岛韩周服装有限公司

法定代表人:崔某某,该公司董事长

【基本案情】

原告诉称,第一,被告调查认定的事实错误。第二,本案被告调查事实不清。第三,如果认定原告"情节严重",那么被告对原告实施行政处罚就没有管辖权,应由省级工商登记机关确定。第四,被告行政处罚程序违法,且由此引起经济损失600万余元,应由被告承担。第五,被告调查事实不清,证据不足,认定事实错误,法人自己都保证了变更登记提交材料的真实性,行政机关无权给予撤销。即使恢复到原来,也应启动一个企业重新申请变更的程序,由企业自主经营和决策。综上所述,处理决定书中"隐瞒重要事实,提交虚假材料,骗取变更登记"不能成立,没有证据支持。处理决定书认定事实不清,程序违法。请求依法判决:(1)撤销被告作出的青工商企处字(2012)第04号行政处理决定书;(2)被告赔偿600万余元;(3)诉讼费由被告承担。

被告辩称,第一,被告作出的处理决定的事实清楚、证据确凿、程序合法。被告认定原告2011年6月14日变更登记提交虚假材料,隐瞒重要事实,骗取工商登记,主要依据以下事实:原告提交了虚假的董事会决议和任免书,且本情节严重。被告作出的处理决定程序合法。第二,原告的各项主张均不能成立。被告听取了原告的陈述申辩。原告的诉讼理由不能成立。原告对公司的归属决定权理解错误。原告对本案行政处理程序理解错误。被告在处理决定作出前取得的证据合法有效。第三,申请追加李某某为本案第三人。另外,原告的起诉已经超过诉讼时效,请求法院依法驳回起诉。

第三人述称,郑某某无权代表青岛韩周服装有限公司起诉被告青岛市工商行政管理局,该行政诉讼属于原告主体不适格,依法应予驳回起诉。

2011年6月14日,青岛市工商行政管理局(以下简称市工商局)依据申请为青岛韩周服装有限公司办理了法定代表人变更登记、董事/监事/经理变更登记和修改公司章程备案登记,其中将青岛韩周服装有限公司法定代表人崔某某变更登记为郑某某。2012年9月21日,市工商局作出青工商企处字(2012)第04号行政处理决定书:认为青岛韩周服装有限公司隐瞒重要事实、提交虚假材料,骗取了法定代表人变更登记、董事变更备案和修改公司章程备案登记,且情节严重。决定撤销青岛韩周服装有限公司于2011年6月14日取得的法定代表人变更登记、董事变更备案和修改公司章程备案登记，并责令青岛韩周服装有限公司即日起5日内将青岛市工商行政管理局于2011年6月14日核发的营业执照正、副本交回。上述行政处理决定已经依法送达青岛韩周服装有限公司及郑某某。

2012年9月，市工商局登报公告：市工商局2011年6月14日核发的青岛韩周服装有限公司的营业执照正、副本作废。2013年3月25日，青岛韩周服装有限公司向法院提起行政诉讼，请求撤销被诉行政处理决定。后以崔某某为法定代表人的青岛韩周服装有限公司对原告的主体资格提出异议，要求作为第三人参加诉讼。

青岛市市南区人民法院于2013年5月8日裁定驳回郑某某以青岛韩周服装有限公司名义的起诉。青岛韩周服装有限公司不服，提起上诉，青岛市中级人民法院于2013年9月2日裁定驳回上诉，维持原裁定。

【案件争点】

郑某某能否以青岛韩周服装有限公司名义提起诉讼，是否具有原告主体资格。

【裁判要旨】

青岛市市南区人民法院认为，青岛市工商局作出的工商处理决定已经撤销了青岛韩周服装有限公司的变更登记，包括法定代表人变更登记，并且责令交回2011年6月14日核发的营业执照正、副本。根据《行政诉讼法》(1990年)第44条规定，诉讼期间不停止具体行政行为的执行。该处理决定已经生效，在本案提起诉讼时，郑某某已不是青岛韩周服装有限公司的法定代表人，无权代表青岛韩周服装有限公司提起本次诉讼，故本案郑某某以青岛韩周服装有限公司名义起诉不具备原告诉讼主体资格，依法应予驳回。

三、裁判规则提要

上述例案一是公司原法定代表人使用作废公章以公司名义起诉元氏县政府设立公司的行为，例案二是公司原法定代表人使用作废公章以公司名义起诉武汉市工商局撤销变更公司法定代表人、董事会和监事会成员登记的行为，例案三是公司原法定代表人以公司名义起诉青岛市工商局法定代表人变更登记、董事变更备案和修改公司章程备案登记行为，无一例外，司法实践在这一问题上是持否定态度的。即企业法人的法定代表人代表企业行使权利和履行义务，被免职后，其便丧失了代表企业的权利。

(一)关于法定代表人的法律地位

《民法通则》第38条规定,依照法律或者法人组织章程规定,代表法人行使职权的负责人,是法人的法定代表人。《公司法》第13条规定,公司法定代表人依照公司章程的规定,由董事长、执行董事或者经理担任,并依法登记。公司法是代表人变更,应当办理变更登记。从现行公司法律制度上看,现行法律并没有清晰地揭示法定代表人之功能,也没有像规定董事会、总经理之职权那样详细规定法定代表人的职权。在《公司法》《公司登记管理条例》中有涉及公司的法定代表人应在公司股票、债券等签字,在公司登记、变更和注销过程中的法定代表人的签字职权。再结合《合同法》第50条法定代表人越权行为等相关规定加以总结,在当前法律制度中,法定代表人的职能是法律赋予公司的法定的意思表示机关,法定代表人拥有代表公司法人的法律地位,进以实现法人的意志。需要指出的是,法定代表人,作为意思表示机关,其本身并非公司的意思形成机关,即其不是公司的决策机构。

(二)法定代表人之登记及其效力

《公司法》第13条规定,公司法定代表人依照公司章程的规定,由董事长、执行董事或者经理担任,并依法登记。公司法定代表人变更,应当办理变更登记。《公司登记管理条例》第9条规定,法定代表人的姓名属于登记事项。《民事诉讼法解释》第50条第1款规定,法人的法定代表人以依法登记的为准,但法律另有规定的除外。依法不需要办理登记的法人,以正职负责人为法定代表人,没有正职负责人,以其主持工作的副职负责人为法定代表人。《企业法人法定代表人登记管理规定》第3条规定,企业法人的法定代表人经企业登记机关核准登记,取得企业法定代表人的资格。法定代表人经法定程序更换,登记后产生对抗第三人的效力。从以上可以看出,第一,能作为法定代表人的人员必须是董事长、执行董事,或总经理,他人均无权作为公司的法定代表人。换言之,担任公司的董事长、执行董事或总经理职务是被登记为公司法定代表人的前提条件或基础条件。其内在要旨是在保证作为重要意思表示机关的法定代表人,其目标利益上与公司是一致的。一个人如果已经不在公司担任上述职务时,则该人与公司利益即发生分歧或对立,其当然就失去了作为法定代表人的法定基础条件。第二,公司法定代表人属于依法应予以登记的事项。在对外效力上,基于法律上公示公信的制度价值,法定代表人作为公司法人的人格要素之一,与公司其他登记事项均旨在保护与公司发生各类法律关系的第三人。因此，登记是自然人成为公司完整意义上的法定代表人的生效要件之一，不经登记该人无法有效对外充当公司法定代表人。就法定代表人登记而言，第三人可以基于该登记而信赖，持续至该法定代表人被变更登记时止，包括自该法定代表人被免去董事长、执行董事或总经理职务后至法定代表人变更登记完成之日。在对内效力上，法定代表人的登记不产生上述对抗效力，只要企业内部按照章程的规定或者组织任免形成变更的决议或决定，即便尚未被登记，则新的法定代表人在公司内部已经能够取代了仍登记在册的法定代表人，并在特定范围内取得了有效的对外代表权。

（三）企业法人由其法定代表人进行诉讼

在《民事诉讼法》第 48 条第 2 款、《民事诉讼法解释》第 50 条第 3 款规定了法定代表人代表法人进行诉讼的权利。法人的法定代表人有权直接处理法人事务，无须法人另外授权。无论是被罢免、解聘或是自行离职，当法定代表人之董事长、执行董事或总经理职务终止时，其随即丧失了担任法定代表人之前提条件或基础条件，即使在工商登记上该人依然还是法定代表人。既然丧失了这一基础条件，那么法定代表人就无权代表公司，其也应主动停止继续以公司的法定代表人身份对外行事，这也是诚实信用原则的要求。企业原法定代表人经法定程序被免去职务或者被变更登记除去法定代表人身份后，原法定代表人便丧失了代表企业的合法性，其以企业名义提起行政诉讼，并不能代表该企业真实意思表示，亦缺乏诉的利益，不应具有原告主体资格。

四、辅助信息

高频词条：

1.《行政诉讼法》

第 25 条第 1 款 行政行为的相对人以及其他与行政行为有利害关系的公民、法人或者其他组织，有权提起诉讼。

第 49 条 提起诉讼应当符合下列条件：

（一）原告是符合本法第二十五条规定的公民、法人或者其他组织；

（二）有明确的被告；

（三）有具体的诉讼请求和事实根据；

（四）属于人民法院受案范围和受诉人民法院管辖。

第101条 人民法院审理行政案件,关于期间、送达、财产保全、开庭审理、调解、中止诉讼、终结诉讼、简易程序、执行等,以及人民检察院对行政案件受理、审理、裁判、执行的监督,本法没有规定的,适用《中华人民共和国民事诉讼法》的相关规定。

2.《民事诉讼法》

第48条第2款 法人由其法定代表人进行诉讼。其他组织由其主要负责人进行诉讼。

3.《民事诉讼法解释》

第50条 法人的法定代表人以依法登记的为准,但法律另有规定的除外。依法不需要办理登记的法人,以其正职负责人为法定代表人;没有正职负责人的,以其主持工作的副职负责人为法定代表人。

法定代表人已经变更,但未完成登记,变更后的法定代表人要求代表法人参加诉讼的,人民法院可以准许。

其他组织,以其主要负责人为代表人。

工商登记案件裁判规则第 13 条：
隐名股东对公司登记行为不服提起行政诉讼，不具有原告资格

〔**规则描述**〕：实践中，隐名股东因为各种各样的理由通过代持股权协议约定由显名股东代其持有公司股权。在公司经营过程中，隐名股东又通过行政诉讼对公司变更登记等行政行为提出异议。公司股东资格经注册登记对外发生公示公信效力，因此，公司的隐名股东在未进行变更登记为正式股东前，对外不产生对抗效力。虽然隐名股东与公司之间存在一定的民事法律关系，但并不属于行政法调整的范围。公司登记行为并没有处理或者改变、消灭他们之间的民事法律关系，并不会对隐名股东产生任何法律上的或现实的影响。因此，隐名股东与上述行政行为之间并无利害关系，不具有提起行政诉讼的原告主体资格。

一、类案检索大数据报告

截至 2018 年 12 月 24 日，通过 Alpha 案例库、上海 C2J 系统、法信平台、元典智库、北大法宝、中国裁判文书网共检索到 30 起案件，经逐案阅看、分析，剔除同一案件因不同审级形成的多个文书，与本规则关联度较高的案件有 6 件，整体情况如下（见图 13－1）：

从地域分布来看，浙江省 2 件，四川省、北京市、上海市、贵州省各 1 件。

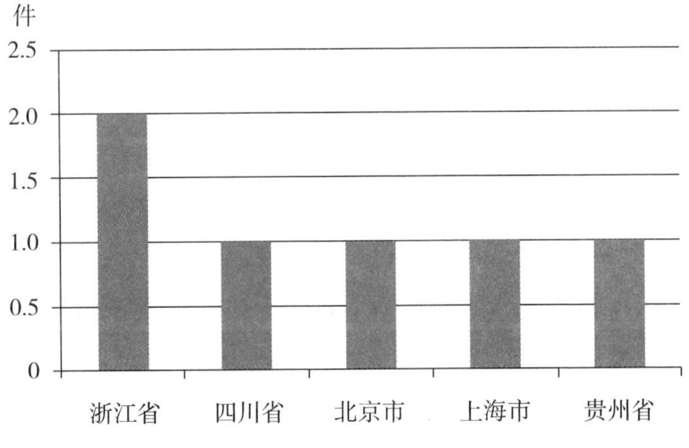

图 13－1　类案地域分布

从结案年度来看,2014 年 2 件,2015 年 1 件,2017 年 2 件,2018 年 1 件(见图 13 -2)。

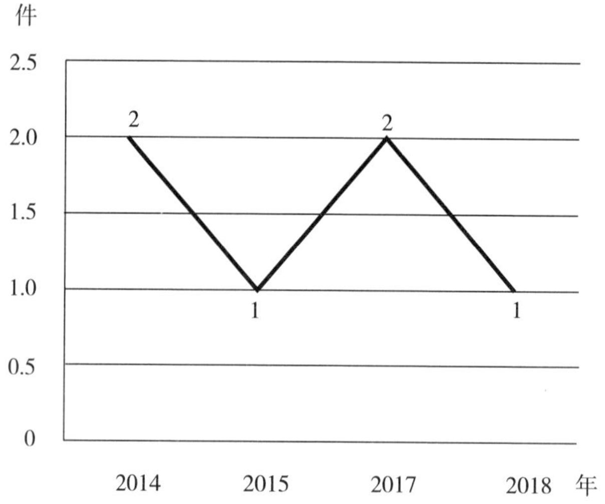

图 13 -2 类案结案年度分布

从被诉行政行为种类来看,要求撤销公司股东、法定代表人等变更登记的有 4 件,要求撤销行政许可 1 件,要求撤销行政复议决定 1 件(见图 13 -3)。

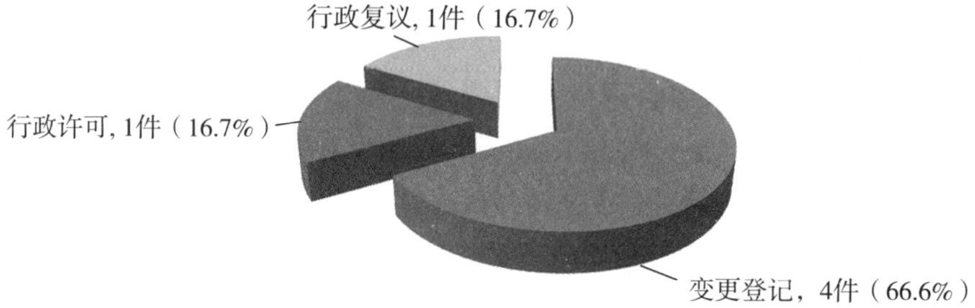

图 13 -3 被诉行政行为种类分布

从裁判结果来看,检索到的 6 起案件均以隐名股东对公司变更登记、行政许可不具有提起行政诉讼的原告主体资格为由作出裁判。

二、可供参考例案

例案一 | 张某某诉四川省遂宁市工商行政管理局工商登记案

【法院】

四川省遂宁市中级人民法院

【案号】

(2014)遂中行终字第18号

【当事人】

上诉人(一审原告):张某某

被上诉人(一审被告):四川省遂宁市工商行政管理局

法定代表人:王某,该局局长

一审第三人:四川省赛禹工程建设有限公司

法定代表人:谢某甲,该公司总经理

一审第三人:谢某甲,四川省赛禹工程建设有限公司法定代表人、总经理

一审第三人:邓某某,原四川省赛禹工程建设有限公司股东,张某某前夫

【基本案情】

上诉人张某某上诉称,上诉人与前夫邓某某婚姻关系存续期间,邓某某以夫妻共同财产出资487.06万元与他人共同设立了四川省赛禹工程建设有限公司(以下简称四川赛禹公司)持股比例为24.35%。根据我国《婚姻法》规定,该部分股权属于夫妻共同财产;上诉人与邓某某虽已离婚,但对该部分股权至今尚未分割,故上诉人与邓某某对该部分股权处于共同共有状态,上诉人系赛禹公司的当然隐名股东;四川省遂宁市工商行政管理局(以下简称遂宁市工商局)将该部分股权变更登记到谢某甲名下的具体行政行为直接侵犯了上诉人的股权,无论从客观事实还是从法律角度来看,上诉人当然属于该具体行政行为之利害关系人,一审以非利害关系人为由裁定驳回上诉人的诉讼请求,毫无事实和法律依据,更是典型的故意枉法裁判。遂宁市工商局拒绝对2009年12月25日作出的赛禹公司股东的变更登记,实属非法协助邓某某非法转移夫妻共同财产的严重违法行为。综上所述,一审法院裁定认定事实不清,证据不足,程序违法,适用法律不当。为此,依据我国《行政诉讼法》之规定,请求二审法院排除非法干扰,依法撤销一审法院裁定,并依法支持上诉人的全部上诉请求。

被上诉人遂宁市工商局答辩称,张某某不是该案适格的诉讼当事人,无行政诉讼原告诉讼主体资格。在四川赛禹公司的工商登记档案中,张某某既不是公司股东,也不是法定代表人等相关人员,和被诉工商登记行为没有法律上的利害关系,无权提起行政诉讼。张某某如与公司的股东有民事争议,理应通过民事诉讼途径解决。综上,上诉人在该案中诉讼主体不适格,请求人民法院依法驳回上诉,维持原裁定。

一审第三人四川赛禹公司和谢某甲与一审答辩意见一致。

一审第三人邓某某与一审答辩意见一致。

一审法院经审理查明,2000 年 9 月 18 日、22 日,原遂宁市市中区国有资产管理局及原乡镇企业局分别作出 16 号《通知》、27 号批复,同意将原遂宁市第四建筑工程公司整体出售给谢某甲、谢某某、邓某甲(邓某某)、王某某和赵某某等五人改制为有限公司,新设立公司取名为遂宁市赛禹工程建设有限公司(以下简称遂宁赛禹公司),谢某甲担任公司董事长,谢某乙(谢某甲之子)、邓某某为公司董事,王某某、赵某某为公司监事,并于 2000 年 9 月 20 日提交相关资料向被告申请公司设立注册登记,公司章程及验资报告显示邓某某出资 487.06 万元(其中货币资金 236.81 万元,实物资产 250.25 万元)。嗣后,遂宁赛禹公司拟进行公司名称变更。经过申请,2001 年 1 月 2 日,被告市工商局发出"企业名称变更核准通知书",核准遂宁赛禹公司名称变更为四川赛禹公司。2001 年 1 月 16 日,被告市工商局向四川赛禹公司颁发了变更名称和经营范围的营业执照。同月 7 月 10 日,四川赛禹公司填写了增资变更登记申请书申请注册资本变更,其注册资本由原 1568 万元增至 2000 万元,同月 17 日被告市工商局向其颁发了增加注册资本金的营业执照。

2009 年 12 月 24 日,第三人谢某甲诉邓某某、王某某、赵某某股权确认纠纷案在安居法院提起民事诉讼,谢某甲要求确认邓某某、王某某、赵某某在四川赛禹公司名下的股权归其所有。案件审理中经安居法院主持调解,谢某甲与邓某某、王某某、赵某某分别自愿达成协议,邓某某、王某某、赵某某将各自在四川赛禹公司的股权转归谢某甲所有,其中邓某某名下股权出资额 487.06 万元,占该公司股份总额的 24.35 %,安居法院以安居民初字第 10 号、11 号、12 号《民事调解书》分别对谢某甲与邓某某、王某某、赵某某达成的上述协议予以了确认。2009 年 12 月 25 日,四川赛禹公司以安居民初字第 10 号、11 号、12 号《民事调解书》为依据,向被告市工商局申请股东、股权变更,拟将公司原股东谢某甲、谢某乙、邓某某、王某某、赵某某五人变更为谢某甲、谢某乙二人,谢某甲任股东股权变更后的公司总经理兼执行董事，谢某乙为公司监事。2010 年 1 月 11 日，经过审查后，被告市工商局为四川赛禹公司作了股东、股权变更登记并颁发了新营业执照。

上诉人张某某与第三人邓某某曾系夫妻关系，2001 年 1 月 16 日双方自愿到民政部门协议离婚。离婚登记申请书注明“无夫妻财产分割”离婚协议书注明“无夫妻共同债权债务”。

安居法院于 2009 年 12 月 24 日作出的民初字第 10 号《民事调解书》生效后，经安居法院院长提交审判委员会讨论认为，该案违反法律规定，管辖错误，应予再审。2012 年 5 月 23 日，安居法院作出民监字第 1 号《民事裁定书》，裁定谢某甲诉邓某某股权确认纠纷案由该院再审。2012 年 9 月 17 日，安居法院作出民再审字第 02 号《民事裁定书》，撤销了该院民初字第 10 号《民事调解书》并将该案移送遂宁市中级人民法院审理。遂宁市中级人民法院在审理该案过程中，谢某甲自愿申请撤回起诉。2013 年 8 月 13 日，遂宁市中级人民法院作出遂中民初字第 24 号《民事裁定书》，准许谢某甲撤回起诉。

2013 年 9 月 17 日，上诉人张某某出具书面申请要求被告市工商局撤销 2009 年 12 月 25 日对四川赛禹公司的变更登记。同年 11 月 5 日，被告市工商局作出书面回复，载明：根据《公司登记管理条例》的相关规定，撤销变更登记只能由四川赛禹公司提出，张某某无权以个人名义提出。张某某起诉至一审法院，要求撤销被告市工商局于 2009 年 12 月 25 日对四川赛禹公司的股东变更登记。

另查明，本案在审理中，四川赛禹公司向被告市工商局提出股东、股权变更书面申请：鉴于安居民初字第 10 号《民事调解书》已被撤销，请求恢复邓某某在其公司的股东身份和股权份额。被告市工商局口头告知四川赛禹公司：待该诉讼终结，依法审查后再作出是否变更的决定。

四川省遂宁市船山区人民法院于 2014 年 5 月 19 日作出(2014)船山行初字第 10 号一审裁定：驳回原告张某某的起诉。原告张某某不服，提出上诉。四川省遂宁市中级人民法院于 2014 年 10 月 8 日裁定驳回上诉，维持原裁定。

【案件争点】

张某某是否具有提起本案行政诉讼的原告主体资格。

【裁判要旨】

四川省遂宁市中级人民法院经审理认为，张某某既不是四川赛禹公司法定代表人，也不是公司股东或者经理、董事、监事等相关人员，与工商局的工商登记行为没有行政法律上的利害关系。张某某如主张与第三人邓某某有民事权利和义务关系,应向邓某某提出主张或通过民事诉讼解决,第三人邓某某与四川赛禹公司是否有股权争议亦应当通过民事诉讼途径解决。工商变更登记应当由四川赛禹公司提出申请,公司内部的民事权利、义务属民事法律关系。张某某不具备本案原告的诉讼主体资格,其起诉依法应予以驳回。

例案二 | 鲁某某、郁某某诉平阳县市场监督管理局工商登记案

【法院】

浙江省温州市中级人民法院

【案号】

(2017)浙03行终303号

【当事人】

上诉人(一审原告):鲁某某

上诉人(一审原告):郁某某

被上诉人(一审被告):平阳县市场监督管理局

法定代表人:周某,该局局长

被上诉人(一审第三人):平阳县万鳌公路工程有限公司

法定代表人:王某某,该公司总经理

被上诉人(一审第三人):海南中水路桥工程有限公司

法定代表人:魏某某,该公司总经理

【基本案情】

上诉人鲁某某、郁某某上诉称,上诉人鲁某某、郁某某是平阳县万鳌公路工程有限公司(以下简称万鳌公司)的实际出资人(隐名股东),海南中水路桥工程有限公司(以下简称中水公司)是代持股东(挂名股东),被上诉人将万鳌公司法定代表人由鲁某某变更登记为王某某,损害了作为实际股东的二上诉人的权益,故二上诉人有权提起本案诉讼。万鳌公司经备案的公司印章一直由二上诉人保管,从未脱离控制。万鳌公司虚构公司印章丢失,持伪造的印章进行涉案变更登记申请,被上诉人平阳县市场监督管理局在未联系上诉人鲁某某及上诉人鲁某某未亲自到场且没有授权手续的情况下,未依法履行审慎审查的职责,就作出被诉行政登记行为,违反法律规定。请求撤销原判,改判撤销被诉变更登记行为。

被上诉人平阳县市场监督管理局辩称,二上诉人与被诉行政登记行为没有利

害关系。二上诉人提供的证据材料无法证明其是万鳌公司的股东。万鳌公司法定代表人的变更，属于公司内部职员的职位变动，鲁某某如有异议，应通过劳动仲裁解决。万鳌公司提交的材料符合法律规定，其中股东会决议盖有万鳌公司的印章。被上诉人审查申请材料时应尽审慎审查的义务，但并不意味着要对万鳌公司的印章是否真实等事实予以进一步核实。被上诉人作出的被诉行政登记行为合法有效。一审判决认定事实清楚，适用法律正确。请求维持原判。

被上诉人万鳌公司、中水公司均未陈述答辩意见。

一审法院经审理查明，2016年12月20日，第三人万鳌公司向被告平阳县市场监督管理局提出公司登记（备案）申请，即将公司原法定代表人鲁某某变更为王某某，并对公司董事、监事、经理、章程修正案、财务负责人及联络员予以备案，同时提交了授权委托书、聘任书、变更决定书、《声明》、遗失登报证明广告刊样及样本和法定代表人、董事、监事等人员信息等材料。经审查，被告于2016年12月22日作出同意变更登记，并对董事、监事等信息予以备案。两原告不服被告作出的，诉至一审法院。根据国家企业信用信息公示系统显示，万鳌公司成立日期为2013年5月14日，组织机构变更前内容为鲁某某（证件号码略），职务为总经理，郁某某（证件号码略），职务为监事；变更后内容为王某某（证件号码略），职务为总经理，汪某某，职务为监事。法定代表人（负责人、董事长、首席代表）变更前为鲁某某，变更后为王某某。股东及出资信息为法人股东中水公司。

浙江省平阳县人民法院作出（2017）浙0326行初10号一审判决：驳回原告郁文江的起诉，驳回原告鲁某某的诉讼请求。原告鲁某某、郁某某不服，提出上诉。浙江省温州市中级人民法院于2017年9月26日作出二审判决：驳回上诉，维持原判。

【案件争点】

郁某某是否具有提起本案行政诉讼的原告主体资格。

【裁判要旨】

浙江省温州市中级人民法院认为，《行政诉讼法》第25条第1款规定，行政行为的相对人以及其他与行政行为有利害关系的公民、法人或者其他组织，有权提起诉讼。本案中，仅凭涉案《代持股协议书》尚不足以证明上诉人郁某某与被诉变更登记行为有利害关系。因此，原判认定上诉人郁某某不具备原告诉讼主体资格，驳回其起诉，并无不当。

例案三 | 叶某某诉贵州省施秉县市场监督管理局公司设立登记案

【法院】

贵州省镇远县人民法院

【案号】

(2015)镇行初字第00037号

【当事人】

原告:叶某某

被告:施秉县市场监督管理局

法定代表人:张某某,该局局长

第三人:黔东南桂鑫矿业有限公司

法定代表人:夏某某,该公司执行董事

【基本案情】

原告叶某某诉称,原告与许某某占有黔东南桂鑫矿业有限公司35%的股份,同意以许某某作为股东办理登记。但夏某某未经全体股东委托擅自伪造申请材料申请公司设立登记。夏某某提交的所有申请材料的签名均不是本人所签,提交的委托书的委托办证事项不明。被告在核准颁发黔东南桂鑫矿业有限公司《企业法人营业执照》时未尽合理审查义务,没有向各股东核实,也没有进行笔迹鉴定,程序违法。被告核准登记、颁发企业法人营业执照,没有将原告登记为股东,登记的注册资本比实际出资少,致使原告的权益受到了实质影响。原告从2013年8月起多次向被告反映,要求撤销黔东南桂鑫矿业有限公司《企业法人营业执照》,被告没有撤销,建议走司法程序。被告也向各股东进行了调查,也核实了申请资料上的签名不是本人亲笔签名。被告颁发黔东南桂鑫矿业有限公司《企业法人营业执照》的行为,程序违法,应予以撤销。

被告施秉县市场监督管理局辩称,第一,原告不是黔东南桂鑫矿业有限公司注册登记在册的股东,也不是被告颁证许可的行政相对人,被告的行政许可行为没有对原告的合法权益造成实际影响,原告与被告的行政许可行为没有利害关系,根据《行政诉讼法》(2014年)第2条的规定,原告不是本案的适格主体。另外,原告现在提起诉讼,已过起诉期限。第二,根据《公司登记管理条例》(2014年)第4条第1款的规定,被告具有对黔东南桂鑫矿业有限公司进行登记的法定职权。黔东南桂鑫矿业有限公司于2013年6月13日向被告申请设立登记,被告受理后,根据相关法律法规规定，进行公司设立登记审核，履行了形式审查义务。经审查，申请人提供设立登记的材料齐全，符合法定形式，依法准予设立，并于当日颁发企业法人营业执照。申请人应对申请材料实质内容的真实性负责，被告只对申请人提交的材料进行形式审查。申请设立登记时各股东均提交了身份证复印件，关于股东签字的真实性审查缺乏可能性。公司成立之后，各股东也参与了公司的管理和经营，没有股东提出异议，要求撤销。被告对黔东南桂鑫矿业有限公司准予设立登记，是在法定职权范围内，按照法定程序，准予注册登记、颁发企业法人营业执照的行政许可。被告颁证的行政许可行为事实清楚、证据充分，程序合法，适用法律法规正确，不存在违法的行为。请求人民法院驳回原告的诉讼请求。

第三人黔东南桂鑫矿业有限公司述称，原告不具备行政诉讼法所规定的原告主体资格。原告在黔东南桂鑫矿业有限公司申请发起设立之时，是与许某某合伙出资，由许某某持股，原告是隐名合伙人。在黔东南桂鑫矿业有限公司成立之时，原告合伙人许某某是登记在册的股东，其未提出异议，也没有提起诉讼，原告单独提起诉讼不符合法律规定。原告2013年8月已经知道被告颁证行为，原告现提起行政诉讼也超过了诉讼时效。公司法定代表人夏某某在申请办理公司注册登记时，作为公司全体股东指定代表，是完全依据全体股东的要求办理登记手续的，几个记名股东对其提供身份证等用于注册并无异议，对持股份额也无异议。关于注册资金的异议，黔东南州中级人民法院正在审理，这属于商事纠纷，不属于行政诉讼的范围。被告在注册登记时收到的材料从形式上是完备的，其作出准予登记的行为事实清楚、证据充分、程序合法，应予以维持。

经审理查明，黔东南桂鑫矿业有限公司法定代表人夏某某2013年6月13日向施秉县工商行政管理局申请公司设立登记，施秉县工商行政管理局经审查，认为该公司提交的公司设立登记材料齐全，符合法定形式，准予设立登记，并于当日向黔东南桂鑫矿业有限公司颁发了注册号为522623000063790的《企业法人营业执照》。《企业法人营业执照》登记的基本信息：名称黔东南桂鑫矿业有限公司，住所贵州省施秉县城关镇东街，法定代表人姓名夏某某，注册资本50万元整，实收资本50万元整，公司类型有限责任公司（自然人投资或控股），经营范围重晶石开采、销售（以上项目涉及许可证和资质证的须凭证经营）。施秉县工商行政管理局审核登记的股东为夏某某、陈某某、许某某、郑某某，分别持有股份10%、5%、35%、50%。

另查明，许某某持有的黔东南桂鑫矿业有限公司35%的股份，实际为原告与许某某合伙出资。双方约定，以许某某为股东办理公司设立登记。

另外,施秉县工商行政管理局经机构改革,现其职责由施秉县市场监督管理局行使。

贵州省镇远县人民法院于2015年11月19日裁定驳回原告叶某某的起诉。黔东南苗族侗族自治州中级人民法院于2016年3月16日作出二审裁定:驳回上诉,维持原裁定。

【案件争点】

原告叶某某是否具有提起本案行政诉讼的原告主体资格。

【裁判要旨】

贵州省镇远县人民法院认为,工商行政部门对申请人提交的公司设立登记材料只进行形式审查,对申请材料涉及的民事法律关系不进行审查。公司设立登记时,原告叶某某与许某某共同投资黔东南桂鑫矿业有限公司,占股35%,约定以许某某为名义股东。根据《公司法解释(三)》第25条第1款的规定,该约定有效。原告欲成为股东,行使股东权利,根据本条第3款的规定,应经其他股东半数以上同意,请求公司变更股东、签发出资证明书、记载于股东名册、记载于公司章程并向公司登记机关办理变更登记。在未进行变更登记之前,叶某某虽是实际出资人,但不当然是股东,对外不产生对抗效力。本案中,被告2013年6月13日向黔东南桂鑫矿业有限公司颁发《企业法人营业执照》,其行政相对人是黔东南桂鑫矿业有限公司。黔东南桂鑫矿业有限公司登记在册的股东为夏某某、陈某某、许某某、郑某某,原告与该行政许可行为没有利害关系。根据《行政诉讼法》(2014年)第25条的规定,原告作为隐名股东以自己名义提起诉讼,要求撤销黔东南桂鑫矿业有限公司《企业法人营业执照》,不具有原告资格。如果原告认为夏某某作为公司高管,在办理公司设立登记时,提供虚假材料,擅自缩减公司注册资本,损害公司或者原告之利益,亦应由公司股东根据《公司法》(2013年)第151条、第152条的规定行使救济权。

三、裁判规则提要

司法实践中,隐名股东通过代持股权协议约定由显名股东代其持有公司股权的情况较为多见。但由于法律规制的不完善,容易产生各种股权争议。一部分隐名股东寻求通过行政诉讼的方式解决争议,法院在审理该类案件过程中需要对隐名股东法律的法律性质进行分析,并审查原告是否有提起行政诉讼的主体资格。

(一)隐名投资的法律性质

隐名投资一般指的是指一方投资人(隐名股东)实际认缴、认购出资,但公司的章程、股东名册或其他工商登记材料记载的投资人却显示为他人(显名股东)的法律现象。无论投资主体是自然人还是公司或其他经济组织,也无论是投资于合伙还是公司或其他经济实体;在投资形式上,不管隐名投资人是附着于某一显名股东,还是几个股东身上,抑或是隐名投资人与显名股东各成系统,一方只管出资,一方只管经营;在经营方式上,不管其是否控制、参与组织或只是纯分享股东的权益与分担股东的风险,都属于隐名投资。《公司法解释(三)》第25条第1款规定:"有限责任公司的实际出资人与名义出资人订立合同,约定由实际出资人出资并享有投资利益,以名义出资人为股东,实际出资人与名义股东对该合同效力发生争议的,如无合同法第五十二条规定的情形,人民法院应当认定该合同有效。"该条款是对《公司法》未予明确的隐名投资人性质的法律定位。如果隐名股东与显名股东之间发生投资权益纠纷,其应属于内部纠纷,在处理公司内部关系引发的纠纷时应依契约自由、意思自治原则来解决。隐名股东与显名股东所达成的合约与一般民事法律行为所达成的合约并没有本质区别。只要该合约建立在双方合意和合法的基础上,其权利义务的分配不涉及第三人利益,完全可以以一般契约原则加以调整,应当依据当事人双方的真实意思表示认定二者之间的法律关系。如果双方出资协议就权利义务的分配达成一致约定且该约定不违反法律强制性规定,应当承认其投资权益。在确定了以上原则后,司法解释承认了实际出资人和名义出资人因投资权益归属发生纠纷时,以实际出资为主张权利的标准,而不以股东名册、公司登记等外部公示否认实际出资人的权利。

隐名股东要成为显名股东须具备法定条件。《公司法解释(三)》第25条第3款规定:"实际出资人未经公司其他股东半数以上同意,请求公司变更股东、签发出资证明书、记载于股东名册、记载于公司章程并办理公司登记机关登记的,人民法院不予支持。"故隐名股东要成为显名股东须经过其他股东半数以上同意。

(二)隐名股东不具有对公司工商行政登记行为提起行政诉讼的原告资格

《公司法》第13条规定,"公司法定代表人依照公司章程的规定,由董事长、执行董事或者经理担任,并依法登记。公司法定代表人变更,应当办理变更登记"。第31条第1款规定,"有限责任公司成立后,应当向股东签发出资证明书"。第32

条第2款、第3款规定，“记载于股东名册的股东，可以依股东名册主张行使股东权利。公司应当将股东的姓名或者名称向公司登记机关登记；登记事项发生变更的，应当办理变更登记。未经登记或者变更登记的，不得对抗第三人”。根据上述规定，公司股东资格经注册登记对外发生公示公信效力。因此，公司的隐名股东在未进行变更登记为正式股东前，对外不产生对抗效力。公司股东、住所地等变更登记的效力在于通过行政机关行政登记行为对外公示公司经营信息。公司的工商行政登记亦是公司经营活动的一部分。行政诉讼中的利害关系应当是一种行政法上的利害关系。诚然，隐名股东与公司之间存在一定的民事法律关系，但并不属于行政法调整的范围。行政机关的行政登记行为并没有处理或者改变、消灭他们之间的民事法律关系，并不会对隐名股东产生任何法律的或现实的影响。因此，隐名股东与上述行政行为之间并无利害关系，不具备提起行政诉讼的原告主体资格。只有工商行政登记影响了隐名股东的对外权利，如隐名股东为公司法定代表人，则其对法定代表人的变更登记有权提起行政诉讼。如果隐名股东认为公司的经营行为损害其合法利益，可通过代持其股份的股东根据《公司法》等规定行使救济权。需要说明的是，隐名股东通过法律规定的途径成为公司正式股东后，可以行使股东的各项权利，对涉及其股东权利的行政行为亦可向法院提起行政诉讼。

四、辅助信息

高频词条：

1.《行政诉讼法》

第25条 行政行为的相对人以及其他与行政行为有利害关系的公民、法人或者其他组织，有权提起诉讼。

有权提起诉讼的公民死亡，其近亲属可以提起诉讼。

有权提起诉讼的法人或者其他组织终止，承受其权利的法人或者其他组织可以提起诉讼。

人民检察院在履行职责中发现生态环境和资源保护、食品药品安全、国有财产保护、国有土地使用权出让等领域负有监督管理职责的行政机关违法行使职权或者不作为，致使国家利益或者社会公共利益受到侵害的，应当有行政机关提出检察建议，督促其依法履行职责。行政机关不依法履行职责的，人民检察院依法向人民法院提起诉讼。

第49条 提起诉讼应当符合下列条件：

（一）原告是符合本法第二十五条规定的公民、法人或者其他组织；

（二）有明确的被告；

（三）有具体的诉讼请求和事实根据；

（四）属于人民法院受案范围和受诉人民法院管辖。

2.《公司法》

第 13 条 公司法定代表人依照公司章程的规定，由董事长、执行董事或者经理担任，并依法登记。公司法定代表人变更，应当办理变更登记。

第 31 条 有限责任公司成立后，应当向股东签发出资证明书。

出资证明书应当载明下列事项：

（一）公司名称；

（二）公司成立日期；

（三）公司注册资本；

（四）股东的姓名或者名称、缴纳的出资额和出资日期；

（五）出资证明书的编号和核发日期。

出资证明书由公司盖章。

第 32 条 有限责任公司应当置备股东名册，记载下列事项：

（一）股东的姓名或者名称及住所；

（二）股东的出资额；

（三）出资证明书编号。

记载于股东名册的股东，可以依股东名册主张行使股东权利。

公司应当将股东的姓名或者名称向公司登记机关登记；登记事项发生变更的，应当办理变更登记。未经登记或者变更登记的，不得对抗第三人。

3.《公司法解释（三）》

第 25 条 有限责任公司的实际出资人与名义出资人订立合同，约定由实际出资人出资并享有投资权益，以名义出资人为名义股东，实际出资人与名义股东对该合同效力发生争议的，如无《合同法》第五十二条规定的情形，人民法院应当认定该合同有效。

前款规定的实际出资人与名义股东因投资权益的归属发生争议，实际出资人以其实际履行了出资义务为由向名义股东主张权利的，人民法院应予支持。名义股东以公司股东名册记载、公司登记机关登记为由否认实际出资人权利的，人民法院不予支持。

实际出资人未经公司其他股东半数以上同意,请求公司变更股东、签发出资证明书、记载于股东名册、记载于公司章程并办理公司登记机关登记的,人民法院不予支持。

工商登记案件裁判规则第 14 条：
当事人仅以申请材料中股东会或股东大会决议存在非股东本人签字或盖章为由，要求撤销相关公司登记行为的，若登记显示该股东拥有的表决权不足以否定决议效力的，则不予支持

〔**规则描述**〕：依据公司登记相关法律规范，某些申请登记事项需要申请人向工商登记机关提交股东会或股东大会的决议等材料。近年出现较多的情况是，公司股东或利害关系人以股东会或股东大会决议上存在非股东本人签字或盖章的情形为由，要求撤销相关公司登记的行政案件。当决议存在非股东本人签字或盖章的情形时，相关公司登记是否应当被撤销，需要将股东表决权对于决议效力的影响纳入考量。公司股东的表决权大小，及特定事项获得股东会或股东大会通过所需的表决权比例，由公司法或公司章程作出规定。若决议上部分股东的签名并非由其本人签署，或其印章系他人冒用、假冒，但根据该股东拥有的表决权，即使其反对决议内容，仍不足以阻止决议获得股东会或股东大会通过的，则相关决议仍对外代表公司意志，具有决定公司事务的效力，符合申请公司登记的要求。

一、类案检索大数据报告

截至 2019 年 1 月 3 日，通过 Alpha 案例库、法信平台、元典智库、北大法宝、中国裁判文书网、上海 C2J 系统，分别以“决议”“股东会或股东大会”“伪造或冒用或冒名或虚假或非本人”“签字或签名或盖章或公章或印章”为关键词，在案由为工商行政管理（工商）的案件中进行全文检索（包括一审或二审或再审案件），共查找到 1,168 起案件涉及股东会或股东大会决议上假冒签名或冒用印章。进一步以法院认为部分包含“表决权”“章程或公司法”为检索条件，对上述案件进一步检索，并经逐案阅看、分析，与本规则关联度较高的案件有 15 件。整体情况如下（见图 14 - 1）：

从地域分布来看，相关案件主要集中在河南省、吉林省、浙江省，分别占比 33.33%、20%、13.33%。其中，河南省的案件量最多，有 5 件。

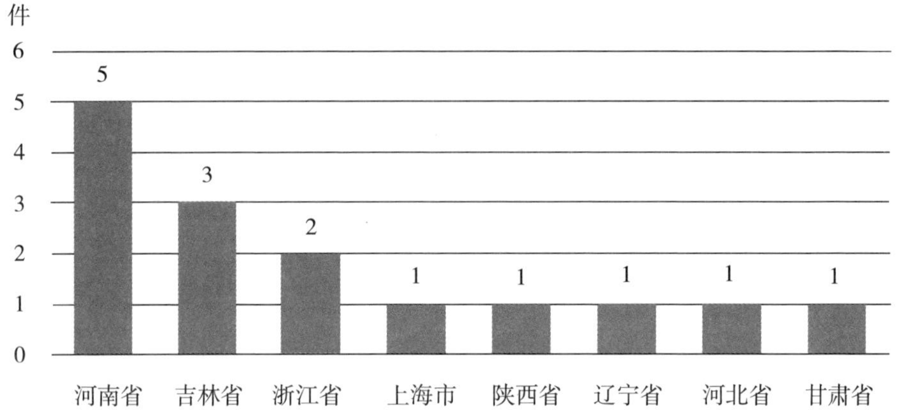

图 14－1　类案地域分布

从年份分布可以看到,当前检索条件下的相关案件的变化趋势(见图 14－2)。

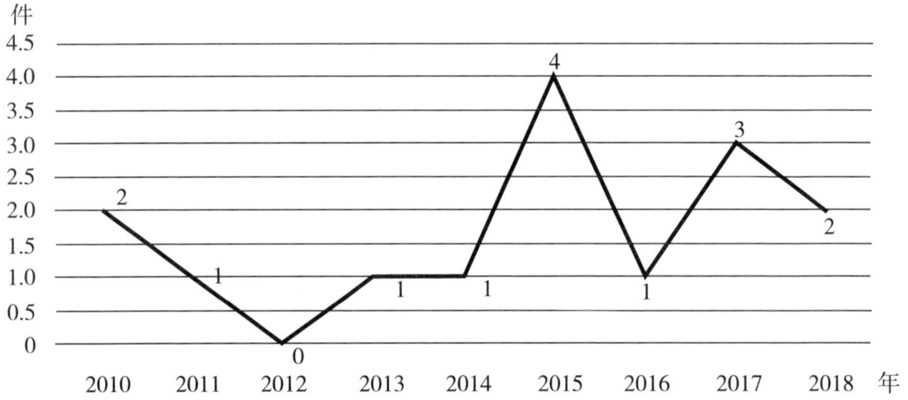

图 14－2　类案结案年度分布

从下面的程序分类统计可以看到,当前检索条件下的相关案件的审理程序分布状况(见图 14－3)。一审案件有 8 件,二审案件有 6 件,再审案件有 1 件。

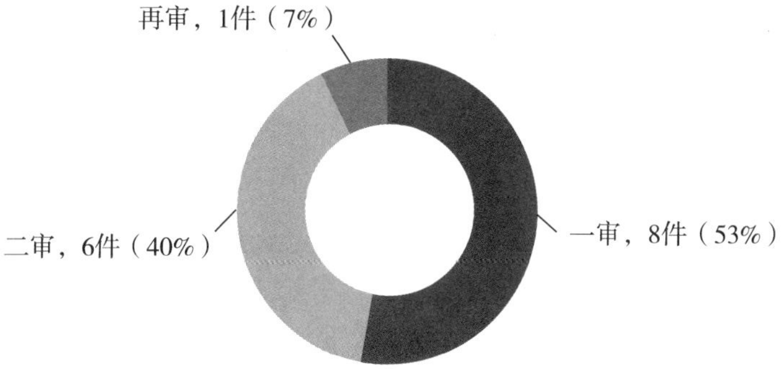

图 14－3　类案审理程序分布

在 15 件案件中，有 12 件案件，法院在考量了股东表决权的占比后，适用了本规则，占比 80%（见图 14－4）。

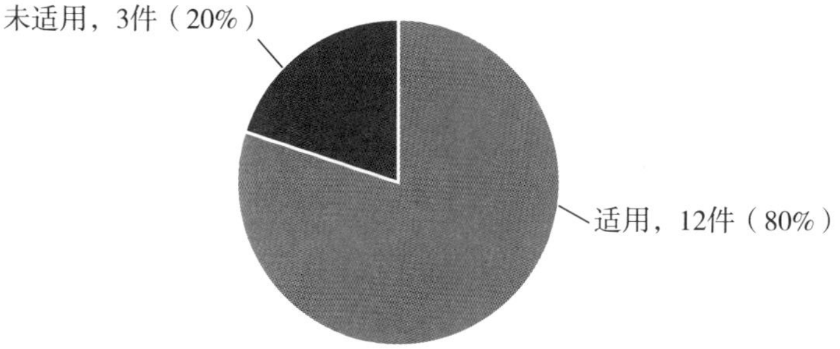

图 14－4　类案裁判结果分析

二、可供参考例案

例案一　施某某诉宁波市市场监督管理局撤销公司登记决定案

【法院】

浙江省高级人民法院

【案号】

(2015)浙行再字第 8 号

【当事人】

申请再审人(原二审上诉人，一审原告)：施某某

被申请人(原二审被上诉人、一审被告)：宁波市市场监督管理局

法定代表人:顾某某,该局局长

原二审被上诉人、一审第三人:宁波凯捷国际贸易有限公司

法定代表人:马某某,该公司总经理

原二审被上诉人、一审第三人:宁波龙峰储运股份有限公司

法定代表人:全某,该公司董事长

原二审被上诉人、一审第三人:尹某某

原二审被上诉人、一审第三人:吴某

【基本案情】

施某某申请再审称,根据《公司法》(2013年)第44条和宁波凯捷国际贸易有限公司(以下简称凯捷公司)章程第19条规定,结合凯捷公司的股东持股比例,即使凯捷公司股东吴某签名有瑕疵,也不足以影响凯捷公司2008年已完成的公司注销登记行为和核准注销登记行为的法律效力。吴某知晓并参与了凯捷公司的注销登记行为。请求撤销宁波市中级人民法院二审行政判决,并依法撤销原宁波市工商行政管理局于2012年11月26日作出的甬工商企注撤(2012)1号撤销注销登记决定。

宁波市市场监督管理局(以下简称宁波市场局)答辩称,凯捷公司申请注销登记时提交的清算报告,股东会决议等材料中的吴某的签字经鉴定为虚假签字,同时凯捷公司股东吴某对公司何时注销、怎样注销均一无所知,且无吴某委托他人代其签字的证据。故认定凯捷公司在申请注销登记时提交了虚假材料,作出对该注销登记予以撤销的决定并无不当。请贵院依法判决驳回再审申请。

宁波龙峰储运股份有限公司(以下简称龙峰公司)答辩称,再审申请人理由不成立,请求驳回再审申请人的再审申请。

尹某某答辩称,同意宁波市场局和龙峰公司的意见。请求驳回再审申请人的再审申请。

该法院审理查明,2008年10月28日,凯捷公司向宁波市场局申请注销登记,并提交注销登记所需的注销登记申请书、股东会决议、注销公告、备案通知书和营业执照。其中,股东会决议载明吴某为公司清算小组成员。2008年12月2日,凯捷公司作出股东会决议,载明公司隐匿债务,由公司全体股东按出资比例负责承担。2008年12月3日,原宁波市工商行政管理局作出准予凯捷公司注销登记的决定。2012年11月14日,宁波市鄞州区人民法院作出(2011)甬鄞商初字第669号民事判决,基于凯捷公司已注销登记及公司股东承诺承担债务的事实,判决凯捷公

司股东龙峰公司、尹某某及吴某等人偿还施某某借款本金及其他费用。2012年5月3日，吴某向宁波市江东区人民法院提起行政诉讼，要求撤销原宁波市工商行政管理局准予凯捷公司注销登记的决定，并申请对注销登记相关材料中的吴某签字进行鉴定。在宁波市江东区人民法院决定同意吴某鉴定申请后，浙江汉博司法鉴定所于2012年7月25日作出浙汉博(2012)文鉴字第280号司法鉴定意见书，认为凯捷公司落款日期为“2008年9月28日、2008年9月28日、2008年12月2日”的《股东会决议》及日期为“2008年12月2日”的《清算报告》上的“吴某”签名并非第三人吴某本人签名。2012年11月26日，原宁波市工商行政管理局作出甬工商企注撤(2012)1号撤销注销登记的决定，撤销其于2008年12月3日作出的准予凯捷公司的注销登记。施某某不服，于2013年1月18日向宁波市人民政府申请行政复议。宁波市人民政府于2013年4月16日作出甬政复决字(2013)17号行政复议决定，维持原宁波市工商行政管理局作出的甬工商企注撤(2012)1号撤销注销登记决定。

施某某在一审审理期间向法院提出申请，要求对吴某原留存在被上诉人凯捷公司、龙峰公司等其他地方的笔迹与涉案公司注销“股东会决议”和“清算报告”上的“吴某”签名是否同一进行鉴定，一审法院未予接受。二审审理期间，鉴于施某某对浙汉博(2012)文鉴字280号文书司法鉴定意见中的“股东会决议”和“清算报告”上的股东“吴某”的签名不是被上诉人吴某所签提出质疑，决定重新予以鉴定。2014年2月14日，施某某提交的《关于吴某笔迹鉴定的情况说明》，明确表示不向二审法院提出鉴定申请。

另查明，吴某诉原宁波市工商行政管理局准予凯捷公司注销工商登记一案中[(2012)浙甬东行初字第16号]，应吴某申请，宁波市江东区人民法院委托，浙江汉博司法鉴定所作出涉案司法鉴定意见，后吴某以其与原宁波市工商行政管理局达成和解为由提出撤诉申请，该案于2012年10月22日撤诉结案，前述司法鉴定意见未经法庭庭审质证。根据宁波市人民政府《关于改革完善宁波市食品药品监管体制的实施意见》以及宁波市人民政府办公厅《关于印发〈宁波市市场监督管理局主要职责内设机构和人员编制规定〉》，原宁波市工商行政管理局与宁波市食品药品监督管理局合并为宁波市市场监督管理局，宁波市工商行政管理局的职责自2014年5月开始划入宁波市市场监督管理局。

宁波市镇海区人民法院于2013年10月30日作出(2013)甬镇行初字第25号一审判决：驳回施某某的诉讼请求。施某某不服，提起上诉。浙江省宁波市中级人民法院于2014年2月19日作出(2013)浙甬行终字第152号二审判决:驳回上诉,维持原判。施某某仍不服,申请再审。浙江省高级人民法院于2015年11月9日判决:撤销一审、二审判决,撤销宁波市场局于2012年11月26日所作的甬工商企注撤(2012)1号撤销注销登记决定。

【案件争点】

凯捷公司股东吴某对于注销公司的股东会决议的否认,是否足以推翻该股东会决议效力,其是否知道公司的注销。

【裁判要旨】

该院认为,原宁波市工商行政管理局根据《企业登记程序规定》第17条第2款规定所作撤销注销登记决定,其事实依据主要是浙江汉博司法鉴定所出具的浙汉博(2012)文鉴字280号文书司法鉴定意见,该鉴定意见认为凯捷公司提交公司注销登记申请有关材料中股东"吴某"的签名并非吴某本人所签,故原宁波市工商行政管理局认定凯捷公司属于提供虚假材料欺骗取得公司注销登记。该院认为,凯捷公司2008年10月28日向原宁波市工商行政管理局申请注销登记时提交的注销登记申请书、股东会决议、清算报告、注销公告等公司注销申请材料,符合《公司登记管理条例》(2014年)第44条规定的提交要求,原宁波市工商行政管理局于2008年12月3日作出准予凯捷公司注销登记决定已尽到了审慎审查义务,并无明显不当。本案中,虽然依据浙江汉博司法鉴定所的司法鉴定意见,凯捷公司提交的注销登记申请材料确实存有股东吴某签字虚假问题,但《公司登记管理条例》(2014年)第65条规定:"提交虚假材料或者采取其他欺诈手段隐瞒重要事实,取得公司登记的,由公司登记机关责令改正,处以5万元以上50万元以下的罚款;情节严重的,撤销公司登记或者吊销营业执照。"而且,凯捷公司《公司章程》第19条规定:"股东会作出修改公司章程、增加或者减少注册资本的决议,以及公司合并、分立解散或者变更公司形式的决议,必须经代表三分之二以上表决权的股东通过。"吴某在凯捷公司中的股权占比为15%,龙峰公司和尹某某分别占比70%和15%,就凯捷公司注销登记事项,现并无相反证据表明违背后两者真实意思表示,故吴某作为股东是否同意公司注销,都不影响凯捷公司做出注销登记申请意思表示的效力,且吴某作为公司的股东与监事,从凯捷公司决定注销清算的2008年9月起至其对公司注销登记提起行政诉讼的2012年5月,长达近四年时间里,并没有提出异议,其对凯捷公司注销登记是明知的。另外,凯捷公司2008年被注销后已经法定形式向社会公告,相关公司资产、债权债务等亦被股东分配,公司实体上已不复存在，而且由于相关股东会决议存在，注销登记行为并没有损害相关债权人利益，亦不存在影响第三人权益或社会经营秩序的问题，故凯捷公司相关注销登记申请材料上股东吴某签字虚假问题，并不属于《公司登记管理条例》（2014 年）第 69 条规定的应予撤销登记的情节严重情形，被申请人在凯捷公司已实际注销四年后，仅依据涉案司法鉴定意见，未综合考量凯捷公司是否仍具备《公司法》的法律特征以及撤销注销登记可能会对既存的社会经营管理秩序造成不良影响的实际情况，径直根据《企业登记程序规定》第 17 条第 2 款的规定作出撤销注销登记决定，缺乏必要性与合理性，法律适用不当。至于吴某作为股东在凯捷公司注销登记过程中是否存在权益被侵害问题，并非被申请人所导致，其可另行提起权利救济。综上所述，再审申请人施某某相关申请理由成立，原一审、二审判决依法应予撤销。

例案二 | 杨某某诉新郑市工商行政管理和质量技术监督局工商登记案

【法院】

河南省新郑市人民法院

【案号】

（2015）新行初字第 8 号

【当事人】

原告：杨某某

被告：新郑市工商行政管理和质量技术监督局（原新郑市工商行政管理局）

法定代表人：宋某某，该局局长

第三人：河南捷成万和实业有限公司

法定代表人：岳某某，该公司董事长

【基本案情】

杨某某诉称，其为河南捷成万和实业有限公司（以下简称捷成万和公司）的股东。2013 年 11 月，新郑市工商行政管理和质量技术监督局（以下简称新郑工商质监局）在杨某某根本不在场、不知情、更没有参加股东会的情况下，凭法定代表人签字的《有限责任公司变更登记申请书》和捷成万和公司出具的不真实、弄虚作假的《股东会决议》《情况说明》等，将公司的地址进行了变更。新郑工商质监局未对上述材料进行认真核查，作出的行政行为导致了杨某某股东表决权的丧失，捷成万和公司将公司地址擅自变更更是剥夺了杨某某经营管理公司的权利，依据相关法律法规的规定,作出行政行为依据不真实材料的依法予以撤销。为维护杨某某的股东合法权益,提起诉讼,请求判令撤销新郑工商质监局2013年11月为河南捷成万和实业有限公司办理有限公司住所变更登记的行政行为。

新郑工商质监局辩称,捷成万和公司申请变更公司住所时所提交的文件材料齐全,符合法定形式。关于杨某某诉称的问题,新郑工商质监局认为:(1)法律法规并没有规定申请人到公司登记机关办理公司住所变更登记时所有股东都必须到场;(2)根据捷成万和公司提交的有关材料和证明,该公司在召开股东会前已向原告履行了通知义务,符合《公司法》(2013年)第41条和该公司章程的有关规定,至于杨某某是否知情、是否参加股东会并不属于新郑工商质监局的审查范围;(3)捷成万和公司提交的股东会决议是经代表公司表决权75%的股东同意并签署的股东会决议,符合《公司法》(2013年)第42条、第43条和该公司章程的有关规定;(4)新郑工商质监局对捷成万和公司提交的申请变更材料尽到了审查义务。另外,根据《公司法》(2013年)第41条的规定,原告如果认为股东会的会议召集程序、表决方式以及决议内容违反法律、行政法规或者公司章程的,可以通过民事诉讼途径解决。综上所述,请求驳回原告的诉讼请求。

第三人捷成万和公司辩称,杨某某不在场不参加股东会的,并不影响股东会决议的形成;公司已经按照章程和法律规定通知杨某某参加股东会,杨某某不参加股东会是其弃权行为,其责任应由其自己承担;股东会决议公司章程修正案,符合法律规定的内容和法定程序,参会股东的意思表示真实,不存在虚假和不真实的情形。综上所述,请求驳回原告的诉讼请求。

该法院审理查明,2001年9月11日,捷成万和公司成立,注册资本500万元,原告杨某某和岳某某、刘某、蔡某某各出资125万元,出资比例均为25%,法定代表人岳某某。2013年10月14日,捷成万和公司向新郑工商质监局提出迁入申请,拟将公司住所从郑州市迁至新郑市,并于10月21日将企业档案由河南省工商行政管理和质量技术监督局迁入新郑工商质监局处。2013年11月27日,捷成万和公司向新郑工商质监局提出住所变更登记申请,并提交了以下文件材料:变更登记申请书、股东会决议、章程修正案、情况说明、邮政快递复印件、证明、房屋租赁协议、营业执照副本等材料。2013年11月27日,新郑工商质监局决定准予变更登记,并为捷成万和公司更换企业法人营业执照。

在捷成万和公司提交的材料中显示,捷成万和公司于2013年10月24日以邮寄方式通知杨某某参加股东会,邮寄地址为"郑州市二七区市场南街8号附1650

号”,该地址为公司章程中杨某某的住所,后该邮件被退回,退回理由是该地址无杨某某本人。捷成万和公司的委托代理人郭某某拨打杨某某的电话,接电话的人说不是杨某某。2013年11月15日,捷成万和公司在召开股东会,因联系不到杨某某,视为弃权,实际参加股东会股东有岳某某、蔡某某、刘某,代表公司表决权75%,三人一致同意并通过决议,公司住所变更。

另查,2006年4月,河南省工商行政管理和质量技术监督局根据捷成万和公司的申请,将公司法定代表人变更为杨某某,公司股东由杨某某和岳某某、刘某、蔡某某变更为杨某某、岳某某。岳某某不服诉至郑州市金水区人民法院,2013年3月5日,郑州市金水区人民法院作出(2011)金行初字第422号行政判决书,判决撤销河南省工商行政管理和质量技术监督局2006年4月作出的河南捷成万和实业有限公司法定代表人及公司股东变更登记的行政行为。宣判后,捷成万和公司不服提出上诉。2013年6月20日,郑州市中级人民法院作出(2013)郑行终字第126号行政判决书,判决驳回上诉,维持原判。

2014年11月27日,捷成万和公司向法院提起民事诉讼,请求确认杨某某不具备其股东资格。2016年4月12日,法院作出(2016)新民初字第4010号民事判决书,判决驳回河南捷成万和实业有限公司的诉讼请求。宣判后,捷成万和公司不服提出上诉。2016年7月13日,郑州市中级人民法院作出(2016)豫01民终6344号民事判决书,判决驳回上诉,维持原判。

河南省新郑市人民法院2016年11月4日作出一审判决:驳回杨某某的诉讼请求。河南省郑州市中级人民法院于2017年3月14日作出(2017)豫01行终8号二审判决:驳回上诉,维持原判。

【案件争点】

杨某某对于公司变更登记的股东会决议的否认,是否足以推翻该股东会决议效力。

【裁判要旨】

法院认为,本案实质争议的是在杨某某没有参加股东会的情况下,新郑工商质监局对捷成万和公司变更住所的申请能否作出准予变更的行为?

《公司法》(2013年)第41条规定:“召开股东会会议,应当于会议召开十五日前通知全体股东;但是,公司章程另有规定或者全体股东另有约定的除外。股东会应当对所议事项的决定作成会议记录,出席会议的股东应当在会议记录上签名。”第42条规定:“股东会会议由股东按照出资比例行使表决权;但是,公司章程另有规定的除外。”第43条规定:“股东会的议事方式和表决程序,除本法有规定的外,由公司章程规定。股东会会议作出修改公司章程、增加或者减少注册资本的决议,以及公司合并、分立、解散或者变更公司形式的决议,必须经代表三分之二以上表决权的股东通过。”捷成万和公司章程中载明:“四、股东姓名、自然人杨某某、身份证、住所二七区市场南街×号××××号。”“八、3.股东会的议事规则中(3)股东会会议由股东按照出资比例行使表决权。(4)股东会对公司增加或者减少注册资本、分立、合并、解散或者变更公司形式作出决议,必须经代表三分之二以上表决权的股东通过。(5)公司可以修改章程。修改章程的决议,必须经代表三分之二以上表决权的股东通过。(6)召开股东会,应当于会议召开十五日以前通知全体股东。股东会应当对所议事项的决定作成会议记录,出席会议的股东应当在会议记录上签名。”杨某某作为持有第三人25%股份的股东,捷成万和公司按照杨某某留存在公司的住址和电话进行通知,在未通知到杨某某的情况下召开股东会,由参会的持股75%的3名股东通过了修改公司章程和变更住所的股东会决议,该决议是经代表2/3以上表决权的股东通过,并未违反《公司法》的规定,在捷成万和公司出具书面说明和提交相关证明材料的情况下,新郑工商质监局认为捷成万和公司提交的材料符合法定形式,可以作出准予变更登记的行为。

根据公司住址变更登记相关法律法规规定,捷成万和公司向新郑工商质监局申请变更其住所,提交了公司法定代表人岳某某签署的变更登记申请书、股东会决议、章程修正案、新住所使用证明、营业执照副本等材料,新郑工商质监局对捷成万和公司提交的材料进行审查后,作出的准予变更登记的行政行为,并无不当,该行为符合法律法规的规定。

例案三 | 魏某、李某甲诉长春市工商行政管理局撤销公司登记决定案

【法院】

吉林省长春市中级人民法院

【案号】

(2017)吉01行终35号

【当事人】

上诉人(一审原告):魏甲

上诉人(一审原告):李某甲

被上诉人(一审被告):长春市工商行政管理局

法定代表人:张某某,该局局长

第三人:吉林省温馨鸟集团有限公司

法定代表人:李某乙,该公司董事长

【基本案情】

魏甲、李某甲上诉称,根据《公司登记座谈会纪要》的精神,吉林省温馨鸟集团有限公司(以下简称温馨鸟集团)于2006年9月29日申请经营范围变更登记及章程备案至今长达10年,且在2009年再次进行章程变更时,李某丙也签字确认,足以证明李某丙对2006年的变更是知情的,其现在提出异议应当不予支持。温馨鸟集团的股东会决议及章程备案按照原章程规定,已由代表2/3以上表决权表决通过,合法有效,故无论李某丙是否签字,并不影响该股东会决定及章程备案的效力。综上,请求二审法院撤销一审判决,撤销长春市工商行政管理局(以下简称长春工商局)作出的撤销涉案变更登记决定。

长春工商局辩称,《公司登记座谈会纪要》系最高人民法院对司法机关审理有关行政案件若干问题的指导性文件,与工商执法机关依法履责不可混为一谈。其仅对温馨鸟集团2006年9月29日提交虚假材料取得公司登记违法行为进行查处,李某丙现在是否仍是股东、其2006年9月29日之前所占股份比例多少、股东会决议及备案章程是否有效均与其作出撤销涉案变更登记决定没有关系。魏甲、李某甲与温馨鸟集团的民事纠纷应当自行通过诉讼解决,与本案无关。一审判决事实清楚,适用法律正确,裁量准确,请求二审法院驳回上诉,维持原判。

第三人温馨鸟集团辩称,温馨鸟集团申请变更登记时,李某丙仍是公司股东,其签字被冒用,导致变更登记材料为虚假材料,长春工商局依法受理符合法律规定。温馨鸟集团2006年9月29日向长春工商局递交的申请材料中存在虚假材料,伪造李某丙的签字及提供虚假材料的事实是存在的。长春工商局是对虚假材料行为作出处罚,并不是判断虚假材料是否有效。请求二审法院维持一审判决,驳回上诉人的上诉。

法院审理查明,温馨鸟集团成立于1988年3月30日,申请设立登记时公司名称为吉林省温馨鸟服饰有限公司,法定代表人李某乙,成立时的经营范围包括服装、皮革制品、鞋帽、针纺织品的批发、零售。2001年3月29日,该公司申请变更登记,公司名称变更为吉林省温馨鸟集团有限公司,经营范围变更为服装、皮革制品、鞋帽、针纺织品研究、生产、加工、销售,装潢材料、木制品经销,工艺美术装潢。

2006年9月29日,温馨鸟集团委托其单位工作人员黄某办理经营范围变更登记,出具了《指定代表或者共同委托代理人的证明》,该证明明确黄某的代理权限为修改任何材料、修改企业自备文件的文字错误和修改有关表格的填写错误。在委托代理人黄某提供了加盖公司印章及股东李某乙、魏甲、魏乙、郭某某、李某丙、李某丁签名的《股东会决议》,加盖公司印章及股东李某乙、魏甲、魏乙、郭某某、李某丙、李某丁签名的公司章程(该章程经营范围经修改为在原有的基础上增加了对外贸易、第39条修改为股东会会议按照股东人数,每个股东拥有一个表决权)以及《公司变更登记申请书》(该申请书加盖了法定代表人李某乙名章、公司公章、委托代理人黄某签字)的情况下,长春工商局为温馨鸟集团进行了经营范围变更登记及章程备案。在变更登记之后,温馨鸟集团依法对公司营业执照进行年检,在年检过程中均未对公司变更登记的股东会决议无效以及委托代理人黄某变更登记申请不代表公司意志提出异议。2009年7月21日,长春工商局依温馨鸟集团申请,为其办理了股东变更登记,由原股东李某乙、魏甲、魏乙、郭某某、李某丙、李某丁变更为李某乙、魏甲、魏乙、李某甲。2016年5月25日投诉人李某丙(温馨鸟集团原股东之一,2009年公司登记上体现其不再是股东)向长春工商局举报,温馨鸟集团在经营范围变更登记时伪造其签名,请求撤销温馨鸟集团在2006年9月29日的经营范围变更登记和章程备案。长春工商局于2016年5月25日立案,于2016年6月13日分别对李某丙、温馨鸟集团受委托人李某戊进行询问调查,2016年6月13日,温馨鸟集团向长春工商局提交"说明"并提供其委托吉林常春司法鉴定所作出的《文书检验司法鉴定意见书》,2016年6月13日长春工商局向温馨鸟集团下发《责令改正通知书》,2016年6月27日长春工商局向温馨鸟集团下发《行政处罚听证告知书》。2016年7月1日,长春工商局作出长工商行处字(2016)613号《行政处罚决定书》撤销涉案登记,并于同日送达温馨鸟集团。

长春市绿园区人民法院2016年12月23日作出(2016)吉0106行初61号一审判决:驳回了魏甲、李某甲的诉讼请求。魏甲、李某甲不服,提起上诉。吉林省长春市中级人民法院于2017年4月9日作出二审判决:撤销原判,撤销长春市工商行政管理局2016年7月1日长工商行处字〔2016〕613号行政处罚决定。

【案件争点】

李某丙对于变更公司章程和经营范围股东会决议的否认,是否足以推翻该股东会决议效力,是否足以构成撤销相关公司变更登记的法定情形。

【裁判要旨】

该院认为，本案中，对于第三人申请公司变更登记时递交的股东会决议及公司章程涉及公司经营范围变更，涉及公司整体未来经营发展和对外从事经贸活动，并非单个股东个人利益。按照第三人公司章程第 45 条规定，对于修改公司章程的决议，必须经代表 2/3 以上表决权的股东通过，故作为股东之一的李某丙（表决权不足 1/3）的签字是否为本人所签，其是否同意股东会决议，并不影响股东会决议效力，因此，公司申请变更登记的申请材料也不属于不能体现公司意志的虚假材料。另外，第三人在 2006 年进行经营范围变更及章程备案后，按照规定正常对公司营业执照进行年检，同时又于 2009 年召开股东会议，对股东的出资比例及名单进行修改并申请被上诉人市工商局进行变更登记，至投诉人举报的十年间，公司包括股东个人均未提出过异议。参照《公司登记座谈会纪要》对“股东以申请材料不是其本人签字盖章为由，请求确认登记行为违法或撤销登记行为的，能够证明其此前已明知该情况却未提出异议，并在此基础上从事过相关管理和经营活动的，人民法院一般不予支持”的精神，即使举报人李某丙不要求作出行政处罚只要求撤销登记，长春工商局在仅对签字是否真实进行核实，对签字的虚假是否导致公司股东会决议无效以及申请变更经营范围是否体现公司意志未作出正确判定的情况下即作出撤销变更登记的决定，有违《公司法》（2013 年）第 22 条的立法本意。这无形中等于帮助个别股东规避了该条“六十日内行使撤销权”的限制，否定了对该类问题应通过司法程序进行解决的《公司法》总则的规定。

三、裁判规则提要

公司是市场经济活动主体，是法律拟制的主体。其他经济活动主体与公司进行经济往来，是建立在对于公司登记信息信任的基础上，此即为公司登记的公示公信作用。公司登记公示公信作用的发挥，要求公司登记具备真实性和确定性。依据公司登记法律规范，某些申请登记事项需要申请人向登记机关提交股东会或股东大会的决议，系因这些事项须由公司作出决定。股东会或股东大会是公司的权力机构，其通过决议对外代表公司表达意志。公司股东会或股东大会决议合法、有效的基础和核心是股东的表决权。因此，在判断作为公司登记申请材料的股东会或股东大会决议能否代表公司真实意志时，有必要将股东的表决权纳入考量。具体而言。

(一)股东会或股东大会系公司的权力机构,可依法、依公司章程行使职权,对申请公司登记作出决议

依据《公司法》的规定,股东会或股东大会作为公司的权力机构,依法行使决定公司的经营方针和投资计划;选举和更换非由职工代表担任的董事、监事,决定有关董事、监事的报酬事项;审议批准董事会的报告;审议批准监事会或者监事的报告;审议批准公司的年度财务预算方案、决算方案;审议批准公司的利润分配方案和弥补亏损方案;对公司增加或者减少注册资本作出决议;对发行公司债券作出决议;对公司合并、分立、解散、清算或者变更公司形式作出决议;修改公司章程等职权,以及公司章程规定的其他职权。依据《公司登记管理条例》,公司的登记事项包括名称、住所、法定代表人姓名、注册资本、公司类型、经营范围、营业期限、有限责任公司股东或者股份有限公司发起人的姓名或者名称等。因为公司登记是对公司作为经济主体的基本信息加以记载,同时公司股东会或股东大会对于公司根本性事务具有决策权,所以诸如例案一中的公司注销、例案二中的公司住所地变更、例案三中的公司经营范围变更,申请人均向登记机关提交了股东会的决议。

依据《公司法》,若召开股东会或股东大会的,则由股东通过行使表决权,来决定会议讨论事项。关于股东表决权的大小,及特定事项获得股东会或股东大会通过所需的表决权比例,《公司法》作出了相应的规定。因此,公司股东会或股东大会决议合法、有效的基础和核心是股东的表决权,决议能否代表公司的真实意志,基础和核心亦为股东表决权。

(二)提交虚假材料或者采取其他欺诈手段隐瞒重要事实,取得公司登记的,须构成情节严重,公司登记机关才能撤销公司登记

《公司法》规定,虚报注册资本、提交虚假材料或者采取其他欺诈手段隐瞒重要事实取得公司登记的,将承担改正、罚款等法律责任,情节严重的,将承担撤销公司登记或吊销营业执照的法律后果。公司登记管理条例亦规定了相应的法律责任。公司登记相关法律规范对于登记材料的真实性提出了要求,若有虚假,应当纠正。

在纠正的过程中,公司登记机关对于是否撤销公司登记决定,需审查提交虚假材料或者采取其他欺诈手段隐瞒重要事实取得公司登记的行为,是否构成情节严重。股东会或股东大会是公司的权力机构,以集体决定对外作出意思表示。股东会会议由股东按照公司章程约定或出资比例行使表决权,股东大会会议由出席会

议的股东按所持股份行使表决权。因此，即使股东会或股东大会决议上存在虚假的签字或盖章，但根据公司章程约定或法律规定，该签字或盖章虚假的股东所行使的表决权不足以影响会议决议生效的，相关决议仍对公司及对外产生效力。虽然各登记机关、法院对于情节严重的判断标准或有不同，但在申请材料中虚假的内容尚不足以影响该材料效力的情况下，实难认定此情形属于“情节严重”。上述例案中，公司决议上部分股东的签名并非本人所签，但签名虚假的股东所拥有的表决权比例均较低，即使其反对决议内容，仍无法推翻该决议，公司的意思表示依然是真实的，不构成“情节严重”，因此，决议的效力得到了法院的认可，相关公司登记的效力得以维持。

（三）股东若对股东会、股东大会、董事会决议有异议，可依据我国《公司法》的专门规定寻求救济

《公司法》对于股东会或者股东大会、董事会的会议召集程序、表决方式违反法律、行政法规或者公司章程，或者决议内容违反公司章程的情形，专门规定了相应的救济途径。股东可以自决议作出之日起60日内，请求人民法院撤销。《公司法》同时规定，公司根据股东会或者股东大会、董事会决议已办理变更登记的，人民法院宣告该决议无效或者撤销该决议后，公司应当向公司登记机关申请撤销变更登记。依据上述规定，股东对决议有异议，可自决议作出之日起60日内向法院提起撤销决议之诉。股东未在法定期限内提起撤销决议之诉，转而直接要求撤销与决议相关的公司登记，有悖《公司法》的规定，架空了《公司法》所规定的救济途径。

综上，以虚假材料或其他欺骗手段取得公司登记的行为达到“情节严重”，是撤销公司登记的法定构成要件。申请公司登记的意思表示是否真实。或言之，申请公司登记相关决议的作出是否达到了《公司法》或公司章程所确定的表决权比例，应当包含在判断“情节严重”的标准中，属于公司登记行为合法性判断的重要依凭。

四、辅助信息

高频词条：

1.《公司法》

第22条 公司股东会或者股东大会、董事会的决议内容违反法律、行政法规的无效。

股东会或者股东大会、董事会的会议召集程序、表决方式违反法律、行政法规

或者公司章程,或者决议内容违反公司章程的,股东可以自决议作出之日起六十日内,请求人民法院撤销。

股东依照前款规定提起诉讼的,人民法院可以应公司的请求,要求股东提供相应担保。

公司根据股东会或者股东大会、董事会决议已办理变更登记的,人民法院宣告该决议无效或者撤销该决议后,公司应当向公司登记机关申请撤销变更登记。

第37条 股东会行使下列职权:

(一)决定公司的经营方针和投资计划;

(二)选举和更换非由职工代表担任的董事、监事,决定有关董事、监事的报酬事项;

(三)审议批准董事会的报告;

(四)审议批准监事会或者监事的报告;

(五)审议批准公司的年度财务预算方案、决算方案;

(六)审议批准公司的利润分配方案和弥补亏损方案;

(七)对公司增加或者减少注册资本作出决议;

(八)对发行公司债券作出决议;

(九)对公司合并、分立、解散、清算或者变更公司形式作出决议;

(十)修改公司章程;

(十一)公司章程规定的其他职权。

对前款所列事项股东以书面形式一致表示同意的,可以不召开股东会会议,直接作出决定,并由全体股东在决定文件上签名、盖章。

第42条 股东会会议由股东按照出资比例行使表决权;但是,公司章程另有规定的除外。

第43条 股东会的议事方式和表决程序,除本法有规定的外,由公司章程规定。

股东会会议作出修改公司章程、增加或者减少注册资本的决议,以及公司合并、分立、解散或者变更公司形式的决议,必须经代表三分之二以上表决权的股东通过。

第99条 本法第三十七条第一款关于有限责任公司股东会职权的规定,适用于股份有限公司股东大会。

第103条 股东出席股东大会会议,所持每一股份有一表决权。但是,公司持有的本公司股份没有表决权。

股东大会作出决议，必须经出席会议的股东所持表决权过半数通过。但是，股东大会作出修改公司章程、增加或者减少注册资本的决议，以及公司合并、分立、解散或者变更公司形式的决议，必须经出席会议的股东所持表决权的三分之二以上通过。

第198条 违反本法规定，虚报注册资本、提交虚假材料或者采取其他欺诈手段隐瞒重要事实取得公司登记的，由公司登记机关责令改正，对虚报注册资本的公司，处以虚报注册资本金额百分之五以上百分之十五以下的罚款；对提交虚假材料或者采取其他欺诈手段隐瞒重要事实的公司，处以五万元以上五十万元以下的罚款；情节严重的，撤销公司登记或者吊销营业执照。

2.《公司登记管理条例》

第9条 公司的登记事项包括：

（一）名称；

（二）住所；

（三）法定代表人姓名；

（四）注册资本；

（五）公司类型；

（六）经营范围；

（七）营业期限；

（八）有限责任公司股东或者股份有限公司发起人的姓名或者名称。

第64条 提交虚假材料或者采取其他欺诈手段隐瞒重要事实，取得公司登记的，由公司登记机关责令改正，处以5万元以上50万元以下的罚款；情节严重的，撤销公司登记或者吊销营业执照。

工商登记案件裁判规则第 15 条:

利害关系人以基础民事行为无效或应撤销为由,提起撤销登记之诉的,人民法院对基础民事行为的真实性予以审查,对其他民事争议可告知通过民事诉讼解决

〔**规则描述**〕:民行交叉包括同时提起民事和行政诉讼、先提起行政诉讼再提起民事诉讼、经民事诉讼引导后提起行政诉讼等情形。因行政、民事诉讼审判思路及适用规则的差异,民行交叉案件的审理成为审判实务中的棘手问题。工商登记案件中民行交叉问题较为典型,尤其公司登记的基础民事行为——股权转让协议、股东会决议存在争议时更是如此。利害关系人在工商登记机关作出准予登记决定后,以股权转让协议、股东会决议存在争议为由起诉,要求撤销工商登记的,人民法院应对工商登记机关办理公司登记时是否已尽法定注意义务进行审查,并根据有效证据认定基础民事行为的真实性。至于利害关系人对基础民事行为提出异议的,基于民事、行政诉讼审查标准的差异以及各自的专业性,可告知当事人通过民事诉讼解决。

一、类案检索大数据报告

截至 2019 年 1 月 2 日,以“公司登记”“股东会决议”“基础民事争议”“审查”为并列关键词,通过 Alpha 案例库、法信平台、元典智库、中国裁判文书网共检索到 130 起案件,经逐案阅看、筛选、分析,与本规则关联度较高的案件共 20 件。整体情况如下(见图 15 - 1):

从地域分布看,类案数最多的为北京市,共 4 件,天津市、山东省、安徽省、河南省各 2 件,其余省市分别 1 件。

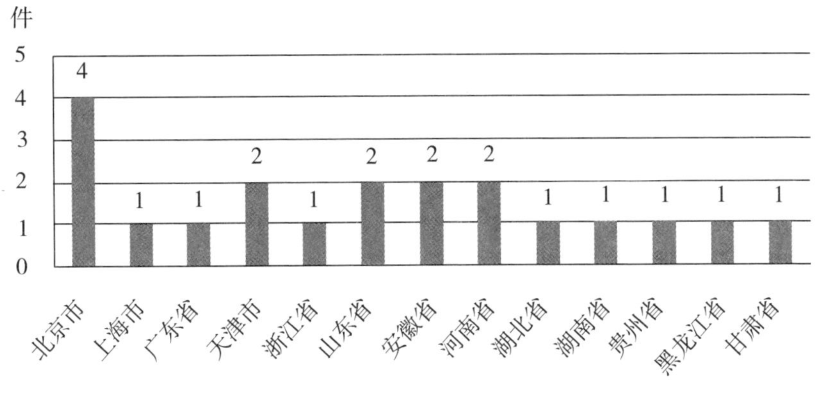

图 15－1　类案地域分布

从结案年度看，最多的年份为 2017 年，共 9 件，其次为 2014 年，共 4 件（见图 15－2）。

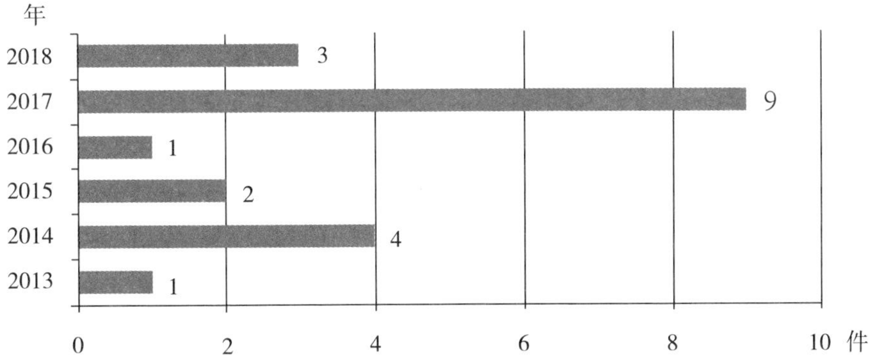

图 15－2　类案结案年度分布

从裁判结果来看，20 起类案基本支持本裁判规则观点，以判决驳回原告诉讼请求或维持被告作出的行政行为结案的共 17 件，占比 85%，判决撤销被告作出的行政行为的共 2 件，占比 10%，裁定驳回原告起诉的 1 件，占比 5%（见图 15－3）。

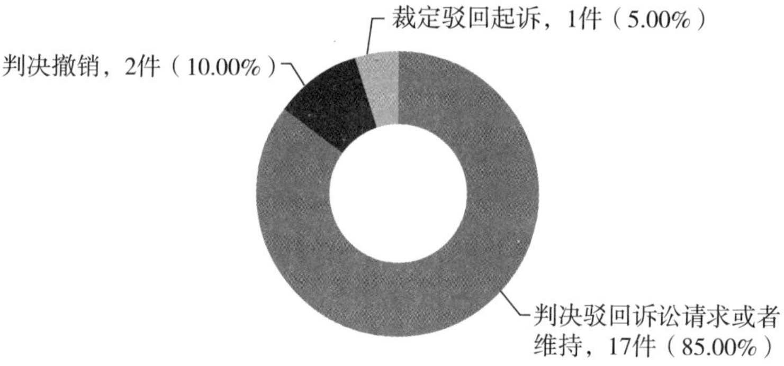

图15-3 类案裁判结果分布

二、可供参考例案

例案一 | 刘某某诉上海市普陀区市场监督管理局公司变更登记案

【法院】

上海铁路运输法院

【案号】

(2018)沪7101行初340号

【当事人】

原告:刘某某

法定代理人:彭某某

被告:上海市普陀区市场监督管理局

法定代表人:赵某某,该局局长

【基本案情】

原告刘某某诉称,其被登记为大苗霖(上海)信息科技有限公司(以下简称大苗霖科技公司)的法定代表人及唯一出资人,但其身份证曾经遗失后补办,并未自行或委托他人办理股权受让及公司变更登记。另原告患有精神残疾(二级),欠缺民事行为能力,根据法律规定,不应成为一人有限责任公司的法定代表人。故原告请求法院判令被告撤销将原告登记为大苗霖科技公司法定代表人及股东的行为。

被告上海市普陀区市场监督管理局(以下简称普陀区市场局)辩称,大苗霖(上海)餐饮管理有限公司(以下简称大苗霖餐饮公司)申请变更登记时提交的材料齐全,符合法定形式,经审查被告准予了该公司的变更登记。此外,被告经查阅档案发现原告本人到场办理了公司变更登记，且在被告变更登记时未有相关证据表明原告为无民事行为能力人及他人冒用原告身份证的事实。被告所作行政行为合法，请求法院驳回原告诉讼请求。

法院经审理查明，2016年11月22日，大苗霖餐饮公司原股东余某、屠某某与原告刘某某签订股权转让协议，分别将各自持有的该公司90%、10%股权转让给刘某某，刘某某成为该公司唯一股东，认缴出资额200万元，出资比例100%。同日，大苗霖餐饮公司作出股东决定，通过公司名称、企业类型、法定代表人、经营范围、监事、章程等变更事项。

2016年11月28日，大苗霖餐饮公司向普陀区市场局提出变更登记申请，并提交了公司登记（备案）申请书、指定代表或者共同委托代理人授权委托书、股东决定、股东会决议、股权转让协议、公司新章程、企业名称变更预先核准通知书等材料。普陀区市场局经审查，认为大苗霖餐饮公司提交的材料齐全，形式合法，遂于2016年12月2日作出准予变更（备案）登记通知书，核准该公司的变更（备案）登记。变更（备案）登记内容包括：(1)公司名称由大苗霖（上海）餐饮管理有限公司变更为大苗霖（上海）信息科技有限公司；(2)股东由余某、屠某某变更为刘某某；(3)公司类型由有限责任公司（自然人投资或控股）变更为一人有限责任公司（自然人独资）；(4)法定代表人由余某变更为刘某某……2018年2月24日，刘某某的丈夫彭某某以其系精神残疾（二级）不具有民事行为能力为由，作为监护人委托律师以刘某某名义提起行政诉讼，要求撤销将刘某某登记为大苗霖科技公司法定代表人及股东的行为。

根据被告提供的档案资料显示，2016年11月28日，大苗霖餐饮公司向被告申请变更登记时，该公司原股东余某、屠某某及原告刘某某均到现场办理，并分别签署了“签章真实性承诺书”。从原告提供的税务证明材料显示，2017年7月11日，大苗霖科技公司向案外人开具了巨额增值税专用发票。从原告提供的国家企业信用信息公示系统企业信用信息公示报告显示，2018年7月7日，大苗霖科技公司因未依照《企业信息公示暂行条例》第8条规定的期限公示年度报告，被普陀区市场局列入经营异常名录。

2014年6月25日原告刘某某取得残疾人证，残疾类别为精神，残疾等级为贰级，监护人为原告丈夫彭某某。2016年12月22日，原告向上海市公安局嘉定分局菊园派出所挂失居民身份证并取得申报回执。2017年，原告曾找被告要求解决问题，通过申请挂失补领公司营业执照，后因申请注销登记未果。2018年2月6日，原告向上海市工商局信访,要求撤销其法定代表人身份,来信内容称:原告被骗当了该公司法人,该公司情况其一概不知,只是被骗去工商局做了变更登记……

上海铁路运输法院于2018年10月8日作出行政判决,驳回原告刘某某的诉讼请求。因当事人未在规定期限内提起上诉,该案判决已生效。

【案件争点】

被告对系争变更登记申请主体资格、材料形式与内容是否尽到了审查义务,原告以其本人为精神残疾且不具备民事行为能力诉请部分撤销变更登记事项有无事实根据与法律依据。

【裁判要旨】

上海铁路运输法院认为,《公司登记管理条例》《内资企业登记申请提交材料规范》对公司变更登记需要提交的材料作了具体规定。关于登记机关对公司登记申请材料的审查标准,《企业登记程序规定》第9条规定,登记机关收到登记申请后,应当对申请材料是否齐全、是否符合法定形式进行审查。申请材料齐全是指国家工商行政管理总局依照企业登记法律、行政法规和规章公布的要求申请人提交的全部材料。申请材料符合法定形式是指申请材料符合法定时限、记载事项符合法定要求、文书格式符合规范。该规定第11条规定,企业登记机关认为需要对申请材料的实质内容进行核实的,应当派两名以上工作人员,对申请材料予以核实。经核实后,提交"申请材料核实情况报告书",根据核实情况作出是否准予登记的决定。根据上述规定,登记机关应对申请材料的形式与内容是否符合法律规定尽审慎审查义务,即基于一般人的理性、经验、常识就可以作出正确判断的义务。

根据本案查明的事实,大苗霖餐饮公司向被告提交的变更登记申请材料齐全,符合《公司登记管理条例》及相关登记规范规定的形式,被告审核系争变更登记申请时,该公司原股东余某、屠某某及原告刘某某均到现场办理,并分别向被告签署了"签章真实性承诺书"。因此,被告对系争变更登记申请材料是否符合法定形式尽到了审慎审查义务,被告准予变更登记并无不当。原告代理人主张申请变更登记时,原告客观上患有精神残疾(二级),欠缺民事行为能力,根据公司法及企业法定代表人登记管理规定,不应成为一人有限责任公司的法定代表人。对此,本案系对被告作出系争变更登记行为的合法性进行审查,原告本人到现场办理并向被告签署了"签章真实性承诺书",被告作为登记机关对原告身份及签章的真实性尽到了审慎审查义务,原告主张其本人为精神残疾且不具备民事行为能力,系被骗去做了变更登记并当了该公司法定代表人,一方面被告审查系争变更登记申请时,主观上不知晓、客观上亦无证据表明原告行为能力存在欠缺或被骗办理登记的事实;另一方面亦超出了公司登记机关的专业审查范围。

系争变更登记包括公司名称、企业类型、法定代表人、经营范围、出资情况,主要成员和章程备案等事项,变更后原告成为该公司的唯一股东,亦为该公司的法定代表人。原告事后以其本人客观上为精神残疾且不具备民事行为能力,不具备担任公司法定代表人的条件为由,提出部分撤销变更登记事项的诉求。一方面,系争变更登记涉及股权转让协议效力等私法上的法律关系;另一方面,又涉及系争变更登记衍生的后续税收监管、注销登记等公法上的法律关系。对此,原告可按现行公法、私法相关规定寻求救济,维护自身合法权益。综上,驳回原告诉讼请求。

例案二 | 周某某诉东阳市工商行政管理局工商登记案

【法院】

浙江省金华市中级人民法院

【案号】

(2014)浙金行终字第86号

【当事人】

上诉人(一审原告):周某某

被上诉人(一审被告):东阳市工商行政管理局

法定代表人:韦某某

一审第三人:吕某甲

【基本案情】

上诉人周某某上诉称,其系东阳市海洋稀土材料回收有限公司(以下简称东阳公司)股东,与吕某乙系夫妻关系。吕某甲系吕某乙兄长。2012年6月30日,东阳公司原法定代表人吕某乙因涉嫌犯虚开增值税专用发票罪被刑拘,上诉人主持召开了股东会,解除了吕某乙的法定代表人职务,后吕某乙在其不知情情况下委托吕某甲主持召开股东会并通过股东会决议,改选吕某甲为执行董事,担任公司法定代表人。东阳公司申请公司变更登记时提交的申请材料,存在虚假或伪造公章情形,且涉案股东会决议未经股东确认,被上诉人未认真审查申请材料,即作出准予变更登记决定。一审法院认定事实不清,证据不足,适用法律错误,请求二审法院依法撤销原判,改判支持周某某的诉讼请求或发回重审。

被上诉人东阳市工商行政管理局(以下简称东阳工商局)辩称,东阳公司提交的申请材料齐全、符合法定形式,其作出的变更登记行为程序合法。吕某甲提交的股东会决议召开程序合法,内容亦未违反法律法规及公司章程的规定。且东阳公司的公章系经公安部门审批刻制,合法有效。综上,一审判决认定事实清楚,适用法律正确,请求二审法院驳回上诉,维持原判。

一审第三人吕某甲述称,第一,吕某甲召集和主持股东会决议系经东阳公司执行董事吕某乙书面授权。第二,2013 年 8 月 20 日东阳公司重新申请刻制的公章合法有效。第三,涉案股东会的召开时间地点已经向周某某送达。第四,根据东阳公司章程规定,公司法定代表人由公司执行董事担任,涉案股东会决议已改选吕某甲为该公司执行董事,改选吕某甲为该公司法定代表人符合章程规定。一审法院认定事实清楚、适用法律正确,请求二审法院驳回周某某的诉讼请求。

法院经审理查明,周某某与吕某乙系夫妻,两人均系东阳公司股东,其中,吕某乙持有该公司 80% 的股份,周某某持有该公司 20% 的股份。吕某乙原为该公司法定代表人,担任执行董事,周某某担任该公司监事。第三人吕某甲系吕某乙之兄。2012 年 6 月 29 日,吕某乙因涉嫌犯虚开增值税专用发票罪被刑拘,同年 8 月 1 日,被依法逮捕。其后周某某于 2013 年 3 月以东阳公司名义在东阳日报上以遗失为由公告该公司公章作废。2013 年 7 月东阳工商局以东阳公司提交虚假材料为由撤销了将东阳公司法定代表人变更为周某某的工商登记。同年 8 月 20 日,东阳公司以旧章磨损为由经东阳市公安局审批刻制新公章,旧章作废。2013 年 11 月 19 日,东阳公司分别以短信、邮寄、公告送达等方式通知周某某参加股东会的时间、地点、审议更换执行董事等事项,周某某收到短信并回复。2013 年 12 月 5 日,吕某乙书面同意并要求改选吕某甲为公司执行董事、担任公司法定代表人,同时书面委托授权吕某甲代表其参加年度股东会并代表其行使 80% 的表决权。2013 年 12 月 20 日,吕某甲以吕某乙名义主持召开了年度股东会(以下简称涉案股东会),周某某未参加,会议形成改选吕某甲为公司执行董事并担任公司法定代表人的股东会决议(以下简称涉案股东会决议)。2013 年 12 月 23 日,东阳海洋公司向东阳工商局申请法定代表人变更登记,东阳工商局经审核同意变更登记,并向东阳公司发送准予变更登记通知书及核发变更后的企业法人营业执照。2014 年 4 月 16 日,东阳公司向周某某邮寄了召开临时股东会会议通知,并于次日在金华日报上公告送达临时股东会时间、地点。2014 年 5 月 10 日,吕某乙在临时股东会上对 2013 年 12 月 20 日东阳海洋公司股东会决议进行了确认,周某某未参加临时股东会。

根据东阳公司章程规定，股东会以召开股东会会议的方式议事，自然人股东由本人参加，因事不能参加可以书面委托他人参加；股东会定期会议一年召开一次，定于每年12月20日；代表1/10以上表决权的股东、执行董事、监事有权提议召开临时股东会；召开股东会会议，应当于会议召开15日前通知全体股东；股东会会议由执行董事召集并主持；执行董事不能履行职务或者不履行职务的，由监事召集和主持；股东会会议由股东按照出资比例行使表决权；股东会对公司执行董事、法定代表人的确定作出决议的，必须经代表2/3以上表决权的股东通过。

一审法院浙江省东阳市人民法院于2014年7月28日作出（2014）东行初字第24号行政判决，驳回原告周某某的诉讼请求。原告周某某不服一审判决，提起上诉，二审法院浙江省金华市中级人民法院于2014年9月24日作出行政判决，驳回上诉，维持原判。

【案件争点】

一是东阳公司是否提交了虚假的变更登记申请材料，即申请登记材料所盖公章的效力问题。

二是东阳公司申请变更登记材料中的股东会决议是否合法，即股东会召集、主持、议事方式等程序的合法性问题。

【裁判要旨】

浙江省金华市中级人民法院认为，工商登记机关作为公司登记机关，对申请人提交的材料是否齐全及是否符合法定形式进行审查。本案系公司法定代表人变更登记，依照《公司登记管理条例》（2014年）第26条第1款之规定，东阳公司应向其设立时的登记机关东阳工商局申请变更登记。东阳公司已按规定提供了法定代表人变更登记所需的文件和材料，东阳工商局经审查未发现有违反法律禁止性规定或其他不符合登记之情形，据此核准涉案变更登记符合法律规定。对于周某某提出的申请变更登记所涉公章系伪造及股东会决议不合法的问题。经查，该公章系经由当地公安机关审批刻制，应属真实有效。而股东会决议是否合法有效可另行通过民事诉讼予以解决，不属于本案审查范围。

例案三 | 张某某诉天津市自由贸易试验区市场和质量监督管理局工商登记案

【法院】

天津市滨海新区人民法院

【案号】

(2017)津0116行初69号

【当事人】

原告:张某某

被告:天津市自由贸易试验区市场和质量监督管理局

法定代表人:李某甲,该局局长

第三人:吉邦物流有限公司

法定代表人:李某乙,该公司董事长

第三人:李某乙

【基本案情】

原告张某某诉称,其与高某某、蒋某某、赵某某共同委托沈某某代为办理在天津市注册吉邦物流有限公司(以下简称吉邦公司),并通过电子邮件向沈某某提供了相关的公司注册申请资料和身份证扫描件,5月25日获得国家行政管理总局名称核准,法定代表人为张某某,公司四位股东分别为:张某某、高某某、蒋某某、赵某某。公司注册成立后,沈某某违背当初的承诺,注册后未将各种证件和公章交给原告及股东,控制公司所有证件以及四位股东的身份证原件,索要50多万元代办费,敲诈勒索未果后,未经四位股东同意和书面授权,于2016年6月8日向被告提供虚假的股权转让协议和(原)股东会议决议,违法将原告持有的公司股份以0元转让给李某乙,严重侵害了原告和其他股东的合法权利。工商机关对当事人提供的材料的真实性、合法性负有审查义务,申请人提供的材料存在真实性和合法性问题时,工商机关可依据《企业登记程序规定》第17条规定予以撤销。故请求法院撤销被告于2016年6月8日作出的将吉邦公司股东张某某变更为李某乙的股权转让变更登记。

被告天津市自由贸易试验区市场和质量监督管理局(以下简称天津自贸区市场局)辩称:第一,吉邦公司提交的申请文件材料齐全,符合法定形式,被告已尽审查义务。第二,被告依法作出了准予变更登记决定,程序合法。吉邦公司于2016年6月8日向被告提交了符合法定形式的相关申请材料,被告于当日当场受理并作出准予变更登记决定,登记程序符合法律规定。第三,吉邦公司提交的材料中,有限责任公司变更登记(备案)申请书上有原告签字并由公司加盖公章,原股东会决议有原告的签字,由此可推断此次变更申请系原告真实意思表示。案涉争议系民事纠纷,原告应通过民事诉讼解决。综上所述,被告在本案涉及的变更登记中,已尽审查义务，适用法律法规正确，程序合法，故请求法院驳回原告的诉讼请求。

第三人吉邦公司、李某乙述称，同意被告答辩意见。

法院经审理查明，2016年6月8日，第三人吉邦公司向被告天津自贸区市场局申请股权变更登记，并向被告提交了《有限责任公司变更登记（备案）申请书》《指定代表或者共同委托代理人的证明》《（原）股东会议决议》《（新）股东决定》《股权转让协议》（张某某转李某乙）、《李某乙身份证复印件》及公司章程等申请材料。被告经审查，于当日作出《准予变更登记通知书》，核准了该公司的股权变更登记。原告不服，提起本案诉讼。

天津市滨海新区人民法院于2017年8月25日作出一审判决：驳回原告张某某的诉讼请求。张某某不服一审判决，提起上诉，天津市第二中级人民法院于2017年11月23日作出（2017）津02行终393号二审判决：驳回上诉，维持原判。

【案件争点】

天津自贸区市场局对变更登记申请材料是否已尽法定审查义务，原告诉请撤销变更登记事项有无事实根据与法律依据。

【裁判要旨】

天津市滨海新区人民法院认为，根据《公司登记管理条例》第27条、第34条的规定，本案第三人于2016年6月8日向被告提出股权变更登记申请，并按照法律法规的规定提交了必要的材料，且其提交的文件形式合法。被告经审查，于当日核准了该公司的变更登记，尽到了必要的审查义务，程序合法。原告虽主张第三人吉邦物流有限公司伪造申请材料，骗取公司变更登记，但经庭审调查，能够认定本案所涉工商登记事项的争议并不局限于申请材料的真伪，而是同时存在着原告与两第三人之间的其他民事争议，对此民事争议不属于行政诉讼能够解决的问题，原告就此可以通过民事诉讼予以解决。就本案审查的公司变更登记行政行为而言，被告已按照程序履行了法定审查义务，第三人吉邦公司提交的材料符合法定形式，被告作出的涉案行政行为证据充分，适用法律法规正确。

三、裁判规则提要

上述三起案件均系工商登记机关根据申请人提交的材料作出准予公司变更登记决定后，利害关系人以公司变更登记的基础民事行为，如股权转让协议、股东会决议存在争议为由，要求法院撤销公司登记的情形。对于该类案件的审理，《公司登记座谈会纪要》第3条规定，利害关系人以作为公司登记行为之基础的民事行为无效或者应当撤销为由,对登记行为提起行政诉讼的,人民法院经审查可以作出如下处理:对民事行为的真实性问题,可以根据有效证据在行政诉讼中予以认定;对涉及真实性以外的民事争议,可以告知通过民事诉讼等方式解决。

(一)公司变更登记决定涉诉后,应对工商登记机关是否已尽法定注意义务进行审查,并根据有效证据认定基础民事行为的真实性

《企业登记程序规定》第9条、第11条对工商行政管理机关的法定注意义务作了明确规定,即工商行政管理机关应根据法律规定对申请材料是否齐全、形式是否合法进行审查,必要时可对申请材料进一步核实。关于公司变更登记基础民事行为的真实性,需根据诉讼中有效证据加以认定。若工商登记机关在办理公司登记时,按照规定对申请材料进行了审查,且无相反证据证明基础民事行为存在虚假、已被确认无效或撤销情形,比如股权转让协议、股东会决议等已被生效民事判决确认无效,或者利害关系人提供了笔迹鉴定报告证明申请材料上确非其签字等,工商登记机关主观上亦不知晓基础民事行为存在争议,并据此作出核准变更登记决定的,可以认定工商登记机关对申请人提交的申请材料已经尽到了法定注意义务。

公司变更登记决定涉诉后,原告在诉讼中提交了公安机关的挂失及补办身份证证明、笔迹鉴定报告、确认基础民事行为无效的生效民事判决等证据,且无其他证据表明原告是恶意的,虽然工商登记机关已尽到了必要的审查义务,但由于出现了新的事实和证据,人民法院可予以纠正。

(二)其他民事争议可告知当事人通过民事诉讼解决

利害关系人以其在办理公司变更登记时欠缺民事行为能力或者股权转让协议、股东会决议上的笔迹非本人所签等为由对基础民事行为提出异议的,因该问题涉及股权转让各方及公司股东的基础民事关系,超出了工商登记机关的专业能力及审查范围。工商登记机关除依据《公司登记管理条例》《企业登记程序规定》等法律规范的要求对申请材料进行审查外,其无权也无能力对股权转让协议、股东会决议效力争议作出判断。公司变更登记决定涉诉后,因民事、行政诉讼审查标准的差异及其各自的专业性,行政诉讼不宜对公司变更登记的基础民事行为争议作出判定,可告知相关当事人通过民事诉讼等途径解决民事纠纷。

四、辅助信息

高频词条：

1.《企业登记程序规定》

第 9 条 登记机关收到登记申请后，应当对申请材料是否齐全、是否符合法定形式进行审查。

申请材料齐全是指国家工商行政管理总局依照企业登记法律、行政法规和规章公布的要求申请人提交的全部材料。

申请材料符合法定形式是指申请材料符合法定时限、记载事项符合法定要求、文书格式符合规范。

第 11 条 企业登记机关认为需要对申请材料的实质内容进行核实的，应当派两名以上工作人员，对申请材料予以核实。经核实后，提交“申请材料核实情况报告书”，根据核实情况作出是否准予登记的决定。

2.《公司登记座谈会纪要》

三、公司登记涉及民事法律关系的问题

利害关系人以作为公司登记行为之基础的民事行为无效或者应当撤销为由，对登记行为提起行政诉讼的，人民法院经审查可以作出如下处理：对民事行为的真实性问题，可以根据有效证据在行政诉讼中予以认定；对涉及真实性以外的民事争议，可以告知通过民事诉讼等方式解决。

工商登记案件裁判规则第 16 条:

市场经营主体申请工商变更登记,工商登记机关依据与上位法抵触的地方规定拒绝办理的,对该拒绝行为不予支持

〔**规则描述**〕:市场平等准入、公平待遇原则不仅在《个体工商户条例》第 4 条中有明确规定,在其他法律法规和国际条约中也多有体现。现代经济运行很大程度上靠市场这一"无形之手"发挥资源配置的决定性作用,但地方政府在实施市场管理过程中,有时会适用与上位法冲突或抵触的地方规定限制工商变更登记。规章以下规范性文件违反上位法规定且限制市场公平竞争的,不应作为认定不予办理工商登记行为合法的依据,而适用上位法特别规定更有利于市场经营主体的,不应以下位法规定的附加条件限制工商变更登记。

一、类案检索大数据报告

截至 2018 年 12 月 20 日,分别以"变更登记""公平竞争""市场平等准入""公平待遇"为关键词,通过 Alpha 案例库、上海 C2J 系统、法信平台、元典智库、北大法宝、中国裁判文书网共检索到 108 起行政案件,经逐案阅看、分析,剔除同一案件因不同审级形成的多个文书,与本规则关联度较高的案件有 27 件。整体情况如下(见图 16 - 1):

从地域分布看,涉案量最多的是四川省,为 10 件,其次是浙江省,有 7 件,辽宁省、江苏省、广西壮族自治区各有 2 件,湖北省、贵州省、广东省、上海市各有 1 件。

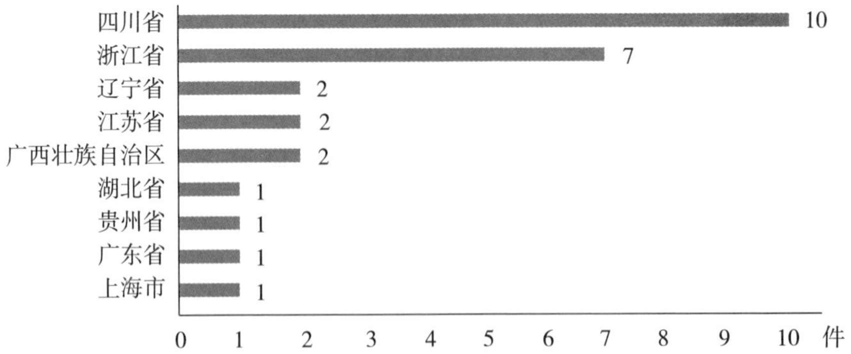

图 16 - 1 类案地域分布

从结案年度分布看，2012～2017 年呈逐年上升趋势，2017 年涉案最多，为 8 件，2018 年则有 2 件（见图 16－2）。

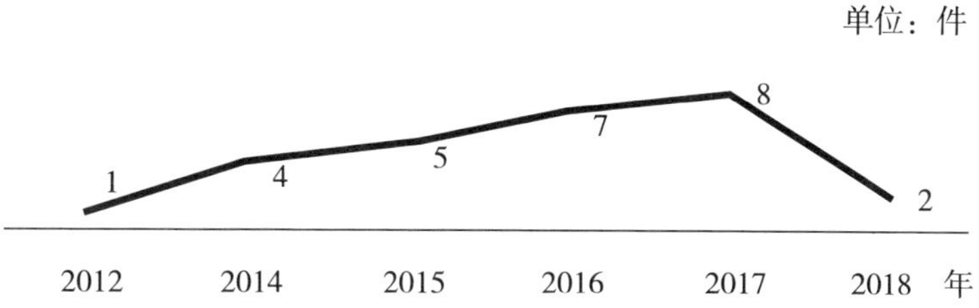

图 16－2 类案结案年度分布

从原告诉讼请求来看，居首位的是因行政机关以不符合地方规定或者与其他法律法规的规定不相符为由而作出不予受理、不予登记或驳回申请通知书，原告请求撤销该通知书案件，为 15 件（11 件同时提出责令重作的请求，1 件同时提出赔偿请求，1 件提出规范性文件附带审查请求），占 55.56%；其次是要求履行变更或受理登记法定职责案件，为 5 件；还有利害关系人作为原告起诉请求履行查处违法登记法定职责案 2 件及撤销工商登记案 4 件，一共有 6 件；因不予登记行为被确认违法而要求行政赔偿案件 1 件（见图 16－3）。

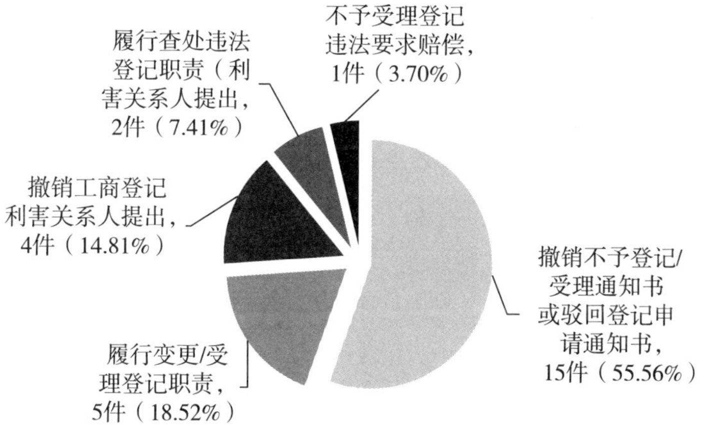

图 16－3 类案原告诉讼请求分布

从案件裁判方式看，一审判决为生效判决的为 23 件，二审改判作为生效判决的为 4 件。判决撤销不予受理、不予登记或驳回申请通知书并责令重新作出行政行为的案件有 13 件（有 3 件同时撤销一审驳回原告诉讼请求的判决），判决责令履行办理个体工商户登记法定职责的案件为 1 件。这 14 起案件原告提出工商登记申请,因被告依据地方规范性文件或者以损害其他人利益(如集体菜场利益)为由作出不予工商登记决定,法院经审查认为该决定违反实行市场平等准入、公平待遇的原则,规范性文件与上位法抵触,遂判决支持原告诉讼请求。与此相反的案例为1起原告申请变更经营范围登记案件,该案原告提出变更登记申请(经营范围变更为日用小百货),被告以市场举办者与场内经营者约定只能经营鞋类物品为由不予登记,法院认为经营范围不能侵犯民事利益,遂判决驳回原告诉讼请求。还有4起案件判决驳回撤销或要求查处工商登记诉讼请求,6起判决确认不予登记行为违法,1起判决驳回赔偿请求,1起判决对举报事项予以立案处理(见图16-4)。

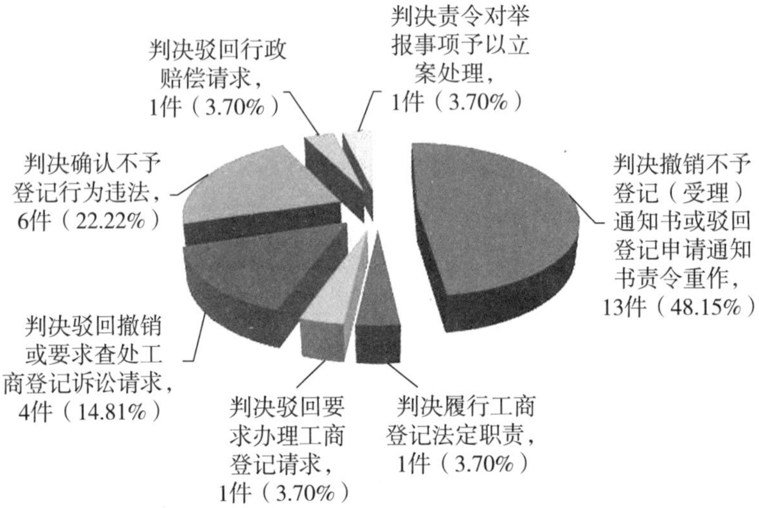

图16-4 类案判决方式分布

二、可供参考例案

例案一 丹阳市珥陵镇鸿润超市诉丹阳市市场监督管理局工商登记案[①]

【法院】

江苏省丹阳市人民法院

【案号】

(2015)丹行初字第00052号

---

① 该案例为2015年最高人民法院发布的经济行政十大案例之一,载《最高人民法院公报》2018年第6期(总第260期)。

【当事人】

原告：丹阳市珥陵镇鸿润超市

经营者：陈某某

被告：丹阳市市场监督管理局

法定代表人：魏某某，该局局长

【基本案情】

原告诉称，原告系已依法领取了个体工商户营业执照的合法经营者。原告因拟增加蔬菜零售经营范围，于2015年2月5日书面向被告申请变更登记。2015年2月16日，被告以超市距珥陵农贸市场不足200米，不符合丹阳市人民政府丹政办发〔2012〕29号文件《关于转发市商务局〈丹阳市菜市场建设规范〉的通知》（以下简称丹政办发〔2012〕29号文）中“为规范经营秩序，菜市场周边200米范围内不得设置与菜市场经营类同的农副产品经销网点”的规定为由，决定对原告的变更申请不予登记。被告作为有行政执法权的国家行政机关，应当以国家的法律、行政法规和规章为执法依据。丹阳市人民政府文件不属于《立法法》所规定的法律范畴。在《个体工商户条例》《个体工商户登记管理办法》以及商务部的《标准化菜市场设置与管理规范》等相关的法律法规中，均无类似经营限制，被告以丹阳市人民政府的文件为依据，对原告的变更申请作出不予登记的行政行为，显然于法无据。请求判决：(1)撤销被告对原告作出的个体工商户登记驳回通知书；(2)判令被告对原告经营范围中增加蔬菜零售项目的申请进行变更登记；(3)该案的诉讼费用由被告承担。

被告辩称，原告于2015年2月5日向被告提交个体工商户变更登记申请书，申请增加蔬菜零售经营范围。被告于2015年2月6日出具了〔2015〕第0206001号个体工商户变更登记受理通知书。经对申请材料的相关实质内容进行核实，原告丹阳市珥陵镇鸿润超市距珥陵农贸市场不足200米，不符合丹政办发〔2012〕29号文中“为规范经营秩序，菜市场周边200米范围内不得设置与菜市场经营类同的农副产品经销网点”的规定。被告于2015年2月16日作出了个体工商户登记驳回通知书，决定对原告的变更申请不予登记。丹政办发〔2012〕29号文是丹阳市人民政府为了规范菜市场建设，促进长效管理而制定的针对不特定人作出的规定，是一种规范性文件，符合国务院《关于印发〈注册资本登记制度改革方案〉的通知》和江苏省政府2013年第63号《专题会议纪要》精神。镇江市人民政府《关于工商登记制度改革的意见（试行）（五）》（镇政发〔2014〕12号）也明确规定“菜市场周边

200米范围内不得设置与菜市场经营类同的农副产品经销网点”。被告作为市政府组成部门,有法定义务执行丹阳市政府作出的基于有关城乡规划、商业网点布局等政策文件规定的特定区域、特定行业市场准入禁止性或限制性规定。故被告依据丹政办发〔2012〕29号文对原告的申请作出的驳回决定符合法律规定。综上,被告对原告的申请作出的驳回决定,事实清楚、证据充分,且符合登记程序等规定,请求驳回原告的诉讼请求。

经审理查明,2007年5月9日,原镇江市丹阳工商行政管理局向原告颁发了个体工商户营业执照。2015年2月5日,原告向被告提交个体工商户变更登记申请书,申请增加蔬菜零售经营范围,并提供了相关材料。2015年2月6日,被告向原告出具了〔2015〕第0206001号个体工商户变更登记受理通知书。被告对申请材料进行审查,并赴现场调查核实,认定原告丹阳市珥陵镇鸿润超市距丹阳市珥陵农贸市场不足200米,不符合丹政办发〔2012〕29号文中“菜市场周边200米范围内不得设置与菜市场经营类同的农副产品经销网点”的规定。遂于2015年2月16日作出了(11810187)个体工商户变更〔2015〕第02160001号个体工商户登记驳回通知书,决定对原告的变更申请不予登记。

江苏省丹阳市人民法院于2015年7月1日判决撤销被告丹阳市市场监督管理局作出的个体工商户登记驳回通知书,判令被告于该判决生效后15个工作日内针对原告申请重新作出登记。一审宣判后,双方当事人均未上诉。一审判决生效后,被告已为原告办理了变更核准登记。

【案件争点】

丹政办发〔2012〕29号文可否作为认定被诉个体工商户驳回登记申请行为合法的依据。

【裁判要旨】

江苏省丹阳市人民法院认为,根据《个体工商户条例》(2014年)第4条的规定,国家对个体工商户实行市场平等准入、公平待遇的原则。申请办理个体工商户登记,申请登记的经营范围不属于法律、行政法规禁止进入的行业的,登记机关应当依法予以登记。该案中,原告申请增加的经营范围为蔬菜零售,并非法律、行政法规禁止进入的行业。根据《行政诉讼法》(2014年)第63条第1款、第3款的规定,人民法院审理行政案件,以法律和行政法规、地方性法规为依据,参照规章。该案被告适用丹政办发〔2012〕29号文中“菜市场周边200米范围内不得设置与菜市场经营类同的农副产品经销网点”的规定,以原告距珥陵农贸市场不足200米为由作出不予登记，但该规定与商务部《标准化菜市场设置与管理规范》不一致，也与13 部委《关于进一步加强农产品市场体系建设的指导意见》第 7 项“积极发展菜市场、便民菜店、平价商店、社区电商直通车等多种零售业态”的指导意见不相符，也违反国家对个体工商户实行的市场平等准入、公平待遇的原则，依据《行政诉讼法》(2014 年)第 64 条规定，不能作为认定被诉行政行为合法的依据。因此，被告对原告的申请作出不予登记的行政行为缺乏法律依据，依法应予撤销。

例案二 | 卢建平诉慈溪市市场监督管理局工商登记案

【法院】

浙江省宁波市中级人民法院

【案号】

(2017)浙 02 行终 456 号

【当事人】

上诉人(一审原告)：卢某某

被上诉人(一审被告)：慈溪市市场监督管理局

法定代表人：胡某某，该局局长

【基本案情】

上诉人称，根据《个体工商户条例》第 4 条的规定，国家对个体工商户实行市场平等准入、公平待遇的原则。申请办理个体工商户登记，申请登记的经营范围不属于法律、行政法规禁止进入的行业的，登记机关应当依法予以登记。上诉人申请办理个体工商户变更登记，申请登记的经营范围不属于法律、行政法规禁止进入的行业，被上诉人应当依法予以登记。被诉不予登记通知适用法律、法规错误，应予撤销。一审法院认定事实错误，适用依据错误，判决结果错误。请求二审法院撤销一审判决，撤销被诉不予登记通知，并责令被上诉人为上诉人办理工商变更登记。

被上诉人辩称，慈溪市商务局《关于印发〈慈溪市中心城区农贸市场网点规划〉的通知》规定，农贸市场投入使用之后，在市场周边原则上禁止从事市场同性质商品(生肉、蔬菜、水产、豆制品等农副产品)的生产经营活动。金山菜市场已投入使用几十年，能满足周边群众的生活需求，上诉人欲在离菜市场不到 100 米的场所从事与该市场同性质商品的生产经营活动，不符合规定。上诉人的申请破坏了正常的市场管理秩序，与优化人居环境、提升城市品质是相违背的，不应予以登记。

被上诉人接到上诉人的申请材料后,及时进行调查审核,但无论是从政策上,还是从城市建设、人居环境的角度考虑,上诉人的变更登记申请均不存在条件。上诉人的诉请没有依据,应予驳回。请求二审法院驳回上诉,维持一审判决。

经审理查明,2015 年 7 月 2 日,一审原告在慈溪市××××号登记注册慈溪市卢某某海鲜超市,经营范围为食用农产品、预包装食品、散装食品批发、零售(依法须经批准的项目,经相关部门批准后方可开展经营活动)。2017 年 4 月 10 日,一审原告向一审被告提出变更登记申请,申请变更经营范围为"食用农产品批发、零售、食品经营、食品销售",经营场所为"慈溪市浒山街道金一路 78－80 号"。一审被告受理后于同年 4 月 19 日向一审原告作出被诉不予登记通知,认为一审原告申请变更的经营场所"慈溪市浒山街道金一路 78－80 号"离金山菜场不到 100 米,且经营范围"食用农产品"属于与金山菜场同性质商品。根据《关于印发〈慈溪市中心城区农贸市场网点规划〉的通知》中关于"为维护市场正常交易秩序、防止交通堵塞、保障食品安全,农贸市场投入使用之后,在市场周边原则上禁止从事市场同质商品(生肉、蔬菜、水产、豆制品等农副产品)的生产经营活动"之规定,决定不予变更登记。一审原告不服,提起诉讼,请求一审法院依法撤销(慈市监企)个体登记驳字〔2017〕第 1 号《不予登记通知书》,判令一审被告根据申请依法变更。

一审法院认为,根据《个体工商户条例》第 3 条的规定,一审被告系个体工商户的登记管理机关,具有相应登记管理职权。该案争议焦点在于一审被告对一审原告决定不予变更登记是否合法。一审原告认为一审被告不予登记违反了对个体工商户实行的平等准入、公平待遇原则,引用文件错误。一审被告辩称,一审原告申请变更将破坏市场管理秩序,损害公共权益。该院认为,《个体工商户条例》第 4 条、第 5 条规定了个体工商户在行业准入时应遵循公平、平等原则,同时接受政府监督,不得非法经营。《个体工商户条例》第 19 条第 1 款规定,地方各级人民政府应当将个体工商户所需生产经营场地纳入城乡建设规划,统筹安排。因此,对个体工商户申请的变更登记,工商部门应根据《个体工商户条例》的上述规定,结合当地政府对经营场所的统筹安排,综合进行判断。一审原告申请变更的经营场所距离当地金山菜场不足 100 米,且申请变更的经营范围为食用农产品批发、零售、食品经营、食品销售。上述变更内容与《关于印发〈慈溪市中心城区农贸市场网点规划〉的通知》中有关"市场周边原则上禁止从事市场同质商品(生肉、蔬菜、水产、豆制品等农副产品)的生产经营活动"的规定相抵触。根据《个体工商户条例》第 19 条第 1 款的规定,政府对菜市场的管理是对农贸服务的综合型管理,既应有利于群众生活，也必须兼顾交通秩序、食品安全等社会公共利益。一审被告所列慈溪市的相关管理文件，符合城市管理和提升农贸市场水平的要求，也系当地政府对个体工商户经营场所的统筹安排。一审被告作为政府所属的工商部门，对其予以遵守并实施，作出被诉不予变更登记通知，并无不当。一审原告诉称未予登记不符合平等准入、公平待遇原则，该院认为上述原则是指民事主体进入特定经济领域时，其法律地位平等，不存在非法的歧视性障碍。政府对农贸市场的统筹管理与此原则并行不悖，对经营地点的管理并未限制其进入农贸服务行业，一审原告可以选择进入农贸市场从事相关经营活动。一审被告在被诉不予登记通知中未援引《个体工商户条例》《个体工商户登记管理办法》等相关法律、法规，而仅列规范性文件，该院对此瑕疵予以指正。综上，一审原告诉请依据不足，不予支持。

浙江省宁波市海曙区人民法院于2017年9月18日作出(2017)浙0203行初56号一审判决：驳回原告诉讼请求。原告不服，提起上诉。浙江省宁波市中级人民法院于2017年12月28日判决：1. 撤销宁波市海曙区人民法院(2017)浙0203行初56号行政判决；2. 撤销被上诉人慈溪市市场监督管理局于2017年4月19日作出(慈市监企)个体登记驳字〔2017〕第1号《不予登记通知书》的行政行为；3. 责令被上诉人慈溪市市场监督管理局于该判决生效之日起15日内重新作出决定。

【案件争点】

慈溪市商务局《关于印发〈慈溪市中心城区农贸市场网点规划〉的通知》可否作为认定个体工商户不予登记行为合法的依据。

【裁判要旨】

浙江省宁波市中级人民法院认为，《个体工商户条例》第4条规定："国家对个体工商户实行市场平等准入、公平待遇的原则。申请办理个体工商户登记，申请登记的经营范围不属于法律、行政法规禁止进入的行业的，登记机关应当依法予以登记。"第8条第1款规定："申请登记为个体工商户，应当向经营场所所在地登记机关申请注册登记。申请人应当提交登记申请书、身份证明和经营场所证明。"根据被上诉人向一审法院提供的证据，上诉人依法向被上诉人提交了上述材料，且上诉人申请变更登记的经营范围不属于法律、行政法规禁止进入的行业，被上诉人按照《关于印发慈溪市中心城区农贸市场网点规划的通知》中有关"市场周边原则上禁止从事市场同质商品(生肉、蔬菜、水产、豆制品等农副产品)的生产经营活动"的规定，认定上诉人申请变更登记经营场所距离当地金山菜场不足100米，申请变更登记的内容不符合上述通知的规定而作出被诉不予登记通知，缺乏法律依据，且违反了《行政许可法》的规定。被上诉人的答辩意见,于法无据,法院不予采信。被诉不予登记通知依法应予撤销。一审判决认定事实不清,适用法律、法规错误,应予纠正。

例案三 昆山市巴城镇吴江大润发超市新澄路加盟店诉昆山市市场监督管理局工商登记案

【法院】

江苏省苏州市中级人民法院

【案号】

(2018)苏05行终48号

【当事人】

上诉人(一审被告):昆山市市场监督管理局

法定代表人:应某某,该局局长

被上诉人(一审原告):昆山市巴城镇吴江大润发超市新澄路加盟店

经营者:徐某某

【基本案情】

上诉人昆山市市场监督管理局(以下简称昆山市场监管局)上诉称,上诉人作为苏州的县级市,在行政执法过程中除应当依据法律法规的规定外,还应当符合地方性法规的规定。上诉人依据《个体工商户登记管理办法》受理被上诉人的登记申请,在审查过程中,依据《苏州市集贸市场管理条例》(2008年)第20条第3款的规定,"在农副产品市场周边开设店铺,从事与市场内相同品种农副产品经营的,工商行政管理等部门在作出行政许可决定前,应当组织听证会,征求市场经营管理者、场内经营者、周围群众及有关行业组织的意见"的规定,经依法组织听证,根据《行政许可法》(2003年)第48条"行政机关应当根据听证笔录,作出行政许可决定"的规定,上诉人审查决定驳回登记申请具有事实和法律依据。一审法院仅依据《个体工商户条例》《个体工商户登记管理办法》的规定,认定上诉人应当依申请予以登记,没有考虑该案实际情况。《苏州市集贸市场管理条例》是现行有效的地方法规,一审未就该条例能否适用作出认定,适用法律法规不当。请求撤销原判,依法驳回被上诉人的全部请求,判令被上诉人承担一审、二审诉讼费。

被上诉人昆山市巴城镇吴江大润发超市新澄路加盟店(以下简称大润发超市)

辩称，第一，《苏州市集贸市场管理条例》(2008年)第20条第3款的规定，违反了《行政许可法》(2003年)第15条有关地方性法规不得设立行政许可前置性条件的规定；第二，根据《食品安全法》(2015年)第35条的规定，销售农产品不需要行政许可；第三，一审适用了法律行政法规，效力高于地方性法规；第四，《行政许可法》(2003年)第18条规定，设定行政许可应当规定条件、程序、期限，而《苏州市集贸市场管理条例》对此未予规定。这一条违反了多项上位法，上诉人在行政程序中应当适用上位法。一审判决认定事实清楚、适用法律正确，应当予以维持。请求驳回上诉、维持原判。

经审理查明，一审原告系个体超市，经营者为徐某某。2017年4月，徐某某向昆山市场监管局申请经营范围中增加"食用农产品销售"登记项目，昆山市场监管局作出个体变更登记不予受字〔2017〕第05050008号不予受理。一审原告向昆山市政府申请复议，昆山市政府于2017年6月26日作出(2017)昆府行复第40号《行政复议决定书》，撤销了昆山市场监管局的不予受理通知，责令昆山市场监管局在15日内重新作出具体行政行为。2017年7月6日，徐某某重新申请经营范围变更，增加食用农产品销售，昆山市场监管局予以受理。2017年7月14日，昆山市场监管局发出听证公告，于2017年8月2日组织听证，一审原告及相关人员参加了听证会。除徐某某以及玉岫市场周边经营户代表同意许可徐某某变更经营范围外，其他参与听证的代表均不同意徐某某增加"食用农产品销售"的经营范围。2017年8月11日昆山市场监管局作出(05831404)个体变更登记驳字〔2017〕第07070016号《个体工商户变更登记驳回通知书》，对徐某某申请超市增加"食用农产品销售"经营范围不予核准。苏州市人民代表大会常务委员会于2017年12月25日作出的修改《苏州市集贸市场管理条例》的决定，于2018年1月24日经江苏省人大常委会批准后发布施行。本次修改内容为删去第20条第3款"在农副产品市场周边开设店铺，从事与市场内相同品种农副产品经营的，工商行政管理部门在作出行政许可决定前，应当组织听证会，征求市场经营管理者、场内经营者、周围群众及有关行业组织的意见"。一审原告不服，向一审法院起诉，请求撤销个体工商户变更登记驳回通知书并判令一审被告准予登记增加"食用农产品销售"。

一审法院认为，根据《个体工商户条例》第3条的规定，县、自治县、不设区的市、市辖区工商行政管理部门为个体工商户登记机关。据此，该案昆山市场监管局有对个体工商户进行登记的职权。依据该法第4条第2款规定，申请办理个体工商户登记，申请登记的经营范围不属于法律、行政法规禁止进入的行业的，登记机关应当依法予以登记。《个体工商户登记管理办法》(2014 年)第 17 条规定,申请注册、变更登记的经营范围涉及国家法律、行政法规或者国务院决定规定在登记前须经批准的项目的,应当在申请登记前报经国家有关部门批准,并向登记机关提交相关批准文件。该案中,一审被告昆山市场监管局并未提供"对食用农产品销售是需要许可的法律、行政法规的规定",也并未提供"个体工商户禁止进入对食用农产品销售的法律、行政法规的规定",昆山市场监管局为此作出的(05831404)个体变更登记驳字〔2017〕第 07070016 号《个体工商户变更登记驳回通知书》无法律依据。

江苏省张家港市人民法院于 2017 年 11 月 26 日作出(2017)苏 0582 行初 216 号一审判决:撤销个体工商户变更登记驳回通知书,并责令一审被告于判决生效后 15 日内依法作出变更登记。一审被告不服,提起上诉。江苏省苏州市中级人民法院于 2018 年 4 月 3 日作出终审判决:驳回上诉,维持原判。

【案件争点】

在个体工商户变更登记适用法律方面,是应当适用《食品安全法》"销售食用农产品不需要取得许可"的规定,还是应适用《苏州市集贸市场管理条例》《行政许可法》关于行政许可应当经过听证程序的规定。

【裁判要旨】

江苏省苏州市中级人民法院认为,《食品安全法》(2015 年)第 35 条第 1 款规定:"国家对食品生产经营实行许可制度。从事食品生产、食品销售、餐饮服务,应当依法取得许可。但是,销售食用农产品,不需要取得许可。"根据该规定,销售食用农产品,不属于行政许可的事项,当事人可以依法自主决定,当事人就此申请工商登记的,登记机关也应当依法予以登记。上诉人认为,其作出不予核准登记的决定,是基于《苏州市集贸市场管理条例》(2008 年)第 20 条第 3 款以及我国《行政许可法》(2013 年)第 48 条第 2 款的规定,该上诉理由,系对有关法律法规的理解适用不当。该案上诉人未提出其他不予登记的事实和法律依据,其作出的被诉《个体工商户变更登记驳回通知书》没有依据,依法应当予以撤销。鉴于该案所涉法律规定明确,被上诉人的登记申请又经过不予受理、行政复议、再次申请、重新作出决定以及诉讼等过程,一审法院判决上诉人在判决生效后 15 日依法作出变更登记并无不当。

三、裁判规则提要

《个体工商户条例》第 4 条规定了市场平等准入、公平待遇的原则,并且规定经营范围不属于“法律、行政法规”禁止进入的行业的，应当依法予以登记。《为改善营商环境提供司法保障意见》明确提出，人民法院要坚持各类市场主体法律地位平等、权利保护平等和发展机会平等的原则，推动形成平等有序、充满活力的法治化营商环境。而且，要本着开放和规范相统一的原则，最大限度地简化和降低市场准入门槛，真正形成大众创业、万众创新的喜人局面。但是在实践案例中，有些地方政府制定的规范性文件违反上位法规定，限制相关经营主体平等进入市场，或者以地方规定的方式在上位法规定之外增设程序限制性条件，违背了市场平等准入、公平竞争原则。对此，人民法院在案件审理中，一方面要对规章以下规范性文件进行合法性审查，若不合法的则不作为认定行政行为合法的依据；另一方面，也要监督政府依法行政，促进政府在实施管理过程中，找准定位，正确引导、指导和调节市场，避免各种不当干预和限制。

（一）规章以下规范性文件违反上位法规定且限制市场公平竞争的，不作为认定不予办理工商登记行为合法的依据

市场平等准入、公平待遇原则不仅在《个体工商户条例》第 4 条中作出了明确规定，在其他大量法律法规和国际条约中都有体现。现代经济运行很大程度上靠市场这一无形之手发挥资源配置的决定性作用。但是，有些地方政府在实施管理过程中，制定的规章以下规范性文件内容违反了该条规定。如上述例案一和例案二中，《关于印发〈慈溪市中心城区农贸市场网点规划〉的通知》中有关“市场周边原则上禁止从事市场同质商品（生肉、蔬菜、水产、豆制品等农副产品）的生产经营活动”的规定及丹政办发〔2012〕29 号《关于转发市商务局〈丹阳市菜市场建设规范〉的通知》中“菜市场周边 200 米范围内不得设置与菜市场经营类同的农副产品经销网点”的规定等，均对个体工商户登记进行了不当干预、限制，违反了市场平等准入、公平待遇原则。为从源头上纠正违法和不当的行政行为，我国《行政诉讼法》规定，人民法院在审理行政案件中，对行政行为所依据的规章以下规范性文件的合法性具有附带审查的职权。市场经营主体申请变更登记，市场监管部门依据地方政府文件规定不予办理，人民法院经审查认为该规范性文件相关内容违反上位法规定，存在限制市场公平竞争等违法情形的，该规范性文件不作为认定被诉行政行为合法的依据。故上述例案一和例案二中的两份规范性文件不能作为认定不予办理工商登记行为合法的依据，市场经营主体起诉要求市场管理部门办理变更登记的，法院应予支持，故被诉不予办理工商登记行为因缺乏法律依据而被撤销。这不

仅维护了经营者的合法权益,体现对不同市场主体的平等保护,同时也对方便群众生产生活有着积极影响。

(二)适用上位法特别规定更有利于市场经营主体的,不应以下位法规定的附加条件限制工商登记

各地不仅存在规范性文件与上位法冲突的情形,也存在地方性法规在上位法规定之外为当事人不当增设条件,从而限制市场准入、公平竞争的现象。该问题实际上涉及地方特别规定(地方性法规)与上位法(法律)一般规定的选择适用关系。对此问题应从三个方面进行理解:一是法律的效力高于地方性法规。根据《立法法》第88条第2款的规定,法律的效力高于行政法规、地方性法规、规章。因此,若地方性法规和法律规定相抵触的,应当适用效力等级更高的法律的规定。二是下位法和上位法规定抵触情形的判断。从审判实践看,下位法与上位法相抵触的常见情形有:(1)下位法缩小上位法规定的权利主体范围,或者违反上位法立法目的扩大上位法规定的权利主体范围;(2)下位法限制或者剥夺上位法规定的权利,或者违反上位法立法目的扩大上位法规定的权利范围;(3)下位法扩大行政主体或其职权范围,下位法延长上位法规定的履行法定职责期限;(4)下位法以参照、准用等方式扩大或者限缩上位法规定的义务或者义务主体的范围、性质或者条件;(5)下位法增设或者限缩违反上位法规定的适用条件;(6)下位法扩大或者限缩上位法规定的给予行政处罚的行为、种类和幅度的范围;(7)下位法超出上位法规定的强制措施的适用范围、种类和方式,以及增设或者限缩其适用条件;(8)下位法设定不符合行政许可法规定的行政许可,或者增设违反上位法规定的行政许可条件。三是同一层级的法律规范之间才存在一般规定和特别规定的适用关系。根据《立法法》第92条的规定,同一机关制定的法律、地方性法规等,特别规定与一般规定不一致的,适用特别规定;新的规定与旧的规定不一致的,适用新的规定。而对于不同机关制定的同一等级的法律规范之间一般规定和特别规定的适用关系方面,根据《行政案件适用法律座谈会纪要》的规定,法律之间、行政法规之间或者地方性法规之间对同一事项的新的一般规定与旧的特别规定不一致的,人民法院原则上应按照下列情形适用:新的一般规定允许旧的特别规定继续适用的,适用旧的特别规定;新的一般规定废止旧的特别规定的,适用新的一般规定。故一般法和特别法的适用关系均存在于同一等级的法律规范使用中,而下位法的特别规定不符合上位法一般规定的,不存在特别法和一般法的适用关系,而应当直接适用效力等级高的上

位法的规定。

例案三中，根据《食品安全法》第35条第1款的规定，销售食用农产品，不需要取得许可。但作为下位法地方性法规的《苏州市集贸市场管理条例》（2008年）第20条第3款却规定从事农副产品经营的，应当组织听证会。这属于“下位法增设上位法规定的适用条件”的抵触情形，而且《苏州市集贸市场管理条例》是地方性法规，和《食品安全法》不是同一级别的法律规范，不存在特别法与一般法的适用问题。既然上位法《食品安全法》明文规定销售食用农产品不需要取得许可，那么申请销售农产品的个体工商户登记就不再属于行政许可，无须再适用《苏州市集贸市场管理条例》进行相关许可听证程序。对此工商登记部门应当适用上位法的规定，若经营范围不属于“法律、行政法规”禁止进入的行业的，应当依法予以登记。

四、辅助信息

高频词条：

1.《立法法》

第88条 法律的效力高于行政法规、地方性法规、规章。

行政法规的效力高于地方性法规、规章。

第92条 同一机关制定的法律、行政法规、地方性法规、自治条例和单行条例、规章，特别规定与一般规定不一致的，适用特别规定；新的规定与旧的规定不一致的，适用新的规定。

2.《行政案件适用法律座谈会纪要》

二、关于法律规范冲突的适用规则

（二）特别规定与一般规定的适用关系

同一法律、行政法规、地方性法规、自治条例和单行条例、规章内的不同条文对相同事项有一般规定和特别规定的，优先适用特别规定。

法律之间、行政法规之间或者地方性法规之间对同一事项的新的一般规定与旧的特别规定不一致的，人民法院原则上应按照下列情形适用：新的一般规定允许旧的特别规定继续适用的，适用旧的特别规定；新的一般规定废止旧的特别规定的，适用新的一般规定。不能确定新的一般规定是否允许旧的规定继续适用的，人民法院应当中止行政案件的审理，属于法律的，逐级上报最高人民法院送请全国人民代表大会常务委员会裁决；属于行政法规的，逐级上报最高人民法院送请国务院裁决；属于地方性法规的，由高级人民法院送请制定机关裁决。

3.《个体工商户条例》

第3条 县、自治县、不设区的市、市辖区工商行政管理部门为个体工商户的登记机关(以下简称登记机关)。登记机关按照国务院工商行政管理部门的规定,可以委托其下属工商行政管理所办理个体工商户登记。

第4条 国家对个体工商户实行市场平等准入、公平待遇的原则。

申请办理个体工商户登记,申请登记的经营范围不属于法律、行政法规禁止进入的行业的,登记机关应当依法予以登记。

4.《食品安全法》

第35条 国家对食品生产经营实行许可制度。从事食品生产、食品销售、餐饮服务,应当依法取得许可。但是,销售食用农产品,不需要取得许可。

县级以上地方人民政府食品药品监督管理部门应当依照《行政许可法》的规定,审核申请人提交的本法第三十三条第一款第一项至第四项规定要求的相关资料,必要时对申请人的生产经营场所进行现场核查;对符合规定条件的,准予许可;对不符合规定条件的,不予许可并书面说明理由。

5.《苏州市集贸市场管理条例》

6.《为改善营商环境提供司法保障意见》

工商登记案件裁判规则第 17 条：
在撤销工商登记等行政行为的审查中，新旧法律规范规定不一致的，一般适用旧法，但新法更有利于保护相对人合法权益的除外

〔**规则描述**〕：在新旧法律更替的情形下，行政相对人申请及行政机关作出工商登记发生在新法实施之前，工商机关撤销该登记或者对申请人申请登记时提交虚假材料等违法情形进行处罚发生在新法施行之后，该撤销登记行为或者针对违法情形实施的行政处罚应当适用前次登记时的法律（旧法）还是撤销登记或行政处罚作出时的法律（新法），在实践中引发争议。在国家推进“放管服”改革，尤其是法治化营商环境建设背景下，关于公司登记的法律规定在进行修改完善，法定登记条件和要求也在变化当中，因此，新旧法律适用标准问题值得认真梳理和分析。对于上述前次违法情形的判定属于实体问题，一般情形下应适用旧法的规定，但适用新法有利于相对人的，则应适用新法的规定。

一、类案检索大数据报告

截至 2018 年 12 月 26 日，分别以“从旧兼从轻”“适用旧法”“适用新法”“从旧”“从轻”等为关键词，通过 Alpha 案例库、上海 C2J 系统、法信平台、元典智库、北大法宝、中国裁判文书网共检索到 466 份裁判文书，经逐案阅看、分析，剔除同一案件因不同审级形成的多个文书，与本规则关联度较高的案件有 18 件。整体情况如下（见图 17－1）：

从地域分布看，涉案数最多的是山东省，为 4 件，其次是广东省，有 3 件，上海市、湖南省、河南省、江苏省各 2 件，宁夏回族自治区、内蒙古自治区、安徽省各 1 件。

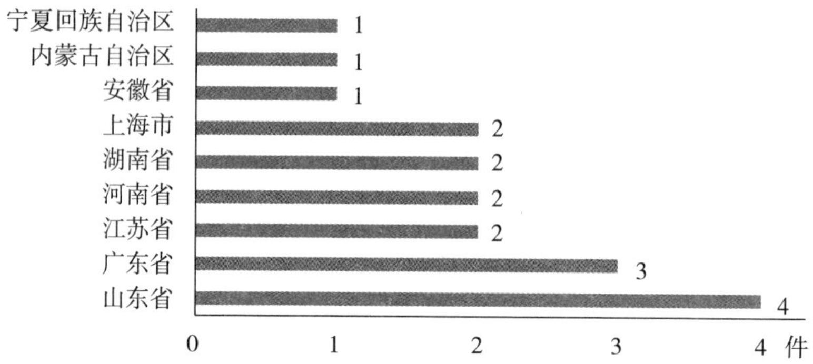

图 17－1 类案地域分布

从结案时间看,2018 年和 2017 年各有 1 件,2016 年和 2015 年各有 3 件,2014 年最多,为 6 件,2013 年 2 件,2010 年和 2004 年各有 1 件(见图 17－2)。

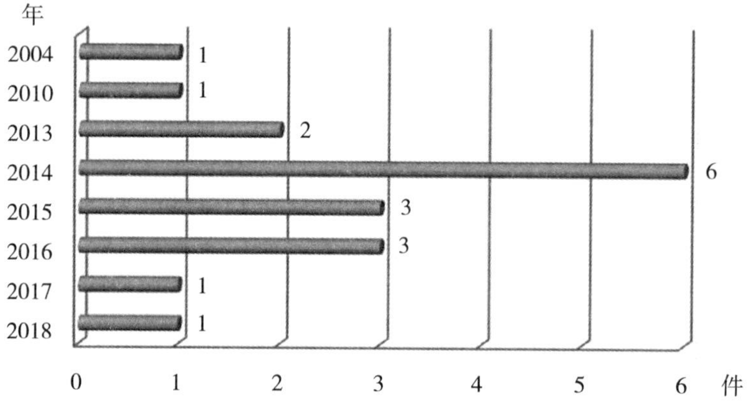

图 17－2 类案结案年度分布

从被诉行政行为类型来看,吊销公司营业执照案件最多,有 5 件;另有撤销公司变更登记案件 4 件,撤销公司设立登记案件 3 件,责令改正和罚款案件各 2 件,变更出资期限等事项的批复和行政复议决定(内容为撤销行政处罚)案件各 1 件(见图 17－3)。

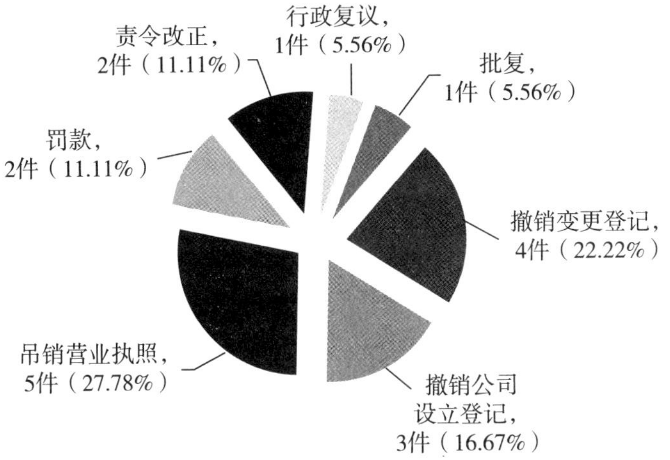

图 17-3 类案被诉行政行为类型分布

由表 17-1 可知,结案方式方面,因行政机关在作出行政处罚时,在新旧法律适用方面适用法律错误,而被判决撤销的有 9 件,其中 5 件系一审判决驳回原告诉讼请求,二审改判撤销一审判决并撤销行政处罚决定。行政处罚适用法律正确,被判决驳回原告诉讼请求或维持行政处罚决定案件共计 5 件。这 14 起案件均为正面案例,即在新旧法律更替时,法院判决支持了"从旧兼从轻"适法原则。另外有 2 起案件判决为反面案例,即 1 件新法有利于相对人权益,被诉行政行为适用旧法,法院判决支持;1 件违法行为发生在新法施行前,应适用旧法,被诉行政行为适用新法,法院亦判决支持。还有 2 起案件在二审判决方面为反面案例,即虽然一审、被诉行政行为适用法律错误,但二审法院认为不影响处罚和裁判结果,故仍然维持了一审驳回原告诉讼请求的判决(见表 17-1)。

表 17-1 类案裁判结果分布

裁判结果	案件数	法院意见
因适用法律错误判决撤销行政行为	9	4 起案件一审判决撤销行政行为;5 起案件一审判决驳回原告诉请、二审判决撤销一审判决及行政行为
应适用旧法或轻法,被告适用法律错误,但仍判决驳回原告诉讼请求	2	反面案例:1 件新法有利于相对人权益,被诉行政行为适用旧法,法院判决支持;1 件违法行为发生在新法施行前,应适用旧法,被诉行政行为适用新法,法院亦判决支持
判决驳回原告诉讼请求	3	被诉行政行为适用法律正确

续表

裁判结果	案件数	法院意见
判决维持被诉行政行为决定	2	被诉行政行为适用法律正确
二审认为一审或行政行为适用法律错误,但仍判决维持一审驳回原告诉讼请求的判决	2	判决方式反面案例:虽然一审、行政行为适用法律错误,但仍判决支持被告作出的行政行为

二、可供参考例案

例案一 湖南省花垣县永兴锰业有限责任公司诉湖南省花垣县人民政府行政复议决定案

【法院】

最高人民法院

【案号】

(2016)最高法行申415号

【当事人】

再审申请人(一审第三人、二审上诉人):常某某

再审被申请人(一审原告、二审被上诉人):湖南省花垣县永兴锰业有限责任公司

法定代表人:石某某,该公司董事长

一审被告:湖南省花垣县人民政府

法定代表人:隆某某,该县县长

【基本案情】

常某某向最高人民法院申请再审,请求撤销湖南省湘西土家族苗族自治州中级人民法院(2014)州行初字第20号行政判决及湖南省高级人民法院(2014)湘高法行终字第230号行政判决,并依法改判裁定驳回石某某起诉。其申请再审的事实与理由为:第一,本案被诉行政复议决定作出的时间是2014年7月18日,此时新修正的《公司法》自2014年3月1日起施行,花垣县工商局应适用新修正的《公司法》,再审被申请人永兴公司认为花垣县工商局适用法律错误并无不当。第二,本案永兴公司2008年1月18日变更登记没有提供虚假的申请材料,当时的申请材料是股权转让的真实反映等。

花垣县政府提交意见称，第一，2006年湖南省花垣县永兴锰业有限公司原股东石某某与刘某某（常某某之子）所签订的股权转让协议系真实意思表示，该协议未违反法律的强制性规定，且常某某已实际履行协议义务，支付股权转让费278万元。该合法有效的股权转让民事法律行为应受到法律保护。第二，一、二审法院在审理本案时，对花垣县工商局2008年作出的变更登记行为这一实体问题适用新法对保护行政相对人的合法权益更为有利，应当适用2013年版《公司法》。

经审理查明，2013年3月10日，石某某向湖南省花垣县工商局提交《关于请求恢复湖南省花垣县永兴锰业有限责任公司报告》。2014年7月18日，花垣县工商局作出花工商撤字〔2014〕第01号《关于撤销湖南省花垣县永兴锰业有限责任公司变更登记的决定》（以下简称《撤销公司变更登记决定书》），决定撤销常某某于2008年1月18日取得的变更登记。同年7月29日花垣县工商局办理了永兴公司的撤销登记，将永兴公司的相关登记项目恢复到2007年6月29日的登记状态，即法定代表人为石某某，股东为石某某、张某甲、张某、张某乙。永兴公司不服，于同年7月28日向花垣县政府申请行政复议。同年8月20日花垣县政府作出花府复决字〔2014〕第2号《行政复议决定书》，认为花垣县工商局应当引用2013年版《公司法》而不是2005年版《公司法》作出处理决定，据此根据《行政复议法》第28条第3款第1项关于“适用依据错误的”的规定，决定撤销花垣县工商局作出的花工商撤字〔2014〕第01号《撤销公司变更登记决定书》。该复议决定书上载明申请人永兴公司，法定代表人常某某。复议决定书已送达相关当事人。之后，石某某以永兴公司的名义，向人民法院提起行政诉讼，请求撤销行政复议决定。

一审法院认为，根据《行政案件适用法律座谈会纪要》中第3条关于新旧法律规范的适用规则的规定，变更登记行为是否违法属于实体问题，应当适用工商变更登记行为时生效的法律，即2005年版《公司法》。花垣县工商局适用法律并无不妥。花垣县政府根据《行政复议法》第28条规定撤销花垣县工商局作出的处理决定，属于适用法律错误，依法判决撤销。

湖南省湘西土家族苗族自治州中级人民法院于2014年10月14日作出（2014）州行初字第20号一审判决：（1）撤销被告花垣县人民政府于2014年8月20日作出的花府复决字〔2014〕第2号《行政复议决定书》；（2）责令被告花垣县人民政府重新作出复议决定。一审第三人不服，提起上诉。湖南省高级人员法院于2014年12月3日作出（2014）湘高法行终字第230号二审判决：维持一审判决第一项，撤销第二项。一审第三人仍不服，提起再审申请。最高人民法院于2016年5

月26日作出裁定:驳回再审申请。

【案件争点】

花垣县工商局作出的变更登记决定应当适用2005年版《公司法》还是2013年版《公司法》。

【裁判要旨】

《立法法》第93条规定:"法律、行政法规、地方性法规、自治条例和单行条例、规章不溯及既往,但为了更好地保护公民、法人和其他组织的权利和利益而作的特别规定除外。"该规定是有关法的溯及力的规定,确定了新法对其生效以前发生的事件和行为一般不适用,而应当适用当时的法律。《行政案件适用法律座谈会纪要》第3条规定,行政相对人的行为发生在新法施行以前,具体行政行为作出在新法施行以后,人民法院审查具体行政行为的合法性时,实体问题适用旧法规定,程序问题适用新法规定,但下列情形除外:(1)法律、法规或规章另有规定的;(2)适用新法对保护行政相对人的合法权益更为有利的;(3)按照具体行政行为的性质应当适用新法的实体规定的。虽然花垣县工商局撤销永兴公司2008年工商变更登记的行为发生在2013年,但永兴公司申请工商变更登记和花垣县工商局作出变更登记是在2008年。根据上述关于新旧法律规范的适用规则的规定,变更登记行为是否违法属于实体问题,在无其他正当理由适用例外规定的情形下,应当适用工商变更登记行为时生效的法律,即2005年版《公司法》。故而,花垣县政府作出的被诉行政复议决定认为花垣县工商局应当引用2013年版《公司法》,属适用法律错误,一审法院判决撤销并无不当。综上,常某某的再审申请不符合《行政诉讼法》(2014年)第91条规定的情形。

例案二 阿尔山市润兴矿业有限责任公司诉阿尔山工商管理局撤销工商登记决定案

【法院】

内蒙古自治区兴安盟中级人民法院

【案号】

(2015)兴中法行终字第00040号

【当事人】

上诉人(一审原告):阿尔山市润兴矿业有限责任公司

法定代表人：吕某某，该公司总经理

被上诉人（一审被告）：阿尔山市工商行政管理局

法定代表人：刘某甲，该局局长

【基本案情】

上诉人阿尔山市润兴矿业有限责任公司（以下简称润兴矿业）不服一审判决上诉称，请求撤销一审判决，撤销行政处罚决定。一审判决适用法律错误。被上诉人作出本案行政处罚所依据的法律是2006 年 1 月 1 日施行的《公司登记管理条例》第 69 条。但是，本案被上诉人对上诉人作出的行政处罚的时间为 2014 年 8 月 1 日，此时被上诉人处罚所适用的 2006 年施行的《公司登记管理条例》已经失效。2014 年新修订《公司登记管理条例》于 2014 年 3 月 1 日施行，该条例第 69 条不包括“提交虚假材料或者其他欺诈手段重要事实”的内容，被上诉人使用了已经失效的法规进行了处罚，一审判决维持该处罚决定，属于适用法律错误。请求二审撤销一审判决，撤销被上诉人对上诉人作出的行政处罚决定。

被上诉人阿尔山市工商行政管理局（以下简称阿市工商局）答辩称，不同意上诉人上诉请求。上诉人以旧法第 69 条内容已经废止，新法第 69 条无法律规定之说用以回避自己的违法行为。2014 年版《公司登记管理条例》经修订后颁布，对法条进行了修改，将旧法第 69 条内容调整为新法第 65 条，依然不允许公司违反法律规定，提供虚假材料用以骗取工商登记的行为。综上，被上诉人依法作出的行政处罚决定事实清楚、证据充分。因此，上诉人确属没有召开第二次股东大会，制发虚假的股东大会决议，取得的工商登记。请求二审驳回上诉人的上诉请求，维持原判。

经审理查明，润兴矿业于 2008 年 9 月 12 日经工商局核准成立，营业时间自2008 年 9 月 12 日至 2018 年 9 月 11 日。公司章程中记载：公司的注册资本为 8000 万元人民币；经营范围是铁矿石的采掘、加工及矿产品经营；公司股东共三人，分别是刘某乙、杨某某、刘某丙。润兴矿业于 2008 年 8 月实缴出资 2000 万元（刘某乙 800 万元、刘某丙 600 万元、杨某某 600 万元）。2009 年 4 月，股东刘某乙按照公司章程规定补缴出资 1000 万元，润兴矿业实收资本增至 3000 万元，并于 2009 年 4 月向阿市工商局提交了变更登记的相关材料，阿市工商局认为一审原告提交的材料齐全且符合法定形式，经核准准予登记。2014 年 4 月 10 日阿市工商局接到股东刘某丙提出撤销润兴矿业的申请，其注销理由中提出“第二次股东会决议”属于虚假材料，在第二次为股东刘某乙实缴资本出具的股东决议书，股东刘某丙未参加，也未签字盖章。据此,阿市工商局经调查核实后,认定"第二次股东大会决议"系虚假材料,2014年8月1日依据2006年版《公司登记管理条例》第69条对润兴矿业作出罚款9万元的处罚决定。上诉人不服处罚决定,向盟工商局申请复议,盟工商局于2014年10月11日作出维持阿工商公处字(2014)009号行政处罚决定的行政复议决定。上诉人不服,诉至法院,请求撤销阿工商公处字(2014)009号行政处罚决定。

一审法院经审理认为,根据《公司登记管理条例》的相关规定,有限责任公司变更登记事项时,应向原登记机关办理变更登记,并对其提交材料的真实性负责。本案中,润兴矿业在申请公司变更登记时向被告阿市工商局提交的第二次股东大会决议系虚假材料,润兴矿业在未实际召开股东会的情况下,制发了此次股东大会决议,且股东刘某丙未接到任何通知,也未在该决议签字,该协议系他人代签,事后股东刘某丙对此也未予认可。同时,润兴矿业未提供能够证明股东刘某丙明知该情况而未提出异议,并在此基础上从事相关管理和经营活动的证据,故润兴矿业在申请公司变更登记时,提交虚假材料的行为已经违反了《公司登记管理条例》第2条第2款规定,申请人应当对申请材料的真实性负责。阿市工商局在对润兴矿业作出处罚决定前,进行了必要的调查,履行了处罚前告知义务,后作出处罚决定,因此,阿市工商局作出的处罚决定程序合法。阿市工商局作出处罚决定时,《公司登记管理条例》已经修订,根据《立法法》第93条的规定,行政法规不溯及既往,且修订的《公司登记管理条例》对此无特别规定,故阿市工商局依据2006年1月1日施行的《公司登记管理条例》对润兴矿业作出处罚决定,适用法律正确。

内蒙古自治区阿尔山市人民法院作出(2015)阿行初字第2号一审判决:驳回原告诉讼请求。原告不服,提起上诉。内蒙古自治区兴安盟中级人民法院于2015年10月26日作出二审判决:撤销一审判决,撤销阿工商公处字(2014)009号行政处罚决定。

【案件争点】

申请人于2009年申请变更登记时提交虚假材料,工商行政管理部门于2014年8月1日适用2006年版《公司登记管理条例》第69条作出处罚决定是否符合"从旧兼从轻原则"。

【裁判要旨】

内蒙古自治区兴安盟中级人民法院认为,股东刘某乙于2009年4月补缴认缴资本1000万元,被上诉人认定上诉人在补缴认缴资本时提供的第二次股东大会决议是虚假材料，于 2014 年 8 月 1 日依据 2006 年版《公司登记管理条例》第 69 条对其进行了行政处罚，此时被上诉人所适用的《公司登记管理条例》已经失效。2014 年版《公司登记管理条例》于 2014 年 3 月 1 日施行。对此，该院认为，第一，上诉人的行为发生在新的《公司登记管理条例》实施前，被上诉人在新法实施后对上诉人在新法实施前的行为进行处罚，应本着“从旧兼从轻”的法律适用原则。新的《公司登记管理条例》第 9 条规定的公司登记事项已将原《公司登记管理条例》第 9 条中的第 5 项实收资本、第 9 项的认缴和实缴的出资数额、出资时间、出资方式的两项必要的公司登记事项取消，补缴认缴资本不属于办理变更登记事项。该登记事项已不属于强制性条款。工商登记管理机关在认定润兴矿业办理变更登记时，引用旧的《公司登记管理条例》第 69 条即“提交虚假材料或者采取其他欺诈手段隐瞒重要事实，取得公司登记的，由公司登记机关责令改正，处以 5 万元以上 50 万元以下的罚款；情节严重的，撤销公司登记或者吊销营业执照”的规定，属适用法律有误，违反“从旧兼从轻”的法律原则。第二，在缴纳认缴出资程序上，润兴矿业公司章程第 5 条为“公司的注册资本为 8000 万元人民币”，第 9 条为“刘某乙认缴 3200 万元、刘某丙认缴 2400 万元、杨某某认缴 2400 万元”，第二次补缴认缴出资，由兴安盟华夏会计事务所有限责任公司出具验资报告，证明刘某乙于 2009 年 4 月 9 日缴足 1000 万元，符合《公司法》的相关规定。综上，被上诉人阿市工商局作出的阿工商公处字〔2014〕009 号行政处罚决定及一审判决均适用法律错误。上诉人上诉理由成立，应予支持。被上诉人答辩理由不能成立。

例案三 | 美多利亚股份有限公司诉深圳市市场监督管理局吊销企业营业执照案

【法院】

广东省高级人民法院

【案号】

(2016)粤行申 828 号

【当事人】

再审申请人(一审原告、二审上诉人)：美多利亚股份有限公司

法定代表人：菲某，该公司董事长

被申请人(一审被告、二审被上诉人)：深圳市市场监督管理局

法定代表人：夏某某，该局局长

一审第三人:美多利亚服饰(深圳)有限公司

法定代表人:来某某

【基本案情】

美多利亚股份有限公司申请再审称,第一,美多利亚服饰(深圳)有限公司不存在逃避年检的主观故意和客观行为。事实上,正是由于深圳市市场监督管理局2012~2014年不依法履行登记的法定职责,不受理、不办理美多利亚服饰(深圳)有限公司提出的法定代表人变更登记申请,致使美多利亚服饰(深圳)有限公司董事会合法选举的新任法定代表人无法获得变更登记注册,无法取得法定代表人资格,才直接造成了美多利亚服饰(深圳)有限公司无法办理企业年检的后果。因此,深圳市市场监督管理局作出的被诉深市监企批处〔2014〕福2966号《行政处罚决定书》缺乏事实依据。第二,《深圳经济特区商事登记若干规定》既属于现行实施的新法,也属于深圳经济特区内优先适用的法规,其中关于商事主体无须进行年度检验的规定,对保护本案行政相对人美多利亚服饰(深圳)有限公司的合法权益也更为有利。但深圳市市场监督管理局在《深圳经济特区商事登记若干规定》施行之后,仍适用旧法2005年版《公司登记管理条例》和《企业年度检验办法》的规定作出吊销美多利亚服饰(深圳)有限公司营业执照的被诉行政处罚决定,明显适用法律错误。第三,深圳市市场监督管理局作出被诉行政处罚决定的过程中一直采用公告形式告知、送达,属程序违法。且吊销营业执照属于较重的行政处罚,必须依法进行集体讨论,而深圳市市场监督管理局不能提供进行集体讨论的相关证据,其作出被诉行政处罚决定违反了《行政处罚法》和《工商行政管理机关行政处罚程序规定》的相关规定。综上,原一审、二审判决认定事实不清,适用法律错误,程序违法,偏袒深圳市市场监督管理局作出的被诉行政处罚决定,应予撤销。请求依法对本案予以再审,撤销原一审、二审判决,支持我司的一审诉讼请求。

一审、二审判决认定深圳市市场监督管理局作出的被诉深市监企批处〔2014〕福2966号《行政处罚决定书》合法,并驳回美多利亚股份有限公司的诉讼请求;广东省高级人民法院于2016年8月24日作出再审裁定:驳回美多利亚股份有限公司的再审申请。

【案件争点】

新法《深圳经济特区商事登记若干规定》施行之后,仍适用2005年版《公司登记管理条例》和《企业年度检验办法》的规定作出吊销公司营业执照的行政处罚决定适用法律是否正确。

【裁判要旨】

广东省高级人民法院认为，美多利亚服饰（深圳）有限公司未接受2011年度企业年检的事实清楚，深圳市市场监督管理局以该事实为据进而处理本案并无不当。作为美多利亚服饰（深圳）有限公司股东之一的美多利亚股份有限公司申请再审时主张，美多利亚服饰（深圳）有限公司提出法定代表人变更登记申请，深圳市市场监督管理局2012年至2014年不依法履行变更登记的法定职责，致使该司无法办理企业年检。由于本案被诉行政行为是深圳市市场监督管理局作出的深市监企批处〔2014〕福2966号《行政处罚决定书》，美多利亚股份有限公司如认为深圳市市场监督管理局未依法履行相关变更登记的法定职责，应另循法律途径解决。

根据2005年版《公司登记管理条例》第76条规定："公司不按照规定接受年度检验的，由公司登记机关处以1万元以上10万元以下的罚款，并限期接受年度检验；逾期仍不接受年度检验的，吊销营业执照……"《企业年度检验办法》第19条规定："企业不按照规定接受年度检验的，由企业登记机关责令其限期接受年度检验。属于公司的，并处以1万元以上10万元以下的罚款。……企业在责令的期限内未接受年检的，由企业登记机关予以公告。自公告发布之日起，60日内仍未接受年检的，依法吊销营业执照。"2013年3月1日起施行的《深圳经济特区商事登记若干规定》第29条第2款则规定："商事主体应当按照本规定向商事登记机关提交年度报告，无需进行年度检验。"在《深圳经济特区商事登记若干规定》施行之后，深圳经济特区范围内的企业无须再接受年检；但对于《深圳经济特区商事登记若干规定》施行之前企业未按（2005年版）《公司登记管理条例》和《企业年度检验办法》等规定接受年检的违法行为是否仍应追究行政责任的问题，《深圳经济特区商事登记若干规定》并未作出明确的规定。本案中，美多利亚服饰（深圳）有限公司未接受2011年度企业年检的行为发生时，《深圳经济特区商事登记若干规定》尚未施行，而深圳市市场监督管理局作出被诉行政处罚决定的行为发生于《深圳经济特区商事登记若干规定》施行之后。依照《行政案件适用法律座谈会纪要》第3条"关于新旧法律规范的适用规则。根据行政审判中的普遍认识和做法，行政相对人的行为发生在新法施行以前，具体行政行为作出在新法施行以后，人民法院审查具体行政行为的合法性时，实体问题适用旧法规定，程序问题适用新法规定，但下列情形除外：（一）法律、法规或规章另有规定的；（二）适用新法对保护行政相对人的合法权益更为有利的；（三）按照具体行政行为的性质应当适用新法的实体规定的"的规定，深圳市市场监督管理局适用美多利亚服饰（深圳）有限公司行为发生时仍施行有效的2005年版《公司登记管理条例》和《企业年度检验办法》的相关规定处理本案,符合上述规定中新旧法冲突时"实体从旧"的一般原则,对美多利亚服饰(深圳)有限公司作出吊销营业执照的被诉行政处罚决定并无不当;且作为本案被诉行政处罚决定行为行政相对人的美多利亚服饰(深圳)有限公司在原一、二审诉讼过程中均明确表示认可该行政处罚行为,并认为深圳市市场监督管理局吊销其营业执照实际上对其更为有利。据此,对美多利亚股份有限公司就法律适用问题所提出的异议,该院不予采纳。

深圳市市场监督管理局在其门户网站上发布《关于办理2011年度企业年检的公告》告知2011年度企业年检工作的有关事项后,美多利亚服饰(深圳)有限公司并未申报2011年度年检,亦未向深圳市市场监督管理局提交延期年检申请。深圳市市场监督管理局此后向美多利亚服饰(深圳)有限公司作出责令限期接受处理及年检的通知、作出有关陈述申辩或举行听证权利的告知以及最终作出被诉行政处罚决定,均符合行政程序的相关规定;其依照美多利亚服饰(深圳)有限公司的工商注册登记地址邮寄送达相关法律文书,并在邮寄送达被退回的情况下以公告的形式进行送达,送达程序无不当之处。因此,美多利亚股份有限公司主张被诉行政处罚决定程序违法,该院不予采纳。

综上,原一审、二审判决认定深圳市市场监督管理局作出的被诉深市监企批处〔2014〕福2966号《行政处罚决定书》合法并驳回美多利亚股份有限公司的诉讼请求,并无不当。

三、裁判规则提要

随着依法治国进程的加快,工商登记领域一系列法律法规都经过了多次修改,如《公司法》自1993年通过后,至今已经修订1次、修正4次,而《公司登记管理条例》自颁布之日起亦经过3次修订。修改内容关于法定义务的规定有比较大的调整,以《公司法》2013年的修正为例,取消了法定注册资本的最低限额之规定、取消出资形式的限制规定、取消法定出资期限的限制规定、取消验资的要求,该次修正的意义在于:一是鼓励个人创业,刺激个体经济的发展;二是实行彻底的认缴制;三是放宽市场准入,贯彻自由竞争之原则。2018年版《公司法》则主要是对股份回购相关规定进行了修改,这符合法治化营商环境建设的趋势。正是由于法律的修改,实践中才会出现新旧法律冲突情形下如何选择适用法律问题。在工商登记领域,存在相对人提出公司设立或变更登记申请和工商行政管理部门作出登记行为或者当事人未遵守法定义务（年检、补缴认缴资本等）是在新法实施之前，而在新法实施之后该登记行为又被撤销或因该登记基于违法行为作出故被行政处罚的情况。在新旧法律发生矛盾的情形下，如何在适用法律上做到既能保护和鼓励市场创新，又能依法规制违法行为，防范市场风险，应区分不同情形区别对待。在新旧法律适用原则上，《立法法》第93条规定了当法律法规发生变化时，一般从旧的原则。而《行政案件适用法律座谈会纪要》第3条的规定补充了“程序从新、实体从旧兼从轻”的原则（见图17－4）。

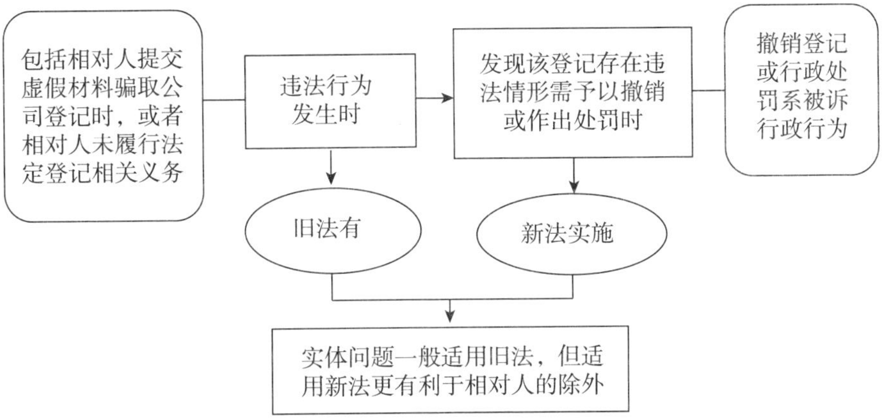

图17－4 新旧法律适用

（一）一般情形下实体问题适用旧法的规定

在工商登记领域，工商登记机关已作出工商登记行为，包括设立登记或者变更登记，后因当事人提供线索证据，或者由工商登记机关自行发现，该工商登记行为存在申请人提交虚假材料或者未尽到法定义务（如未进行年检或者未补缴认缴资本）等违法情形。那么若前次工商登记时到发现违法行为予以查处时，相关法律规定发生了变化，应该适用新法（查处时有效的法律）还是旧法（作出前次登记时或未尽法定义务时有效的法律）呢？根据前述规定，首先应该判断该新旧法律适用问题是实体问题还是程序问题。程序和实体在新旧法律适用原则上存在区别。实体法以不溯及既往为原则，但程序法无此原则，与此相反的是，在新程序法生效时尚未处理的案件，均应采取程序从新原则，依照新的程序规定来处理。这是因为，法不溯及既往原则的来源和基础之一是信赖利益保护。简言之，立法者在立法时必须考量人们根据以往法律所构建的秩序、所获得的利益应该获得何种程度的维持。

法律的规定是信赖利益的基础,人们遵从或依据这一信赖基础作出某种行为并因此而获得或即将获得的利益,包括财产权益和人身权益,都是信赖利益的表现。要保护信赖利益,就不能改变信赖利益产生的基础,即不能以事后产生的法来约束信赖利益借以产生的事件和行为,所以法律不得溯及既往。然而,实体法所创造、确定和规范权力(或权利)和义务(或职责),而程序法不创造新的权利和义务,只是在程序上提供法律救济和实现权利(或权力)的方法和途径,因而,实体法溯及既往会影响法的安定性和人们对于旧法的信赖利益,而程序法溯及既往反而可能有助于新法迅速妥帖地适用。

工商登记中,显然,行政机关在发现提交虚假材料骗取公司登记等违法情形予以查处时,查处应遵守的程序应当适用作出查处时有效的法律,这属于明显的程序问题。但对于前次行为(提交虚假材料等进行登记或者未履行法定义务)是否构成违法情形的判断应当属于实体问题。对于当事人提交虚假材料骗取登记等情形是否构成违法予以查处的判断,要还原到当事人当时提交材料后工商登记机关作出工商登记的时点,是对当时的行为是否违法进行实体审查和判断,相应的适用法律规范也是实体法。将其认定为实体问题适用作出前次登记时合法有效的法律,有利于社会秩序的稳定,即让人们对自己的行为结果可以预期。只有坚持法不溯及既往,适用人们行为时的法律来判断是非,社会成员才可预期和把控自己行为的后果。上述例案一适用的是前次工商登记时(行为时)的旧法,是支持该观点的典型案例。

(二)适用新法有利于相对人则应适用新法的规定

实体问题在原则适用旧法的前提下,当适用新法对保护行政相对人的合法权益更为有利的,则应适用新法的规定。该种情形是法不溯及既往原则的例外,即“有利追溯”。比如,《公司法》及《公司登记管理条例》均规定对于提交虚假材料的,应处以行政处罚。而 2014 年修订的《公司登记管理条例》第 9 条相较于 2005 年修订的《公司登记管理条例》第 9 条,在登记事项的法定强制性要求方面,已经没有实收资本或者认缴和实缴的出资额、出资时间、出资方式等两项事项。如果相对人在新法实施之前提交相关虚假资料申请公司登记,行政机关在新法实施后对相对人进行查处的,应当适用有利于相对人的新法规定,不应再认定其存在提交虚假材料的违法行为,亦不应再作出相应处罚。前面列举的例案二中,即是支持该论断的典型案例。而例案三则为相反案例。美多利亚服饰(深圳)有限公司并未申报

2011 年度年检，2014 年市场监管部门方作出吊销营业执照行政处罚。但该处罚作出时，地方性法规《深圳经济特区商事登记若干规定》已经施行，其第 29 条第 2 款明确规定，商事主体无须进行年度检验。显然，按照该新法规定，未申报年度检验已经不构成违法行为，则无须进行行政处罚，但工商登记部门却仍然以未年检为由适用《公司登记管理条例》（2005 年）和《企业年度检验办法》的规定吊销企业营业执照，适用的是对相对人更为不利的旧法。

四、辅助信息

高频词条：

1.《立法法》

第 93 条 法律、行政法规、地方性法规、自治条例和单行条例、规章不溯及既往，但为了更好地保护公民、法人和其他组织的权利和利益而作的特别规定除外。

2.《公司法》（1999 年修正版）

第 206 条 违反本法规定，办理公司登记时虚报注册资本、提交虚假证明文件或者采取其他欺诈手段隐瞒重要事实取得公司登记的，责令改正，对虚报注册资本的公司，处以虚报注册资本金额百分之五以上百分之十以下的罚款；对提交虚假证明文件或者采取其他欺诈手段隐瞒重要事实的公司，处以一万元以上十万元以下的罚款；情节严重的，撤销公司登记。构成犯罪的，依法追究刑事责任。

3.《公司法》（2005 年修订版）

第 199 条 违反本法规定，提交虚假材料或者采取其他欺诈手段隐瞒重要事实取得公司登记的，由公司登记机关责令改正，对虚报注册资本的公司，处以虚报注册资本金额百分之五以上百分之十五以下的罚款；对提交虚假材料或者采取其他欺诈手段隐瞒重要事实的公司，处以五万元以上五十万元以下的罚款；情节严重的，撤销公司登记或者吊销营业执照。

4.《公司法》（2013 年修正版）

第 198 条 违反本法规定，虚报注册资本、提交虚假材料或者采取其他欺诈手段隐瞒重要事实取得公司登记的，由公司登记机关责令改正，对虚报注册资本的公司，处以虚报注册资本金额百分之五以上百分之十五以下的罚款；对提交虚假材料或者采取其他欺诈手段隐瞒重要事实的公司，处以五万元以上五十万元以下的罚款；情节严重的，撤销公司登记或者吊销营业执照。

5.《公司登记管理条例》(2005 年修订版)

第 9 条 公司的登记事项包括:

(一)名称;

(二)住所;

(三)法定代表人姓名;

(四)注册资本;

(五)实收资本;

(六)公司类型;

(七)经营范围;

(八)营业期限;

(九)有限责任公司股东或者股份有限公司发起人的姓名或者名称,以及认缴和实缴的出资额、出资时间、出资方式。

第 69 条 提交虚假材料或者采取其他欺诈手段隐瞒重要事实,取得公司登记的,由公司登记机关责令改正,处以 5 万元以上 50 万元以下的罚款;情节严重的,撤销公司登记或者吊销营业执照。

6.《公司登记管理条例》(2014 年修订版)

第 9 条 公司的登记事项包括:

(一)名称;

(二)住所;

(三)法定代表人姓名;

(四)注册资本;

(五)公司类型;

(六)经营范围;

(七)营业期限;

(八)有限责任公司股东或者股份有限公司发起人的姓名或者名称。

第 65 条 提交虚假材料或者采取其他欺诈手段隐瞒重要事实,取得公司登记的,由公司登记机关责令改正,处以 5 万元以上 50 万元以下的罚款;情节严重的,撤销公司登记或者吊销营业执照。

7.《企业年度检验办法》

第 19 条 企业不按照规定接受年度检验的,由企业登记机关责令其限期接受年度检验。属于公司的,并处以 1 万元以上 10 万元以下的罚款。属于分公司、非公司企业法人及其分支机构、来华从事经营活动的外国(地区)企业,以及其他经营单位的,并处以 3 万元以下的罚款。属于合伙企业、个人独资企业及其分支机构的,并处以 3000 元以下的罚款。企业在责令的期限内未接受年检的,由企业登记机关予以公告。自公告发布之日起,60 日内仍未接受年检的,依法吊销营业执照。

8.《深圳经济特区商事登记若干规定》

第 29 条 实行商事主体年度报告制度。

商事主体应当按照本规定向商事登记机关提交年度报告,无需进行年度检验。

年度报告包括商事主体的登记事项、备案事项、注册资本实缴情况、年度资产负债表和损益表。

商事主体对年度报告内容的真实性负责。

9.《行政案件适用法律座谈会纪要》

三、关于新旧法律规范的适用规则

根据行政审判中的普遍认识和做法,行政相对人的行为发生在新法施行以前,具体行政行为作出在新法施行以后,人民法院审查具体行政行为的合法性时,实体问题适用旧法规定,程序问题适用新法规定,但下列情形除外:(一)法律、法规或规章另有规定的;(二)适用新法对保护行政相对人的合法权益更为有利的;(三)按照具体行政行为的性质应当适用新法的实体规定的。

工商登记案件裁判规则第18条：

工商登记机关知道公司设立登记存在冒用身份证办理情形，但拒绝纠正的，该设立登记应予撤销

〔**规则描述**〕：近年来，因冒用他人身份证进行公司设立登记案件呈多发趋势。身份被冒用会给个人生活、国家税收、国家机关公信力及社会交易秩序带来危害。在利害关系人发现身份被冒用后，要求工商登记机关纠正先前作出的设立登记行为时，行政机关应依法自行纠正。利害关系人起诉设立登记行为，若有充分证据证明确实存在冒用他人身份证办理公司登记而被冒用人不知情，工商登记机关在诉讼中仍然拒绝纠正的，法院应判决撤销该设立登记行为。

一、类案检索大数据报告

截至2018年12月25日，以"冒用""身份证""公司登记"为并列关键词通过Alpha案例库、上海C2J系统、法信平台、元典智库、北大法宝、中国裁判文书网共检索到1011起行政案件，经逐案阅看、分析，剔除同一案件因不同审级形成的多个文书，与本规则关联度较高的案件有51件。整体情况如下：

从地域分布来看，当前案例主要集中在四川省、江苏省、天津市，分别占比27.45%、15.69%、9.8%。其中，四川省的案件量最多，达到14件（见图18-1）。

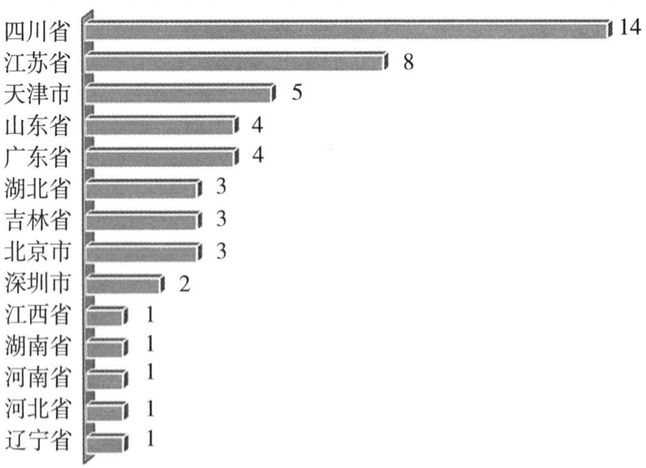

图18-1　类案地域分布

从结案年度来看，2011 年至 2017 年此类案件数量呈逐年上升趋势，2017 年最多，为 26 件。2018 年该案案件数量下降至 16 件（见图 18－2）。

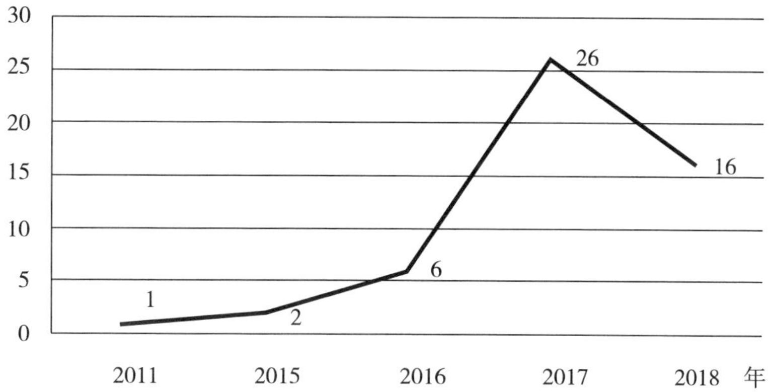

图 18－2　类案结案年度分布

裁判方式方面，从是否撤销被诉公司设立登记行为来看，37 件法院判决撤销被诉行政行为，14 件法院判决不支持原告的诉讼请求。而在未支持原告诉讼请求的 14 件案件中，有 3 件是原告明确拒绝或放弃申请笔迹鉴定，4 件是法院审理查明原告曾参与该公司的设立登记事务或与该公司有经营业务往来，3 件是法院认为原告身份证被冒用的证据不足，2 件是法院认为应当先通过民事诉讼确认侵权或代理无效，1 件是法院认为原告与被诉行政行为没有利害关系，1 件是法院认为被告已将原告举报事项移送公安机关，原告应等待被告对举报事项作出处理后再行起诉（见图 18－3）。

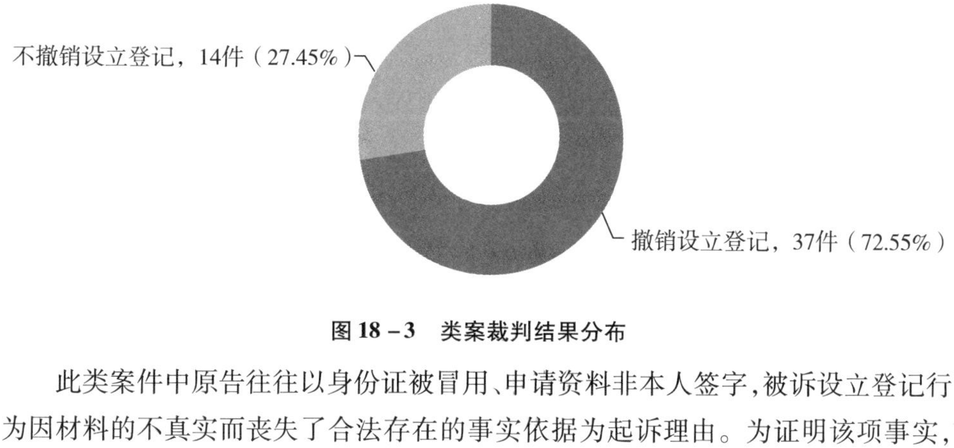

图 18－3　类案裁判结果分布

此类案件中原告往往以身份证被冒用、申请资料非本人签字，被诉设立登记行为因材料的不真实而丧失了合法存在的事实依据为起诉理由。为证明该项事实，在54.90%的案件中原告申请进行笔迹鉴定,在申请鉴定的案件中有49.02%的案件获得了胜诉的结果。而在未申请鉴定的案件中,通过构建完整证据链获得胜诉的案件占23.53%。可见,笔迹鉴定结论对于被冒用身份办理公司设立登记案件的处理结果具有一定影响力(见图18-4)。

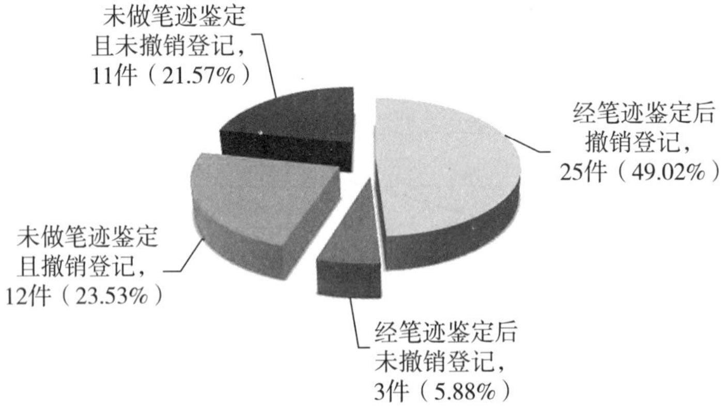

图18-4 类案笔迹鉴定与案件结果关联情况

二、可供参考例案

例案一 | 廖某某诉武汉市东西湖区工商行政管理局公司设立登记案

【法院】

湖北省武汉市东西湖区人民法院

【案号】

(2016)鄂0112行初80号

【当事人】

原告:廖某某

被告:武汉市东西湖区工商行政管理局

法定代表人:杨某某,该局局长

【基本案情】

廖某某诉称,武汉市东西湖区工商行政管理局(以下简称东西湖区工商局)经调查核实,确认系他人盗用廖某某的身份信息办理了注册登记,但以各种理由拒绝撤销该公司登记行为。东西湖区工商局未尽到合理审慎的审查义务,导致他人盗用原告身份信息办理公司注册登记，给原告生活及信用造成影响，使原告处于诉讼风险之中。请求依法判决撤销东西湖区工商局核准的武汉高德浩业贸易有限公司的工商登记行为。

东西湖区工商局辩称，在2015年11月6日名称预先审核时，为核实武汉高德浩业贸易有限公司设立登记情况，被告要求该公司委托代理人提交股东身份证原件进行核对。该公司于2015年11月12日提交了《企业名称预先核准通知书》《企业名称预先核准申请书》《指定代表或共同委托代理人证明》《公司设立登记申请书》《股东会关于公司执行董事、经理和监事的决定》《住所证明》《一人有限公司承诺书》及公司章程等办理设立登记的申请材料，被告依法进行审核，该申请符合法定登记条件，且申请材料齐全，符合法定形式，依法作出核准设立登记决定，已尽到了审慎审查义务。根据《公司登记管理条例》第2条第2款、《行政许可法》(2003年)第31条规定，申请人申请行政许可，应当如实向行政机关提交有关材料和反映真实情况，并对其申请材料实质内容的真实性负责。以及依据《登记主管机关对申请人提交材料真实性承担责任问题答复》"申请人提交的申请材料和证明文件是否真实的责任应由申请人承担。登记主管机关的责任是对申请人提交的有关申请材料和证明文件是否齐全，以及申请材料和证明文件及其所记载的事项是否符合有关登记处管理法律法规的规定进行审查。因申请材料和证明文件不真实所引起的后果，登记主管机关不承担相应责任"的规定，在接到廖某某反映的情况后，东西湖区工商局对办理设立登记时的委托代理人唐某某、招商单位武汉吴家山海峡科技产业园及唐某某开展调查，并向税务部门查询武汉高德浩业贸易有限公司的纳税情况，发现该公司欠税200多万，鉴于武汉高德浩业贸易有限公司欠税金额巨大，被告将案件线索移交武汉市东西湖区国家税务局并告知了唐某某有关移交事宜。待税务部门调查完结以后，东西湖区工商局将根据调查处理情况再决定后续处理方式。综上所述，请求驳回廖某某的诉讼请求。

武汉市东西湖区人民法院经审理查明，2015年11月初，武汉沃思财务外包服务有限公司员工唐某某接到一个自称姓金的人的电话，咨询注册公司事宜，唐某某便将其约到朋友的公司详谈。该金姓男子持廖某某的身份证原件，自称是其好友，因廖某某没有时间来办理公司登记，随后将廖某某的身份证原件交给唐某某。唐某某遂向其领导吴某汇报，称只差一个经营地址。吴某便与其合作单位武汉吴家山海峡科技产业园联系，得到以协税方式提供一经营地址的答复。2015年11月6日，唐某某准备了《企业名称预先核准申请书》《指定代表或共同委托代理人证明》

《公司设立登记申请书》《股东会关于公司执行董事、经理和监事的决定》《一人有限公司承诺书》及公司章程等办理设立登记的申请材料后,与金姓男子联系,金姓男子又派另一男子与唐某某汇合一同到武汉吴家山海峡两岸科技产业开发园管委会以武汉高德浩业贸易有限公司(筹)的名义签订了一份《武汉市房屋租赁合同》,唐某某让一同跟随的男子签上了廖某某的名字。工商登记资料准备齐全后,唐某某以委托代理人的身份向东西湖区工商局递交企业名称预先核准申请书。当日,东西湖区工商局向其核发(鄂武)名预核私字《企业名称预先核准通知书》。2015年11月9日,唐某某以委托代理人的身份向东西湖区工商局递交公司设立登记申请书及相关登记资料,东西湖区工商局于当日受理。2015年11月12日,东西湖区工商局核准了武汉高德浩业贸易有限公司的公司设立登记。2015年11月16日,唐某某从东西湖区工商局领取了武汉高德浩业贸易有限公司的营业执照、企业刻制印章证明、开户证明书等材料。2016年9月,廖某某接到案外人电话,称因失误将16万元转入武汉高德浩业贸易有限公司的账户,要求廖某某退还,并告知原告是该公司的法定代表人,还向其发送了公司工商营业执照照片。廖某某即前往东西湖区工商局反映个人身份被他人冒用,本人未申请注册登记亦未授权他人代为办理公司注册登记,相关申请文件系他人假冒廖某某名义签署,要求东西湖区工商局撤销该公司的工商登记。

武汉市东西湖区人民法院于2017年4月7日作出(2016)鄂0112行初80号一审判决:撤销被告武汉市东西湖区工商行政管理局于2015年11月12日作出的关于武汉高德浩业贸易有限公司的设立登记行为。宣判后,东西湖区工商局不服,提起上诉。武汉市中级人民法院于2017年9月28日作出二审判决:驳回上诉,维持原判。

【案件争点】

在有证据证明申请人在申请办理设立登记时提交了虚假材料的情形下,是否应当撤销该设立登记。

【裁判要旨】

武汉市东西湖区人民法院认为,依据《公司登记管理条例》第4条第1款、第8条第1款第1项的规定,被告东西湖区工商局作为武汉市东西湖区的工商行政管理部门,具有对内资设立公司进行许可登记的法定职权。《公司登记管理条例》第51条第1款第2项规定:"申请文件、材料齐全,符合法定形式,但公司登记机关认为申请文件、材料需要核实的,应当决定予以受理,同时书面告知申请人需要核实的事项、理由以及时间。”第 53 条第 1 款第 1 项规定：“对申请人到公司登记机关提出的申请予以受理的，应当当场作出准予登记的决定。”该条第 2 款规定：“公司登记机关需要对申请文件、材料核实的，应当自受理之日起 15 日内作出是否准予登记的决定。”从上述规定看，公司登记机关不仅对申请材料是否符合法定形式进行审查，对申请人未亲自到场的申请，还应当核实申请材料的真伪。本案中，被告东西湖区工商局在收到唐某某以委托代理人的身份递交的以原告廖某某为一人股东的公司设立登记申请后，未核实唐某某所持《指定代表或共同委托代理人证明》及其他申请材料上的签名真伪，仅凭唐某某持有原告廖某某的身份证原件，便认为唐某某具有代理权，只对申请材料进行了形式审查，便予以核准登记，实属认定事实不清，程序违法。目前，我国尚没有一部法律规定持有他人身份证原件就可以代理他人从事相关活动，且《居民身份证法》第 16 条、第 17 条规定了出租、出借、转让居民身份证或者冒用他人身份证的行为均属违法行为。由于被告东西湖区工商局未尽到合理审慎的审查职责，使得唐某某提交了非原告廖某某本人签字的申请材料注册登记公司，给原告廖某某的生活带来影响。在原告廖某某向其反映，要求撤销公司登记行为的情况下，被告东西湖区工商局拒不撤销工商登记行为。依据《公司登记座谈会纪要》第 1 条第 1 款的规定，在诉讼过程中，登记机关拒不更正的，人民法院可以判决撤销登记行为。综上所述，原告廖某某的诉讼理由成立，其诉讼请求法院予以支持。

例案二 | 应某某诉北京市朝阳区工商行政管理局公司设立登记案

【法院】

北京市朝阳区人民法院

【案号】

（2014）朝行初字第 402 号

【当事人】

原告：应某某

被告：北京市工商行政管理局朝阳分局

法定代表人：方某某，该局局长

【基本案情】

应某某诉称，2010 年 1 月 22 日其身份证丢失，并于当日向北京市公安局西城分局新街口派出所进行了报案。2014年,应某某得悉于2011年4月22日被冒名在被告处设立登记一线天际公司,并于2012年11月19日被北京市工商行政管理局朝阳分局下达《行政处罚决定书》,吊销了上述公司的营业执照。经北京华夏物证鉴定中心鉴定,上述公司登记涉及的登记材料中"应某某"的签名不是原告本人所签。故此,原告认为被告在审查上述设立登记时,认定事实不清、证据不足,没有尽到严格审查职责,请求法院撤销被告作出的注册号00487280(内资)一线天际公司的设立登记。

北京市工商行政管理局朝阳分局辩称,被诉登记行为于2011年4月15日作出,应某某在2014年起诉已经超过法定起诉期限。应某某提供的证据仅证明其曾以身份证丢失为由向公安机关报案,但是否存在身份证丢失的事实无从查证,也无法证明申请公司登记时提交的是丢失的身份证原件。北京市工商行政管理局朝阳分局对申请材料只有形式审查的职责,在办理被诉公司登记时已对是否为应某某本人办理与所持身份证信息进行了核对,尽到了形式审查的义务。但当时并没有录音录像等技术手段把办理登记的过程记录存档,即使有存档也不可能保留如此长的时间,但不能据此为由认定北京市工商行政管理局朝阳分局未尽到法定职责。笔迹鉴定书在鉴定程序上存在违规,不应被采纳。请求法院驳回原告诉讼请求。

北京市朝阳区人民法院查明,2010年1月22日,应某某向北京市公安局西城分局新街口派出所进行报案称,2010年1月22日22时许,其在新街口解放军艺术剧院观看演出后书包被盗,内有本人身份证件、银行卡六张及现金2000余元人民币。

2011年4月15日,朝阳工商分局接到申请人署名为应某某的设立一线天际公司的登记申请及相关申请材料,包括《内资企业设立登记审核表》《企业设立登记申请书》(包含《请认真阅读本页内容并填写申请书》《法定代表人登记表》《企业法定代表人承诺》《董事会成员、经理、监事任职证明》等材料)、应某某的身份证复印件、《验资报告》《企业名称预先核准通知书》《投资人(合伙人)授权委托意见》《名称预先核准申请表》及公司章程等,上述材料需申请人签字处均有"应某某"字样的签名。朝阳工商分局经审查后认为上述申请所提交的材料符合规定,遂于当日作出《准予设立登记通知书》,准予设立一线天际公司。申请人于2011年4月22日领取了该公司的营业执照,并在《核发〈企业营业执照〉情况》签名处签下"应某某"字样的签名。

2014年8月7日,应某某到朝阳工商分局处查询并复制了一线天际公司设立登记的相关材料。经北京华夏物证鉴定中心鉴定，上述材料中的《准予设立登记通知书》《请认真阅读本页内容并填写申请书》《法定代表人登记表》《企业法定代表人承诺》《董事会成员、经理、监事任职证明》《指定（委托）书》上“应某某”签名字迹与样本上“应某某”签名字迹不是出自同一人的笔迹。

北京市朝阳区人民法院于2014年12月3日作出（2014）朝行初字第402号一审判决：撤销被告北京市工商行政管理局朝阳分局作出的注册号00487280（内资）北京一线天际广告有限公司的设立登记。宣判后，北京市工商行政管理局朝阳分局不服，提起上诉。北京市第三中级人民法院于2015年3月11日作出二审判决：驳回上诉，维持一审判决。

【案件争点】

身份证丢失的报案记录及申请书上签名系伪的笔迹鉴定结论是否就能证实非应某某本人办理公司设立登记申请，从而撤销该设立登记。

【裁判要旨】

北京市朝阳区人民法院认为，根据《行政诉讼法执行解释》第42条中的规定，公民不知道行政机关作出的具体行政行为内容的，其起诉期限从知道或者应当知道该具体行政行为内容之日起计算。对涉及不动产以外的其他具体行政行为从作出之日起超过5年提起诉讼的，人民法院不予受理。本案中，原告提交的证据材料能够形成完整的证据链，足以证明其身份证丢失后，他人持其身份证冒用其身份向被告提出涉案设立登记申请的事实，故被告提交的证据不能证明在其于2011年4月15日作出涉案设立登记时原告已经知晓的事实，在现有证据仅能证明原告于2014年8月才知道涉案设立登记而被告未提交其他相关证据的情况下，法院对其提出的原告的起诉已经超过法定期限的主张，不予支持。

《公司登记管理条例》（2014年）第4条第1款规定，工商行政管理机关是公司登记机关。第8条规定，直辖市的工商行政管理分局负责本辖区内应由国家工商行政管理总局和市工商行政管理局负责登记以外的公司登记。根据上述规定，本案被告作为朝阳区工商行政管理机关，具有受理涉案设立登记申请并进行审查的法定职责。

本案被诉工商行政许可行为系自然人独资的有限责任公司的设立登记。根据《公司登记管理条例》（2014年）第20条中的规定，设立有限责任公司应当向公司登记机关提交公司法定代表人签署的设立登记申请书、依法设立的验资机构出具的验资证明、股东的自然人身份证明、公司法定代表人任职文件和身份证明、企业名称预先核准通知书等材料。《公司登记管理条例》(2014年)第2条第2款规定,申请办理公司登记,申请人应当对申请文件、材料的真实性负责。第52条、第54条规定,申请文件、材料齐全,符合法定形式的,公司登记机关应当决定予以受理,申请人到公司登记机关提出的申请予以受理的,应当当场作出准予登记的决定。根据上述规定,针对申请人当场提出的有限责任公司的设立登记申请,申请人负有保证申请材料的真实性的义务,登记机关仅对申请材料是否齐全负有形式审查义务,在符合规定条件时,当场即应当予以登记,但上述审查过程中,被告亦应尽到审慎审查的义务。本案中,涉案设立登记系由他人持原告的身份证,假冒原告到被告处提出,被告在审查过程中未能发现申请人与其所持身份证件不具有一致性,未能尽到应尽的审慎审查义务。因涉案设立登记所依据的登记材料不具有真实性,且原告亦不认可曾向被告提出过该设立登记申请,故该设立登记所依据的事实基础已不存在,依法应予撤销。

例案三 | 黄某某诉江苏省南京市栖霞区市场监督管理局公司设立登记案

【法院】

江苏省南京铁路运输法院

【案号】

(2017)苏8602行初1592号

【当事人】

原告:黄某某

被告:南京市栖霞区市场监督管理局

法定代表人:仇某某,该局局长

第三人:南京如冶建材有限公司

法定代表人:黄某某,该公司执行董事

第三人:陆某某

【基本案情】

原告黄某某诉称,原告一家系低保家庭,2017年9月22日,红山街道居委会通知原告,其名下注册了一家公司,不能继续享受低保待遇。但原告本人对此公司并不知情,亦未委托过他人注册公司,更未参与过该公司的经营,并且该公司登记材料中原告的签名均非原告本人所签。原告的身份证曾于2013年丢失,原告系被他人冒用身份证注册了该公司。被告的错误登记极大损害了原告的合法权益，为维护原告的合法权益，请求法院判令被告撤销于 2013 年 9 月 12 日作出准予南京如冶建材有限公司（以下简称如冶公司）设立登记的行政行为。

被告南京市栖霞区市场监督管理局（以下简称栖霞区市场局）辩称，如冶公司于 2013 年 9 月 12 日在被告处注册登记时提交的材料有《公司设立登记申请书》《指定代表或者共同的委托代理人的证明》、股东会会议、公司章程、自然人身份证明复印件及公司住所地证明等材料。根据《公司登记管理条例》（2014 年）第 20 条，该公司设立时委托代理人提交的公司设立登记材料齐全，符合法定形式，被告经审查依法作出登记核准。原告无证据证明当时办理企业登记时非原告本人或原告委托的代理人，因此无证据证明原告的身份证系被冒用。综上，被告作出的公司设立登记合法有效，请求法院依法驳回原告的诉讼请求。

第三人如冶公司、陆某某未答辩，亦未向法院提交证据。

经审理查明，2013 年 8 月 27 日，案外人戴某某向栖霞工商分局提交了《企业名称预先核准申请书》，申请企业名称为“南京如冶建材有限公司”。该申请书显示“指定代表或者共同委托代理人”为戴某某，在“申请人签字或者盖章”一栏显示有“黄某某、陆某某”字样，系手写签名。栖霞工商分局经审查后对其名称予以核准，并于 2013 年 8 月 29 日作出（01192010）名称预核登记〔2013〕第 08280172 号名称预先核准通知书。2013 年 9 月 9 日，案外人徐某某向栖霞工商分局申请第三人如冶公司设立登记，提交了公司设立登记申请书、公司股东出资信息、法定代表人信息、董事、监事、经理信息等、指定代表或者共同的委托代理人的证明、公司章程、股东名册及居民身份证、验资报告、股东会决议、房产证明、房屋租赁协议等材料。在公司设立登记申请书、法定代表人信息、指定代表或者共同的委托代理人的证明、公司章程股东签字页、股东会决议签字页等材料上均有“黄某某”手写签名字样。栖霞工商分局于 2013 年 9 月 12 日向案外人徐某某出具《公司设立登记受理通知书》，受理其申请。同日，栖霞工商分局作出（01138134－2）公司设立〔2013〕第 09120006 号《公司准予设立登记通知书》，告知徐某某其代表委托方申请如冶公司设立已经被栖霞工商分局登记，该公司登记住所为“南京市栖霞区八卦洲街道大同生态产业园 914 室”，法定代表人姓名为“黄某某”，注册资本为“3 万元人民币”，公司类型为“有限公司（自然人控股）”等。同日，徐某某领取了第三人如冶公司的营业执照。另查明，栖霞区市场局是栖霞工商分局的职能承继单位。

南京铁路运输法院于 2018 年 2 月 26 日作出（2017）苏 8602 行初 1592 号一审

判决:驳回原告黄某某的诉讼请求。

【案件争点】

原告身份证被冒用办理公司设立登记的事实能否成立。

【裁判要旨】

南京铁路运输法院认为,根据《公司登记管理条例》(2014 年)第 4 条、第 8 条规定,被告栖霞区市场局在辖区内具有办理公司登记的法定职权。《公司登记管理条例》(2014 年)第 20 条第 2 款规定:“申请设立有限责任公司,应当向公司登记机关提交下列文件:(一)公司法定代表人签署的设立登记申请书;(二)全体股东指定代表或者共同委托代理人的证明;(三)公司章程;(四)股东的主体资格证明或者自然人身份证明;(五)载明公司董事、监事、经理的姓名、住所的文件以及有关委派、选举或者聘用的证明;(六)公司法定代表人任职文件和身份证明;(七)企业名称预先核准通知书;(八)公司住所证明;(九)国家工商行政管理总局规定要求提交的其他文件。”本案中,在卷证据能够证明,如冶公司在设立登记时提交的材料齐全,被告经审查后认为如冶公司申请材料符合条件,为如冶公司办理设立登记,并将原告登记为法定代表人、股东及执行董事,不违反法律规定。工商登记资料中黄某某的身份证信息与其实际在用的有效身份证件信息一致,原告在庭审中诉称其身份证曾丢失以及曾借于他人使用过一段时间,但原告并未能合理说明其身份信息如何在其不知情的情况下被用于如冶公司设立登记材料中,亦无证据证明其身份证件如何被他人盗用、冒用。因此,原告要求撤销的诉讼请求无事实和法律依据,法院不予支持。

三、裁判规则提要

根据《公司法》《公司登记管理条例》的规定,公司登记设立并不需要投资人、股东本人亲自到场办理。通过出具委托书的形式,由被委托人携带股东、投资人签署的公司设立登记申请书以及其他材料即可完成设立登记手续。而公民身份证遗失之后,即使当事人已经及时挂失、补办,但因我国目前尚未建立统一、联网的失效身份证登记系统,大量遗失身份证仍然能够正常读取身份信息。这就造成在不知情的情况下,公民个人身份信息被冒用进行公司设立登记,从而带来很多不可控的危险。首先,根据《公司法》之规定,一个自然人只能投资设立一个一人有限公司,当被冒用者想自己开设一人有限公司时将受到限制。其次,根据现行公司注册资格认缴登记制,公司实收资本不再作为工商登记事项。公司登记时,无须提交验资报告。这些被冒用身份证所设立的公司往往只是一个空壳公司，名下并无有效资产，公司财务管理混乱，被冒用人需要在承诺的出资范围内承担补充清偿责任。极端情况下，如果一人有限公司的股东不能证明公司财产独立于股东个人财产的，将对公司债务承担连带责任，导致不良征信记录。而且，部分被冒用者本身属于国家机关、事业单位或国有企业等个人财产状况审核严格的人员，因其在外"设立或投资企业"，将严重影响其升迁、考核等。再次，此类冒用他人身份证所设立的公司往往并不正当经营，被工商部门载入经营异常名录，个别公司牵涉进骗取出口退税、非法吸收公众存款、偷逃税款、洗钱等违法犯罪活动，对社会发展及经济活动造成不利影响，在追究刑事责任时，由无辜的被冒用身份者承担相应的法律责任亦不符合公平正义原则。这种"人在家中坐、祸从天上来"的事，是应当极力防止和避免的。如果被冒用者发现了其身份证被冒用办理公司设立登记，其可向工商登记机关提出撤销登记申请，行政机关拒绝自行纠正的，其可以再行提起撤销之诉，也可以直接向法院起诉请求撤销设立登记。法院经审查认定冒用他人身份证办理公司设立登记违法事实成立的，而行政机关仍然拒不更正的，应判决撤销该设立登记，以维护被冒用者的合法权益以及市场正常经营秩序。

（一）冒用他人身份需有充分证据予以证明

根据《公司登记管理条例》《企业登记程序规定》的规定，申请公司设立登记的，需要提交身份证明、法定代表人签名的申请书等材料，申请人对申请材料的真实性负责，登记机关需对申请材料是否齐全、是否符合法定形式进行审查。我国目前正在大力推进改善营商环境，落实简化程序、提高效率的要求，实务中也大量存在委托他人办理公司设立登记的情形，经当事人认可，委托人完全可以代为签署相关文件。所以，对于是否构成冒用他人身份证办理公司设立登记需要结合证据进行准确认定。具体而言，单凭笔迹鉴定及丢失身份证的报警记录并不必然证明身份证被冒用，即使鉴定意见认为鉴定笔迹与样本并非同一人所为，也不能彻底排除当事人知情的可能性，还要结合公司实际经营情况、相对人与公司有无业务关联、各方当事人的陈述等因素综合判断是否当事人不知情。即便其不知情，但如果有证据能够证明被冒用者此前已明知该情况却未提出异议，并在此基础上从事过相关管理和经营活动的，则可推断出其认可该公司设立登记行为。因此，若能够形成完整证据链证明被冒用者对于设立登记确实不知情，且也未有任何默认或追认行为的，则应认定为冒用他人身份证办理公司设立登记事实成立。如以上引用的前两个典型案例，即是通过运用身份证丢失报警记录、笔迹鉴定、各方当事人陈述等方式形成完整证据链证实被冒用者在毫不知情的情形下被冒用身份证办理了公司登记，而第三个案例中原告并未能合理说明其身份信息如何在其不知情的情况下被用于公司设立登记材料中，亦无证据证明其身份证件如何被他人盗用、冒用，故法院无法认定冒用他人身份证办理公司设立登记事实成立。

（二）冒用身份使公司设立登记所依据的事实基础不存在故应予撤销

根据《公司法》《公司登记管理条例》的相关规定，提交虚假材料取得公司登记，情节严重的，撤销公司登记或吊销营业执照。如原告提交证据能够证明其身份证被他人冒用进行公司设立登记的事实，被诉公司设立登记所依据的登记材料不具有真实性，属于违法人员以欺骗手段获取的行政登记。无论工商行政管理部门对申请材料是否尽到了法定审查义务，其依据的申请材料均存在虚假，该设立登记所依据的事实基础不存在。而且，冒用他人身份办理公司登记属于对被冒用者权益影响较大、社会危害性较大的行为。那么，该种情形是否符合情节严重的标准呢？公司设立登记一般认为是一种行政许可，故可参照《行政许可法》的规定。《行政许可法》第69条规定了撤销行政许可情形，其中第四种情形为“对不具备申请资格或者不符合法定条件的申请人准予行政许可”。综合《公司法》第198条和《公司登记管理条例》第64条来理解，不具备申请资格或者不符合法定条件的人通过提交虚假材料或者采取其他欺诈手段取得公司登记的，应当都可以理解为情节严重的情形。冒用他人身份办理公司设立登记显然属于不具有申请资格或不符合法定条件的申请人通过提交虚假材料来取得公司登记的情节严重情形。根据上述规定，对于该种情节严重的情形，工商登记机关应当主动予以撤销公司登记或吊销营业执照。而根据《公司登记座谈会纪要》的规定，如果工商登记机关在诉前或诉讼过程中知晓了冒用他人身份证登记的事实，仍然不予以自行纠正的，法院应判决予以撤销。上述例案一和例案二即在认定冒用他人身份事实成立的基础上，因工商登记机关未予主动撤销登记，法院遂判决撤销涉案设立登记。

四、辅助信息

高频词条：

1.《行政许可法》

第69条　有下列情形之一的，作出行政许可决定的行政机关或者其上级行政机关，根据利害关系人的请求或者依据职权，可以撤销行政许可：

（一）行政机关工作人员滥用职权、玩忽职守作出准予行政许可决定的；

（二）超越法定职权作出准予行政许可决定的；

（三）违反法定程序作出准予行政许可决定的；

（四）对不具备申请资格或者不符合法定条件的申请人准予行政许可的；

（五）依法可以撤销行政许可的其他情形。

被许可人以欺骗、贿赂等不正当手段取得行政许可的，应当予以撤销。

依照前两款的规定撤销行政许可，可能对公共利益造成重大损害的，不予撤销。

依照本条第一款的规定撤销行政许可，被许可人的合法权益受到损害的，行政机关应当依法给予赔偿。依照本条第二款的规定撤销行政许可的，被许可人基于行政许可取得的利益不受保护。

2.《公司法》

第 198 条 违反本法规定，虚报注册资本、提交虚假材料或者采取其他欺诈手段隐瞒重要事实取得公司登记的，由公司登记机关责令改正，对虚报注册资本的公司，处以虚报注册资本金额百分之五以上百分之十五以下的罚款；对提交虚假材料或者采取其他欺诈手段隐瞒重要事实的公司，处以五万元以上五十万元以下的罚款；情节严重的，撤销公司登记或者吊销营业执照。

3.《公司登记管理条例》

第 2 条 有限责任公司和股份有限公司（以下统称公司）设立、变更、终止，应当依照本条例办理公司登记。

申请办理公司登记，申请人应当对申请文件、材料的真实性负责。

第 21 条 设立股份有限公司，应当由董事会向公司登记机关申请设立登记。以募集方式设立股份有限公司的，应当于创立大会结束后 30 日内向公司登记机关申请设立登记。

申请设立股份有限公司，应当向公司登记机关提交下列文件：

（一）公司法定代表人签署的设立登记申请书；

（二）董事会指定代表或者共同委托代理人的证明；

（三）公司章程；

（四）发起人的主体资格证明或者自然人身份证明；

（五）载明公司董事、监事、经理姓名、住所的文件以及有关委派、选举或者聘用

的证明;

(六)公司法定代表人任职文件和身份证明;

(七)企业名称预先核准通知书;

(八)公司住所证明;

(九)国家工商行政管理总局规定要求提交的其他文件。

以募集方式设立股份有限公司的,还应当提交创立大会的会议记录以及依法设立的验资机构出具的验资证明;以募集方式设立股份有限公司公开发行股票的,还应当提交国务院证券监督管理机构的核准文件。

法律、行政法规或者国务院决定规定设立股份有限公司必须报经批准的,还应当提交有关批准文件。

第64条 提交虚假材料或者采取其他欺诈手段隐瞒重要事实,取得公司登记的,由公司登记机关责令改正,处以5万元以上50万元以下的罚款;情节严重的,撤销公司登记或者吊销营业执照。

4.《企业登记程序规定》

第3条 企业登记机关依法对申请材料是否齐全、是否符合法定形式进行审查。根据法定条件和程序,需要对申请材料的实质内容进行核实的,依法进行核实。

5.《公司登记座谈会纪要》

一、以虚假材料获取公司登记的问题

因申请人隐瞒有关情况或者提供虚假材料导致登记错误的,登记机关可以在诉讼中依法予以更正。登记机关依法予以更正且在登记时已尽到审慎审查义务,原告不申请撤诉的,人民法院应当驳回其诉讼请求。原告对错误登记无过错的,应当退还其预交的案件受理费。登记机关拒不更正的,人民法院可以根据具体情况判决撤销登记行为、确认登记行为违法或者判决登记机关履行更正职责。

公司法定代表人、股东等以申请材料不是其本人签字或者盖章为由,请求确认登记行为违法或者撤销登记行为的,人民法院原则上应按照本条第一款规定处理,但能够证明原告此前已明知该情况却未提出异议,并在此基础上从事过相关管理和经营活动的,人民法院对原告的诉讼请求一般不予支持。

因申请人隐瞒有关情况或者提供虚假材料导致登记错误引起行政赔偿诉讼,登记机关与申请人恶意串通的,与申请人承担连带责任;登记机关未尽审慎审查义务的,应当根据其过错程度及其在损害发生中所起作用承担相应的赔偿责任;登记机关已尽审慎审查义务的,不承担赔偿责任。

工商登记案件裁判规则第19条：

工商登记存在应当或可以撤销的情形，但撤销可能会对公共利益造成重大损害的，不予撤销

〔**规则描述**〕：工商登记是行政许可的一种表现形式，实践中，已作出的工商登记难免出现应当或可以撤销的情形，但对此类工商登记却不可一律撤销，还应当适用《行政许可法》第69条之规定，考量撤销工商登记是否可能对公共利益造成重大损害。但究竟何为公共利益？法律并没有给出定义；如何判断撤销工商登记对公共利益造成重大损害的可能性？实践中的认定标准也很模糊。本规则认为：如果某一利益主体上涉及不确定的多数人、内容上因公众的共同需要而产生、性质上出于实现大多数人共同利益的需要，则属于公共利益。在行政诉讼中应当采用清楚而有说服力的证明标准予以认定；而对于致害"可能性"的判断，既需要依靠法官的主观判断，更必须依从现有的法律及案情等客观情况进行断定，以达到主客观统一。

一、类案检索大数据报告

截至2018年12月26日，以"工商登记""公共利益""不予撤销"等为并列关键词，通过Alpha案例库、上海C2J系统、法信平台、元典智库、北大法宝、中国裁判文书网共检索到43起案件，经逐案阅看、分析，剔除同一案件因不同审级形成的多个文书，与本规则关联度较高的案例有9件[①]，整体情况如下（见图19-1）：

从地域分布看，涉案最多的是上海市、浙江省和河南省，各为2件，山东省、江西省、甘肃省各1件。

---

① 此处相关的裁判文书指的是当事人主张公共利益或裁判理由涉及公共利益的裁判文书。

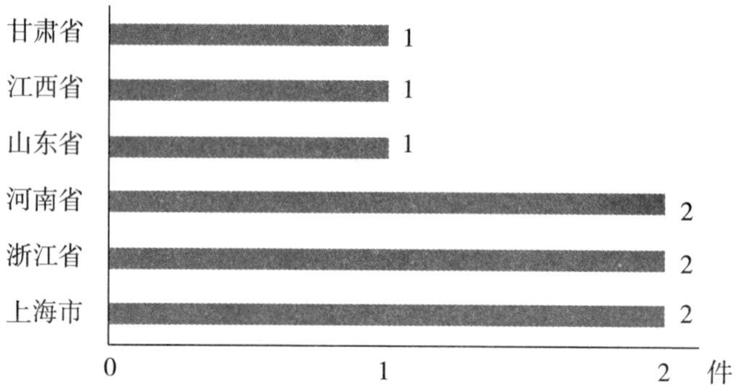

图 19 - 1　类案地域分布

从结案年度来看,2012 年、2013 年、2014 年、2015 年各 2 件,2018 年 1 件(见图 19 - 2)。

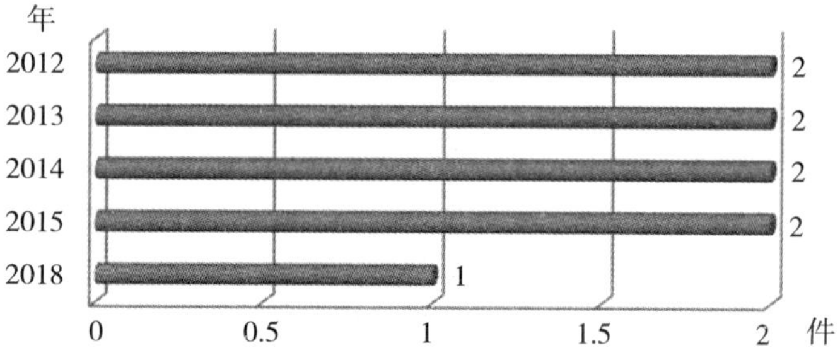

图 19 - 2　类案结案年度分布

从原告诉讼请求来看,可分为两大类,一类针对原工商登记提起的诉讼,要求撤销原工商登记、确认原工商登记违法或无效,共 4 起;另一类是要求工商登记机关纠错,工商登记机关对此作出了行政决定,原告不服该行政决定而提起的诉讼,共 5 起。

从裁判结果来看,法院采纳当事人意见,认定存在公共利益的 2 起,在无当事人主张的情况下,直接认定存在公共利益的 2 起;未采纳当事人意见,不认定存在公共利益的 4 起,采纳当事人意见,认为不存在公共利益的 1 起(见表 19 - 1)。

表 19－1 类案诉讼请求和裁判结果分布

诉讼请求	被诉行为	是否主张存在公共利益	案件数（件）	法院意见	裁判结果
请求撤销	工商登记行为	取得工商登记的公司主张存在	1	未采纳	撤销被诉工商登记 确认其他工商登记违法
		工商登记机关及取得工商登记的公司主张存在	1	未采纳	撤销被诉工商登记
请求确认无效		工商登记机关主张存在	1	未采纳	确认被诉工商登记无效
请求确认违法		无当事人主张	1	直接认定存在公共利益	确认被诉工商登记违法
请求撤销	行政决定	工商登记机关主张存在，不予撤销原工商登记	2	采纳	驳回原告诉讼请求
		无当事人主张 工商登记机关撤销了原工商登记	1	直接认定存在公共利益	撤销行政决定
		工商登记机关认为不存在公共利益，撤销了原工商登记	1	采纳	驳回原告诉讼请求
		与取得工商登记的公司具有利害关系的公民主张存在	1	未采纳	驳回原告诉讼请求

二、可供参考例案

例案一 | 应某诉上海市工商行政管理局虹口分局工商登记案

【法院】

上海市第二中级人民法院

【案号】

（2013）沪二中行终字第 211 号

【当事人】

上诉人(一审原告):应某

被上诉人(一审被告):上海市工商行政管理局虹口分局

法定代表人:于某,该分局局长

第三人(一审第三人):上海宏华会计师事务所有限公司

法定代表人:王某某,该公司执行董事

【基本案情】

上诉人(一审原告)诉称,其原系上海宏华会计师事务所有限公司(以下简称宏华公司)的股东,但其股份于2004年9月被非法剥夺;2011年6月,其向上海市工商行政管理局虹口分局(以下简称虹口工商分局)申请撤销准予变更登记通知,但虹口工商分局却作出沪工商虹不撤决字〔2012〕第20120001号不予撤销行政许可决定;该不予撤销决定没有认定撤销准予变更登记可能造成公共利益重大损害的事实,故该不予撤销决定认定事实不清,证据不足,违反法定程序,适用法律错误;一审法院判决驳回其诉讼请求,认定事实不清,证据不足。故请求二审法院撤销一审判决,撤销虹口工商分局作出的前述不予撤销决定。

被上诉人(一审被告)辩称,2004年10月9日宏华公司向其提出变更股东的行政许可申请,将公司股权由应某等11人转让给王某某等8人,其于2004年10月10日核准上述行政许可;在宏华公司提交的股权转让协议中,应某的签字确非其本人所签署,但自2004年10月10日起,王某某成为公司股东并担任法定代表人,截至2012年8月20日,王某某依规签字对外出具的验资报告、审计报告等共计25,248份,具有重大公共利益,故其依据《行政许可法》(2003年)第69条第3款之规定作出被诉不予撤销决定,该决定适用法律正确。故请求二审法院驳回上诉,维持原判。

第三人(一审第三人)述称,其同意虹口工商分局的辩称意见;按照法律规定和公司章程,注册会计师必须在会计师事务所执业,一旦离开就不具有注册会计师资质,且必须转让公司股权,而应某于2001年离开宏华公司进入政府部门工作,公司多次通知其办理股权转让手续,但应某始终回避。故请求维持原判。

经审理查明,2000年1月,宏华公司注册登记为有限责任公司,应某出资2.8万元人民币,占有公司5.6%的股权。2001年4月,应某通过考试,被上海市浦东新区财政局录用,并于同年9月办理了注册会计师转非执业会员的手续,离开宏华公司,成为上海市浦东新区财政监督管理中心工作人员。2004年10月10日,虹口工商分局根据宏华公司的申请作出了核准该公司变更股东的行政许可，王某某成为公司的法定代表人。2010年11月，应某向上海市虹口区人民法院提起民事诉讼，要求判决确认2004年9月26日包括其在内的11人与王某某等8人签订的股权转让协议涉及应某股权转让部分无效，并确认其享有宏华公司的股东资格。2010年12月15日，上海市虹口区人民法院作出(2010)虹民二(商)初字第1253号民事判决，认定宏华公司在未与应某达成股权转让合意的情况下，冒用应某名义签订股权转让合同，违背了当事人意思自治原则，遂判决确认该股权转让协议涉及应某股权转让部分无效。同时，上海市虹口区人民法院认为，根据相关法律及规章的规定，会计师在会计师事务所专职执业是成为会计师事务所股东的必备条件，应某离职多年，且在其他行政部门工作，其要求确认公司股东资格于法无据，故判决对应某要求确认其为宏华公司股东的请求不予支持。2011年6月17日，应某向虹口工商分局提出申请，要求撤销2004年10月10日核准宏华公司变更股东的行政许可。虹口工商分局经调查后认为，法院虽已确认宏华公司冒用应某名义与其签订股权转让协议涉及应某股权转让部分无效，但2004年10月10日至2012年8月20日期间，宏华公司参与审计、验资、年检户数共计为25,248户。如果撤销核准宏华公司变更股东的行政许可，有可能对公共利益造成重大损害，故于2012年10月10日作出沪工商虹不撤决字(2012)第20120001号不予撤销行政许可决定，根据《行政许可法》(2003年)第69条第3款的规定，决定不予撤销2004年10月10日核准宏华公司变更股东的行政许可。应某不服，起诉至上海市虹口区人民法院。虹口区人民法院经审理认为，根据《公司登记管理条例》(2005年)第8条和《行政许可法》(2003年)第69条第3款的规定，虹口工商分局有权作出沪工商虹不撤决字(2012)第20120001号不予撤销行政许可决定。尽管法院判决已确认宏华公司以应某名义与其签订的股权转让协议涉及应某股权转让部分无效，但是对应某要求确认其为宏华公司股东的诉讼请求也未予支持。虹口工商分局经调查，自2004年10月10日至2012年8月20日宏华公司审计、验资、年检户数共计为25,248户，如果撤销虹口工商分局2004年10月10日核准宏华公司变更股东的行政许可，将会影响到宏华公司法定代表人的身份及主任会计师的资格，从而导致对宏华公司出具的报告效力存在质疑。由于报告涉及的单位较多，进而可能对公共利益造成重大损害。

上海市虹口区人民法院于2013年3月15日作出(2013)虹行初字第9号一审判决：驳回应某的诉讼请求。应某不服，提起上诉。上海市第二中级人民法院于

2013年5月27日作出二审判决:驳回上诉,维持原判。

【案件争点】

撤销核准宏华公司变更股东的工商登记是否可能对公共利益造成重大损害。

【裁判要旨】

上海市第二中级人民法院认为,虹口区法院(2010)虹民二(商)初字第1253号民事判决虽确认2004年9月26日宏华公司以应某名义与其签订的股权转让协议涉及应某股权转让部分无效,同时也认为应某要求确认其公司股东资格于法无据,对要求确认其为宏华公司股东的请求不予支持。2004年10月10日,虹口工商分局根据宏华公司申请作出了核准该公司变更登记的行政许可,王某某成为公司的法定代表人。至应某2011年6月提出撤销变更登记申请前,该行政许可行为已存在6年多,其间,宏华公司处于正常经营状态,且依照会计师事务所的职能向相关的委托单位出具相应的审计、年检、验资报告2万余份,王某某作为主任会计师亦依规在报告上签名,这些报告在各自的范围具有法律效力。虹口工商分局据此认为撤销变更登记行政许可,可能对公共利益造成重大损害,根据《行政许可法》(2003年)第69条第3款的规定作出被诉行政行为,认定事实清楚,适用法律正确。应某的上诉请求和理由不能成立,法院不予支持。

例案二 | 沈某甲诉上海市工商行政管理局闵行分局工商登记案

【法院】

上海市第一中级人民法院

【案号】

(2014)沪一中行终字第137号

【当事人】

上诉人(一审原告):沈某甲

被上诉人(一审被告):上海市工商行政管理局闵行分局

法定代表人:冯某,该分局局长

第三人(一审第三人):上海首尔高新材料有限公司

法定代表人:沈某乙,该公司董事长

【基本案情】

上诉人(一审原告)诉称,其系上海首尔高新材料有限公司(以下简称首尔公司)的冒名股东，在毫不知情的情况下成为公司的发起人及股东，并涉及多次股权等公司变更登记事项；经司法鉴定，前述数次公司设立、变更登记及依据的公司股东会决议、公司章程等材料中上诉人的签名均非其本人所签，其未实际参加股东会，甚至从未到过首尔公司的实际经营地；其与案外人彭某乙分别向法院起诉要求确认首尔公司于2010年7月1日、12月18日等作出的9次股东会决议无效，对此，法院已作出民事判决，确认首尔公司前述股东会决议无效；之后，其多次向首尔公司及上海市工商行政管理局闵行分局(以下简称闵行工商分局)提出撤销依据无效股东会决议作出的首尔公司变更登记中涉及原告的内容，并于2013年9月30日正式向被告邮寄《公司变更登记申请书》，但闵行工商分局却作出《不予撤销行政许可决定书》，损害了其合法权益，故起诉请求撤销前述《不予撤销行政许可决定书》；一审法院判决驳回其诉讼请求，认定事实不清，适用法律不当，请求二审法院撤销原判，撤销被诉《不予撤销行政许可决定书》。

被上诉人(一审被告)辩称，首尔公司自2001年设立以来，已历经14次工商变更登记，其中增资扩股3次，股权转让8次，涉及股东17人，在十余年的经营过程中形成了广泛复杂的经济关系；相关民事判决已确认该公司部分股东的股东身份，并判决其对公司债务承担责任；如撤销工商变更登记可能对不确定的善意第三人、善意取得股权的其他股东以及经判决确认的债权人利益造成损害，影响社会经济秩序的稳定，进而对公共利益造成损害；沈某甲申请撤销的7次变更登记并非包含该公司最后一次变更登记在内的7次连续变更登记，在后手变更有效的前提下，仅撤销该7次变更登记存在矛盾，也难以实现。故一审法院判决驳回沈某甲的诉讼请求，认定事实清楚，适用法律正确，请求二审法院驳回上诉，维持原判。

第三人(一审第三人)述称，本案所涉7次变更登记系错误登记，应予以撤销，其同意沈某甲的意见。

经审理查明，首尔公司于2001年6月12日成立，成立时企业名称为上海双权企业管理咨询有限公司，登记的股东姓名及出资额为沈某乙出资25万元、沈某甲出资25万元，两人为兄弟。

此后，该公司历经14次工商变更登记，分别为：2002年7月16日，变更公司名称、住所、注册资本、经营范围等登记事项；2002年12月25日，变更公司注册资本、经营范围等登记事项；2003年5月16日，变更公司名称、经营范围、股东等登记事项；2003年12月22日，变更公司注册资本、股东等登记事项；2004年5月，变更公司住所、经营期限等登记事项；2004年7月6日，变更公司股东等登记事项；2004

年10月,变更公司股东等登记事项;2004年12月,变更公司经营范围、股东等登记事项;2005年3月14日,变更公司住所、经营期限、股东等登记事项;2005年5月,变更经营范围等登记事项;2005年12月19日,变更公司名称、经营范围、股东等登记事项;2006年6月19日,变更公司住所、经营范围等登记事项;2006年10月9日,变更公司股东等登记事项;2007年4月,变更公司股东等登记事项。先后有沈某乙、沈某甲、肖某、徐某甲、徐某乙、陈某某、王某甲、张某、王某乙、顾某某、王某丙、彭某甲、金某某、沈某某、彭某乙、徐某丙、瞿某某等人被登记为该公司股东,目前登记的股东姓名及出资额为:沈某乙出资510万元,瞿某某出资290万元,彭某乙出资200万元。

2012年5月9日,法院分别作出(2011)闵民二(商)初字第1734、1731、1735、1727、1729、1730、1733号民事判决书,确认首尔公司于2002年7月1日、12月18日,2003年5月9日、12月2日,2004年6月2日,2005年3月2日、12月12日作出的股东会决议无效。2012年3月31日,法院分别作出(2012)闵民二(商)初字第91、92号民事判决书,确认首尔公司于2006年5月30日、9月20日作出的股东会决议无效。判决后,各方当事人均未上诉。

2012年6月8日,首尔公司向闵行工商分局提交《公司撤销变更登记申请书》,以法院判决确认股东会决议无效为由,申请撤销该公司2002年7月16日、2002年12月25日、2003年5月16日、2003年12月22日、2004年7月6日、2005年3月14日、2005年12月19日、2006年6月19日、2006年10月9日的9次工商变更登记。2012年9月13日,闵行工商分局以首尔公司"存续期间内外法律关系的建立均依赖公司登记的社会公信力,撤销变更登记可能对不确定的善意第三人、善意取得股权的其他股东以及债权人的利益造成损害,影响社会经济秩序的稳定,进而对公共利益造成损害"为由作出《登记驳回通知书》,决定对该公司的申请不予登记。首尔公司不服该通知,提起行政诉讼,法院经审理于2012年1月21日作出(2012)闵行初字第65号行政判决,判决驳回首尔公司的诉讼请求。之后,首尔公司提起上诉,上海市第一中级人民法院经审理,于2013年4月23日作出(2013)沪一中行终字第46号行政判决,判决驳回上诉,维持原判。

2013年10月9日,沈某甲向闵行工商分局提交《公司变更登记申请书》,以法院判决确认股东会决议无效为由,申请撤销依据首尔公司2002年7月1日、12月18日,2003年5月9日、12月2日,2004年6月2日、2005年3月2日、12月12日无效股东会决议而作出的相应首尔公司工商变更登记中涉及申请人部分。闵行工商分局收到沈某甲申请后，经审查，于2013年12月6日作出本案讼争《不予撤销行政许可决定》。沈某甲不服，起诉至上海市闵行区人民法院。上海市闵行区人民法院经审理认为，根据《行政许可法》(2003年)第69条规定，闵行工商分局作为工商登记主管机关，具有受理沈某甲要求撤销工商变更登记申请并作出处理的法定职权。本案中，沈某甲虽向闵行工商分局提交了要求撤销变更登记的申请书及人民法院的裁判文书，但沈某甲申请撤销的7次工商变更登记并非包含该公司最后一次变更登记在内的连续变更登记。为保护公司登记的连续性和稳定性，在后手变更登记未依法定程序撤销的情况下，仅提交撤销前手变更登记的申请书和相应的裁判文书，不符合《公司法》《公司登记管理条例》关于撤销变更登记的相关规定及其立法本意。此外，闵行工商分局在综合考虑首尔公司的历次变更登记以及生效民事判决所确认的该公司内外部法律关系后，以首尔公司"存续期间内外法律关系的建立均依赖公司登记的社会公信力，撤销变更登记可能对不确定的善意第三人、善意取得股权的其他股东以及债权人的利益造成损害，影响社会经济秩序的稳定，进而对公共利益造成损害"为由，作出不予撤销行政许可决定，亦属合理。

另查明，法院就上海华苑电子有限公司诉首尔公司、沈某乙、沈某甲等委托合同纠纷一案作出生效民事判决，认定沈某甲、彭某乙等人系首尔公司股东，判决：(1)首尔公司支付给上海华苑电子有限公司款项2,323,517.19元；(2)首尔公司支付给上海华苑电子有限公司相应逾期付款违约金；(3)沈某乙在向首尔公司未履行出资605万元人民币的本息范围内对上述第一项判决不能清偿的部分承担补充赔偿责任；(4)肖某在向首尔公司未履行出资200万元人民币的本息范围内对上述第一项判决不能清偿的部分承担补充赔偿责任；(5)沈某甲在向首尔公司未履行出资95万元人民币的本息范围内对上述第一项判决不能清偿的部分承担补充赔偿责任；(6)彭某乙、瞿某某对沈某乙、肖某和沈某甲的上述补充赔偿责任承担连带责任。

2011年9月26日，法院就沈某甲诉首尔公司股东资格确认纠纷一案作出(2010)闵民二(商)初字第2035号民事裁定，认为沈某甲是否为首尔公司股东这一事项已在(2009)闵民二(商)初字第1833号案件中作为抗辩理由提出，一审、二审判决也已认定了相关事实，并据此作出了生效判决。沈某甲就已经过法院裁判并生效的事项再次提起诉讼属于重复起诉，故裁定驳回沈某甲的起诉。该案上诉后，上海市第一中级人民法院于2011年11月9日作出(2011)沪一中民四(商)终字第1766号民事裁定书，裁定驳回上诉，维持原裁定。

上海市闵行区人民法院于2014年3月14日作出(2014)闵行初字第9号一审判决:驳回沈某甲的诉讼请求。沈某甲不服,提起上诉。上海市第一中级人民法院于2014年5月20日作出二审判决:驳回上诉,维持原判。

【案件争点】

撤销7次工商变更登记是否可能对不确定的善意第三人、善意取得股权的其他股东以及债权人的利益造成损害,影响社会经济秩序的稳定,进而对公共利益造成损害。

【裁判要旨】

上海市第一中级人民法院认为,根据《行政许可法》(2003年)第69条的规定,依照该条前两款的规定撤销行政许可,可能对公共利益造成重大损害的,不予撤销。本案中,沈某甲虽向闵行工商分局提出了要求撤销7次工商变更登记的申请,但闵行工商分局经审查认为,首尔公司自2001年设立以来,已历经14次变更登记,其中增资扩股3次,股权转让8次,涉及股东17人,并在近十余年的经营过程中,形成了广泛复杂的经济关系和法律关系;相关民事判决也已确认该公司部分股东的股东身份,并判决对其公司债务承担连带责任;该公司存续期间内外法律关系的建立均依赖公司登记的社会公信力,撤销变更登记可能对不确定的善意第三人、善意取得股权的其他股东以及债权人的利益造成损害,影响社会经济秩序的稳定,进而对公共利益造成损害;申请人提出的撤销申请与(2013)沪一中行终字第46号人民法院生效判决不一致。故闵行工商分局根据《行政许可法》(2003年)第69条的规定,决定不予撤销,主要证据充分、适用法律并无不当。一审判决认定事实清楚,适用法律正确,法院应予维持。

例案三 | 徐某某诉浙江省天台县市场监督管理局工商登记案

【法院】

浙江省天台县人民法院

【案号】

(2015)台天行初字第43号

【当事人】

原告:徐某某

被告:浙江省天台县市场监督管理局

法定代表人：戴某某，该局局长

第三人：天台原泉饮品有限公司

法定代表人：吴某某，该公司总经理

第三人：陆某某

第三人：翁某某

第三人：陈某某

第三人：余某某

【基本案情】

原告诉称，其与陈某某、余某某于 2001 年 5 月 18 日在天台县石梁镇桐天村成立天台县丛林保健品有限公司。2002 年 10 月 21 日，原告与陆某某达成合股协议，其作为显名股东，陆某某作为隐名股东，对原告占有的天台县丛林保健品有限公司股份各占一半。自 2008 年以后，公司一直由陆某某管理。后来，原告经工商查询，发现原公司的名字不存在，原告在变更公司后的股份也没有了。经进一步查明，陆某某、翁某某母子未经原告同意，于 2010 年 7 月 30 日经被告股权变更登记，将原告的股份及其他两股东陈某某、余某某的股份全部登记到陆某某、翁某某名下。2014 年 7 月 1 日，陆某某、翁某某又将全部股份转让给上海圆横投资管理有限公司，转让价 120 万元。2014 年 8 月 12 日，经被告登记公司名称变更为原泉饮品有限公司，2014 年 11 月 17 日公司股份再转让给沈阳哈易顿投资有限公司。陆某某、翁某某未经原告同意提供虚假的股东会决议及股东转让协议等向被告办理工商股权变更登记，被告对股东签名的真实性未予以核实，未尽审慎审查的义务，存在一定的过错，该行为已严重损害原告的合法权益。故请求确认该变更登记行为违法。

被告辩称，天台县丛林保健品有限公司在申请变更登记时提交的材料齐全，符合法定形式，其已履行了法定的审查职责和程序，所作出的变更登记行为合法。天台县丛林保健品有限公司应对申请文件、材料的真实性负责。因申请材料和证明文件不真实所引起的后果，登记主管机关不承担相应的责任。即使该变更登记中所涉及的股东签名不真实，法律也对这一“错误”设定了行政救济途径和责任承担者。而且，从当前的司法审查实践和经济发展来看，股东签名是否真实并不当然导致该公司的变更登记行为被确认违法或撤销。工商行政管理机关对工商登记环节中的申请材料实行形式审查。综上，请求法院驳回原告的诉讼请求。

第三人陆某某、翁某某述称，为了天台县丛林保健品有限公司的发展，陆某某陆续借给公司 970 万元，在借条上写明，若归还不了，公司及生产经营权归债主所有,任何股东不能干涉。因为陆某某是债主,所以公司归她所有。后来水厂QS认证的时候,营业执照法定代表人需要变更,要原公司股东到场,联系原告徐某某,原告表示陈某某、余某某找不到,他无力处理此事,不再过问该公司事务。

经审理查明,2001年6月1日,天台县丛林保健品有限公司成立,法定代表人余某某,投资人为陈某某、原告徐某某和余某某,三人的出资额均为20万元,均占注册资本的33.33%。2010年7月30日,天台县丛林保健品有限公司的法定代表人变更为陆某某,投资人变更为翁某某、陆某某,二人的出资额分别为20万元和40万元,分别占注册资本的33.33%和66.67%。在办理变更登记手续时,天台县丛林保健品有限公司提供的股东会决议及出资(股权)转让协议上三人的签名均为第三人陆某某填写。2014年7月1日,天台县丛林保健品有限公司的法定代表人变更为潘某某,投资人变更为上海圆横投资管理有限公司,出资额为60万元,占注册资本的100%。2014年8月12日,天台县丛林保健品有限公司的名称变更为天台原泉饮品有限公司,法定代表人变更为潘某。2014年11月17日,天台原泉饮品有限公司的法定代表人变更为吴某某,投资人变更为沈阳哈易顿投资有限公司,出资额为60万元,占注册资本的100%。原告直至2015年7月24日查询了公司的变更登记情况,才得知自己的股份已被转让,遂提起行政诉讼。

浙江省天台县人民法院于2015年12月21日作出一审判决:确认被告天台县市场监督管理局的前身天台县工商行政管理局于2010年7月30日对原天台县丛林保健品有限公司所作的投资人(股权)变更登记行为违法。徐某某不服,提起上诉。浙江省台州市中级人民法院于2016年3月30日作出(2016)浙10行终45号二审判决:驳回上诉,维持原判。

【案件争点】

撤销第一次变更登记行为是否会导致一系列股权转让纠纷,不利于社会交易秩序的稳定,进而损害公共利益。

【裁判要旨】

浙江省天台县人民法院认为,《公司登记管理条例》(2014年)第27条第1款规定:"公司申请变更登记,应当向公司登记机关提交下列文件:(一)公司法定代表人签署的变更登记申请书;(二)依照《公司法》作出的变更决议或者决定;(三)国家工商行政管理总局规定要求提交的其他文件。"本案中,陆某某向被告申请股东变更登记,被告受理后审查了天台县丛林保健品有限公司提交的法定代表人签署的变更登记申请书、天台县丛林保健品有限公司盖章和股东徐某某、陈某某、余某某签名的股东会决议及出资(股权)转让协议、天台县丛林保健品有限公司公司盖章和法定代表人签署的公司章程修正案等材料，作出核准变更登记的行政行为，符合上述法律的规定，并无不当。《公司登记管理条例》(2005年)第2条第2款规定，申请办理公司登记，申请人应当对申请文件、材料的真实性负责。登记机关只对申请人所提交材料是否符合法定形式、法定要求进行审查，而由申请人本人对材料实质内容的真实性负责。天台县丛林保健品有限公司在申请公司变更登记时应对其提供的申请材料的真实性负责。被告对天台县丛林保健品有限公司于2010年7月30日就公司法定代表人和股东变更等提供的申请变更登记材料是否符合法定形式、要求进行了审查，天台县丛林保健品有限公司所提供的申请材料中公司法定代表人均对提供申请材料的真实性进行了承诺。相关材料符合法定形式和要求，因而被告对天台县丛林保健品有限公司的申请变更登记的材料已尽到审慎审查的义务，不存在过错。但是，由于天台县丛林保健品有限公司在申请公司变更登记时所提供的股东会决议和出资(股权)转让协议中的签字确非原告和第三人陈某某、余某某所签，该两份申请材料不具有真实性，被告据此所作的变更登记行为因主要证据虚假，本应予以撤销，但考虑到天台县丛林保健品有限公司在此后又经过了多次转让和变更，撤销第一次变更登记行为将会导致一系列股权转让纠纷，不利于社会交易秩序的稳定，也不利于保护善意第三人的合法权益。故对原告要求确认被告的变更登记行为违法的诉讼请求，法院予以支持。

三、裁判规则提要

从上述三个例案可以看出，工商登记所产生的影响与其所涉及的人数、存在时间等因素密切相关，因此，即使经审查认为工商登记存在应当或可以撤销的情形，也必须考量撤销后果，若可能对公共利益造成重大损害的，应当依据《行政许可法》第69条第2款、第3款之规定，作出不予撤销决定。但适用该规定，关键在于对公共利益的认定、审查以及对“可能”造成重大损害的判断。

(一)对公共利益的认定

何为公共利益？依理论界通识，公共利益是与个人利益相对的概念，具有整体性和普遍性，是作为一种共同利益而存在的。学者马怀德将公共利益划分为社会公共利益和国家利益两部分，前者指社会全部或部分成员所享有的利益。由此，如果某一利益主体上涉及不确定的多数人、内容上因公众的共同需要而产生、性质上出于实现大多数人共同利益的需要,则可认定其为公共利益。实体法上有关公共利益的规定很多,而行政行为涉及的公共利益包含两个层面,一是行政行为作出的本身是为了公共利益,如国有土地上房屋征收决定、重大市政项目的建设工程规划许可等;二是行政管理相对人根据行政行为赋予的资格(授予的权力)所实施的行为而产生的公共利益。

反映到工商登记领域,一般来说,行政管理相对人根据工商管理部门核准登记后实施的行为有可能会产生公共利益。如例案一,宏华公司经工商登记取得经营资格,开展会计事务经营活动,为企事业单位出具验资、审计、年检报告等,而这些报告作为有效的法律文件,在相应的范围内产生法律效力,继而对不确定多数人的利益产生影响;再如例案二,首尔公司自2001年设立以来,已开展了近十余年的经营活动,存续期间内外法律关系的建立均依赖工商登记的社会公信力,形成了广泛复杂的经济关系和法律关系,这些关系不仅影响不确定的善意第三人的利益,还影响社会经济秩序的稳定;又如例案三,天台县丛林保健品有限公司在此后经过了多次转让和变更,撤销第一次变更登记行为将会导致一系列股权转让纠纷,不利于社会交易秩序的稳定。那么,上述三案中所产生的利益就属于公共利益。

(二)对公共利益存在的证据审查标准

在行政诉讼中,确认公共利益是否真实存在,应根据行政诉讼的证明标准来判定。《行政诉讼法》设定的行政行为合法性审查标准之一是证据确凿,而判断当事人为证明案件事实所提供的证据是否确凿充分,证据法上一般认为标准有三:一为优势证明标准,一般适用于行政主体作为中立机关对平等主体之间的民事纠纷所做的行政裁决行为的审查和原告应当承担证明责任的情形;二为排除合理怀疑标准,一般适用于对限制行政管理相对人的人身自由的行政处罚或强制措施行为的审查,接近于刑事诉讼案件所要求达到的证明标准;三为清楚而有说服力的证明标准,要求当事人提供的证据具有明显优势(在行政诉讼中,如果被告的证据相对于原告的证据,其可信度只占51%,则不具有明显优势),该优势足以使法院确信其主张的案件事实真实存在,且证据之间具有清楚的逻辑关系。

在审查行政管理相对人根据工商管理部门核准登记后实施的行为是否会产生公共利益时,应当采用清楚而有说服力的证明标准。如例案一,虹口工商分局提交了宏华公司依照会计师事务所的职能向相关的委托单位出具相应的审计、年检、验资报告 2 万余份作为证据，相对于应某的证据，虹口工商分局的证据显然具有明显优势，足以使法院确信原工商登记确实产生了公共利益。

（三）对“可能”造成重大损害的判断

《行政许可法》第 69 条第 3 款规定，依照前两款的规定撤销行政许可，可能对公共利益造成重大损害的，不予撤销。此处“可能”是对事态走向的一种预测，既需要依靠法官的主观判断，更必须依从现有的法律及案情等客观情况进行断定，以达到主客观统一。如例案一，如果撤销虹口工商分局作出的工商登记，王某某即失去宏华公司法定代表人的资格。根据财政部《会计师事务所审批和监督暂行办法》（已失效）第 10 条第 3 款规定，有限责任会计师事务所的主任会计师由法定代表人担任，故王某某失去法定代表人资格的同时也失去主任会计师身份。根据财政部《关于注册会计师在审计报告上签名盖章有关问题的通知》规定，有限责任会计师事务所出具的审计报告应当由会计师事务所主任会计师或其授权的副主任会计师和一名负责该项目的注册会计师签名盖章方为有效，故王某某失去主任会计师身份将致其作为主任会计师签章的各类报告归于无效。而各类报告具有确定效力恰好涉及公共利益，故撤销宏华公司股东核准变更的工商登记，确有可能对公共利益造成重大损害，即撤销该工商登记必然否定了 2 万余份各类报告的效力，极有可能破坏业已形成的既定社会关系、经济秩序。

四、辅助信息

高频词条：

《行政许可法》

第 69 条 有下列情形之一的，作出行政许可决定的行政机关或者其上级行政机关，根据利害关系人的请求或者依据职权，可以撤销行政许可：

（一）行政机关工作人员滥用职权、玩忽职守作出准予行政许可决定的；

（二）超越法定职权作出准予行政许可决定的；

（三）违反法定程序作出准予行政许可决定的；

（四）对不具备申请资格或者不符合法定条件的申请人准予行政许可的；

（五）依法可以撤销行政许可的其他情形。

被许可人以欺骗、贿赂等不正当手段取得行政许可的，应当予以撤销。

依照前两款的规定撤销行政许可，可能对公共利益造成重大损害的，不予撤销。

依照本条第一款的规定撤销行政许可,被许可人的合法权益受到损害的,行政机关应当依法给予赔偿。依照本条第二款的规定撤销行政许可的,被许可人基于行政许可取得的利益不受保护。

工商登记案件裁判规则第20条:

法定代表人、股东等明知公司登记申请材料非其本人签字或盖章却未提出异议,在登记后从事与登记事项有关的经营管理活动,其起诉要求撤销相关公司登记行为或确认行为违法的,不予支持

〔**规则描述**〕:公司登记申请人向工商登记机关提交的申请材料应当真实,其中包括申请材料上法定代表人、股东等人的签名或用印等。但实践中会出现申请材料上存在仿冒法定代表人、股东等签名,或冒用、假冒其印章的情形。通常情况下,若申请材料存在上述情形,则公司登记申请违背了法定代表人、股东等人的真实意愿,相关公司登记将被撤销或者被确认违法。但亦有例外情形,如虽非本人签字,但申请行为是法定代表人、股东等人的真实意愿。因此,在判断是否撤销公司登记或确认公司登记行为违法时,应当将其他能够反映法定代表人、股东等真实意思表示的要素纳入考量。若有证据证明法定代表人、股东等明知公司登记申请材料存在非其本人签字或盖章的情况却未对此提出异议,在登记后从事了与该登记相关的经营管理活动的,则可以认定相关公司登记申请确系其本人的真实意愿,申请材料符合申请公司登记的要求。

一、类案检索大数据报告

截至2019年2月15日,分别以“公司”“登记”“设立或变更或注销或分立或合并”“股东或法定代表人”“伪造或冒用或冒名或虚假或非本人”“签字或签名或盖章或公章或印章”为关键词,通过Alpha案例库、法信平台、元典智库、北大法宝、中国裁判文书网、上海C2J系统,在案由为工商行政管理(工商)的案件中进行全文检索(包括一审或二审或再审案件),共查找到2286起案件涉及冒名实施公司登记。按照《公司登记座谈会纪要》中明确提出的,根据当事人是否明知存在非本人签字或盖章的情形、是否仍有参与经营管理等情节,来判断是否撤销登记或确认登记违法的相关意见,再以法院认为部分包含“明知”“管理”“经营”为检索条件,对上述案件进一步检索,并经逐案阅看、分析,与本规则关联度较高的案件有59件。整体情况如下:

从地域分布来看,当前检索条件下相关案例主要集中在广东省、河南省、四川省,分别占比 16.95%、16.95%、11.86%。其中,广东省与河南省的案例最多,分别为 10 件(见图 20-1)。

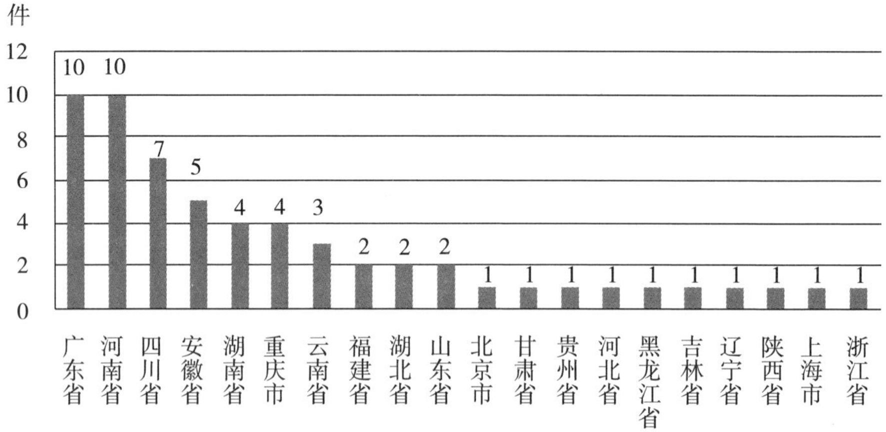

图 20-1 类案地域分布

从类案结案年度分布可以看到,当前检索条件下相关案件数量的变化趋势(见图 20-2)。

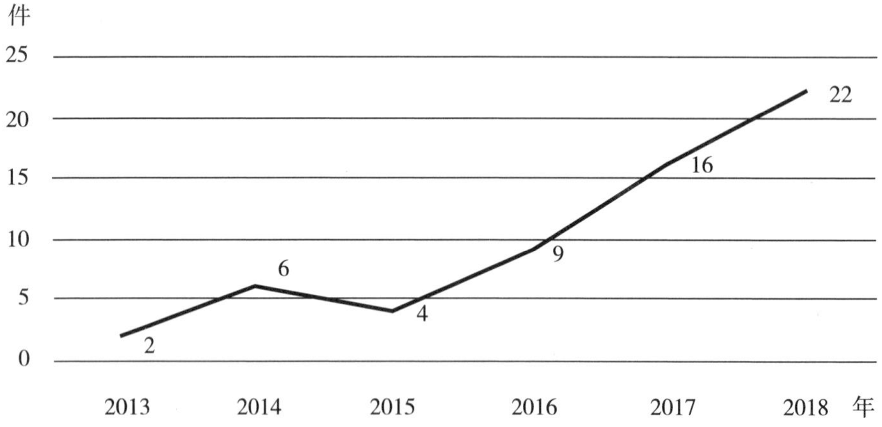

图 20-2 类案结案年度分布

从下面的程序分类统计可以看到,相关案件的审理程序分布状况。一审案件有 37 件,二审案件有 17 件,再审案件有 5 件(见图 20-3)。

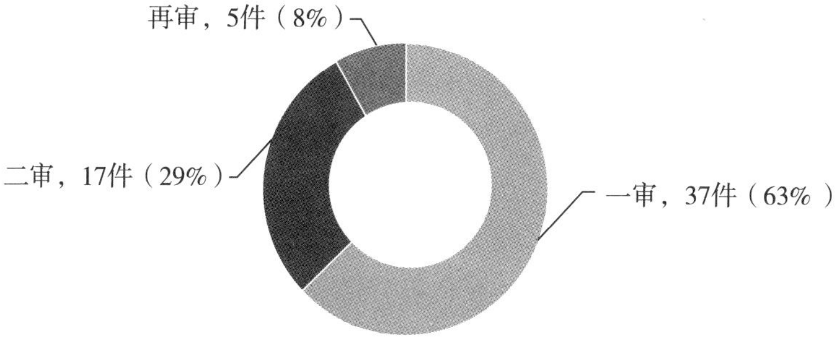

图 20－3　类案审理程序分布

在 59 件案件中，有 49 件案件，法院在考量了当事人是否明知存在非本人签字或盖章情形、是否仍参与经营管理等情节后，适用了本规则。在排除了 2 件裁定驳回起诉的案件后，本规则的适用率为 85.96%（见图 20－4）。

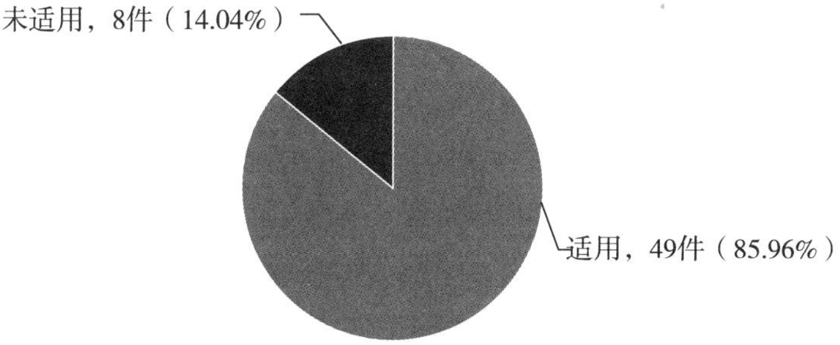

图 20－4　类案裁判结果分析

二、可供参考例案

例案一　上海艾久投资管理股份有限公司诉上海市静安区市场监督管理局公司设立登记案

【法院】

上海铁路运输法院

【案号】

（2018）沪 7101 行初 62 号

【当事人】

原告：上海艾久投资管理股份有限公司

法定代表人:沈某某,该公司董事长

被告:上海市静安区市场监督管理局

法定代表人:张甲,该局局长

第三人:上海艾久信息技术有限公司

法定代表人:周某某,该公司执行董事

第三人:谷某

【基本案情】

上海艾久投资管理股份有限公司(以下简称艾久投资公司)诉称,第三人上海艾久信息技术有限公司(以下简称艾久信息公司)设立登记申请材料上所加盖的原告公章系他人伪造。艾久信息公司的设立登记并非原告的真实意思表示。上海市静安区市场监督管理局(以下简称静安市场局)未尽到审慎审查义务,所作公司设立登记违法,请求法院判决撤销艾久信息公司的设立登记。

静安区市场局辩称,第三人艾久信息公司提交的申请登记材料符合法律规范,材料齐全,符合法定形式,依法应准予登记,其所作设立登记合法,请求法院驳回原告的诉讼请求。

艾久信息公司和谷某共同述称,原告2016年申报股权挂牌交易时提交了艾久信息公司的设立登记材料,原告认可艾久信息公司系其子公司,设立艾久信息公司是原告的真实意愿,请求法院驳回原告诉讼请求。

该法院审理查明,艾久投资公司原企业名称为上海艾久投资管理有限公司。2015年11月12日,案外人张某向静安市场局提交了办理第三人艾久信息公司设立登记所需申请材料,登记的股东为上海艾久投资管理有限公司和谷某。静安市场局经审查,认定艾久信息公司的申请登记材料齐备,符合公司设立登记相关法律法规,应准予设立登记,遂于同月17日作出了准予艾久信息公司设立的登记。2017年8月13日,艾久投资公司委托鉴定机构对申请材料上的公司原企业公章进行鉴定。经鉴定,申请材料中案外人张某的授权委托书和公司章程上,艾久投资公司原公章印文与其留存在银行的原公章印文并非出自同一枚印章。2017年10月,艾久投资公司以申请材料并非其盖章为由,向静安市场局提出撤销艾久信息公司设立登记的要求。艾久投资公司在其所求未果后,遂诉至上海铁路运输法院。

另查明,2016年6月27日,艾久投资公司以更名后的"上海艾久投资管理股份有限公司"名义申请进入上海股权托管交易中心挂牌。艾久投资公司向该中心提交了包括艾久信息公司设立登记材料在内的申报材料。艾久投资公司在同年

11 月出具的《股份转让说明书》和次年 6 月出具的《2016 年年度报告》中，均将艾久信息公司列为其控股子公司。

又查明，上海市高级人民法院于艾久信息公司与艾久投资公司股东出资纠纷申请再审一案中认定，“艾久投资公司在实际经营过程中存在多枚公章的情况”。

上海铁路运输法院 2018 年 6 月 1 日作出一审判决：驳回艾久投资公司诉讼请求。艾久投资公司不服，提起上诉。上海市第三中级人民法院于 2018 年 8 月 22 日作出(2018)沪 03 行终 495 号二审判决：驳回上诉，维持原判。

【案件争点】

1. 静安市场局对收到的设立登记申请材料是否尽到审慎审查义务。

2. 艾久投资公司对艾久信息公司的设立是否知情，申请设立登记是否系艾久投资公司真实意思表示。

【裁判要旨】

法院认为，关于静安市场局收到的设立登记申请材料是否符合法定形式的问题，现行立法对申请公司设立登记应提交的材料规范及公司登记机关审查标准有明确规定。《公司登记条例》和《内资企业登记申请提交材料规范》对设立有限责任公司应提交的材料作了明确的列举式的规定。并且国家工商行政管理总局《企业登记程序规定》规定，申请材料齐全是指国家工商行政管理总局依照企业登记法律、行政法规和规章公布的，要求申请人提交的全部材料；申请材料符合法定形式是指申请材料符合法定时限、记载事项符合法定要求、文书格式符合规范。对照上述规定，静安市场局收取的艾久信息公司设立登记申请材料齐全，符合法定形式。关于静安市场局是否尽到审慎审查义务的问题，登记机关的审慎审查义务应理解为，基于一般人的理性、经验、常识，即可以对于申请材料是否齐全，形式是否合法，内容是否真实，作出正确判断的义务。该案中，静安市场局已对所收到的申请材料进行了审查，其对于申请材料符合法定要求的认定无误，对于申请材料真实性已在理性、经验、常识范围内尽到了注意义务，故被告已尽审慎审查义务。

关于艾久投资公司对艾久信息公司的设立是否明知，申请设立登记是否系艾久投资公司真实意思表示的问题，艾久投资公司向上海股权托管交易中心申报挂牌时，提交了艾久信息公司的设立登记材料，并在之后的信息披露中公布了艾久信息公司的历史沿革，承认其为艾久投资公司的控股子公司，故艾久投资公司明知艾久信息公司的设立登记并认可自身的股东身份，艾久信息公司的设立系艾久投资公司的真实意愿。并且，因艾久投资公司曾存在多枚公章的情况，故原告提出的印章印文差异尚不足以证明其公章被伪造。

综上所述,静安市场局对于申请材料审查合法,艾久投资公司要求撤销公司登记的依据不足。被诉设立登记执法主体适格、执法程序合法、事实认定清楚、法律适用正确。

例案二 | 虞某某诉义乌市工商行政管理局公司设立登记案

【法院】

浙江省义乌市人民法院

【案号】

(2014)金义行初字第107号

【当事人】

原告:虞某某

被告:义乌市工商行政管理局

法定代表人:朱某某

第三人:汪某某

【基本案情】

虞某某诉称,其对义乌市伍财投资有限公司(以下简称伍财公司)不知情,也未参与经营,伍财公司系冒名设立的,所有申请材料中法定代表人"虞某某"的签名也均非原告本人所签。请求撤销义乌市工商行政管理局(以下简称义乌工商局)于2013年1月30日作出的设立伍财公司的行政许可。

义乌工商局辩称,伍财公司的设立登记合法有效。伍财公司的设立登记申请文件、材料齐全,符合法定形式,义乌工商局已经尽了审慎的审查义务,并有证据证明原告对公司设立事宜是明知的,故请求驳回原告诉讼请求。

汪某某述称,伍财公司的设立登记系由他人交办。

该法院审理查明,2013年1月14日,汪某某代理(投资人为虞某某,投资额1000万元)申请企业名称预先核准,同日,义乌工商局对该申请予以核准。2013年1月28日,伍财公司根据企业名称预先核准书在中国建设银行义乌分行申请开立单位银行结算账户(临时验资类),虞某某在法定代表人处加盖私章。2013年1月29日,虞某某从其个人账户分两次将1000万元出资款(注册资金)缴入伍财公司账户。中国建设银行工商验资通对该业务进行了确认,且浙江天平会计师事务所有限责任公司金华分所对虞某某以货币出资1000万元，占伍财公司注册资本100%的情况出具了天平金验(2013)0149号验资报告。2013年1月29日，汪某某代理伍财公司申请设立登记并向义乌工商局提交了由法定代表人“虞某某”签名的公司设立登记申请书、企业名称预先核准申请书、法定代表人信息、伍财公司章程、股东决定书、聘任书、指定代表或者共同委托代理人的证明以及企业设立登记所需的公司股东出资信息、董事、监事、经理信息、企业名称预先核准通知书、验资报告、经营场所证明等材料。义乌工商局审核相关申请材料后，于2013年1月30日核准设立伍财公司[住所地为义乌市江东街道时代广场B座2206室，法定代表人虞某某，注册资本1000万元，公司类型为一人有限责任公司(自然人独资)，经营项目为实业投资(货物进出口、技术进出口)，注册号为330782000297374]并向虞某某开具了准予设立登记通知书。2013年1月31日，汪某某代为领取了伍财公司的营业执照。同日，伍财公司根据工商营业执照、法定代表人虞某某的身份证等向中国建设银行义乌分行申请开立公司基本存款账户、资金结算产品服务以及机构信用代码并签署了支票票据行为诚信承诺书，法定代表人虞某某在以上申请书(承诺书)加盖其私章或签名。中国建设银行义乌分行在审核相关材料后对上述相关事项予以办理。伍财公司设立后，进行了相关经营和管理活动。另查明，经金华天鉴司法鉴定所鉴定，涉案的《公司设立登记申请书》《企业名称预先核准申请书》《法定代表人信息》《股东决定书》《聘任书》《指定代表或者共同委托代理人》及公司章程中“虞某某”的签名均不是虞某某所签。虞某某诉至法院，请求撤销义乌工商局于2013年1月30日作出的设立伍财公司的行政许可。

浙江省义乌市人民法院于2015年5月27日作出一审判决：驳回虞某某诉讼请求。虞某某不服，提起上诉。浙江省金华市中级人民法院于2015年9月21日作出(2015)浙金行终字第104号二审判决：驳回上诉，维持原判。

【案件争点】

虞某某对于伍财公司的设立登记是否知情，是否属于其真实意思表示。

【裁判要旨】

法院认为，从涉案工商登记的申请材料、司法鉴定意见书及当事人庭审陈述来看，申请材料中法定代表人“虞某某”的签名并非虞某某所签，故义乌工商局依据上述申请材料设立伍财公司的证据不足。然而，该设立工商登记行为是否应当撤销，应当综合本案的具体情况进行考量。根据义乌工商局提供的从中国建设银行义乌分行、浙江天平会计师事务所有限责任公司金华分所取得的相关证据以及汪某某代理申请设立伍财公司的过程中提供的虞某某身份证原件来看并结合当事人庭审陈述,虞某某对以其为法定代表人设立伍财公司的情况是明知的且未提出异议,与此同时,义乌市伍财投资公司设立后进行了借贷、货物买卖等相关经营管理活动。因此,虞某某要求撤销涉案工商登记行为,不予支持。

例案三 | 金某某诉广元市工商行政管理局公司变更登记案

【法院】

广东省广元市利州区人民法院

【案号】

(2017)川0802行初28号

【当事人】

原告:金某某

被告:广元市工商行政管理局

法定代表人:赵某,该局局长

第三人:广元福升圆融资理财信息咨询服务有限责任公司

法定代表人:罗某某,该公司董事长

第三人:罗某某

第三人:王甲

第三人:宋某某

第三人:周某某

第三人:于某某

第三人:王乙

第三人:何某某

【基本案情】

金某某诉称,2014年1月7日,其与广元福升圆公司的法定代表人罗某某签订《合伙协议》,协议约定罗某某与金某某各占广元福升圆公司股份50%,且于罗某某完成清理、解决广元福升圆公司原股东之间的问题后,进行股权变更登记。2014年1月27日,广元福升圆公司及其法定代表人罗某某伪造其签字捺印的股东会决议、股权转让协议以及公司章程等,向广元市工商行政管理局(以下简称广元市工商局)申请股东股权变更登记。广元市工商局对该公司提交的申请材料不认真审核，即办理了股东股权变更登记。其被错误登记为广元福升圆公司股东。2015年12月24日，金某某得知自己被登记为广元福升圆公司股东后，立即向广元市工商局提出申请，请求依法撤销该违法股东、股权变更登记。2016年4月25日，广元市工商局发函拒绝了其撤销变更的申请。故请求判令广元市工商局撤销2014年1月27日对广元福升圆公司股东及股权的变更登记。

广元市工商局辩称，第一，其对广元福升圆公司提交的申请变更登记材料依法审查，所作变更登记符合法律规定。第二，其认为根据行政许可法及公司法等规定，其对股东变更登记只应当进行形式审查。第三，申请变更登记的主体是广元福升圆公司而不是股东，申请人申请的民商事登记状态是否合法不在行政审查范围内。第四，金某某诉称2015年12月24日才得知被登记为广元福升圆公司股东与客观事实不符，金某某至少在2015年1月7日前就知晓自己被登记为股东。

广元福升圆公司述称，金某某系广元福升圆公司股东，申请股东、股权变更登记是罗某某与金某某的真实意思表示，金某某以股东身份参与公司经营管理，广元福升圆公司变更股东、股权的手续齐全，符合法定形式，内容客观真实。根据行政诉讼法的规定，请求法院依法维持广元市工商局作出的股东、股权变更登记。

罗某某述称的意见与广元福升圆公司述称的意见一致。此外，补充称，第一，《合伙协议》是先由金某某与何某某签订的，时隔半月后，其与金某某才签订了《合伙协议》，随后开办了旺苍县福升圆综合信息咨询服务部。第二，旺苍服务部大部分客户是了解金某某的，众多客户均可以作证原告金某某是该公司股东的事实，金某某也领取了工资。

第三人王乙述称，旺苍服务部很多客户系看在金某某和罗某某的面子上进行投资的，不仅仅只是看罗某某一个人的面子。

其他第三人未发表意见。

该法院审理查明，2013年12月14日，广元福升圆公司的法定代表人罗某某与旺苍福升圆信息咨询服务部的负责人金某某签订战略合作协议书。2014年1月7日，金某某（协议中乙方）与罗某某（协议中甲方）签订《合伙协议》，约定双方共同出资经营广元福升圆公司和旺苍县福升圆综合信息咨询服务部，《合伙协议》中载明"……第7条合伙负责人及其他合伙人的权利：1.甲方为广元福升圆融资理财信息咨询服务有限责任公司的法定代表人，乙方为旺苍县福升圆综合信息咨询服务部负责人。……3.广元福升圆融资理财信息咨询服务有限责任公司和旺苍县福升圆综合信息咨询服务部的具体运营管理实行在两合伙人的共同领导下的职业经理责任制……第10条特别规定由甲方罗某某负责清理、解决广元福升圆融资理财信息咨询服务有限责任公司原股东之间的问题。解除原股东的股东身份,由此产生的费用由甲、乙双方共同负担。广元福升圆融资理财信息咨询服务有限责任公司的股份由甲、乙双方各占50%,并在工商行政管理部门办理法定的股份过户登记手续……"随后,广元福升圆公司向广元市工商局提交了下列材料:有限责任公司变更登记申请书、公司股东(发起人)出资信息、指定代表或者共同委托代理人的证明及身份证复印件、股东会决议、股权转让协议、新股东身份证复印件、修改后的公司章程、公司营业执照副本、《验资报告》等,依据广元福升圆公司的申请,广元市工商局于2014年1月27日作出股东股份变更登记行为,将广元福升圆公司的股东由罗某某、王甲、宋某某、周某某、于某某、王乙、何某某变更为罗某某、金某某。2015年1月6日,金某某与罗某某签订《股份转让协议》,协议中金某某把自己在广元福升圆公司的全部股份转让给罗某某。2015年11月10日,金某某以罗某某为被告向旺苍县人民法院起诉,请求人民法院判决确认其于2015年1月6日签订的《股份转让协议》的内容合法有效,后于2015年12月15日撤回起诉。

广元市利州区人民法院决驳回金某某的诉讼请求。金某某不服,提起上诉。四川省广元市中级人民法院于2018年3月13日作出(2018)川08行终2号二审判决:驳回上诉,维持原判。

【案件争点】

1. 广元市工商局是否尽到审查义务。

2. 金某某对于变更登记是否明知,是否是其真实意思表示。

【裁判要旨】

该院认为,金某某与罗某某于2014年1月7日签订了《合伙协议》,在协议中明确约定了要在工商行政管理部门办理股份过户登记手续,表明金某某具有成为广元福升圆公司股东的意愿,其对要在工商行政管理部门办理股东股份变更登记的事情应是知晓的。在签订《合伙协议》以后,金某某用之前在广元福升圆公司投资的200万元的理财资金作为入股资金,金某某也在广元福升圆公司和旺苍县福升圆综合信息咨询服务部里面参与了经营管理,作为广元福升圆公司的经营管理者,金某某对公司的情况应该是比较清楚的,其对自身股东身份以及管理人员身份是认可的。在广元市工商局于2015年11月3日对金某某作的询问(调查)笔录中,金某某自己陈述其是广元福升圆公司的股东,并占股50%,表明其对自己作为广元福升圆公司股东身份的认可,作为占股一半的股东,金某某对其所投资公司的情况应该是比较清楚的，特别是股东、股份情况。金某某与罗某某于2015年1月6日签订的《股份转让协议》明确将其登记在广元福升圆公司的股权转让给罗某某，在罗某某未履行协议约定内容的情况下，金某某于2015年11月10日向旺苍县人民法院起诉，请求确认其与罗某某签订的《股份转让协议》有效，虽然在2014年1月27日办理股东股份变更登记时有关材料金某某未亲自签名捺印，但是金某某签订《股份转让协议》以及向法院起诉的行为表明其对自己被登记为股东身份的认可。综上所述，可以认定金某某认可自己作为人广元福升圆公司股东的身份，对广元市工商局于2014年1月27日办理的股东股份变更登记行为应是知情的，且未提出异议，且以股东的身份在公司里从事了经营管理活动。

按照《公司登记座谈会纪要》第1条第2款"公司法定代表人、股东等以申请材料不是其本人签字或者盖章为由，请求确认登记行为违法或者撤销登记行为的，人民法院原则上应按照本条第一款规定处理，但能够证明原告此前已明知该情况却未提出异议，并在此基础上从事过相关管理和经营活动的，人民法院对原告的诉讼请求一般不予支持"的精神，广元福升圆公司向广元市工商局提交的有关申请材料上虽然不是金某某本人签字，但是金某某对广元市工商局于2014年1月27日作出的股东股份变更登记行为是知情的，且并没有提出异议，同时还以股东的身份参与了公司的经营管理，故金某某的诉讼请求法院不予支持。

三、裁判规则提要

公司登记一旦作出，即产生公示公信的效力。在市场经济环境下，为保证经济活动的平稳和市场交易的安全，需要市场主体身份、资格的稳定，故而公司登记需要具备真实性和确定性。公司登记的真实性并不局限于申请材料上签字或盖章等外在的形式上的真实性，还应该包括公司登记申请意思表示的真实性。如果综合相关情节，可以推导出公司登记申请意思表示的真实性，那么就应当保证公司登记的确定性。具体而言：

（一）公司登记申请人向登记机关提交的申请材料应当真实

《公司法》对于虚报注册资本、提交虚假材料或者采取其他欺诈手段隐瞒重要事实取得公司登记等情形，规定了由公司登记机关责令改正，并处以罚款的处罚；对于其中情节严重的，甚至是撤销公司登记或者吊销营业执照，来对公司经营活动加以限制。《公司登记管理条例》明确规定，申请办理公司登记，申请人应当对申请文件、材料的真实性负责。对于提交虚假材料或者采取其他欺诈手段隐瞒重要事实,取得公司登记的行为,条例亦规定了责令改正,处以罚款,以及撤销公司登记或者吊销营业执照等,与公司法相对应的行政法律责任。由此可见,申请公司登记的申请文件、材料应当真实可靠,若有不实,责任人将承担相应的法律责任。如上述例案二中,经过鉴定,在案涉的公司设立登记申请书、企业名称预先核准申请书、法定代表人信息、公司章程、股东决定书、聘任书、指定代表或者共同委托代理人等一系列材料中,显示为原告的签名均不是原告本人所签。虽然该例案的司法裁判结果是保持了公司登记的效力,但在诉讼案件之外,申请人应当对在公司登记申请过程中提交了虚假材料的行为承担法律责任,登记机关有权依法对案涉公司登记的申请人作出相应的行政处罚。

(二)法定代表人、股东等在申请材料上的签字或盖章,以及此后参与相关经营活动等行为,均可以作为认定其真实意思表示的依据

法定代表人、股东等在公司登记申请材料上签字或盖章,是其认可该公司登记的一种主要的意思表示形式,也是《内资企业登记申请提交材料规范》等相关规范中所提出的要求。但是,签字或盖章并非作出意思表示的唯一形式。作出意思表示的方式多样,可以通过语言、文字以及行动等方式作出。公司法定代表人、股东等主张申请材料不是其本人签字或者盖章,本质上系主张该申请登记行为属于无权处分或无权代理行为。就行为效力角度而言,该申请登记行为效力待定。若法定代表人或股东等明知公司登记申请材料存在并非其本人签字或者盖章的情形而未提异议,从事了与公司登记相关的公司经营管理活动,那么实质上是以自身行为认可或者是追认了该申请登记行为,申请登记确系其真实意思表示。如上述例案一中,艾久投资公司虽然在诉讼中否认其设立了艾久信息公司,主张该公司的设立并非其真实意思表示。但艾灸投资公司在提起该案诉讼前,在公开场合承认艾久信息公司系其子公司,在自己公司股权挂牌交易过程中提交了艾久信息公司的工商登记资料,并在股权交易信息披露文书中披露了艾久信息公司的历史沿革等信息,其不仅认可了自身的股东身份,还以信息披露方式,试图让外界相信其掌握着艾久信息公司设立及经营情况,其上述一系列行动足以证明设立登记申请系其真实意愿。

（三）在有证据证明公司登记申请系法定代表人或股东真实意思表示的情形下，应当保证公司登记行为的确定性

基于行政行为合法性的要求，登记机关在办理公司登记的过程中，对于登记申请材料真实性的审查，应尽到与其技术、经验和能力相匹配的注意义务。若在登记机关已尽注意义务且有证据证明公司登记申请确系法定代表人或股东等真实意思表示的情况下，即使申请材料，如上述案例中提及的登记申请书、授权委托书、公司章程、企业名称预先核准申请书等材料，其上签字或盖章的真实性存有瑕疵，原则上仍应当认定公司登记行为认定事实清楚，登记内容真实，对于公司法定代表人、股东等以申请材料不是其本人签字或者盖章为由，要求确认登记行为违法或者撤销登记行为的诉讼请求，法院不予支持。若登记机关在登记过程中未能尽到充分的注意义务，但有证据证明公司登记申请确系法定代表人或股东等真实意思表示的情况下，原则上仍应当作出保持相关公司登记效力的情况判决，以维护交易秩序的稳定与安全。登记机关在收到类似纠错申请时，亦应如此。同理，其他利害关系人以公司登记申请材料并非法定代表人或股东等本人签字或盖章为由，要求撤销相关登记行为或确认登记行为违法的案件，亦可参照适用。

四、辅助信息

高频词条：

1.《公司法》

第 198 条 违反本法规定，虚报注册资本、提交虚假材料或者采取其他欺诈手段隐瞒重要事实取得公司登记的，由公司登记机关责令改正，对虚报注册资本的公司，处以虚报注册资本金额百分之五以上百分之十五以下的罚款；对提交虚假材料或者采取其他欺诈手段隐瞒重要事实的公司，处以五万元以上五十万元以下的罚款；情节严重的，撤销公司登记或者吊销营业执照。

2.《公司登记管理条例》

第 2 条 有限责任公司和股份有限公司（以下统称公司）设立、变更、终止，应当依照本条例办理公司登记。

申请办理公司登记，申请人应当对申请文件、材料的真实性负责。

第 64 条 提交虚假材料或者采取其他欺诈手段隐瞒重要事实，取得公司登记的，由公司登记机关责令改正，处以 5 万元以上 50 万元以下的罚款；情节严重的，

撤销公司登记或者吊销营业执照。

3.《公司登记座谈会纪要》

一、以虚假材料获取公司登记的问题

因申请人隐瞒有关情况或者提供虚假材料导致登记错误的,登记机关可以在诉讼中依法予以更正。登记机关依法予以更正且在登记时已尽到审慎审查义务,原告不申请撤诉的,人民法院应当驳回其诉讼请求。原告对错误登记无过错的,应当退还其预交的案件受理费。登记机关拒不更正的,人民法院可以根据具体情况判决撤销登记行为、确认登记行为违法或者判决登记机关履行更正职责。

公司法定代表人、股东等以申请材料不是其本人签字或者盖章为由,请求确认登记行为违法或者撤销登记行为的,人民法院原则上应按照本条第一款规定处理,但能够证明原告此前已明知该情况却未提出异议,并在此基础上从事过相关管理和经营活动的,人民法院对原告的诉讼请求一般不予支持。

因申请人隐瞒有关情况或者提供虚假材料导致登记错误引起行政赔偿诉讼,登记机关与申请人恶意串通的,与申请人承担连带责任;登记机关未尽审慎审查义务的,应当根据其过错程度及其在损害发生中所起作用承担相应的赔偿责任;登记机关已尽审慎审查义务的,不承担赔偿责任。

工商登记案件裁判规则第 21 条：
申请人存在欺诈行为，工商登记机关未尽到法定审查义务，造成其他当事人合法权益损害的，应根据工商登记机关在损害过程和结果中所起作用等因素，承担相应赔偿责任

〔**规则描述**〕：工商登记机关进行登记时，虽然申请人存在欺诈行为，但该机关未尽到法定审查义务，侵犯公民、法人和其他组织的合法权益的，受害人有取得赔偿的权利。工商登记机关的赔偿责任应当根据其过错程度及其在损害发生过程和结果中所起的作用确定。

一、类案检索大数据报告

截至 2018 年 12 月 14 日，以“审慎审查”“造成损害”“工商登记”为并列关键词，通过 Alpha 案例库、上海 C2J 系统、法信平台、元典智库、北大法宝、中国裁判文书网共检索到 79 件案件，经逐案阅看、分析，剔除同一案件因不同审级形成的多个文书，与本规则关联度较高的案件有 28 件。整体情况如下（见图 21 - 1）：

从类案地域分布来看，当前案例主要集中在江苏省、河南省和浙江省，占比分别为 17.86%、17.86%、14.29%。其中，江苏省、河南省案件量最多，均为 5 件。

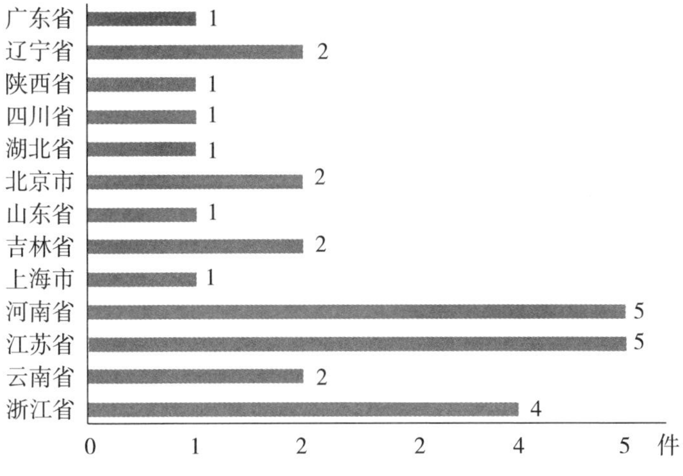

图 21 - 1　类案地域分布

从类案案件数量来看,最多的年份为2017年,共有7件(见图21-2)。

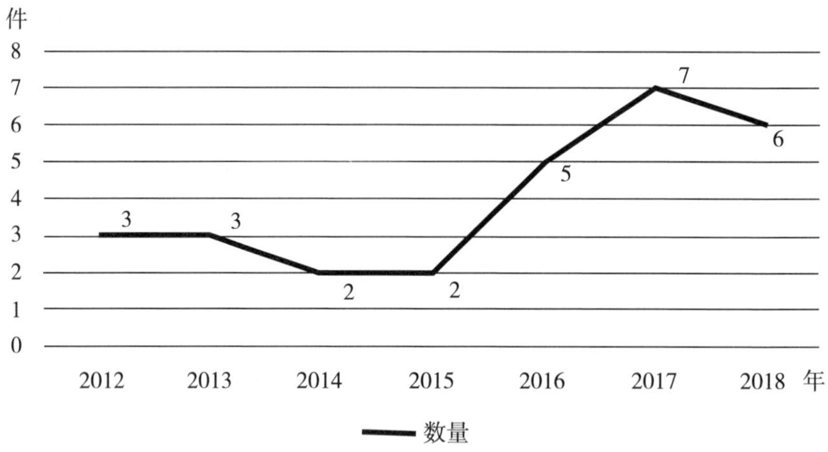

图21-2 类案结案年度分布

从类案审级分布来看,一审案件有15件,二审案件有13件,占比分别为53.57%和46.43%(见图21-3)。

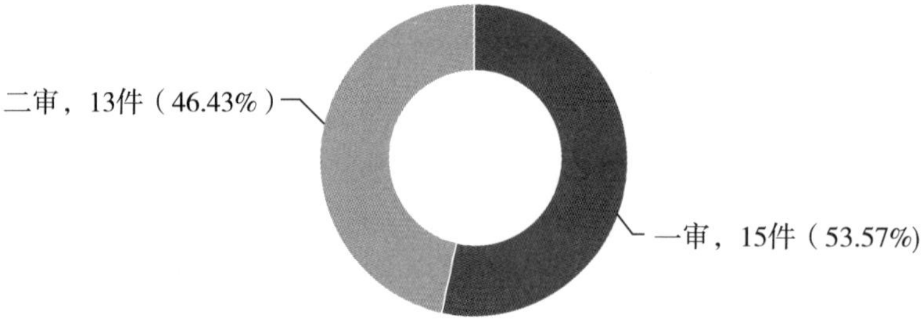

图21-3 类案审理程序分布

从类案一审裁判结果来看,全部驳回的有6件,占比为40.00%;全部支持的有4件,占比为26.67%;部分支持的有5件,占比为33.33%(见图21-4)。

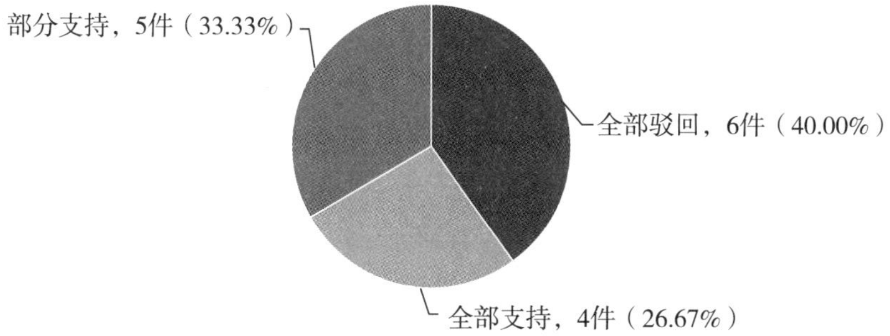

图 21－4　类案一审裁判结果分布

二、可供参考例案

例案一　南通古楼纺织品有限公司诉如东县市场监督管理局工商登记及行政赔偿案

【法院】

江苏省南通市中级人民法院

【案号】

(2016)苏 06 行终 243 号

【当事人】

上诉人(一审原告):南通古楼纺织品有限公司

法定代表人:徐某甲,该公司总经理

上诉人(一审被告):如东县市场监督管理局

法定代表人:沈某某,该局局长

【基本案情】

上诉人(一审原告)南通古楼纺织品有限公司(以下简称古楼公司)上诉称,一审法院认定如东县市场监督管理局(以下简称如东市监局)准予注销登记决定违法,符合法律规定,但应当审查如东市监局给古楼公司造成的直接经济损失,释明申请国家赔偿所需要的证据或者对直接经济损失进行司法鉴定,一审法院程序不合法,侵犯了古楼公司的权益,请求撤销一审法院判决的第二项内容。

上诉人(一审被告)如东市监局上诉称,一审判决驳回古楼公司要求赔偿损失的请求是正确的,但认定如东市监局“没有审慎审查,存在过失”缺乏事实和法律依据,据此确认如东市监局准予注销登记决定违法,属判决错误,请求撤销一审判决第一项内容。

一审法院江苏省海门市人民法院经审理查明,古楼公司于2012年5月8日设立,徐某甲系法定代表人,徐某乙系股东,两人系父女关系。2015年11月27日,案外人陈某作为公司代理人向如东市监局递交公司注销登记的申请,同时提交了委托代理的手续、古楼公司股东会关于解散公司成立清算组的决议、古楼公司股东会关于对公司清算组制作的清算报告进行确认的决议、古楼公司清算报告、营业执照遗失公告报样等材料。如东市监局经审查认为申请注销公司的材料齐全、符合法定形式,于12月1日作出了准予注销古楼公司的工商登记。12月3日,古楼公司法定代表人徐某甲向如东市监局举报,反映古楼公司被无故注销。为此,如东市监局经调查核实,查明陈某提交公司注销材料中的授权委托书、股东会决议、清算报告等均系伪造后,于一审法院受理案件的当日作出了《关于撤销南通古楼纺织品有限公司清算组成员备案和公司注销登记的决定》,并于12月22日向古楼公司进行了送达。原告仍坚持一审诉请:(1)撤销被告如东市监局作出的(06239287)公司注销〔2015〕第11270001号公司准予注销登记通知书;(2)责令被告如东市监局为原告办理恢复正常的营业登记手续并承担相关费用;(3)赔偿原告损失792,000元人民币。一审法院认为,《行政许可法》(2003年)第31条规定,申请人申请行政许可,应当如实向行政机关提交有关材料和反映真实情况,并对其申请材料实质内容的真实性负责。《公司登记管理条例》(2014年)第2条第2款规定,申请办理公司登记,申请人应当对申请文件、材料的真实性负责。根据上述规定,申请人提交的申请材料和证明文件是否真实的责任由申请人承担,如东市监局作为公司登记机关并无实质审查义务,但这并不意味着如东市监局对申请材料和证明文件已无审查职责。如东市监局应在职权范围内对申请材料和证明文件是否齐全,以及申请材料和证明文件及记载的事项是否符合法律法规规定进行审慎审查。本案中古楼公司的注销登记系由陈某代为申请办理,其提交虚假材料中的古楼公司公章、法定代表人"徐某甲"、股东"徐某乙"签名均系伪造,如东市监局在审查中没有与原工商登记材料留存公章、签名作必要的审核,导致陈某凭虚假材料办理了公司注销登记。因此,如东市监局欠缺必要的审慎审查,存在一定过失。诉讼中,如东市监局撤销了原注销古楼公司的登记决定后,原告坚持原诉讼请求的,根据法律规定,仍应当判决确认如东市监局注销古楼公司登记决定违法。一审法院认为,根据原告提供的证据,不能证明原告存在诉称的损失,也无证据证明损失与被告注销登记行为间存在因果关系，故原告的赔偿请求，没有事实和法律依据，不予支持。

江苏省海门市人民法院2016年3月8日作出(2015)门行初字第00245号一审判决：(1)确认被告如东市监局于2015年12月1日作出的(06239287)公司注销〔2015〕第11270001号公司准予注销登记通知书违法。(2)驳回原告古楼公司的其他诉讼请求。原被告均不服，提起上诉。江苏省南通市中级人民法院于2016年7月6日作出二审判决：驳回上诉，维持原判。

【案件争点】

1. 上诉人如东市监局是否尽到审慎审查义务。

2. 上诉人古楼公司是否存在损失。

【裁判要旨】

关于如东市监局作出被诉注销登记行为，有无尽到合理审慎的审查义务问题，二审法院认为，除一审法院阐述的观点和理由外，如东市监局提供的规范性文件已被国家工商行政管理总局2014年7月14日发布的《关于公布规范性文件清理结果的公告》(工商办字〔2014〕138号)宣布失效，本案发生在2015年12月，故不能引以为据。《公司登记管理条例》(2014)第43条第1款第1项规定，公司申请注销登记，应当提交公司清算组负责人签署的注销登记申请书。根据《企业法人法定代表人登记管理规定》(1999)第2条规定，企业法人登记(包括公司登记)中法定代表人的登记管理，适用本规定。第10条规定，法定代表人的签字应当向企业登记机关备案。如东市监局作为负责公司登记的主管机关，应当存有法定代表人的备案签字。另外，公司设立时发起的股东有签名，本案法定代表人也是公司股东之一，应当有签名备案在公司登记材料里。如东市监局在办理注销登记时未能对注销登记申请书中法定代表人的签字进行必要的笔迹比对，导致古楼公司被他人注销，应当认为存在未尽谨慎审查义务。

关于古楼公司是否存在损失的问题，二审法院认为，如东市监局系2015年12月1日作出公司准予注销登记通知，12月17日就作出了撤销公司注销登记的决定，22日即作了送达，前后仅22天，对古楼公司并未造成实际经营损失。况且，12月3日公司法定代表人徐某甲即得知注销登记决定并进行举报，即便如古楼公司称其公司被注销后马上解散公司，乃系其自行扩大损失，与如东市监局的错误登记行为并无必然的因果关系。

例案二 王某某诉东丰县市场监督管理局市场监督管理行政赔偿案

【法院】

吉林省辽源市中级人民法院

【案号】

(2018)吉04行赔终1号

【当事人】

上诉人(一审原告):王某某

上诉人(一审被告):东丰县市场监督管理局

法定代表人:郑某某,该局局长

【基本案情】

上诉人(一审原告)王某某上诉称,第一,仓储设施租赁费损失2,548,912.00元,原判没有判决赔偿错误;第二,其维权过程中的住宿费、律师代理费,东丰县市场监督管理局(以下简称东丰市监局)应当赔偿。请求二审法院对原判中错误判决部分予以改判。

上诉人(一审被告)东丰市监局上诉称,第一,根据《国家赔偿法》的规定,行政赔偿的前提是行政机关具有违法行为,并给行政相对人造成损害。其依据相关法律规定,尽到了审慎审查义务,且没有违法行为,不存在过错,不应承担行政赔偿责任。第二,王某某的赔偿诉讼请求没有事实和法律依据,不应得到支持。第三,依据相关规定,王某某应向实际侵权人主张损失。请求二审法院撤销原判第一项,驳回王某某的全部诉讼请求。

经审理查明,2015年1月4日,王某某与何某某签订股权转让协议,取得东丰县源和粮油有限公司(以下简称源和公司)73.68%股权,成为该公司股东。2015年9月2日,东丰市监局经源和公司申请,将公司原股东王某某、刘某某变更为龙某、周某甲,并提供了相关变更登记材料。但是,龙某与王某某签订的股权转让协议中转让方与受让方的签名均不是本人所签,龙某和周某甲没有向公司实际出资。周某甲与具体办事人员周某乙系姐妹关系。王某某认为东丰县市场监督管理局变更登记行为违法,于2016年8月17日向吉林省东丰县人民法院提起行政诉讼,要求撤销将源和公司股东王某某名下73.68%的股权登记转让给龙某的变更登记行为,恢复至股权变更前状态,判令东丰市监局承担案件全部诉讼费用。该院于2016年11月28日一审判决:撤销被告东丰市监局作出的将源和公司股东王某某的股权变更为龙某的登记行为。第三人周某乙不服，向辽源市中级人民法院提出上诉。2017年4月12日，辽源市中级人民法院认为东丰市监局未尽到审慎审查职责，其办理股权转让变更登记的行政行为应予撤销，遂作出终审判决：驳回上诉，维持原判。

一审法院吉林省东丰县人民法院认为，被告东丰市监局在办理股权变更登记时未尽到审慎审查义务（已被生效法律文书确认），将原告王某某的股权变更登记到案外人龙某名下，虽经法院判决撤销后给予纠正，但其行为给王某某造成了一定经济损失，应当给予赔偿，对东丰市监局主张已尽到审慎审查义务和原告应向实际侵权人主张损失的辩论意见该院不予采纳；原告王某某主张赔偿经营损失2,548,912元的主张，因其提供的仓储设施租赁合同系公司经营行为且没有其他相关证据佐证，无法证明王某某的实际损失，法院不予采纳；对于原告合理的交通费、住宿费，法院应予支持，经该院核定，合理的交通费为25,784元、住宿费为8000元，共计33,784元。

吉林省东丰县人民法院于2017年12月20日作出（2017）吉0421行赔初2号判决：（1）被告东丰市监局于本判决生效后十日内赔偿原告王某某交通费25,784元、住宿费8000元，共计33,784元；（2）驳回原告王某某的其他诉讼请求。原告、被告均不服，提起上诉。吉林省辽源市中级人民法院2018年3月23日作出二审判决：（1）撤销吉林省东丰县人民法院（2017）吉0421行赔初2号行政赔偿判决；（2）驳回王某某的诉讼请求。

【案件争点】

1. 原告的证据是否能证明其主张的经济损失。

2. 原告的哪些损失属于行政赔偿的范围。

【裁判要旨】

吉林省辽源市中级人民法院认为，登记机关未尽审慎审查义务的，应当根据其过错程度及其在损害发生中所起作用承担相应的赔偿责任。本案中，上诉人东丰市监局未尽审慎审查义务，应当承担相应的赔偿责任。东丰市监局以已尽审慎审查义务，不承担赔偿责任的理由不能成立，该院不予支持。《国家赔偿法》第4条、第36条第8项的规定，行政机关及其工作人员在行使行政职权时侵犯公民、法人和其他组织的财产权造成直接财产损失的，属行政机关需承担行政赔偿的情形。所谓直接财产损失，是指因不法侵害而致财产遭受直接减少或灭失，主要指既得利益的损失或现有财产的减少。《国家赔偿法》第15条第1款规定，人民法院审理行政赔偿案件,赔偿请求人对自己提出的主张应当提供证据。最高人民法院《关于人民法院赔偿委员会审理国家赔偿案件程序的规定》第 12 条规定,赔偿请求人、赔偿义务机关对自己提出的主张或者反驳对方主张所依据的事实有责任提供证据加以证明。没有证据或者证据不足以证明其事实主张的,由负有举证责任的一方承担不利后果。本案中,王某某以《仓储设施租赁合同》主张其损失 2,548,912 元。经查,该《仓储设施租赁合同》系中央储备粮辽源直属库与源和公司签订,不能证明王某某主张的经济损失;王某某主张的维权过程中的住宿费、律师代理费等系其在寻求救济过程中的支出,而不是行政机关及其工作人员在行使行政职权时所直接造成的财产损失,依法不属于行政赔偿的范围。王某某在第二审程序中提交的证据,没有正当事由,该院不予接纳。故王某某主张的行政赔偿诉讼请求,没有事实依据和法律依据,应当予以驳回。一审判决中东丰市监局赔偿王某某交通费、住宿费共计 33,784 元,认定事实错误,适用法律错误,应予改判。王某某的上诉理由不能成立,该院不予支持。

例案三 | 徐某诉南京市六合区工商行政管理局工商注销登记案

【法院】

江苏省南京市中级人民法院

【案号】

(2012)宁行终字第 106 号

【当事人】

上诉人(一审原告):徐某

被上诉人(一审被告):南京市六合区工商行政管理局①

【基本案情】

上诉人(一审原告)徐某上诉称,南京市六合区工商行政管理局(以下简称六合工商局)于 2011 年 11 月 9 日对其“南京六合黄林砂矿”个体工商户营业执照(注册号 320123600111830)核准注销的行为违法,应当赔偿其经济损失 983,960 元。第一,原判认为上诉人在未取得新的采矿许可的情况下又将固定资产转让他人,而被上诉人注销原营业执照的时间是 2011 年 11 月 9 日,即上诉人失去采矿权、转让

① 中国裁判文书网所载本案文书,缺少法定代表人信息。

固定资产在先，被上诉人注销其营业执照在后，故上诉人主张的损失与被诉具体行政行为无法律上的因果关系。一审判决的以上判由，缺乏事实根据和法律依据。第二，《行政许可法》(2003年)第50条第2款规定，行政机关应当根据被许可人的申请，在该行政许可有效期届满前作出是否准予延续的决定；逾期未作决定的，视为准予延续。上诉人在2010年3月即向相关部门提交了延续申请，上诉人虽然没有拿到新的采矿许可证，但是上诉人并没有丧失采矿权。由此，被上诉人注销上诉人的营业执照的行为直接导致了上诉人无法经营的状况。第三，被上诉人还将黄林砂矿的营业执照变更业主后发给了陈某某，而陈某某对砂矿进行了实际的开采和加工造成了矿产资源的减少和上诉人经营利益的丧失，被上诉人的错误注销上诉人营业执照的行为以及后续的错误发证给陈某某的行为，都是造成上诉人巨大损失的直接原因。综上，上诉人的损失与被上诉人的具体行政行为有法律上的因果关系，依法应当赔偿由此给上诉人造成的损失。请求二审法院判决撤销原判的第二项并判令被上诉人赔偿上诉人各项损失983,960元，由被上诉人承担诉讼费用。

被上诉人(一审被告)六合工商局辩称，原判正确，被上诉人不应承担行政赔偿责任。首先，上诉人的采矿权截至2010年6月底，之后上诉人在未取得新的采矿权许可的情况下又将固定资产转让他人，而被上诉人注销上诉人营业执照的时间是2011年11月9日，即上诉人失去采矿权、转让固定资产在先，被上诉人注销其营业执照在后，故上诉人主张的损失与被诉的具体行政行为无法律上的因果关系，且采矿权出让金、环境恢复保证金、用地管理费系上诉人获得三年采矿权所应缴纳的相关费用，并非其所受损失。其次，上诉人徐某所持采矿许可证的有效期至2010年6月止，因采矿许可证过期，才将用于采矿的固定资产转让给他人(转让的前提是:因采矿证及开采权到期无法开采)。被上诉人于2011年11月注销了上诉人营业执照，至被上诉人注销其营业执照时，上诉人已连续2年未参加验照。无论被上诉人是否注销其营业执照，其采矿经营资格必然终止和丧失，不存在既得利益的损失。第三，上诉人所述损失，即所支付的采矿权出让金、环境恢复保证金、用地管理费，是其获取三年采矿权应当支付的费用，并非其之后未在经营采矿的损失，且上诉人许可证失效、长期自行停业且未参加个体工商户年度验照，依据现行法律法规，其已失去作为个体工商户的经济性质，并且其采矿权过期、转让采矿设备停止采矿活动在先，被上诉人注销营业执照在后。综上，上诉人丧失采矿经营权及相应收益的原因并非被上诉人的注销行为导致，其要求赔偿损失的主张缺乏事实根据和法律依据,请求二审法院驳回上诉、维持原判。

法院经审理查明,2011年11月9日,案外人陈某某以原告徐某的代办人身份持原告的“南京六合黄林砂矿”个体工商户营业执照正副本向被告六合工商局申请注销该营业执照。六合工商局以“个体经营的个体工商户经营者死亡或丧失行为能力”为由核准注销了徐某的个体工商户营业执照(注册号320123600111830)。2012年9月20日,六合工商局在徐某诉讼后对该注销登记行为予以撤销,并于2012年9月29日将徐某的个体工商户营业执照发还给了徐某。2012年10月19日,六合工商局向徐某送达了《关于撤销“南京六合黄林砂矿”注销登记的通知》。另查明,2006年6月8日,徐某与南京市国土资源局签订了关于南京六合黄林砂矿的采矿权出让合同。合同签订后半个月左右,国土部门向徐某颁发了《采矿许可证》。合同约定采矿权出让期限为3年,自颁发《采矿许可证》之日起算。庭审时,徐某认可:(1)该采矿权截至2010年6月底,采矿权到期后其未实际取得新的采矿权许可;(2)其于2010年11月24日将六合黄林砂矿的固定资产转让他人,转让时已经停止生产经营。

南京市六合区人民法院作出(2012)六行初字第37号一审判决:(1)确认被告六合工商局于2011年11月9日对原告徐某的“南京六合黄林砂矿”个体工商户营业执照(注册号320123600111830)核准注销的行为违法;(2)驳回原告徐某要求被告六合工商局赔偿其经济损失983,960元的诉讼请求。原告不服,提起上诉。江苏省南京市中级人民法院于2013年1月24日作出二审判决:驳回上诉,维持原判。

【案件争点】

被诉具体行政行为违法与损害事实是否具有因果关系。

【裁判要旨】

被上诉人六合区工商局具有对个体经营户进行工商登记管理的行政职权。本案中,被上诉人未尽审慎审查职责,以上诉人徐某“个体经营的个体工商户经营者死亡或丧失行为能力”为由,核准注销其个体工商户营业执照。在一审期间,被上诉人自行撤销了被诉工商行政注销登记行为,由于上诉人坚持诉讼,一审判决确认被诉工商行政注销登记行为违法,符合《行政诉讼法执行解释》第50条第3款的规定。《国家赔偿法》(2012年)第2条规定:“国家机关和国家机关工作人员行使职权,有本法规定的侵犯公民、法人和其他组织合法权益的情形,造成损害的,受害人有依照本法取得国家赔偿的权利。本法规定的赔偿义务机关,应当依照本法及时履行赔偿义务。”由此，我国国家赔偿法采用的是违法侵权原则，具体行政行为违法侵权与损害事实应具有因果关系。本案中，上诉人在重新取得黄林砂矿采矿许可证的情况下已于2010年11月将固定资产转让他人，而被上诉人注销上诉人原营业执照的时间是2011年11月9日，即上诉人采矿权到期、转让固定资产在先，被上诉人注销其营业执照在后。上诉人将黄林砂矿固定资产转让给他人的主要原因是采矿许可证过期并失去采矿权。上诉人所述损失，即所支付的采矿权出让金、环境恢复保证金、用地管理费，是其获取三年采矿权应当支付的费用，并非其之后未再经营采矿的损失，而且上诉人已将其中的部分费用转由买受人林某某承担。黄林砂矿《采矿许可证》是因上诉人与南京市国土资源局签订《采矿权出让合同》而获取的，该合同第17条、第18条已明确约定了采矿权有效期届满的处理，故不能认定在被上诉人作出被诉工商注销登记行为时及以后，上诉人仍然享有黄林砂矿的采矿权。至此，从具体行政行为违法侵权与损害事实因果关系的客观性、相对性、顺序性和法律性等方面来看，被诉工商注销登记行为与上诉人所主张的损害事实之间，缺乏必然的、客观的、内在的直接联系。因此，上诉人以被诉工商注销登记行为违法为由，要求赔偿各项损失983,960元的上诉请求，因缺乏事实根据，法院不予支持。

三、裁判规则提要

工商登记行为与利害关系人的民事权益密切相关，错误登记蕴含长久的责任和风险，不仅不利于企业的经营发展，亦容易对相关民事主体的合法权益造成侵害，具体表现为既得利益的损失和可得利益的减损。比如本规则例案二中的情形，他人伪造原告签名骗取转移登记，造成原告损失股权和丧失股东地位，导致原告巨大财产损失。又如，冒用身份骗取公司登记，被冒用身份的人在工商登记时并不知情，常常是在设立公司、担任法定代表人、出行、商业贷款、购买限价房等活动中受限时才察觉，除了当前面临的现实影响外，是否还有其他不利影响，是被冒用身份的人心中挥之不去的阴影。在申请人实施欺诈行为，造成工商登记机关即使已依法履行审查义务，仍作出错误登记，造成相关民事主体权益受损时，工商登记机关无须承担国家赔偿责任，应当由申请人单方承担民事赔偿责任。

（一）申请人应当对申请材料和反映情况的真实性负责

工商登记属于依申请的行政行为，登记申请人是程序的发起人，其对申请所需材料来源及真实性的掌控和判别,相对于工商登记机关,具有先天的便利和优势。因此,《公司登记管理条例》第2条第2款规定:“申请办理公司登记,申请人应当对申请文件、材料的真实性负责。”《企业登记程序规定》第8条规定:“申请人应当如实向企业登记机关提交有关材料和反映真实情况,并对其申请材料实质内容的真实性负责。”申请人对申请材料真实性的负责,主要表现在,申请人按照工商登记机关的要求,在符合形式要件的基础上,如实向工商登记机关提交材料,反映真实情况。如办理公司注册登记时,申请人应在公司章程中如实记载公司股东认缴的出资额或者发起人认购股份、出资方式、出资期限、缴纳情况等内容;办理公司变更登记时,应保证申请材料内容、授权、签字、盖章等的真实性;在工商登记机关认为需要对申请材料进行进一步核实时,积极配合工商登记机关的审查工作,进一步提供证据或者协助相关人员到场确认。

(二)申请人隐瞒有关情况或提供虚假材料的表现

办理工商登记过程中,申请人违反如实申请义务,具体可分为隐瞒有关情况和提供虚假材料两类情形。隐瞒有关情况的表现,通常为申请人故意不如实向工商登记机关反映情况,典型表现为虚报注册资本(出资人以实物、工业产权、非专利技术、土地使用权出资时,其评估价额高于出资财产的实际价额)、公司章程未如实记载公司股东认缴的出资额或者发起人认购股份、出资方式、出资期限、缴纳情况内容等;提供虚假材料的表现,通常为申请人向工商登记机关提供材料不真实,例如伪造授权凭证、伪造印鉴、提供无权代理或越权代理人签字的股东大会决议、提供虚假对价股权转让协议等。

(三)工商登记机关已履行法定审查职责构成国家赔偿责任的阻却事由

《国家赔偿法》第2条第1款规定:“国家机关和国家机关工作人员行使职权,有本法规定的侵犯公民、法人和其他组织合法权益的情形,造成损害的,受害人有依照本法取得国家赔偿的权利。”因此,国家赔偿责任的归责原则是违法原则。因错误登记造成公民、法人或其他组织合法权益的损害,工商登记机关是否应当承担赔偿责任,并非以经过法定程序后工商登记行为效力是否最终确认为标准,而是取决于工商登记机关在登记过程中是否违法。

如果工商登记机关已尽到法定审查义务,错误登记的原因在于申请人隐瞒情况或提供虚假材料,该行为通过骗取工商登记机关陷入错误意思表示,进而造成有利害关系的公民、法人或其他组织的合法权益受到损害的，错误登记行为与相关民事主体的权益受损之间不存在因果关系，工商登记机关不应承担赔偿责任。相关民事主体的损害系申请人单方造成，该欺诈行为具有法律上的可责难性，应当由实施欺诈行为的申请人承担民事赔偿责任。

四、辅助信息

高频词条：

1.《国家赔偿法》

第4条 行政机关及其工作人员在行使行政职权时有下列侵犯财产权情形之一的，受害人有取得赔偿的权利：

（一）违法实施罚款、吊销许可证和执照、责令停产停业、没收财物等行政处罚的；

（二）违法对财产采取查封、扣押、冻结等行政强制措施的；

（三）违法征收、征用财产的；

（四）造成财产损害的其他违法行为。

2.《公司登记管理条例》

第2条 有限责任公司和股份有限公司（以下统称公司）设立、变更、终止，应当依照本条例办理公司登记。

申请办理公司登记，申请人应当对申请文件、材料的真实性负责。

3.《公司登记座谈会纪要》

一、以虚假材料获取公司登记的问题

因申请人隐瞒有关情况或者提供虚假材料导致登记错误的，登记机关可以在诉讼中依法予以更正。登记机关依法予以更正且在登记时已尽到审慎审查义务，原告不申请撤诉的，人民法院应当驳回其诉讼请求。原告对错误登记无过错的，应当退还其预交的案件受理费。登记机关拒不更正的，人民法院可以根据具体情况判决撤销登记行为、确认登记行为违法或者判决登记机关履行更正职责。

公司法定代表人、股东等以申请材料不是其本人签字或者盖章为由，请求确认登记行为违法或者撤销登记行为的，人民法院原则上应按照本条第一款规定处理，但能够证明原告此前已明知该情况却未提出异议，并在此基础上从事过相关管理和经营活动的，人民法院对原告的诉讼请求一般不予支持。

因申请人隐瞒有关情况或者提供虚假材料导致登记错误引起行政赔偿诉讼,登记机关与申请人恶意串通的,与申请人承担连带责任;登记机关未尽法定审查义务的,应当根据其过错程度及其在损害发生中所起作用承担相应的赔偿责任;登记机关已尽法定审查义务的,不承担赔偿责任。

工商登记案件裁判规则第 22 条：

申请人隐瞒情况或提供虚假材料导致登记错误，工商登记机关已尽到法定审查义务的，不承担赔偿责任

〔**规则描述**〕：工商登记机关根据《公司登记管理条例》的规定对申请人提交的各项申请材料进行审查，经审查后认为申请材料齐全，签字、盖章等内容完备，符合法律规定，其已经尽到法定审查的义务。因申请人提供虚假材料导致工商登记机关作出错误的工商登记行为，工商登记机关不承担赔偿责任。

一、类案检索大数据报告

截至 2018 年 11 月 28 日，以“隐瞒”“虚假材料”“法定审查”“赔偿”为并列关键词，通过 Alpha 案例库、上海 C2J 系统、法信平台、元典智库、北大法宝、中国裁判文书网共检索到 116 件行政案件，经逐案阅看、分析，与本规则关联度较高的案件有 15 件。整体情况如下（见图 22 - 1）：

从类案地域分布来看，涉案数最多的地域为四川省，共 3 件，案件量占比 20.00%；其次为湖北、河南、山东、辽宁四省，案件量占比均为 13.33%。

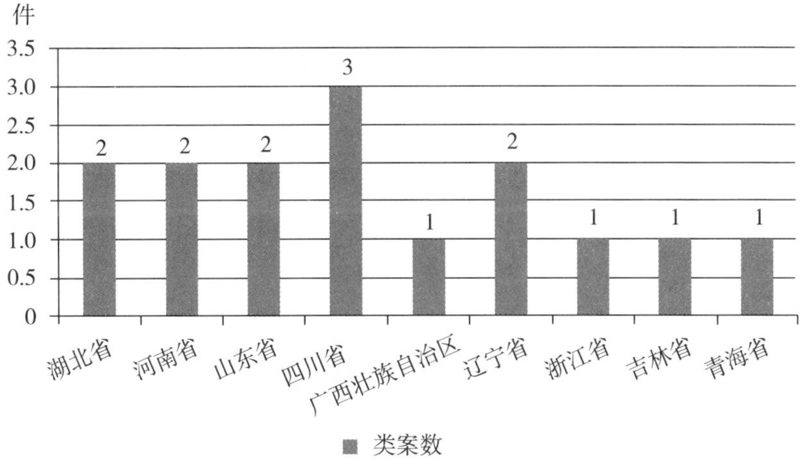

图 22 - 1 类案地域分布

从下方的年份分布可以看到当前条件下案例数量的变化趋势(见图 22－2)。

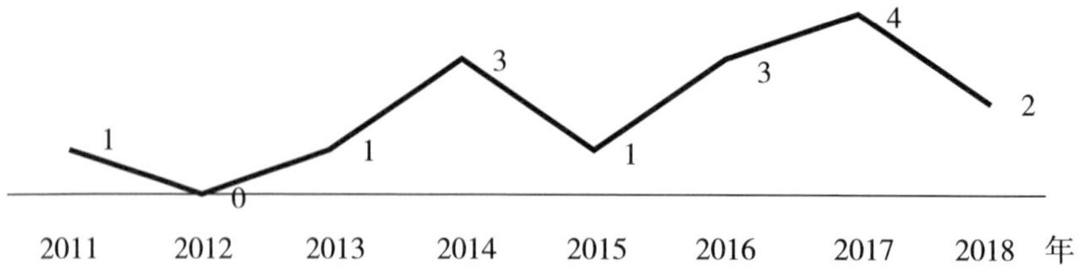

图 22－2　类案结案年度分布

当前的审理程序分布状况。一审案件有 13 件,二审案件有 2 件(见图 22－3)。

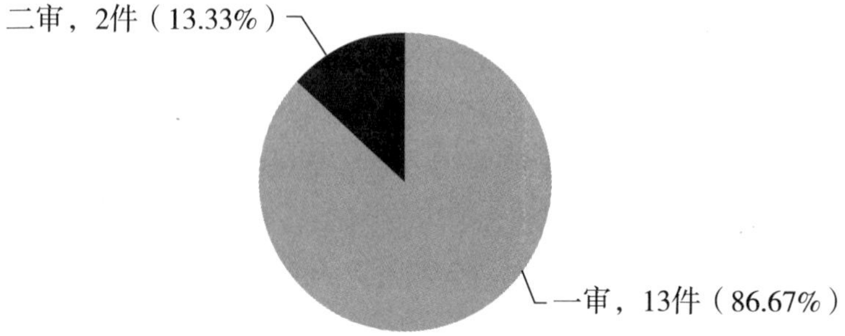

图 22－3　类案审级分布

从类案一审裁判结果来看,驳回原告全部诉请的有 4 件,占比为 30.77%;撤销原行政行为但驳回原告其余诉请的有 8 件,占比为 61.54%;确认原行政行为违法但驳回原告其余诉请的有 1 件,占比为 7.69%(见图 22－4)。

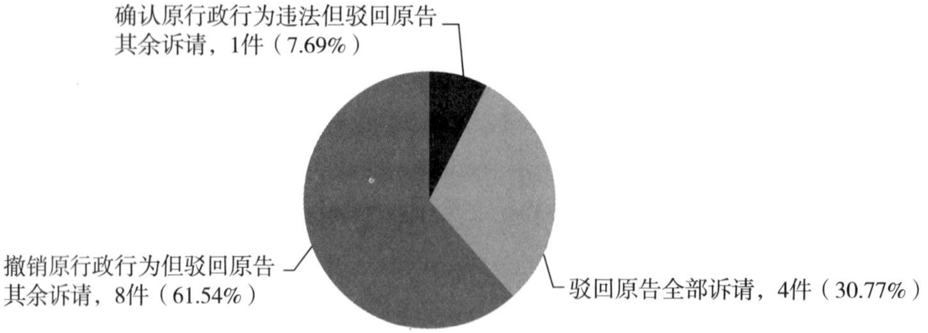

图 22－4　类案一审裁判结果

本次检索的案例中，二审裁判案件有 2 件，均为驳回上诉，维持原判决。

二、可供参考例案

例案一 | 崔某某诉淄博市工商行政管理局高新区分局工商登记案

【法院】

山东省淄博市高新技术产业开发区人民法院

【案号】

(2017)鲁 0391 行初 8 号

【当事人】

原告：崔某某

被告：淄博市工商行政管理局高新区分局

法定代表人：路某，该局局长

第三人：李某甲

第三人：李某乙

第三人：淄博国创置业有限公司

法定代表人：李某乙，该公司总经理

【基本案情】

原告崔某某诉称，淄博国创置业有限公司（以下简称国创公司）由自然人股东李某甲、崔某某共同出资组建。根据公司章程第 16 条、第 21 条规定，变更法定代表人必须由全体股东决定。原告发现，2015 年 6 月 16 日，国创公司在未取得全体股东同意情况下，李某甲为规避法律责任，擅自伪造证据向淄博市工商行政管理局高新区分局（以下简称高新区工商局）申请将法定代表人由李某甲变更为李某乙，被告审查变更登记材料时，未尽到应尽的审查义务，根据《行政诉讼法》相关规定，被告的行为违法，侵害公司和原告合法权益，故要求撤销被告 2015 年 6 月 17 日作出的将国创公司法定代表人变更工商登记的行政行为，并由被告承担本案诉讼费用。

被告高新区工商局辩称，被告的登记行为主体和程序合法，适用法律正确，被告只是形式审查，没有实质审查义务，请求驳回原告的诉讼请求。

经审理查明，2015 年 6 月 16 日，第三人国创公司委托李某丙向被告高新区工商局申请将法定代表人由李某甲变更为李某乙。李某丙提交变更登记审核表、公司登记(备案)申请书、授权委托书、国创公司股东会决议、法定代表人信息等申请材料,其中在国创公司股东会决议上面显示有原告崔某某的签字,并加盖国创公司公章。被告高新区工商局经审核,认为申请材料齐全,签字、盖章等内容完备,符合法定形式,于2015年6月17日办理了变更登记。后原告崔某某认为股东会决议中的签字不是本人所写,被告未尽到审查义务即为第三人办理工商变更登记,侵害公司和原告的合法权益,故诉至法院,要求撤销被告2015年6月17日办理的工商登记行政行为,并由被告承担本案诉讼费用。

审理中,原告崔某某申请对"2015年6月16日《淄博国创置业有限公司股东会决议》中崔某某的签名"进行笔迹司法鉴定,经烟台富运司法鉴定中心鉴定并出具鲁司鉴登字370604101号司法鉴定意见书,鉴定意见为"2015年6月16日《淄博国创置业有限公司股东会决议》中崔某某的签名不是崔某某所写"。

淄博市高新技术产业开发区人民法院2017年6月28日作出判决:(1)撤销被告高新区工商局2015年6月17日作出的将国创公司的法定代表人由李某甲变更为李某乙的工商变更登记行政行为。(2)鉴定费3000元由第三人淄博国创置业有限公司负担。双方当事人均未提出上诉,该判决已生效。

【案件争点】

1. 被告作出被诉变更登记的事实依据是否充分真实。

2. 被告是否已尽法定审查义务。

【裁判要旨】

淄博市高新技术产业开发区人民法院认为,经鉴定机构鉴定,2015年6月16日《淄博国创置业有限公司股东会决议》中崔某某的签字不是本人所写。该鉴定意见对本案是否应当撤销被告做出的此次工商变更登记行为具有较强的证明力。所以,第三人国创公司提交的变更登记申请材料是虚假材料。经查证,原告崔某某对国创公司法定代表人变更登记一事并不知情,也未在此基础上从事过相关经营和管理活动。综上,被告依据第三人国创公司提供的虚假申请材料作出的变更登记行政行为主要证据不足,应予以撤销。

根据《公司登记管理条例》规定,被告对于申请材料只是形式审查,不对申请材料中签名的真实性负责。被告依据《公司登记管理条例》第27条规定,对第三人国创公司提交的各项申请材料进行了审查,经审查后认为申请材料齐全,签字、盖章等内容完备,符合法律规定,被告已经尽到法定审查的义务。因申请人第三人国创公司提供虚假材料导致行政机关作出错误的工商登记行为,被告不承担赔偿责任。

故本案的鉴定费及诉讼费应由第三人国创公司承担。

例案二 | 修某某诉大连市工商行政管理局行政赔偿案

【法院】

辽宁省大连市中级人民法院

【案号】

(2017)辽02行终388号

【当事人】

上诉人(一审原告):修某某

被上诉人(一审被告):大连市工商行政管理局

法定代表人:石某某,该局局长

【基本案情】

上诉人(一审原告)修某某诉称,第一,行政行为违法意味着行政机关或其工作人员在行使职权时存在过错,必须承担行政责任。被上诉人应当为其违法行为承担行政赔偿责任。第二,上诉人支付的1000万元是基于股权转让的对价,而非借款。案外人李某的自述以及《大连北方博信印刷包装有限公司办理股权转让工商变更登记的情况说明》均是李某的单方陈述,与事实不符。即便上诉人和李某曾商议以股权质押担保借款,但后来的股权转让行为实际上变更了之前的约定。对该事实性质的确定应以行政机关的登记行为为准。第三,大连北方博信印刷包装有限公司(以下简称北方博信公司)在案涉股权变更登记行为作出后,又进行了两次股权变更登记,上诉人无法重新取得案涉股权,无法实现股东权益,所支付的1000万元对价全部丧失,这是由被上诉人未尽到法定审查职责的违法行为所致,两者之间具有直接的因果关系。第四,上诉人的损失虽与北方博信公司提供虚假的登记材料有关,但两者之间不存在因果关系。上诉人支付的1000万元对价是基于股权转让协议,与北方博信公司没有借贷关系,故无法通过其他途径追索权利。故提起一审赔偿之诉,要求被上诉人赔偿损失1000万元。

被上诉人(一审被告)大连市工商行政管理局(以下简称大连工商局)辩称,第一,被上诉人对工商登记材料进行形式审查,申请材料的真实性由申请人负责。上诉人在被上诉人处存档的签名字体始终为案外人李某一人所签,案涉股权变更登记被确认为违法归因于案外人李某的冒名签字行为,被上诉人已经尽到法定的合理、法定的审查义务,主观无过错,依法不承担赔偿责任。第二,上诉人所称的股权转让实际上是股权质押担保借款,1000万元并非上诉人所称的股权转让对价。且根据案外人李某称,其已经偿还了部分借款和利息,故上诉人的损失远远低于1000万元。上诉人的损失应按照其与李某的真实借款关系来确定,对此上诉人应向案外人李某而非被上诉人主张。第三,上诉人主张其于2016年11月8日向被上诉人邮寄了赔偿申请书,但其除了快递邮寄单外,没有其他证据予以佐证。而被上诉人提供的快递公司官方网站的查询结果可以证明上诉人并未邮寄该邮件。上诉人在至2016年11月19日的法定的二年请求时效内没有向被上诉人提出赔偿请求,其于2016年12月2日通过邮件形式向被上诉人提起赔偿请求已超过法定期限。请求法院驳回上诉人的诉讼请求。

一审法院查明,北方博信公司成立于1999年11月18日,法定代表人为李某。据李某出具的《大连北方博信印刷包装有限公司办理股权转让工商变更登记的情况说明》所述,2012年9月14日北方博信公司向修某某借款1000万元,并协商以公司股权作为担保。之后,北方博信公司的股东李某将其51%的股权转让给修某某,并于2012年9月18日在大连工商局办理了变更登记。因此,至2013年2月15日,该公司股东登记情况记载:修某某出资2040万元,占公司注册资本51%。2013年2月16日,大连工商局受理北方博信公司的变更登记申请,该公司向大连工商局提交了申请书等材料,其中,股东会决议、股权转让协议书中载明,修某某将其所占公司51%的股权转让给李某,该两份材料上均有“修某某”签字。大连工商局经审查,认为符合形式要件,当日核准登记。此后,北方博信公司两次向大连工商局申请变更登记,该局分别于2013年8月19日、2013年10月11日核准该公司进行股东变更登记。2014年年初,修某某获知上述股权变更登记情况。2014年1月27日,大连工商局向北方博信公司调查案涉股权登记情况时,李某承认在变更登记时提交的相关材料中“修某某”的签名系伪造。2014年,修某某以大连工商局为被告提起行政诉讼,请求撤销该局于2013年2月16日作出的股权变更登记,恢复修某某持有的该公司51%股权及股东地位,大连市沙河口区人民法院于2014年8月20日作出(2014)沙行初字第20号行政判决,该院认为因申请人提供虚假材料导致登记错误,登记机关可以依法予以更正,但本案已经两次股东变更登记,无可撤销内容,因此,判决确认大连工商局于2013年2月16日作出的将修某某在北方博信公司51%股权变更至李某名下的核准登记行为违法,驳回修某某其他诉讼请求。修某某不服,上诉至大连市中级人民法院,该院2014年11月17日作出

(2014)大行终字第204号行政判决，驳回修某某的上诉，维持一审判决，该判决于2014年11月18日送达给修某某。2016年11月8日，修某某通过圆通快递向被告寄送行政赔偿申请，之后，该快件被退回。2016年11月11日，修某某就本案赔偿事宜通过圆通快递向大连市沙河口区人民法院邮寄行政诉讼文件。2016年12月2日，修某某通过顺丰快递向被告寄送行政赔偿申请，被告于2016年12月6日收到该快件，于2017年2月4日作出大工商行不赔字〔2017〕第1号不予行政赔偿决定书。修某某不服，提起一审赔偿之诉。

一审法院大连市西岗区人民法院认为，第一，经原、被告双方举证和质证，双方证据证明的内容互相矛盾，但原告的证据优势更强，综合全案情况，可以认定原告在法定期限内已向被告提出了赔偿请求，因此，被告在作出不予赔偿答复之后，原告有权向人民法院提起行政赔偿诉讼。第二，根据大连市沙河口区人民法院及大连市中级人民法院相关判决文书，大连工商局变更登记行为被确认违法，主要基于两个原因：(1)北方博信公司提交变更登记材料不真实，其中"修某某"签字系伪造，故行政行为依据的基础事实不存在；(2)案涉变更登记之后，又发生新的变更登记，使案涉行为已不具有可撤销的内容，故判决确认行政行为违法。但是，行政行为虽被确认违法，该行为的作出与修某某合法权益是否受到侵害，以及损失大小之间均没有因果关系。在本案中，对是否存在以上"因果关系"的判断，应以大连工商局是否尽到法定义务，以及股权变更登记申请人北方博信公司是否存在过错等方面综合考量。在已经发生法律效力的、确认大连工商局行政行为违法的判决中，没有作出"行政行为未尽法定义务或其他法定义务"的相关认定；已经查明的事实证实，北方博信公司提交虚假材料，伪造"修某某"签字，显然存在过错，修某某可以通过民事诉讼或其他途径追索权利。综上所述，行政行为与原告权益受损之间不具备"因果关系"，修某某主张大连工商局承担赔偿责任，不予支持。一审法院依照最高人民法院《关于审理行政赔偿案件若干问题的规定》第33条的规定，判决驳回修某某的诉讼请求。

大连市西岗区人民法院于2017年7月10日作出(2017)辽0203行初38号一审行政赔偿判决：驳回原告修某某的诉讼请求。修某某不服一审判决，上诉至辽宁省大连市中级人民法院。二审法院于2017年11月14日作出二审判决：驳回上诉，维持原判决。

【案件争点】

1. 大连工商局办理案涉工商变更登记是否与修某某的损害结果存在因果关系。

2. 大连工商局是否应当承担赔偿责任。

【裁判要旨】

辽宁省大连市中级人民法院认为,本案中,根据业已生效的法院(2014)大行终字第204号行政判决可知,案涉工商变更登记被确认违法是因为北方博信公司伪造上诉人的签名,提交了虚假材料,导致案涉工商变更登记所依据的事实基础不存在。《公司登记管理条例》第2条第2款规定:“申请办理公司登记,申请人应当对申请文件、材料的真实性负责。”因此本案中,相关申请材料是否真实,应由申请人北方博信公司负责,不属于被上诉人应予审查的对象。此外,从现有证据看,北方博信公司提交的申请文件、材料齐全,形式上符合《公司登记管理条例》的有关规定,而被上诉人在办理案涉工商变更登记时对前述伪造申请材料的事实并不知情,也没有证据证明被上诉人能够通过字迹核对发现相关申请材料存在虚假。而相关法律、法规或者规章也未强制规定被上诉人在作出工商变更登记时,须对登记的原权利人进行调查核实。故从现已查明的案件事实和相关法律规定看,被上诉人在其专业能力范围内已尽到合理法定的审查职责,上诉人所主张的权益损失并非被上诉人的案涉违法行为造成,两者之间不具有因果关系。因此,上诉人主张被上诉人承担赔偿责任,缺乏事实和法律依据。

例案三 | 贾某、贾某甲诉成都市成华区工商行政管理局工商登记案

【法院】

四川省成都市成华区人民法院

【案号】

(2014)成华行初字第7号

【当事人】

原告:贾某

原告:贾某甲

被告:成都市成华工商行政管理局

法定代表人:易某,该局局长

【基本案情】

原告贾某、贾某甲诉称,2013年11月初,二原告为了成立新的公司,到成都市锦江区工商局办理注册登记时,被告知其因此前成立的成都柯爱科技有限公司(以

下简称柯爱公司）未年检而被吊销了营业执照，二原告已被列入工商局企业信用黑名单，不能新成立公司。二原告当即委托律师到工商局查档，发现2008年4月29日被人利用身份证复印件成立了柯爱公司，注册资本50万元，股东为二原告，工商局已核发了营业执照，但办理工商登记的全部资料上，两人的签名全部系伪造，且原告也从未委托过他人代办成立该公司。二原告在查清情况后，委托律师向被告反映了该情况，并要求被告立即撤销违法登记成立的柯爱公司，但被告拒绝，故诉至法院，请求法院支持原告的诉讼请求。

被告成都市成华工商行政管理局（以下简称成华工商局）辩称，被告于2008年4月29日办理设立登记时，相关材料齐全，作出登记行为已尽到了法定、合理的审查义务，登记行为没有任何过错，请求依法驳回二原告的诉讼请求，鉴定费也不应当由被告承担。

法院审理查明，2008年4月29日，被告成华工商局根据公司设立登记申请书、柯爱公司股东会议决议等材料，依照相关法律法规核准设立登记了柯爱公司。2013年12月25日，二原告向法院提起诉讼，称2013年11月初，二原告为成立新公司，在成都市锦江区工商行政管理局注册登记时，被告知二原告此前成立的柯爱公司因未年检已被吊销营业执照，二原告已被列入了黑名单，不能成立新公司。后二原告经过调查发现被人利用了身份证复印件成立了柯爱公司，公司股东为二原告。二原告认为在办理该公司工商登记时提交的材料的签名系伪造，申请被告撤销该登记，由于被告拒绝撤销，诉至法院要求撤销该工商设立登记。诉讼过程中，二原告提起笔迹真伪鉴定申请，要求对2008年6月24日《成都柯爱科技有限公司股东会议决议》上股东签字处的“贾某甲”“贾某”签名字迹是否原告本人书写进行真伪鉴定。2014年1月23日，四川求实司法鉴定所出具川求实鉴（2014）文鉴0016号《文书鉴定意见书》，鉴定结论为“2008年4月29日《成都柯爱科技有限公司股东会议决议》股东签字处的‘贾某’‘贾某甲’签名字迹，分别不是贾某、贾某甲本人书写”，鉴定费用为10,000元。

成都市成华区人民法院于2014年6月13日作出判决：撤销被告成华区工商局于2008年4月29日作出的核准设立登记柯爱公司的行政行为。双方当事人均未提起上诉，该判决已生效。

【案件争点】

1. 被告于2008年4月29日作出的设立登记行为是否应撤销。

2. 是否应由被告承担鉴定费用。

【裁判要旨】

成都市成华区人民法院认为，对于第一个争议焦点，即被告于2008年4月29日作出的设立登记行为是否应撤销。法院认为，根据鉴定结论，在申请设立柯爱公司过程中向被告提交的《成都柯爱科技有限公司股东会议决议》上股东签字处的"贾某甲""贾某"均非原告贾某甲、贾某本人所签，故可以认定该《股东会议决议》为虚假材料；同时，被告并未举出原告在设立登记时明知伪造股东会决议的情况或原告在设立登记后从事过相关管理和经营活动的证据。综上所述，法院认为，根据《公司登记座谈会纪要》第1条第1款、第2款的规定，被告作出的设立登记行为理应被撤销。

对于第二个争议焦点，即是否应由被告承担鉴定费用。法院认为，该鉴定系二原告为证明《股东会决议》上"贾某甲""贾某"非本人书写而提起，伪造"贾某甲""贾某"签字的并非被告成华工商局，且成华工商局在进行工商变更登记时已尽到合理法定的审查义务，故鉴定费并非由于被告的行为而产生，被告并无过错，则不应当承担因此而产生的鉴定费用。此外，根据《诉讼费用交纳办法》第12条第1款"诉讼过程中因鉴定、公告、勘验、翻译、评估、拍卖、变卖、仓储、保管、运输、船舶监管等发生的依法应当由当事人负担的费用，人民法院根据谁主张、谁负担的原则，决定由当事人直接支付给有关机构或者单位，人民法院不得代收代付"之规定，诉讼中产生的鉴定费由鉴定申请人向鉴定机构支付，法院并非代为收取。综上，法院认为，该鉴定费用应先由原告承担，之后可以找过错方予以追偿。

三、裁判规则提要

工商登记行为与利害关系人的民事权益密切相关，错误登记蕴含长久的责任和风险，不仅不利于企业的经营发展，亦容易对相关民事主体的合法权益造成侵害，具体表现为既得利益的损失和可得利益的减损。在申请人实施欺诈行为，造成工商登记机关即使已依法履行审查义务，仍作出错误登记，造成相关民事主体权益受损时，工商登记机关无须承担国家赔偿责任，应当由申请人单方承担民事赔偿责任。

(一)申请人应当对申请材料和反映情况的真实性负责

工商登记属于依申请的行政行为，登记申请人是程序的发起人，其对申请所需材料来源及真实性的掌控和判别，相对于工商登记机关，具有先天的便利和优势。

因此，《公司登记管理条例》第2条第2款规定，申请办理公司登记，申请人应当对申请文件、材料的真实性负责。主要表现在，申请人按照工商登记机关的要求，在符合形式要件的基础上，如实向工商登记机关提交材料，反映真实情况。如办理公司注册登记时，申请人应在公司章程中如实记载公司股东认缴的出资额或者发起人认购股份、出资方式、出资期限、缴纳情况等内容；办理公司变更登记时，应保证申请材料内容、授权、签字、盖章等的真实性；在工商登记机关认为需要对申请材料进行进一步核实时，积极配合工商登记机关的审查工作，进一步提供证据或者协助相关人员到场确认。

（二）申请人隐瞒有关情况或提供虚假材料的表现

办理工商登记过程中，申请人违反如实申请义务，具体可分为隐瞒有关情况和提供虚假材料两类情形。隐瞒有关情况的表现，通常为申请人故意不如实向工商登记机关反映情况，例如，虚报注册资本、公司章程未如实记载公司股东认缴的出资额或者发起人认购股份、出资方式、出资期限、缴纳情况内容等；提供虚假材料的表现，通常为申请人向工商登记机关提供材料不真实，例如伪造授权凭证、伪造印鉴、提供无权代理或越权代理人签字的股东大会决议、提供虚假对价股权转让协议等。

（三）工商登记机关已履行法定审查职责构成国家赔偿责任的阻却事由

《国家赔偿法》规定国家赔偿责任的归责原则是违法原则。因错误登记造成公民、法人或其他组织合法权益的损害，工商登记机关是否应当承担赔偿责任，并非以经过法定程序后工商登记行为效力是否最终确认为标准，而是取决于工商登记机关在登记过程中是否违法。

如果工商登记机关已尽到法定审查义务，错误登记的原因在于申请人隐瞒情况或提供虚假材料，该行为通过骗取工商登记机关陷入错误意思表示，进而造成有利害关系的公民、法人或其他组织的合法权益受到损害的，错误登记行为与相关民事主体的权益受损之间不存在因果关系，工商登记机关不应承担赔偿责任。相关民事主体的损害系申请人单方造成，该欺诈行为具有法律上的可责难性，应当由实施欺诈行为的申请人承担民事赔偿责任。

四、辅助信息

高频词条:

1.《国家赔偿法》

第4条 行政机关及其工作人员在行使行政职权时有下列侵犯财产权情形之一的,受害人有取得赔偿的权利:

(一)违法实施罚款、吊销许可证和执照、责令停产停业、没收财物等行政处罚的;

(二)违法对财产采取查封、扣押、冻结等行政强制措施的;

(三)违法征收、征用财产的;

(四)造成财产损害的其他违法行为。

2.《公司登记管理条例》

第2条 有限责任公司和股份有限公司(以下统称公司)设立、变更、终止,应当依照本条例办理公司登记。

申请办理公司登记,申请人应当对申请文件、材料的真实性负责。

3.《公司登记座谈会纪要》

一、以虚假材料获取公司登记的问题

因申请人隐瞒有关情况或者提供虚假材料导致登记错误的,登记机关可以在诉讼中依法予以更正。登记机关依法予以更正且在登记时已尽到审慎审查义务,原告不申请撤诉的,人民法院应当驳回其诉讼请求。原告对错误登记无过错的,应当退还其预交的案件受理费。登记机关拒不更正的,人民法院可以根据具体情况判决撤销登记行为、确认登记行为违法或者判决登记机关履行更正职责。

公司法定代表人、股东等以申请材料不是其本人签字或者盖章为由,请求确认登记行为违法或者撤销登记行为的,人民法院原则上应按照本条第一款规定处理,但能够证明原告此前已明知该情况却未提出异议,并在此基础上从事过相关管理和经营活动的,人民法院对原告的诉讼请求一般不予支持。

因申请人隐瞒有关情况或者提供虚假材料导致登记错误引起行政赔偿诉讼,登记机关与申请人恶意串通的,与申请人承担连带责任;登记机关未尽法定审查义务的,应当根据其过错程度及其在损害发生中所起作用承担相应的赔偿责任;登记机关已尽法定审查义务的,不承担赔偿责任。

附

工商登记类案检索大数据报告①

裁判时间截至2018年12月31日，以“工商”“行政”为并列关键词，通过Alpha案例库在案由为“行政登记”的案件中进行全文检索，共获取8822篇裁判文书。

1. 整体情况分析

工商登记案例数量伴随文书公开，基本呈逐年增长的趋势（见图附-1）。

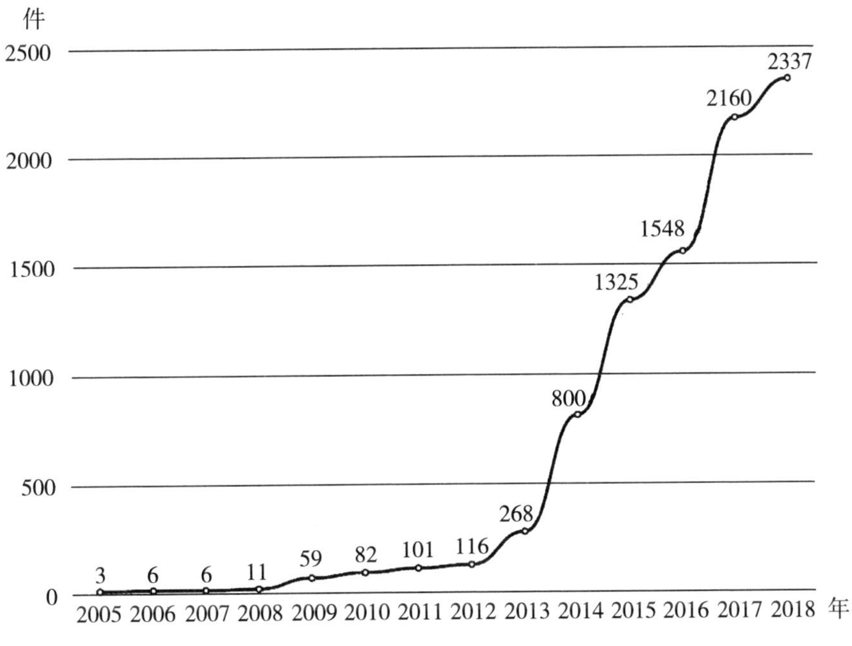

图附-1 案件年份分布情况

从案件主要地域分布情况来看，当前工商登记案例主要集中在四川省、江苏省、山东省，分别占比10.02%、9.82%、7.88%。其中，四川省的案件量最多，达到884件（见图附-2）。（注：图附-2显示的是该条件下案例数量排名前五的省份）

① 该份大数据报告由最高人民法院中国应用法学研究所提供。

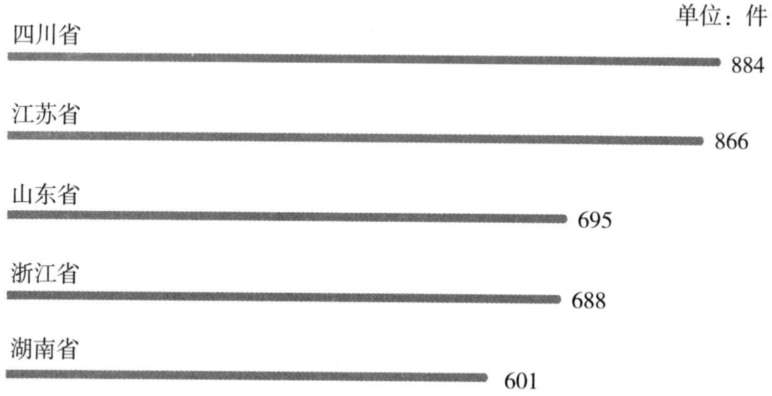

图附 -2　案件主要地域分布

2. 程序分类

工商登记案件的审理程序分布状况。一审案件有 5190 件,二审案件有 3167 件,再审案件有 424 件,执行案件有 35 件(见图附 -3)。

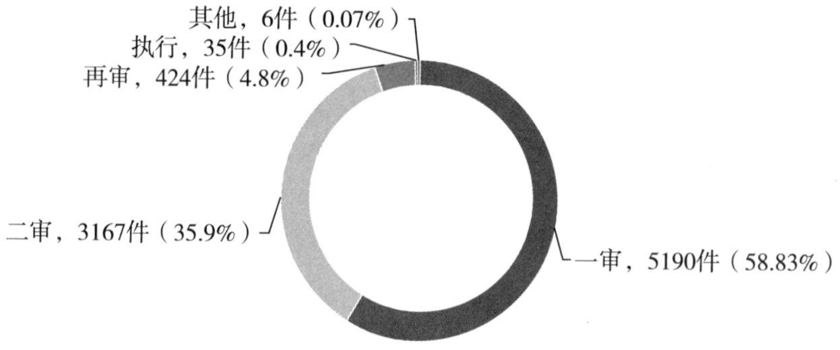

图附 -3　案件审理程序分类

3. 裁判结果

(1)一审裁判结果

通过对一审裁判结果的可视化分析可以看出,当前条件下撤回起诉的有 1619 件,占比为 31.19%;全部/部分支持的有 1350 件,占比为 26.01%;驳回起诉的有 1236 件,占比为 23.82%(见图附 -4)。

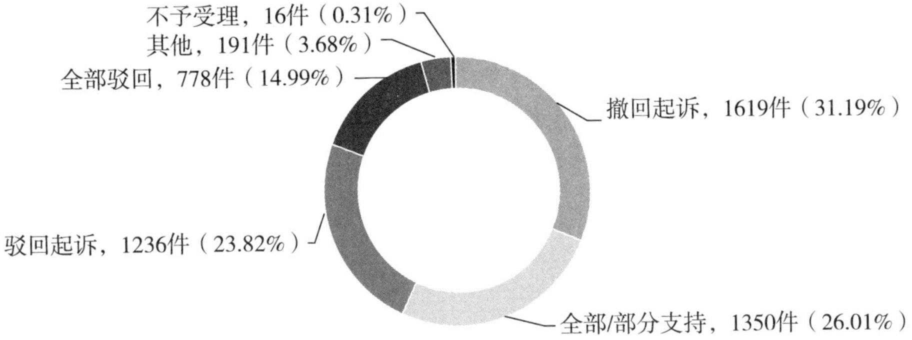

图附－4　案件一审裁判结果

（2）二审裁判结果

通过对二审裁判结果的可视化分析可以看到，当前条件下维持原判的有2085件，占比为65.84%；发回重审的有554件，占比为17.49%；改判的有245件，占比为7.74%（见图附－5）。

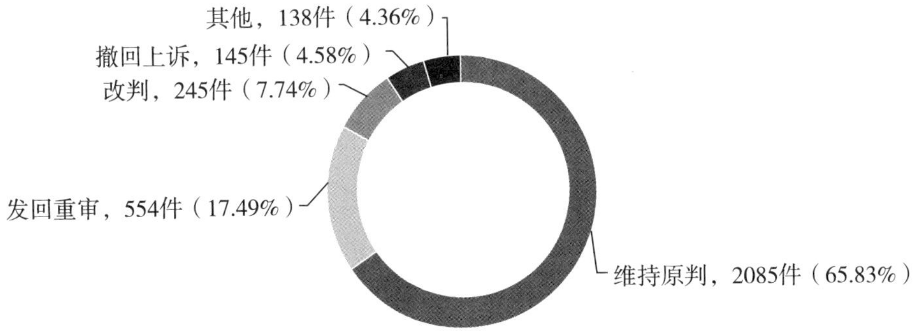

图附－5　案件二审裁判结果

后　记

最高人民法院在《五五改革纲要》中提出，完善类案和新类型案件强制检索报告工作机制。类案同判研究机制的健全完善对促进统一法律适用、提升司法公信力具有重要意义和价值，实现类案公正无疑是促进和谐社会建设的重要举措。中国法学会（最高人民法院）审判理论研究会、中国应用法学研究所按照最高人民法院党组要求，积极开展类案同判裁判规则的编写工作，中国应用法学研究所刑事行政审判研究部韩德强主任担任行政类案件规则编写的首席专家，与时任上海铁路运输法院院长俞秋玮领衔的编写团队，根据要求合作编写工商行政类案件裁判规则。

上海铁路运输法院是上海市行政案件跨行政区划集中管辖法院，拥有行政审判经验丰富的审判团队和研究人员，基于促进适法统一、提升队伍素质，对此项编写工作给予高度重视，按照工商行政登记类案件特点，专门组建了以上海铁路运输法院审判人员为主，邀请上海市第三中级人民法院专家法官和高校学者参加的编写团队。为了保障写作质量，编写团队又分设6个写作小组，保证落实到人，确保任务按时按质完成。

本书的编撰历时一年，其间，编写团队每周召开编写进度例会，两位副主编俞秋玮院长、侯丹华庭长每次都参加，协调工作，统一观点，亲手修改文字，确保了书籍编写工作的顺利进行。主编韩德强主任两次到上海铁路运输法院座谈指导，明确编写原则和定位，并对每个裁判规则的筛选审定、格式内容编排、类案检索报告的全面性与权威性等内容进行梳理和修正，统一了编写思路和模式，保证了编写质量。在编写团队工作例会间歇，各小组不仅自行开展讨论，还与其他小组进行交叉互评，以从不同视角给对方有益启发，提升撰写质量和水平。每一位作者在编写中均以极大的热情全身心投入，审判工作之余付出大量时间和精力而不悔，常常为了规则标题内容正确表达而激烈讨论，字斟句酌、反复推敲；穷尽所有检索手段从成百上千件裁判文书中逐一筛选适合典型案例，只为最大范围内找到同类案例。每个规则至少精改九稿，统稿更是不下九次。编写团队的符德强庭长，崔胜东、孙焕焕等法官，以及沪上高院、三中院相关专家法官做了大量工作，为顺利完成付出辛勤劳动，终成此书。

全书22个规则基本反映了现今工商登记领域的行政诉讼案件类型，明确了类案规则。尤其是在国家推进“放管服”改革，法治化营商环境建设背景下，希冀通过对该领域类案规则的梳理和编撰，能够为法院统一法律适用的尺度标准，为行政机关依法行政提供帮助，并引导公众理性行使诉权，促进提高法治意识。

感谢最高人民法院行政庭相关专家法官为本书编撰提供友情支持和帮助；感谢 Alpha 法律智能操作系统为本书提供案例检索等支持和帮助！

编 者

图书在版编目(CIP)数据

工商登记案件裁判规则. 一 / 韩德强主编. -- 北京:
法律出版社, 2019(2019.12 重印)
ISBN 978 - 7 - 5197 - 4059 - 7

Ⅰ. ①工… Ⅱ. ①韩… Ⅲ. ①工商企业 - 企业登记 -
审判 - 案例 - 中国 Ⅳ. ①D922.292.915

中国版本图书馆 CIP 数据核字(2019)第 254000 号

工商登记案件裁判规则(一)
GONGSHANG DENGJI ANJIAN CAIPAN GUIZE (YI)

韩德强 主编

责任编辑 程 岳 朱轶佳
装帧设计 李 瞻

出版 法律出版社
总发行 中国法律图书有限公司
经销 新华书店
印刷 中煤(北京)印务有限公司
责任校对 晁明慧
责任印制 胡晓雅

编辑统筹 司法实务出版分社
开本 710 毫米×1000 毫米 1/16
印张 23.25
字数 368 千
版本 2019 年 8 月第 1 版
印次 2019 年 12 月第 2 次印刷

法律出版社/北京市丰台区莲花池西里 7 号(100073)
网址/www.lawpress.com.cn
投稿邮箱/info@lawpress.com.cn
举报维权邮箱/jbwq@lawpress.com.cn
销售热线/400 - 660 - 8393
咨询电话/010 - 63939796

中国法律图书有限公司/北京市丰台区莲花池西里 7 号(100073)
全国各地中法图分、子公司销售电话:
统一销售客服/400 - 660 - 8393/6393
第一法律书店/010 - 83938432/8433 西安分公司/029 - 85330678 重庆分公司/023 - 67453036
上海分公司/021 - 62071639/1636 深圳分公司/0755 - 83072995

书号:ISBN 978 - 7 - 5197 - 4059 - 7 **定价**:55.00 元